Heidi Hofmann (Hg.)
Biopolitik grenzenlos

Beiträge zur gesellschaftswissenschaftlichen Forschung

Band 23

Biopolitik grenzenlos

Stimmen aus Polen

Heidi Hofmann (Hg.)

Centaurus Verlag & Media UG 2005

Die Deutsche Bibliothek – CIP-Einheitsaufnahme

Bibliographische Information der Deutschen Bibliothek:
Die deutsche Bibliothek verzeichnet diese Publikation in der
Deutschen Nationalbibliographie; detaillierte bibliographische Daten
sind im Internet über http://dnb.ddb.de abrufbar

ISBN 978-3-8255-0510-3   ISBN 978-3-86226-312-7 (eBook)
DOI 10.1007/978-3-86226-312-7

ISSN 0177-2740

© *CENTAURUS Verlags-GmbH. & Co. KG, Herbolzheim 2005*

Lektorat und Satz: Waltraud Ull
Umschlaggestaltung: Gosia Gliwinska

Für meine Großmutter Friedericka Löhr

Ihr ist auch der folgende Vers gewidmet

Speak proudly to your children
where ever you may find them
tell them
you are the offspring of slaves
and your mother was
a princess
in darkness

Aus: Audre Lorde, „For Each of You"

Inhaltverzeichnis

Einleitung

Auch Polen hat eine „Louise Brown"! In Bialystok, einer Stadt im Nordosten Polens, wurde 1987 das erste Reagenzglasmädchen geboren. Ihr Name ist der Öffentlichkeit nicht bekannt. Und trotzdem steht das erste polnische, in der Retorte gezeugte Mädchen wie die bekanntere Louise Brown aus England, das 1978 weltweit erste in der Petrischale gezeugte Kind, für eine Zäsur, die in der biopolitischen Debatte oft als Dammbruch bezeichnet wird. Damit ist nicht die Invitro-Fertilisation (IVF) als eine neue Technologie gemeint, ein Kind zu zeugen. Sondern die Möglichkeit, dass der Embryo außerhalb des Mutterleibes als Ressource für biomedizinische Diagnostik benützt werden kann. Beabsichtigt wird auch, ihn nicht mehr für die Fortpflanzung, sondern für fremdnützige therapeutische Zwecke zu verwenden.[1]

Diese technische Entwicklung wird begleitet von nationalen und internationalen Diskursen zur Bioethik. Was aber wissen wir darüber in anderen Ländern? Zum Beispiel in unserem Nachbarland Polen, das seit Mai 2004 zur Europäischen Union gehört? Weltbild und Wertesystem in Polen werden derzeit auf der einen Seite von der traditionell starken Stellung der katholischen Kirche, auf der anderen Seite von tiefgreifenden politischen und gesellschaftlichen Umbrüchen seit dem Ende des realsozialistischen Systems geprägt. Das Land bewegt sich in diesem Spannungsfeld, so dass das Aufeinanderprallen von gegensätzlichen Meinungen und Polarisierungen vorprogrammiert ist.

Bei der Idee zu dem vorliegenden Buch hat mich von Anfang an die Frage interessiert: Welche Schnittstellen und prinzipiellen Unterschiede in der ethischen Bewertung der Gen- und Reproduktionstechnologien ergeben sich in Polen? Einem slawischen Land, das demselben jüdisch-christlichen Kulturkreis wie die Bundesrepublik Deutschland angehört, in dem jedoch andere soziale Akteure, eine andere historische Tradition und andere Glaubensparadigmen vorzufinden sind. Und auch, ob es so etwas wie eine westliche und nicht-westliche Position gibt. Denn Polen wird wegen seiner geographischen Lage Osteuropa zugeordnet. Vernachlässigt werden

---

[1] Die Sicht, den Embryo als Ressource für biomedizinische Forschung zu verwenden, galt in den Kinderjahren der „Retortenmädchen" als apokalyptische Vision und Science Fiction-Szenario. Heute, im Jahr 2005, hat die technologische Entwicklung Fakten geschaffen: Die Anwendung neuer Reproduktionstechnologien wie Präimplantationsdiagnostik, die Untersuchung von Eizellen auf Erbkrankheiten, um sie im Falle einer Schädigung bereits vor der Einpflanzung in den Mutterleib aussondern zu können, Leihmutterschaft, Mutterschaften nach der Menopause und das therapeutische Klonen ist in vielen Ländern Realität, die Nutzung des Embryos als Ressource wird ernsthaft diskutiert.

dabei die jahrhundertealten gemeinsamen Wurzeln und die Verflechtung der ost-, mittel- und westeuropäischen Kulturregionen. Und es ist kein Geheimnis, dass die Bewertung des Diskurses entlang der Ost/West-Achse des vergangenen Kalten Krieges in der Vorstellung vieler Menschen noch immer auf ganz einfache Weise positioniert ist: Je westlicher, desto perfekter, je östlicher, desto defizitärer. Insbesondere aufgrund des nach dem Zweiten Weltkrieg bis nach Mitteleuropa erweiterten Herrschaftsgebietes der Sowjetunion und der damit verbundenen realsozialistischen Systeme war die Bezeichnung „osteuropäisch" in der Vorstellung des Westens nicht nur mit politischem, sondern auch mit technischem und wirtschaftlichen Rückstand verbunden.

Worin bestehen die grundsätzlichen Probleme im bioethischen Diskurs, an denen sowohl in den einzelnen Ländern als auch in der von außen betrachteten „einheitlichen westlichen Kultur" kontroverse Meinungen und Einschätzungen aufeinanderprallen?

- Das angebliche Dilemma, das seit der Zeugung von Louise Brown im Reagenzglas und ihrer polnischen Schwester in der Welt ist, lautet: Wo sollen die Grenzen von Forschung und Wissenschaft gezogen werden? Machen sie überhaupt noch Sinn? Oder anders ausgedrückt: Was wiegt mehr – „Freiheit der Forschung" oder Menschenwürde? Uneinigkeit herrscht darüber, ob ein hochrangiges Forschungsziel es legitimiert, Embryonen als Material für wissenschaftliche und kommerzielle Zwecke zu verwenden, d. h. ob Embryonen für andere produziert, genutzt oder vernichtet werden dürfen. Die Antwort hängt im Wesentlichen davon ab, welcher moralische Status dem Embryo zugesprochen wird, ob die Garantie der Menschenwürde auch für menschliche Embryonen gilt. D. h., ob ein im Labor gezeugtes Wesen bereits ein Mensch ist oder nur ein potentieller Embryo.
- Vielleicht würde sich der Disput nicht über Jahrzehnte so zuspitzen, ginge es nur um die extrakorporal gezeugten Embryonen. Doch Ratlosigkeit, aber auch Intensität und Langwierigkeit kennzeichnen den seit Louise Brown bestehenden biopolitischen Streit, ob der Status des Embryos im Reagenzglas mit dem Embryo im Frauenkörper gleichgesetzt werden kann. Diese Gleichsetzung und normative Gleichbehandlung wurde insbesondere von Feministinnen zurückgewiesen. Sie argumentierten, dass es keinen Wertungswiderspruch bedeute, wenn mit Bezug auf die Würde der Frau ein Schwangerschaftsabbruch legitimiert werde, der zur Tötung der Leibesfrucht führe, und andererseits der Schutz eines Embryos im Reagenzglas vor Vernichtung zu postulieren sei, da in diesem Fall die Frau nicht instru-

mentalisiert, d. h. ihre Würde nicht verletzt werden dürfe.[2] In diesen biopolischen Disputen nimmt der Begriff der Würde einen zentralen Stellenwert ein.

- In der BRD werden Pränataldiagnostik und Präimplantationsdiagnostik (PID) häufig vor dem Hintergrund der historischen Erfahrung des nationalsozialistischen Regimes und seines Rassenwahns mit der in die Tat umgesetzten „Vernichtung lebensunwerten Lebens" auf ihren Normierungscharakter und ihren eugenischen Selektionsmechanismus hinterfragt. Nicht zuletzt deshalb wurde die Unantastbarkeit der Menschenwürde in das Grundgesetz aufgenommen. Das heißt, die Würde des einzelnen Menschen steht im Vordergrund und darf nicht wegen eines höheren Ziels verletzt oder ihm untergeordnet werden.[3]
- In Polen bestand bis zu seiner Demokratisierung 1989 ein anderes Verständnis von Würde. Im realsozialistischen System galt die Frage von Menschenrechten und Menschenwürde aufgrund der scheinbaren Aufhebung der antagonistischen Klassenwidersprüche im eigenen Staat und der damit zu erwartenden sozialistischen Zukunft als geklärt. In der Ideologie des realsozialistischen Regimes hatte das Individuum als Staatsbürger seinen Beitrag zur Verwirklichung des Sozialismus zu leisten. Gruppen oder Individuen, die diese Doktrin in Frage stellten, wurden in der Regel als störende Elemente angesehen.
- Polen ist ein Land, in dem die Mehrheit der Bevölkerung, nämlich ca. 95 Prozent, katholisch getauft ist, andere Religionsgemeinschaften haben nur eine Randposition.[4]

Die starke Stellung der katholischen Kirche bemerkt man schnell. Fragen nach einer Pro und Contra-Debatte, z. B. über das Spannungsverhältnis zwischen Forschungsfreiheit, nach der Achtung der Menschenwürde, nach soziokulturellen Folgen der Fortpflanzungsmedizin, nach Allianzen und Gegensätze zwischen Parteien,

---

[2] Vgl. zu dieser Debatte: Kathrin Braun, Eine feministische Verteidigung des Menschenwürdeschutzes für menschliche Embryonen. In: Sigrid Graumann und Ingrid Schneider (Hg.), Verkörperte Technik – Entkörperte Frau. Biopolitik und Geschlecht, S. 152-164, Frankfurt/M. 2003, sowie Claudia Wiesemann, Wie kann über den Embryo in einer lebensweltlich angemessenen Weise gesprochen werden? Eine Kritik der Debatte um den moralischen Status des Embryos. Im gleichen Band, S. 141-151.

[3] Vgl. Jutta Limbach, Menschenwürde, Menschenrechte und der Fortschritt der Medizin. In: Medizin und Gewissen. Wenn Würde ein Wert würde ... Eine Dokumentation über den Internationalen IPPNW-Kongress Erlangen 24-27. Mai 2001. Herausgeber: Jürgen Härlein, Kerstin Klein, Stephan Kolb u. a., Frankfurt/M. 2002.

[4] Mit katholisch ist hier und im Folgenden immer römisch-katholisch gemeint.

Verbänden, juristischen und wissenschaftlichen Lagern, nach feministischer Wissenschafts- und Technikkritik rufen in der Regel Erstaunen hervor. Es ist, als berühre man ein Tabu. Die Standardantwort lautet: Es gibt keine gesellschaftspolitischen Auseinandersetzungen über unterschiedliche konkurrierende Menschenbilder. Es gibt nur eine Stimme, ein Monopol: Was der Mensch ist, wann menschliches Leben beginnt, ab wann er eine Würde hat, was die Natur von Frau und Mann ist und sein sollte, geht allein auf die biblische Anthropologie und damit auf kirchlich definiertes Naturrecht zurück. Allerdings: Dieses Tabu in Bezug auf eine öffentliche Debatte, diese Monopolstellung der Kirche betrifft nur pronatalistische Technologien, also Verfahren, die eingesetzt werden, um ein Kind zu bekommen. Dagegen steht die Auseinandersetzung um die antinatalistischen Verfahren wie dem Schwangerschaftsabbruch auf der politischen Agenda in Polen ganz oben. Während darüber, was mit dem Embryo im Reagenzglas gemacht wird, öffentliches Desinteresse besteht, ist das, was mit dem Embryo im Frauenkörper geschieht, ein öffentliches Thema.[5]

Hinsichtlich des Schwangerschaftsabbruchs konkurrieren verschiedene Menschenbilder: Alle an der Debatte beteiligten Gruppen und Institutionen – ob Berufsverbände, Justiz, Frauenbewegung oder Lobbyisten – vertreten, was die Abtreibung anbelangt, in Polen entweder eine „Pro Life"- oder eine „Pro Choice"-Position („Pro Life": Gleichsetzung eines Schwangerschaftsabbruchs mit Tötung und Mord von Kindern; „Pro Choice": Wahlfreiheit von Frauen im Fortpflanzungsbereich).

Mit anderen Worten: auch in Polen haben alle an dieser Debatte Beteiligten den Körper, Sexualität, Zeugungskraft und Nachkommen im Visier. Sie alle richten ihre Aufmerksamkeit auf Technologien, die Lebensprozesse betreffen. Es ist eine Zäsur, die der Philosoph Michel Foucault als „Bio-Politik" beschrieben hat. Er meinte damit den „Eintritt des Lebens und seiner Mechanismen in den Bereich der bewussten Kalküle."

Aber zurück zur Ausgangsfrage. Wie wird der Umgang mit Reproduktionstechnologien in Polen beurteilt? Diese Frage hat mich in den letzten Jahren beschäftigt. Vermeiden wollte ich das Schema: „So ist es bei uns", d. h., das Eigene, Bekannte, nämlich die biopolitische Debatte der Bundesrepublik als Norm zu setzen, um dann den Blick darauf zu lenken, wie das Andere, Unbekannte, also Polen, von der Norm abweicht. Deshalb kommen in den folgenden elf Beiträgen Stimmen aus Polen zu Wort: polnische Wissenschaftlerinnen und Wissenschaftler und Personen des öffentlichen Lebens. Zwei deutsche Beiträge von Gesine Fuchs und der Herausgeberin vervollständigen den Band.

---

[5] Diese Auffassung wurde in vielen Gesprächen, die ich in den letzten drei Jahren in Polen führte, geäußert.

Weronika Chanska vermittelt einen Überblick der in Polen geführten Fachdiskussion hinsichtlich der neuen Reproduktionstechnologien. Obwohl die fundamentalen Probleme der Bioethik einer unverzüglichen Diskussion und Entscheidung bedürfen, gibt es kein Gesetz, das vorschreibt, was erlaubt und was verboten ist. Der Beitrag benennt die juristischen Regelungsversuche von den ersten Dokumenten, die 1986 erschienen sind, bis zur wichtigsten Novellierung des polnischen Ärztekodexes 2003. In diesem restriktiven Maßnahmenkatalog sollten nach Vorstellungen der katholischen Kirche die Fortpflanzungsmethoden und die Pränataldiagnostik ganz aus dem Leistungskatalog der ärztlichen Maßnahmen gestrichen werden. Ferner weist *Chanska* nach, dass den Argumentationen der Experten, dargestellt am Beispiel von Medizinern und Juristen, oft das traditionelle Konzept einer Familie und den mit ihr verbundenen Werten zugrunde liegt.

Marion Szamatowicz informiert über Stand und zukünftige Entwicklungen der Fortpflanzungsmedizin in Polen. Aufgrund der fehlenden juristischen Regelung hätten Ärzte einen großen Spielraum und eine große Macht. Die Grenzen dessen, was ethisch erlaubt und verboten ist, bleiben ihrer Intuition und moralischen Überzeugung überlassen. *Szamatowicz* meint dazu: „Wenn eine Behandlung nicht verboten ist, dann ist sie erlaubt."

Alicja Przyłuska-Fiszer geht der Frage nach, ob es in Polen so etwas wie einen bioethischen Diskurs überhaupt gibt. Denn bisher sind Reproduktionstechnologien in der polnischen Öffentlichkeit nur ein marginales Thema. Anders verhält es sich bei der Fachdebatte. *Przyłuska-Fiszer* zeigt, dass sich der theoretische Diskurs zu den modernen Reproduktionstechnologien mit dem in Westeuropa deckt. Alle in der internationalen Diskussion zentralen Argumente um ethisch-philosophische Aspekte (wie z. B. der Status des Embryos), die begründen sollen, dass Embryonen mehr sind als bloße Zellhaufen, werden auch in der polnischen Fachliteratur erörtert.

Als charakteristisch für die polnische Debatte sieht *Przyłuska-Fiszer* den Umgang mit unterschiedlichen Überzeugungen an. Es gebe kein Klima von moralischer Pluralität, sondern religiöse und weltanschauliche polarisierte Standpunkte prallten aufeinander. Die Schwierigkeit einer fehlenden rechtlichen Regelung und die daraus resultierende dominante Stellung von Medizinern seien letztlich darauf zurückzuführen.

Magdalena Środa sucht vertiefend zu den gleichen Themen nach Antworten auf Fragen wie: Warum gibt es in Polen keinen Meinungspluralismus in der bioethischen Debatte? Warum werden in Polen reproduktive Fragen wie Abtreibung, Gen- und Reproduktionstechnologien nicht öffentlich diskutiert? Sie vertritt die These:

In Polen ist Ethik immer religiöse Ethik. Diese gilt als universell. Denn in der bioethischen Debatte nimmt kirchlich definiertes „Naturrecht" eine zentrale Stellung ein. Warum in Polen die katholische Kirche diese dominante Stellung hat, zeigt sie am Beispiel der Symbiose zwischen polnischer Religiosität und Kultur sowie an den Jahrhunderte andauernden Kämpfen der Polen um ihre Unabhängigkeit, in der nationaler Identität und Religion eine besondere Bedeutung zukamen. Am Schluss ihres Beitrages fragt sie nach der Bedeutung von Frauen in diesem Diskurs.

Zbigniew Szawarski thematisiert die pränatale Diagnostik. In Polen ist Abtreibung aus sozialen Gründen verboten. Das Gesetz erlaubt einen Schwangerschaftsabbruch bei einer embryopathischen Indikation, d. h. wenn schwere genetische Schäden vorliegen.

Die Realität ist jedoch eine andere. *Szawarski* zeigt dies exemplarisch an einem skandalösen Fall aus dem Nordosten des Landes. Für Frauen ist es mit erheblichem Aufwand verbunden, eine pränatale Untersuchung zu bekommen. Auch gibt es zu wenige Beratungsstellen. Darüber hinaus wird den Frauen von Gynäkologen, die sich auf ihr Gewissen berufen, eine Abtreibung oft verweigert.
Die Debatte um die pränatale Diagnostik gleicht derjenigen um den Schwangerschaftsabbruch. Die ethische Diskussion um vorgeburtliche Diagnostik beinhaltet jedoch andere wichtige Argumente. *Szawarski* unternimmt den Versuch, eine rationale Debatte zu eröffnen, obwohl ihre Unmöglichkeit so oft beklagt wird. Den Argumenten der katholischen „Pro Life"-Position versucht er säkulare philosophisch-ethische Argumente entgegenzusetzen.

Anna Sobolewska setzt sich ebenfalls mit der pränatalen Untersuchung und dem Schwangerschaftsabbruch auseinander. Sie weiß, wovon sie spricht, denn sie ist die Mutter der 1986 geborenen Cela – eines Mädchens mit Downsyndrom.[6] *Sobolewska* beschreibt u. a., wie durch die Anwendung von Selektionstechnologien wie der Pränataldiagnostik Menschen mit Behinderungen als unerwünscht und vermeidbar angesehen werden. Mit ihrer Auseinandersetzung über die gesellschaftlichen Folgen, z. B. eugenische Implikationen der Reproduktionstechnologien, greift sie einen in der polnischen Frauenbewegung nicht oder nur marginal behandelten Aspekt auf.
Ferner kritisiert *Sobolewska* einen verkürzten Selbstbestimmungsbegriff, verstanden als individuelle Wahlfreiheit. Die gesellschaftlichen Bedingungen, unter denen Frauen eine Entscheidung über einen Schwangerschaftsabbruch treffen, müssten wegen des hohen moralischen gesellschaftlichen Drucks dabei ebenfalls thematisiert werden. Für sie darf eine Frau nicht gegen ihren Willen zur Fort-

---

[6] Sobolewska veröffentlichte 2002 das Buch „Cela", das in Polen großes Aufsehen erregte.

führung einer Schwangerschaft gezwungen werden. Andererseits kritisiert sie Embryonenforschung und Präimplantationsdiagnostik und fordert einen Schutz des Embryos.

Die deutsche Autorin *Gesine Fuchs* beschreibt die Auseinandersetzung der polnischen Frauenbewegung mit den pro- und antinatalistischen Technologien. Seit 1989 wird in Polen die Debatte um das Abtreibungsrecht geführt. *Fuchs* zeichnet chronologisch die einzelnen Gesetzesprojekte nach und ebenso die Hintergründe für die Polarisierung und den seit 1989 in Polen stattfindenden ideologischen Kampf zwischen den Positionen „Pro Life" und „Pro Choice". Pro Life-Positionen für die „Verteidigung des Lebens" und einen absoluten „Lebensschutz" sind vor allem bei Vertretern der katholischen Kirche und konservativen Politikern zu finden. Dagegen vertreten Feministinnen und Frauenrechtlerinnen vorwiegend die Position „Pro Choice": Frauen sollen selbst entscheiden dürfen, was mit ihrer Leibesfrucht, ihrem Embryo geschieht. Für ihre Forderung nach Selbstbestimmung werden sie von der „Pro Life"-Fraktion als „Mörderinnen" und „Vaterlandsverräterinnen" denunziert. Für *Fuchs* erklärt sich das liberale Autonomieverständnis der polnischen Frauenbewegung und deren Forderungen, z. B. nach reproduktiver Gesundheit und Teilhabe am technischen Fortschritt, aus dem historischen Zusammenwirken der realsozialistischen Ideologie und der dominanten Stellung der römisch-katholischen Kirche.

Izabela Jaruga-Nowacka bezieht im Gespräch mit Sylvia Spurek ebenfalls Stellung zur Debatte um die Abtreibung in Polen. Sie bemängelt die derzeitige Rechtslage, weil sie das Problem illegal durchgeführter Abtreibungen und den ungleichen Zugang zu Gesundheitsleistungen von sozial schwachen Frauen nicht löse. Unter Verweis auf Artikel 25 der polnischen Verfassung, der die Trennung von Staat und Kirche festschreibt, kritisiert sie den politischen Einfluss der katholischen Kirche auf Fragen der Sexualität und Fortpflanzung. Diese sollte sich stattdessen auf religiöse Aufgaben beschränken. Und sie verweist auf Artikel 30 der Verfassung aus dem Jahre 1997: „Die Würde des Menschen ist ihm angeboren und unveräußerlich." *Jaruga-Nowacka* fordert, dass „diese menschliche Würde auch Würde und Selbstbestimmung von Frauen im reproduktiven Bereich garantieren muss." Alle ihre Forderungen setzt sie in Bezug zu europäischem und internationalem Recht.

Eleonora Zielińska gibt einen detaillierten Überblick über die strafrechtlichen Regelungen in Polen sowohl zum Schwangerschaftsabbruch als auch zu reproduktionstechnischen Methoden wie IVF und Pränataldiagnostik. Ihr Ausgangspunkt ist die im realsozialistischen System geltende liberale Gesetzeslage von

1956, die eine soziale Indikation erlaubte. Sie kommentiert das jetzt gültige „Gesetz über Familienplanung, Schutz der Leibesfrucht und Voraussetzungen für die Zulässigkeit des Schwangerschaftsabbruchs". Bei den zahlreichen Änderungen der Rechtsvorschriften verfolgt *Zielińska* u. a. die Genese des Embryos als Rechtssubjekt und dem daraus resultierenden antagonistischen Verhältnis Frau versus Embryo. Ein Überblick über Stellungnahmen und die bisherigen Versuche einer rechtlichen Regelung der Anwendung der Reproduktionstechnologien in Polen schließen den Beitrag ab.

Maria Boratyńska und *Przemysław Konieczniak* thematisieren die Anwendung der Reproduktionstechnologien und ihre Folgen aus juristischer Perspektive. Im Mittelpunkt steht dabei die Frage: Wie verändern sich Vater- und Mutterschaftsverhältnisse aufgrund von reproduktionstechnischen Methoden? *Boratyńska* und *Konieczniak* analysieren gespaltene Elternbeziehungen aufgrund der Methoden wie Keimzellspende oder Ersatzmutterschaft und stellen die in Polen vorhandenen rechtspolitischen Überlegungen und bestehenden Gesetze in Bezug auf abstammungsrechtliche Aussagen vor.

Janusz Symonides kommentiert die Arbeit von Bioethikkommissionen auf nationaler und internationaler Ebene. Er stellt supranationale Regulationsversuche zu den modernen Reproduktionstechnologien vor, z. B. die UNESCO-Erklärung zum menschlichen Genom oder die Biomedizin-Konvention des Europarates. Dabei geht er auf entsprechende Gremien und Beschlüsse zur Bioethik in Polen besonders ein.

Piotr Palasz stellt die Selbsthilfeorganisation „Nasz Bocian" vor. Der Verein vertritt die Interessen kinderloser Paare. Unfruchtbarkeit wird mit „ehelicher Unfruchtbarkeit" gleichgesetzt. Die Debatte über Voraussetzungen und Grenzen außerhalb der Ehe für eine Elternschaft aufgrund medizinisch unterstützter Fortpflanzung wird von „Nasz Bocian" nicht geführt.

Zum Abschluss der Beiträge möchte ich die Gelegenheit nutzen, als bewussten Kontrast zur Diskussion in Polen über die modernen Reproduktionstechnologien Argumentationsstränge feministischer Kritik nachzuzeichnen, die die feministische Theoriebildung in der BRD und den USA geprägt haben. Der Beitrag soll zeigen, wie durch Praktiken und Diskurse Reproduktion, Zeugung und Schwangerschaft vom Frauenkörper losgelöst und in einen expandierenden Industriemarkt verlagert werden. Obwohl die Ablösung traditioneller heterosexueller Reproduktion durch die neuen Technologien die Möglichkeit klassischer Geschlechter- und Familienkonzepte eröffnen könnte, werden die vielfältigen Akteure reprogenetischer

Reproduktion – nicht zuletzt vor dem Hintergrund ökonomischer Verwertbarkeit – unsichtbar gemacht, um die Reproduktion via Mythen vom „eigenen Kind" und von Blutsverwandtschaft erneut zu naturalisieren.

Allen Autorinnen und Autoren danke ich für Ihre Beiträge und ihre Engagement. Sehr bedauerlich ist, dass der vorgesehene Beitrag eines Vertreters der katholischen Kirche in Polen aus gesundheitlichen Gründen nicht fertiggestellt werden konnte. Bedanken möchte ich mich bei Professorin Bożena Chołuj, Krystyna Bogucka, Martin Körber, Dr. Larissa Lissjutkina und Dorota Ogórek. Sie haben mich ermutigt und begleitet – von der ersten Idee bis zu der Abgabe des Manuskripts. Jan Thomas Köhler und insbesondere Waltraud Ull danke ich für ihre spontane Bereitschaft, das arbeitsintensive Lektorat zu übernehmen, und Gosia Gliwinska für die graphische Gestaltung des Einbandes.

Die Übersetzung der Beiträge aus dem Polnischen ins Deutsche erwies sich wegen der sehr speziellen und wissenschaflichen Thematik und insbesondere der juristischen Diktion teilweise als sehr schwierig. Sollte es hier trotz großer Anstrengung für eine gleichermaßen präzise wie gut lesbare Übersetzung zu Ungenauigkeiten oder gar Fehlern im deutschen Text gekommen sein, so bitte ich dafür schon jetzt um Nachsicht.

Die Publikation, die Forschungsaufenthalte in Polen und die Übersetzung der polnischen Manuskripte erfuhren weder eine finanzielle noch ideelle Förderung von seiten einer Institution.

Zeit und Mühe, die ich in dieses Buch investierte, haben sich gelohnt, wenn ich mit diesem Buch einen Beitrag zu einem sehr wichtigen Thema leisten konnte.

Nürnberg im Oktober 2004,
Heidi Hofmann

Weronika Chańska

Reproduktionstechnologien – Stand der Debatte

Die Weltgesundheitsorganisation (WHO) definiert Unfruchtbarkeit als

„[...] Unfähigkeit, schwanger zu werden trotz regelmäßigen Geschlechtsverkehrs (vier bis fünf Mal wöchentlich)[1], der in einem Zeitraum von zwölf Monaten ohne Anwendung von Verhütungsmitteln stattgefunden hat."[2]

Man schätzt, dass in Polen 1,2 Millionen Paare von Unfruchtbarkeit betroffen sind. Für etwa 2 % von ihnen stellen Methoden der künstlichen Befruchtung die einzige Chance dar, Kinder zu bekommen. Laut letzter Berechnungen entscheiden sich ca. 2000 Paare pro Jahr für die extrakorporale Befruchtung.

In Polen wurde eine derartige ärztliche Behandlung zum ersten Mal im Jahre 1987 im Institut für Geburtshilfe und Gynäkologie der medizinischen Hochschule in Białystok durchgeführt. Zurzeit gibt es in Polen 24 Zentren, die sich auf Verfahren künstlicher Befruchtung spezialisieren: 6 davon sind in Hochschulen situiert und 18 davon sind Privatkliniken.[3]

Es gibt in Polen keine genauen Rechtsvorschriften, die den Bereich und die Formen ärztlicher Behandlung bei einer Unfruchtbarkeitsbehandlung regeln. Die Kosten werden vollständig von den Patienten übernommen. Es gibt keine besonderen Vorschriften, welche die Tätigkeit der Kliniken, in denen die Fortpflanzungshilfsmethoden angewandt werden, regulieren würden. Sie fehlen im polnischen

---

[1] Die WHO Definition spricht nur von „regelmäßigem Geschlechtsverkehr". Die Angabe „vier bis fünf Mal wöchentlich" fand ich in einem Handbuch für Gynäkologen. Die Bestimmung hat keine rechtliche Wirkung; in Polen gibt es keine Gesetze, die den Bereich Unfruchtbarkeit betreffen. Es ist schwer einzuschätzen, inwiefern diese Definition sich mit der Auffassung von Gynäkologen deckt.

[2] World Health Organization, Infertility: a tabulation of available data on prevalence of primary and secondary infertility, Geneva, WHO Program on Maternal and Child Health and Family Planning, Division of Family Health, 1991.

[3] Daten der Sektionen der Polnischen Gynäkologiegesellschaft für Fruchtbarkeit und Unfruchtbarkeit.

Register der ärztlichen Maßnahmen. Marian Szamatowicz, der Wegbereiter der Unfruchtbarkeitsbehandlung in Polen, formulierte zutreffend:

„Es lässt sich sagen, dass es gar keine künstlichen Methoden der Fortpflanzung gibt, obwohl sie angewandt werden."[4]

In diesem Aufsatz werde ich über den Stand der gesellschaftlichen Debatte in Polen zu den Methoden der künstlichen Befruchtung berichten. Bei der Darstellung der Diskussionsstränge und Argumente interessieren mich insbesondere die Urteile und Überzeugungen mit normativem Charakter.

Der Aufsatz gliedert sich daher in vier Teile. Im ersten Teil des Aufsatzes werde ich Standpunkte der polnischen Rechtswissenschaft zur Legalität und zum Anwendungsbereich medizinischer Reproduktionstechnologien referieren. Der zweite Teil ist der Rekonstruktion ärztlicher Einstellungen gegenüber modernen Reproduktionstechniken gewidmet. Die wichtigsten Versuche einer rechtlichen Regelung zur Anwendung von Fortpflanzungshilfstechniken, die bisher in Polen durchgeführt wurden, sollen im dritten Teil des Aufsatzes dargestellt werden. Im letzten Teil kommt die Tätigkeit der Verbände und Gruppen, welche die Interessen von den an Unfruchtbarkeit leidenden Personen vertreten, zu Wort. Abschließend werde ich meine eigene Beurteilung der Diskussionen vorschlagen. Ich unternehme ebenso den Versuch, eine zukünftige Perspektive für den Umgang und die Anwendung der reproduktiven Technologien in Polen zu entwerfen.

1. Juristische Beurteilungen künstlicher Befruchtungsmaßnahmen

Wie ich schon erwähnte, existieren in Polen keine Rechtsvorschriften, die sich explizit auf ärztliche Behandlungen bei Zeugungsunfähigkeit beziehen würden. Die juristischen Diskussionen über die Legalität und das Wesen der Behandlungen sowie über die Bedingungen ihrer Durchführung werden in Anlehnung an die allgemeinen deontologischen Regeln, den Handlungsregeln, die ein Arzt beachten sollte, geführt.[5] Aufgrund des allgemeinen Charakters dieser Regeln und der Unge-

---

[4] M. Szamatowicz, Unfruchtbarkeit – soziale Krankheit – sozial unterschätzt [Niepłodność – choroba społeczna – społecznie niedowartościowana], in: Konferenz „In-vitro-Fertilität im 21. Jahrtausend – Hoffnungen und Bedrohungen" [„In vitro w XXI wieku – nadzieje i zagrożenia"], Sekretariat des polnischen Regierungsbevollmächtigten für Gleichberechtigung von Frauen und Männern, Warschau 2003, S. 17 (Szamatowicz, 2003).

[5] Nach M. Działyńska gilt hier „primum non nocere" als wichtigstes Prinzip (M. Działyńska, Das Verfahren eines Arztes beim Durchführen von künstlichen Fortpflanzungsmethoden

nauigkeit der Formulierungen, die im polnischen Kodex der ärztlichen Ethik enthalten sind, unterscheiden sich die Meinungen der Juristen wesentlich. Sie spiegeln hochgradig persönliche Überzeugungen darüber wider, welche ärztlichen Handlungen als richtig und ethisch zu betrachten sind. Man trifft daher auf eine gewisse Willkür beim Zitieren der allgemeinen Vorschriften und Regeln, die vor allem der Begründung der angeführten Argumentationslinien und der weitgehend subjektiven Urteile dienen.

1. 1   *Klassifikation künstlicher Fortpflanzungsmethoden*

Die Hauptfrage, die sich Juristen bezüglich der Verfahren künstlicher Befruchtung stellen, lautet: Können diese als Formen einer medizinischen Heilbehandlung anerkannt werden?

Der Autor der umfangreichsten Monografie über juristische Aspekte der künstlichen Fortpflanzungsmethoden, Marek Safjan, antwortet entschieden negativ.[6] Seiner Meinung nach ist weder die künstliche Befruchtung noch die extrakorporale Schwängerung eine Behandlungsform. Solche Behandlungen beseitigen nicht eine Krankheit, und dies ist – nach Meinung des Autors – das Kriterium, nach dem man eine Behandlung als Heilmaßnahme klassifizieren kann. Ein Paar, das die Hilfstechniken der Fortpflanzung angewandt habe, bleibe unfruchtbar, d. h. auch nach der Anwendung einer Unfruchtbarkeitsmethode z. B. einer In-vitro-Fertilisation, bleibe die Ursache der Unfruchtbarkeit bestehen und das Paar sei nicht im Stande ein Kind selbstständig zu zeugen und es zur Welt zu bringen. Safjan wendet sich kritisch gegen Auffassungen, die beinhalten, dass die Fortpflanzungshilfe ein therapeutisches Ziel habe. Es ginge hier – schreibt der Autor – darum, eine Art Palliativ der Unfruchtbarkeitsbehandlung zu formulieren (denn die Ursache sei keine ärztliche Behandlung)".[7] Eine Ansicht, welche die Hilfsmethoden der Fort-

---

[Postępowanie lekarza przy dokonywaniu wspomaganej prokreacji], in: T. Smyczyński (Red.), Hilfmethoden der menschlichen Fortpflanzung. Gesetzliche Probleme [Wspomagana prokreacja ludzka. Zagadnienia legislacyjne], Wydawnictwo Nakom, Posen [Poznań] 1996, S. 132. Siehe auch: M. Filar, Ärztliches Strafrecht [Lekarskie prawo karne], Kantor Wydawniczy Zakamycze, Krakau [Kraków] 2000 (Filar, 2000).

[6]   M. Safjan, Das Gesetz zur Ingerenz der natürlichen Fortpflanzung der Menschen [Prawo wobec ingerencji w naturę ludzkiej prokreacji], Universität Warschau, Jura- und Verwaltungsfakultät, Warschau [Warszawa] 1990 (Safjan, 1990).

[7]   Safjan, 1990, S. 28.

pflanzung zu den Heilmaßnahmen zählt, bezeichnet Safjan als „therapeutische Ideologie."[8]

Marian Filar präsentiert einen anderen Standpunkt.[9] Seiner Auffassung nach hat eine Klassifikation der Fortpflanzungsmethoden dem Zweck zu folgen, dem diese Behandlungen dienen. Wenn diese Techniken zur Behandlung der Unfruchtbarkeit verwendet würden, seien sie von ihrem Charakter her Heilmaßnahmen und unterlägen den entsprechenden Vorschriften, die derartige Behandlungen regelten. Unter „Heilmaßnahme" versteht Filar

> „[...] jede ärztliche Behandlung, die an einem Patienten durchgeführt wird und die im Stadium von Prophylaxe, Diagnose und Rehabilitation zur Rettung seines Lebens, seiner Gesundheit oder Verminderung des physischen oder psychischen Leidens unternommen wird."[10]

Filar behält sich aber vor, die Klassifikation zu ändern, wenn sich die Indikation ändert: Wenn zum Beispiel – wie das der Autor auffasst – der Wunsch nach künstlicher Fortpflanzung durch die „Laune einer Frau" oder durch ihre sexuelle Orientierung motiviert sei. In diesem Fall widerspreche die Anwendung der künstlichen Befruchtungsverfahren dem

> „[...] allgemeinen Zulässigkeitsstandard solch einer Maßnahme durch die Heilkunst."[11]

Die Lapidarität dieser Formulierung sowie die Selbstverständlichkeit des Autors, mit der er bestimmten Personenkreisen den Anspruch auf die Methoden abspricht, ruft Bedenken hervor. Leider finden wir in seiner Publikation keine weiteren Hinweise, die eine solche Differenzierung der künstlichen Hilfsmethoden für Fortpflanzung begründen würden. Es mag diesen Standpunkt klären, wenn wir uns klar machen, dass er ungewollte Kinderlosigkeit nur für eine bestimmte Subjektgruppe anerkennt. Wie wir dann sehen, sind Frauen homosexueller Orientierung und vielleicht auch Frauen, die nicht in einer Ehe oder in einer heterogenen Beziehung

---

[8] Safjan, 1990, S. 203.

[9] Filar, 2000.

[10] „Ärztliche Behandlung" ist nach der vom Autor vorgenommenen Klassifizierung eine Art „Gesundheitsleistung" in Anlehnung an Art. 3 des Gesetzes vom 31. 09. 1991 über die polnischen Institute der Gesundheitsfürsorge (Gesetzblatt vom Jahr 1991, Nr. 91, Position 408 mit späteren Änderungen).

[11] Filar, 2000, S. 225. Diese Standards werden vom Expertenausschuss des Europäischen Rats CAHBI formuliert sowie im Punkt 9 und 10 des Entschlusses 372/88 des Europäischen Parlaments vom 17.04.1989 über die ethischen und gesetzlichen Probleme genetischer Eingriffe.

leben, von dieser Gruppe ausgeschlossen. Die lakonische Erwähnung des Einflusses durch „die Laune" ist schwer eindeutig zu interpretieren. In diesem Fall ist Kinderlosigkeit sozusagen ein „natürlicher" Umstand und sie kann keineswegs zu physischem oder psychischem Leiden führen.

Filar versteht unter dem Begriff „Behandlung" etwas anderes als Safjan. Seiner Meinung nach ist eine Maßnahme, die einem unfruchtbaren Paar hilft, ein Kind zur Welt zu bringen, eine Heilmaßnahme. Dieser Standpunkt scheint ziemlich konservativ zu sein; hier aber spielt nicht die Klassifizierung der Verfahren zur künstlichen Befruchtung die Hauptrolle, sondern die Grundlage seines Thesengerüsts bildet die Behandlungsbedürftigkeit der Menschen. Safjan betrachtet die künstlichen Fortpflanzungsmethoden mit skeptischer Distanz, denn seiner Meinung nach sind sie erfolglos: Sie behandeln nicht die Krankheit. Demgegenüber speist sich die Skepsis Filars aus der Überzeugung, dass einigen Patienten auf diese Weise nicht geholfen werden könne, weil sie gar nicht krank seien.

Der Standpunkt Filars erfolgt aus den axiologischen Überzeugungen des Autors davon, von wem und aus welchen Gründen der Kindeswunsch geäußert wird und wann dieser Wunsch auf gesellschaftliche Akzeptanz treffen kann. Wie wir uns überzeugen können, greift er zu einem gesellschaftlich allgemeingültigen moralischen Überzeugungssystem, um die Interpretation der Rechtsvorschriften zu begründen, was für mehrere Wissenschaftler charakteristisch ist.

Einen sehr liberalen Standpunkt in der Angelegenheit formellgerichtlicher Beurteilung von künstlichen Befruchtungsverfahren und ihren legalen Bedingungen nehmen Maria Boratyńska und Przemysław Konieczniak ein:

> „Wir können nicht verstehen", schreiben sie, „wie die Zweifel an den Zwecken einer Fortpflanzungsbehandlung überhaupt entstehen können, weil sie offensichtlich sind."[12]

Nach diesen Autoren begründet sich jeder Fall von ungewollter Kinderlosigkeit, der physische und psychische Leiden erzeugt, in ausreichender Weise selbst; dies rechtfertige die Anwendung der gegenwärtig zugänglichen Reproduktionstechniken. Dieser äußerst liberale Standpunkt steht jedoch angesichts der Bevölkerungsgruppen, die gegenwärtig zur Nutzung der Errungenschaften der modernen Medizin berechtigt sind, in der Fachliteratur ziemlich vereinzelt da.

---

[12] M. Boratyńska, P. Konieczniak, Die Rechte des Patienten [Prawa pacjenta], Difin, Warschau [Warszawa] 2001, S. 79.

1. 2   Der Begriff der „Familie" als Beurteilungskategorie

Eine andere Kategorie, die bei der juristischen Beurteilung der Legalität von medizinischen Hilfsmaßnahmen zur Fortpflanzung eine wichtige Rolle spielt, ist der Begriff „Familie". Das polnische Familien- und Vormundschaftsrecht enthält keine Definition von Elternschaft, auch keine genauen Lösungen, welche die Abstammung des Kindes klären würden. Das verweist darauf, dass die Voraussetzung für eine Familienbeziehung die biologische Abstammung des Kindes von den Eltern ist.[13] Auf die biologische Grundlage der Elternschaft verweist auch die polnische Herkunft des Wortes. Im Polnischen stammt das Wort „Verwandtschaft" (pokrewieństwo) etymologisch vom Begriff „Blutsverwandtschaft" (więzy krwi) ab.

Der biologische Begriff der Elternschaft und sein Zusammenhang mit der Ehe sind fest in der Geschichte und im europäischen Gedanken des Zivilrechts verwurzelt. Alle großen Verfassungen des XIX. Jahrhunderts gaben den Ehen und den mit ihnen zusammenhängenden Familienbanden die Vorherrschaft. Hieraus ergibt sich einerseits eine Benachteiligung der außerehelichen Kinder, andererseits Regress und beschränkte Adoptionsfolgen als naturwidrige Gebilde, das hauptsächlich dem Vermögensinteresse des Adoptierenden untergeordnet sind.[14]

Nach Meinung einer Mehrheit polnischer Juristen bezieht sich der Begriff „Familie" auf Ehen, die Kinder haben. Wie es Tadeusz Smyczyński auffasst, ist eine

> „[...] vollständige Familie eine Gruppe von Menschen, die durch zwei Arten von Sozialbeziehungen miteinander verbunden sind: durch die eheliche Beziehung und die Eltern-Kinder-Beziehung."[15]

---

[13] Siehe z. B. Art. 67, 68 §2, 70 §3 des polnischen Familien- und Vormundschaftsrechts.

[14] Siehe z. B. eine äußerst interessante Besprechung des Problems von Katarzyna Sójka-Zielińska, welche die im Code Napoleon enthaltenen Regeln betrifft: K. Sójka-Zielińska, Die Wege und die Umwege des Gesetzes: Grundrisse der europäischen Gesetzeskultur [Drogi i bezdroża prawa: szkice z dziejów kultury prawnej Europy], Zakład Narodowy im Ossolińskich, Breslau [Wrocław] 2000. Eine Analyse der historischen Bedingungen der Vorschriften, die im polnischen Familien- und Vormundschaftskodex enthalten sind, findet sich in der Bearbeitung von Jerzy Ignatowicz, erschienen in der Gesamtarbeit: Das System des Familien- und Vormundschaftsrechts [System prawa rodzinnego i opiekuńczego] J. Pi¹tkowski (Red.), Zakład Narodowy im. Ossolińskich, Breslau [Wrocław], 1985.

[15] T. Smyczyński, Axiologische Grundlagen der Zulässigkeit künstlicher Fortpflanzungsmethoden [Aksjologiczne podstawy dopuszczalności wspomaganej prokreacji], in: T. Smyczyński (Red.), Hilfsmethoden der menschlichen Fortpflanzung. Gesetzliche Probleme [Wspomagana prokreacja

Hieraus folgt einerseits die Billigung von Handlungen, die zur Geburt von Kindern führen, andererseits folgen aber hieraus auch genaue Regeln, wie eine „wirkliche Familie" funktionieren soll und auf welche Werte sie sich stützen soll.

Eine große Bedeutung für die juristischen Diskussionen über die Familie und deren richtige Funktionsweise hat der Begriff vom „Wohl des Kindes". Es verwundert nicht, dass dieser Begriff zu einer der Hauptkategorien wurde, die während jener Debatten im Zentrum standen. Das polnische Familien- und Vormundschaftsrecht definiert diesen Begriff nicht. Die Mehrheit der Familienrechtsexperten ist sich einig, dass der Begriff vom „Wohl des Kindes" allgemeinen Charakter hat und er deswegen sehr schwer zu interpretieren ist. Die Autoren betonen, dass in der Rechtswissenschaft keine Einigung über die Kriterien der Beurteilung vom „Wohl des Kindes" besteht.

Es scheint aber, dass diese Schwierigkeit kein Hindernis für diejenigen Autoren ist, die die rechtlichen Aspekte der künstlichen Fortpflanzungsmethoden analysieren. Die Auslegung der Schlüsselbegriffe ist nicht klar. Es regt wieder einmal zur Präsentation persönlicher Überzeugungen und moralischer Autoritäten an, und die individuellen Präferenzen werden zu allgemeinen Überzeugungen. Safjan schreibt:

„Das Wohl des Kindes ist meiner Meinung nach ein System von Werten, die mit der Situation des Kindes in der Familie und in der Gesellschaft verbunden sind und die sich auf allgemeingültige moralische Postulate beziehen, die insbesondere in diesem Bereich von der christlich-moralischen Doktrin und von der gesellschaftlichen Lehre der katholischen Kirche stammen."

Weiter erklärt Safjan, dass aufgrund des apostolischen Mahnschreibens *(Adhortatio Apostolica)* von Johann Paul II., der *Familiaris Consortio*, im „Wohl des Kindes"

„[...] die Erfüllung der seelischen und leiblichen Bedürfnisse des Kindes im Rahmen einer Familie, deren natürliche Grundlage eine Ehe bildet",[16]

zu verstehen sei. Die Darlegung persönlicher Überzeugungen und ethischer Postulate der katholischen Kirche verwandeln sich ziemlich unerwartet in eine Ansicht, die von dem Autor als objektive Auslegung des polnischen Rechts dargestellt wird:

---

ludzka. Zagadnienia legislacyjne], Wydawnictwo Nakom, Posen [Poznań] 1996, S. 162 (Smyczyński, 1996).

[16] Safjan, 1990, S. 210.

„Eine Familie, die auf dem Weg der Ehe gegründet wurde und in der sich Bande zwischen Eltern und Kindern auf die reelle biologische Abstammung der Kinder vom Ehepaar stützen, ist vom Gesichtspunkt der Entwicklung und der Erziehung des Kindes ein optimales Familiensystem, das ohne jeden Zweifel vom gegenwärtigen Recht anerkannt wird."[17]

Aus diesem Familienbegriff folgt der entschlossene Einspruch dagegen, bei unverheirateten Frauen künstliche Befruchtungsverfahren durchzuführen. In diesen Fällen ist, nach Safjan, ein solches Verfahren

„[...] eine Verletzung der Elternschaftsstruktur, welche sich auf die mütterliche und väterliche Abstammung eines jedes Menschen stützt, und deswegen stiehlt es dem Kind seine biologische Identität und platziert es im Voraus in eine ungünstige familienrechtliche Situation."[18]

Nach Meinung des Autors

„[...] bleibt die künstliche Befruchtung einer allein stehenden Frau im öffentlichen Widerspruch zu unseren [polnischen] grundlegenden Rechtsregeln, wie dem Wohl des Kindes, und soll vom Recht her nicht anerkannt werden, sowohl, wenn es um Beurteilungen aufgrund *legis latae* geht, als auch bei zukünftigen gerichtlichen Lösungen."[19]

Das Berufen auf den Begriff vom „Wohl des Kindes" und auf Ansichten, die eine „richtige" Familie beschreiben, ist ein wichtiges Indiz für den staatlichen Zugriff auf den Bereich der privaten Entscheidung für künstliche Fortpflanzungsmethoden. Verfahren der künstlichen Befruchtung werden als „naturwidrig" angesehen und eine hierzu abweichende Einstellung der Gesellschaft verursacht, dass sie – wie es Smyczyński auffasst – einen öffentlichen Charakter gewinnen. Dadurch zählen sie nicht mehr zum Bereich der Entscheidungen, die ein Individuum selbst treffen kann. Smyczyński schreibt:

„Der Wunsch einer Person nach einem Kind ist nicht nur eine Frage seiner persönlichen Freiheit; dieser Wunsch überschreitet den Privat-

---

[17] Safjan, 1990, S. 211.

[18] Safjan, 1990, S. 214.

[19] Safjan, 1990, S. 218.

bereich, soweit das Ziel nicht aufgrund eines Geschlechtsverkehrs, sondern mit Hilfe von in Fachzentren benutzten modernen medizinischen Techniken erreicht wird. Im Falle eines natürlichen Geschlechtsverkehrs zwischen einem Mann und einer Frau haben wir es mit dem Privatbereich eines Individuums und seinem intimen Leben zu tun (es mag zwar manchmal moralisch fragwürdig sein, beinhaltet jedoch keine Eingriffe von außen). Das Fordern nach Durchführung ärztlicher Maßnahmen, vor allem künstlicher heterogener Befruchtung, In-vitro-Fertilisation usw., geht über den Bereich der intimen Kontakte eines menschlichen Paares hinaus und führt zu einer Technisierung des Fortpflanzungsprozesses; man könnte also sagen, dass dieser Bereich des menschlichen Zusammenlebens öffentlich wird. Von diesem Moment an kann der Staat die Entscheidung ein Kind zu bekommen nicht dem einzelnen Menschen selbst überlassen, weil sonst die Gefahr besteht, die gemeinschaftliche Ordnung zu verletzen."[20]

Nach Smyczyński und Safjan sind die Verfahren der künstlichen Befruchtung durch ihren Einfluss auf das Verständnis vom Familienbegriff ein wichtiger Bereich der Staatsinteressen. Nach Auffassung der Autoren sollte die Formulierung genauer Vorschriften, welche die Zugänglichkeit und den Anwendungsbereich der künstlichen Befruchtung regeln, unbedingt erfolgen und dem Schutz von gesetzlicher und moralischer Ordnung dienen.

Aus der Lektüre ihrer Arbeiten geht hervor, dass der einzige von ihnen anerkannte und damit staatlich zu billigende Grund für die Aufnahme eines künstlichen Befruchtungsverfahrens der Wunsch ist, eine „richtige Familie" zu gründen. Diese sei aber nur dann möglich, wenn sie sich auf eine Ehe und auf biologische Bande zwischen Eltern und Kind stütze. Das ist ein äußerst originelles Konzept. In der Regel wird die Anwendung der künstlichen Fortpflanzungsmethoden mit dem Wunsch „ein Kind zu haben" begründet. Laut Smyczyński und Safjan ist das eine falsche Einstellung. Ein Kind zu haben sei kein ausreichend begründetes Motiv oder es solle zumindest nicht akzeptiert werden, solange es nicht dem Willen entspringe, eine „richtige" Familie zu gründen. Denn nur diese sei es wert, vom Staat geschützt zu werden.

Eine interessante Polemik zu den vorgestellten Argumenten, welche die Legalität der künstlichen Fortpflanzungsmethoden thematisiert, ist der Artikel von Andrzej Dyoniak.[21] Dieser Autor versucht uns zu zeigen, dass eine scharfsinnige

---

[20] Smyczyński, 1996, S. 172.

[21] A. Dyoniak, Der Einfluss des Willens der Menschen, die bei einer künstlichen Fortpflanzung direkt an den Eltern-Kind-Rechtsbeziehungen beteiligt sind [Wpływ woli osób bezpośrednio na

Analyse der polnischen Familiengesetzgebung beweist, dass eine Familie nicht nur auf biologischen Banden zwischen dem Kind und seinen Eltern basiert. Nach Dyoniak ist das Elternschaftsverhältnis eine juristische Kategorie, für die der Willensakt eines Individuums eine wichtige Rolle spielt. Der Autor führt eine Reihe von Beispielen an, in denen Elternschaftsbeziehungen ohne biologische Kriterien geschaffen wurden:

-   das Anerkennen eines fremden Kindes;
-   der Fall, in dem der Ehemann der Mutter nicht gegen die Vaterschaft des Kindes geklagt hat;
-   der Fall, in dem die Mutter keine Klage gegen die Vaterschaft erhoben hat;
-   die Tatsache, dass es keine gesetzlichen Möglichkeiten für den biologischen Vater gibt, eine Klage gegen die Vaterschaft des Ehemanns der Mutter zu erheben.[22]

Der Autor verweist auch auf die Äußerung des Obersten Gerichtshofes, in der die Abweisung einer Klage gegen die Mutterschaft empfohlen wird, wenn

„[...] es außer an natürlichen, biologischen Voraussetzungen an anderen nichtmateriellen Ursachen, die für den Familienstandwechsel sprechen, fehlt."[23]

Die Beurteilung des Gerichts basiert auf dem Begriff der „Regeln des sozialen Zusammenlebens". Der soziale Aspekt spielt auch im Falle der Adoption eine wichtige Rolle.

Dass die Erlangung eines gesetzlichen Status bei künstlichen Befruchtungs-verfahren abhängig ist vom Willen des Individuums, fand seine Bestätigung im Urteil des Obersten Gerichtshofs vom 27. Oktober 1983. Das Gericht urteilte im Falle einer vom Ehemann vorgebrachten Vaterschaftsklage – wobei der Ehemann zuvor einer heterologen Befruchtung zugestimmt hatte –, dass diese Klage im Widerspruch zu den allgemeinen „Regeln des sozialen Zusammenlebens"[24] steht.

---

powstanie stosunku prawnego rodzice-dzieci w przypadku nienaturalnej prokreacji], in: Smyczyński, 1996 (Dyoniak, 1996).

[22] Das polnische Familienrecht stützt sich auf die Vermutung der Abstammung des Kindes aus einer Ehe.

[23] Judgement of the Supreme Court III CZP 35/83, OSPiKA 1/1985, poz. 1.

[24] III CZP 35/83, OSPiKA 1/1985, poz. 1. Diese Ordnung, die von 7 Richtern aufgenommen wurde, hat im polnischen Recht den Charakter einer „Rechtsregel".

Nach Dyoniaks Meinung hat das Gericht auf diese Weise nur bestätigt, dass das Knüpfen elterlicher Beziehungen nicht unbedingt auf biologischen Kriterien fußen muss.

Weiter ist er der Meinung, dass Eingriffe, die der Fortpflanzung dienen, als legal und aus dem gesetzlichen Blickwinkel betrachtet als unproblematisch angesehen werden sollten und dass diese Methoden juristische Anerkennung finden sollten, solange der polnische Gesetzgeber den Willen der beteiligten Parteien als wichtige Voraussetzung für das Knüpfen elterlicher Beziehungen akzeptiert. Dyoniak betont auch, dass im Falle einer künstlichen Insemination oder einer Embryonen-implantation der Wille der Beteiligten nicht nur Einfluss auf den rechtlichen Status des Kindes hat, sondern auch dieser Wille das Kind zum Leben erweckt. Daraus schließt der Autor, dass in dem Moment,

„[...] in dem die Beteiligten die Entscheidung treffen, sie gleichzeitig den Status der Eltern verdienen."[25]

Die Konsequenz aus dieser Argumentation ist ein liberaler Standpunkt gegenüber medizinischen Fortpflanzungstechniken. Diese Maßnahmen werden für viele Rechtssubjekte als legal und zulässig angesehen. Zum entscheidenden Element werde nämlich der Wille des Individuums, Vater oder Mutter zu sein. Dieser wiederum habe einen individuellen Charakter und sei unabhängig vom definierten Konzept der „Familie".[26]

Die Autoren, die solche Maßnahmen befürworten und damit begründen, dass diese Hilfsmethoden das allgemeine menschliche Bedürfnis nach Kindern befriedi-gen, sehen es nur ungern, wenn der Staat in solche Fälle einzugreifen versucht. Sie sind nämlich der Meinung, dass solch eine Entscheidung zur Privatsphäre eines Individuums gehört, und als solche solle sie dem Staat nicht untergeordnet sein. Mirosław Nesterowicz schreibt dazu:

„Ein Gesetz, welches einer Frau die künstliche Insemination verbietet, wäre meiner Meinung nach ein zu weit gehendes Eingreifen in die persönliche Freiheit."[27]

---

[25] Dyoniak, 1996, S. 137.

[26] Oberltn. Z. Radwański, Rechtsstellungnahme eines infolge der künstlichen Befruchtung der Mutter geborenen Kinds [Stanowisko prawne dziecka poczętego w następstwie sztucznego unasiennienia matki], Studia Iuridica Silesiana 5, Kottwitz [Katowice] 1979, S. 172 (Radwański, 1979).

[27] M. Nestrowicz, Gesetzliche Probleme der neuen Techniken künstlicher Kinderzeugung [Problemy prawne nowych technik sztucznego poczęcia dziecka], „Der Staat und das Recht" [„Państwo i Prawo"] 1982 (5), Nr. 2, S. 45.

2. Haltungen von Medizinern zu den Reproduktionstechnologien

Die medizinische Fachliteratur, die sich mit Unfruchtbarkeit und deren Behandlungsmethoden beschäftigt, betrifft vor allem technische Aspekte: Hinweise, wie man bestimmte Eingriffe durchführt, Vorteile und Risiken, die ein bestimmter Eingriff verursachen kann. Handbücher betonen vorrangig, dass ein Unterschied zwischen der Unfruchtbarkeit *sensus stricte*, der *sterilitas* und der *infertilitas*, also der Unfähigkeit ein Kind auszutragen, besteht. *Sterilitas* bedeutet

„das Fehlen von Nachkommen aufgrund der Zeugungsunfähigkeit"

und *infertilitas*

„das Fehlen von Nachkommen aufgrund von Ursachen, die eine vorzeitige Schwangerschaftsunterbrechung (Fehlgeburt) nach sich ziehen, oder infolge der Unfähigkeit lebendige Kinder zu gebären".[28]

Es werden verschiedene Arten der Unfruchtbarkeit eingehend klassifiziert.[29] Fachärzte auf dem Gebiet der Unfruchtbarkeitsbehandlung äußern sich nur selten und ungern zu den damit verbundenen juristischen und ethischen Fragen. Die Worte von Rudolf Klimek scheinen den Standpunkt dieser Ärzte recht zutreffend wiederzugeben:

„Um die damit verbundenen außerärztlichen Kriterien (ethischen, privaten, sozialen usw.) zu vermeiden, stehen die Ärzte auf dem biologischen Standpunkt und helfen den Leuten, die Kinder haben wollen und die entschlossen sind, alles zu tun, um dieses Ziel zu erreichen."[30]

Meine Analyse der Standpunkte und ärztlichen Überzeugungen stützt sich in hohem Maße auf verstreute und oft ziemlich fragmentarische Äußerungen der entsprechen-

---

[28] A. Steciwko, Die besonderen Aufgaben in der Praxis eines Familienarztes [Wybrane zagadnienia z praktyki lekarza rodzinnego]; Band 2: Klinische Aufgaben, psychosoziale Probleme, Prophylaxe, Rechtsaspekte [Zagadnienia kliniczne, problemy psychospołeczne, profilaktyka, aspekty prawne], Herausgeber: Wydawnictwo Continuo, Breslau [Wrocław] 2000, S. 93-102 (Steciwko, 2000).

[29] Siehe z.B.: T. Pisarski, J. Skrzypczak, L. Pawelczak, Unfruchtbarkeit - Begriffe [Niepłodność - określenia], in: T. Pisarski, M., Szamatowicz (Red.), Unfruchtbarkeit [Niepłodność], Herausgeber: Wydawnictwo Lekarskie PZWL, Warschau [Warszawa] 1997, S. 11-12.

[30] R. Klimek, Unfruchtbarkeit - heilbar oder nicht heilbar? [Niepłodność uleczalna czy nie?], Herausgeber: PZWL 1986, S. 62.

den medizinischen Experten. Obwohl sie oftmals unvollständig sind, bilden die Äußerungen ein kohärentes, überzeugendes System.

Es scheint, dass ärztliche Kreise keine besonderen Probleme damit haben, Unfruchtbarkeit als eine Krankheit anzuerkennen. Fachärzte der Gynäkologie halten den am Anfang dieses Artikels zitierten Standpunkt der Weltgesundheitsorganisation (WHO) für entscheidend. Laut dieser Definition wird ein Paar als zeugungsunfähig klassifiziert, wenn es in einem Zeitraum von 12 Monaten regelmäßigen, ungeschützen Geschlechtsverkehr hatte und die Frau dennoch nicht schwanger wurde. In Polen hingegen diagnostiziert man bei so einem Paar erst nach zwei Jahren Zeugungsunfähigkeit. Anschließend wird normalerweise eine Unfruchtbarkeitsbehandlung vorgenommen. Polnische Fachärzte dieses Bereichs besitzen ein sehr weites Verständnis vom Gebiet der unterstützenden Fortpflanzungsmaßnahmen. Mit diesem Terminus bezeichnet man

„[...] alle Handlungen, die eine Erhöhung der Schwangerschaftschancen bewirken und welche die neuesten biochemischen, pharmakologischen und technischen Errungenschaften anwenden."[31]

Für die Mehrheit der polnischen Ärzte, die sich auf dem Gebiet der Unfruchtbarkeitsbehandlung spezialisieren, ist die Geburt eines gesunden Kindes ein therapeutischer Erfolg und damit auch die „Heilung der Krankheit" vollzogen. Marian Szamatowicz gibt dieser Meinung Ausdruck:

„Wenn es kein Kind gibt, so existiert eine spezifische Krankheit, die Unfruchtbarkeit. [...] Und nur die Geburt eines Kindes ist im Stande diese Krankheit zu beseitigen. Wenn wir annehmen, dass nur die Geburt eines Kindes diese Krankheit beseitigen kann, müssen wir jede Art von Verfahren, das zu einer Geburt führt, als eine Behandlung, also als medizinisches Verfahren anerkennen."[32]

---

[31] S. Radwicki, Die ART-Behandlung (Assisted Reproductive Technologies). Wann? Wie? Wo? [Leczenie za pomocą ART (Assisted Reproductive Technologies). Kiedy? Jak? Gdzie?, in: Konferenz „ In-vitro-Fertilität im 21. Jahrhundert - Hoffnungen und Bedrohungen" [„In vitro w XXI wieku -nadzieje i zagrożenia"], Das Büro des Regierungsbevollmächtigten für Gleichberechtigung der Frauen und Männer, Warschau [Warszawa] 2003, S. 21 (Konferenz In-vitro-Fertilität, 2003)

[32] Szamatowicz, 2003, S. 13.

„Das Hauptkriterium für die Effektivität ist die Geburt eines lebenden und gesunden Kindes, oder, wie es die Angelsachsen sagen, 'home taken baby' ",[33]

so Szamatowicz. Eine genauere Analyse der Äußerungen von Fachärzten für Unfruchtbarkeitsbehandlungen zeigt jedoch, dass ihre Meinungen trotz offener Einstellung zur Anwendung von künstlichen Fortpflanzungsmethoden auch von normativen Bewertungen geprägt sind. Daraus folgt ein recht interessantes Phänomen, nämlich, dass private ethische Überzeugungen in den Bereich der Medizinsprache eingeschlossen werden, obwohl ihre Grundvoraussetzung ist, dass sie axiologisch neutral bleibt. Die beste Erklärung eines derartigen Prozesses liefert ein Begriff, der in Polen äußerst populär ist und der kein internationales Äquivalent hat: die „eheliche Unfruchtbarkeit". Er ist jedoch keine Subkategorie des Oberbegriffs „Unfruchtbarkeit"; es handelt sich hier vielmehr um eine Unfruchtbarkeit *tout court*. Es scheint, wir haben es hier mit derselben Denkweise zu tun, die wir auch schon anhand von Beispielen bei der juristischen Analyse beobachtet haben, und wieder einmal stoßen wir auf den spezifischen Begriff der Familie und, was daraus erfolgt, auf die Beschränkung der Subjektgruppe, welche die künstlichen Fortpflanzungsmethoden anwenden darf. Es lässt sich vermuten, dass die polnischen Ärzte der Meinung Filars näher stehen, nämlich der, dass Paare, die in einer außerehelichen Beziehung zusammenleben, nicht unter Krankheiten wie Unfruchtbarkeit leiden können.

Der Begriff der Familie und die mit ihm verbundenen Werte sind Elemente, die immer wieder in Äußerungen auftreten, die eigentlich für einen offeneren Zugang zu Reproduktionstechniken sprechen. Wie Szamatowicz betont, sind

„[...] eine Frau und ein Mann nur ein Paar, und erst, wenn ein Kind geboren wird, können wir von einer richtigen Familie sprechen."[34]

Auch Romuald Dębski ist der Meinung, dass die Behandlung der Unfruchtbarkeit ein wichtiges Element der Familienpolitik darstellt.[35]

---

[33] Szamatowicz, 2003, S.15.

[34] Äußerung in der Diskussion auf der Konferenz „ In-vitro-Fertilität im 21. Jahrhundert - Hoffnungen und Bedrohungen" [„In vitro w XXI wieku -nadzieje i zagrożenia"], Konferenz In-vitro-Fertilität, 2003, S.43.

[35] R. Dębski, Familienplanung gegenüber der Unfruchtbarkeit [Planowanie rodziny a niepłodność], in: Konferenz In-vitro-Fertilität, 2003.

Der gesellschaftliche Begriff der Familie und die damit verbundenen Erwartungen stellen nach ärztlicher Meinung die Hauptursache der Probleme dar, die von Unfruchtbarkeit betroffene Patienten empfinden. Szamatowicz deutet an:

> „Spricht man von emotionalen Reaktionen, so verwendet man zwei Begriffe: *less of woman, less of man* – unwertvolle Frau, unwertvoller Mann. Was die weiteren Nachteile solch einer Situation angeht, so sind es die Verluste: der Möglichkeit von Familienplanung, der Möglichkeit Kinder zu bekommen, der Träume von Geschlechtsveränderung und von genetischer Fortsetzung. Außerdem will man den Großeltern das „schenken", was sie schon seit langem erwarten, und letztendlich führt dies zu weitgehenden, sich negativ auswirkenden Änderungen in der Beziehung eines solchen Paares."[36]

Hierbei ist interessant, dass keiner der Ärzte, die an dieser Diskussion teilnahmen, die oben genannten sozialen Erwartungen abstritt. Die Überzeugungen davon, was es heißt eine richtige Frau bzw. ein richtiger Mann zu sein, werden nie in Frage gestellt. Es scheint sogar, dass diese Stereotypen noch verstärkt werden, wenn man mit ihrer Hilfe die Notwendigkeit eines offeneren Zugangs zu künstlichen Fortpflanzungsmethoden begründen will.

3. Versuche einer rechtlichen Regulierung

Wie ich schon erwähnte, gibt es in Polen keine gesetzlichen Vorschriften, die sich direkt auf die Hilfsmethoden zur Fortpflanzung beziehen. Versuche zu solchen Regulierungen fanden jedoch bereits statt.

3. 1 Die Gesetzesvorlage für Gesundheitsbetreuung und Medizinberufe

Der erste Versuch erschien zusammen mit der Gesetzvorlage für Gesundheitsbetreuung und Medizinberufe. Die Version des Dokuments vom 13. März 1986 enthielt den Artikel 35, der die Zulässigkeitsbedingungen für heterologe Befruchtungen bestimmte:

---

[36] Szamatowicz, 2003, S. 20.

33

„Eine Methode künstlicher Befruchtung kann an einer verheirateten Frau durchgeführt werden, jedoch unter der Bedingung, dass beide Ehepartner ihre Zustimmung schriftlich bestätigen, nachdem sie über das Wesen des Eingriffs und seine eventuellen Folgen für die Mutter und das Kind belehrt worden sind."

Die Zustimmung des Ehemannes sollte bis zu zwei Jahren gültig sein und erlischt im Moment der Berufung oder im Falle einer Scheidung der Ehepartner vor Durchführung des Eingriffs. Es wurde auch die Möglichkeit vorgesehen, unverheiratete Frauen künstlich zu befruchten. In „begründeten Sonderfällen" sollte sich die Frau an das Vormundschaftsgericht wenden können und einen Antrag auf Genehmigung einer künstlichen Befruchtung stellen. Es war ebenso vorgesehen, dass das Gericht, welches die Entscheidung fällen würde, die „persönlichen und materiellen Bedingungen der Antragstellerin" beachten sollte. In jedem Fall sollte die künstliche Besamung mit dem Samen eines anonymen Spenders durchgeführt werden und in einer „vom polnischen Minister für Gesundheit und Sozialfürsorge ausgewiesenen Gesundheitsdienstanstalt" stattfinden. Diese Gesetzesvorlage blieb aber immer nur ein Projekt, das nie ausgeführt wurde.[37]

3. 2   Die Stellungnahme der Polnischen Gynäkologiegesellschaft

Im Jahr 1996 betraute die Direktion der Polnischen Gynäkologiegesellschaft eine Expertengruppe mit der Aufgabe, Richtlinien zu den Reproduktionstechnologien auszuarbeiten. Ende des Jahres wurde die Stellungnahme von der Direktion abgestimmt und akzeptiert. Der Text erschien 1997 in der zweiten Ausgabe der „Meldungen über Gynäkologie und Obstetrik" [*Wiadomości Ginekologiczno-Położnicze*]. In der Einführung lesen wir, dass diese Stellungnahme „die Arten der Unfruchtbarkeitsbehandlungen" bestimmen will, „die angesichts gegenwärtiger wissenschaftlicher Urteile als besonders nützlich und nicht gesundheitsgefährdend gelten." Gleichzeitig äußern die Autoren, dass die in ihrer Stellungnahme enthaltenen Argumente eine sachliche Grundlage darstellen, als eine Basis für Rechtsnormen dienen, die das Behandeln von Keimzellen zu regulieren beabsichtigen.

---

[37] Nach: M. Nesterowicz, Das Problem der gesetzlichen Regulierung künstlicher Fortpflanzung und genetischer Eingriffe [Problem uregulowań prawnych sztucznej prokreacji i inżynierii genetycznej] in: M. Filar (Red.), Das Recht und die Medizin an der Schwelle des 21. Jahrhunderts [Prawo i medycyna na progu XXI wieku], Herausgeber: Towarzystwo Naukowe w Toruniu, Thoren [Toruń] 1987.

In den ersten Sätzen des Dokuments lesen wir, dass der Wille ein Kind zu haben ein „natürliches Recht des Menschen" ist. Wie wir jedoch sehen werden, gilt dieses Recht nicht für alle, zumindest nicht in gleichem Ausmaß. Denn die Autoren sprechen nur von der „ehelichen Unfruchtbarkeit", die als „Zeugungsunfähigkeit" verstanden wird,

> „[...] die das Ergebnis der Unfruchtbarkeit oder einer beschränkten Fruchtbarkeit des einen oder beider Ehe- bzw. Lebenspartner, die in einer festen Beziehung bleiben, ist."[38]

Nur in solchen Fällen könne Unfruchtbarkeit als eine Krankheit anerkannt werden und deshalb als behandlungsbedürftig gelten.[39] Wie leicht zu erkennen ist, haben wir es hier mit derselben Einstellung zu tun, die wir schon bei der juristischen Diskussion beobachten konnten. Die Bestimmung des Personenkreises, der diese Form der ärztlichen Hilfe beanspruchen darf, ist bereits in der Definition der „Krankheit" enthalten.

Hauptbedingung für die Aufnahme von Unfruchtbarkeitsbehandlungen ist die vorherige Klärung ihrer Ursachen. Die Anwendung von Hilfsmethoden der künstlichen Fortpflanzung gilt als zulässig, wenn folgende Bedingungen erfüllt sind:

a) wenn eine Standardbehandlung erfolglos ist und es keine Hoffnungen auf eine Schwangerschaft gibt oder

b) wenn die Chancen auf Schwangerschaft bei Anwendung von Standardbehandlungsmethoden entschieden geringer sind als die Chancen auf Schwangerschaft bei Anwendung von künstlichen Hilfsmethoden der Fortpflanzung.[40]

---

[38] Die Stellungnahme der Polnischen Gynäkologiegesellschaft zu Fortpflanzungshilfstechniken bei der Unfruchtbarkeitsbehandlung: „Meldungen über Gynäkologie und Obstetrik" [„Wiadomości Ginekologiczno-Położnicze"] Nr. 2 1997, S. 90.

[39] Um genau zu sein, sollte man darauf achten, dass die Autoren bei der Bestimmung der Subjektgruppe, an denen die „Behandlung" durchgeführt werden kann, verschiedene Termini benutzen: „Ehepaar", „Partner", „Familie". Es ist schwer zu sagen, ob das terminologische Chaos beabsichtigt ist oder ob es an Sorgfalt bei der Formulierung der Stellungnahme fehlte. Aufgrund der Lektüre des gesamten Dokuments ist die Annahme berechtigt, dass die Autoren es für angebracht halten, den Bereich der Fortpflanzungshilfstechniken auf die Partner und hetero-sexuelle Personen „in einer festen Beziehung" zu reduzieren.

[40] Unter dem Begriff der „Fortpflanzungshilfsmethoden" versteht man:
- die intrauterine oder intraperitoneale Insemination mit dem Samen des Ehemannes oder eines anonymen Spenders,

In beiden Fällen ist die Zustimmung der beiden Partner zu verlangen. Die Stellungnahme verlangt auch das Führen einer genauen Dokumentation, die bis zu 25 Jahre lang aufbewahrt werden muss.

Außer pragmatischen Bedingungen für den Zugang zu künstlichen Fortpflanzungsmethoden bestimmt diese Stellungnahme auch die Umstände, in denen solch ein Eingriff „ethisch akzeptabel ist". Das gelte für Fälle, in denen die Anzahl der implantierten Embryonen nicht größer als 3 sei, und wenn ein sicheres Programm zum Einfrieren der überzähligen Embryonen vorhanden sei.[41]

Im weiteren Teil des Dokuments sind genaue Vorschriften zur Insemination und zur Eizellenspende enthalten. Im Falle der heterologen Insemination wird die vorherige Zustimmung beider Partner verlangt, damit das aufgrund der Behandlung geborene Kind anerkannt wird. Der Spender bleibt anonym.

Die Stellungnahme sieht auch eine Reihe von Kriterien vor, nach denen die Auswahl des Samenspenders erfolgen soll. Der Samenspender darf nicht an einer Geisteskrankheit, Systemkrankheit, Krebskrankheit oder an anderen aktiven Entzündungsvorgängen leiden. Er darf nicht älter als 45 Jahre sein. Von dem Spender werden negative Befunde zu Geschlechtskrankheiten verlangt. Vor Verwendung des Spendersamens wird eine sechsmonatige Quarantänezeit empfohlen. Beim Spender soll auch eine genealogische Beurteilung getroffen werden. Im Todesfall des Spenders wird die Aufbewahrung der Eizellen unterbrochen. Das Dokument verbietet, Belohnungsgeld oder eine finanzielle Entschädigung zu zahlen. Es wird nur eine Aufwandsentschädigung für den Spender bzw. die Spenderin in pauschaler Form vorgesehen.

Etwas anders sehen dagegen die Anordnungen aus, die das Behandeln von Eizellen regeln. Die Autoren der Stellungnahme schlagen vor, dass dieses Verfahren nach den in den Gewebe- und Zelltransplantationsvorschriften enthaltenen Regeln erfolgen solle. Ihrer Meinung nach solle die Spende der Fortpflanzungs-

---

- die Induktion einer Reifung von mehreren ovariellen Bläschen (Polyovulation) vor der nächsten Entnahme der Eizellen, die Eizellenkultur unter Laborbedingungen,
- die extrakorporale Befruchtung, die Mikroinsemination,
- die Übertragung der Gameten oder der befruchteten Eizelle und
- die Übertragung der befruchteten Oozyten von einer Frau auf eine andere (Radwański, 1979, S. 90).

[41] Auch in dieser Sache ist die Stellungnahme alles andere als eindeutig. Da eine multiple Schwangerschaft vorkommen kann, wird die Übertragung von 1 bzw. 2 Embryonen durchgeführt. Die Möglichkeit der Übertragung von 3 und mehr Embryonen wird aber nicht ausgeschlossen. Solch eine Handlung sei zulässig, wenn es keine medizinischen Indikationen gebe und unter der Bedingung, dass die Partner über das Risiko der Übertragung der mehreren Embryonen informiert worden seien und eine schriftliche Einwilligung geäußert hätten.

zellen analog zur Spende somatischer Zellen durchgeführt werden.[42] Die wesentlichen Regeln sind beiderseitige Anonymität und das Verbot eine finanzielle Entschädigung für den Verkauf – einen Preis – für das Bereitstellen der Fortpflanzungszellen zu zahlen. Die Autoren des Dokuments wägen zwei Modellsituationen ab, in denen weibliche Fortpflanzungszellen zwischen Frauen übertragen werden:

- Die erste sieht die Spende einer Eizelle zu Gunsten einer Frau vor, bei der ein Ausfall bzw. eine Störung der Ovarialfunktion vorliegt, die aber eine Schwangerschaft austragen kann. Es gibt dann zwei Möglichkeiten: die Befruchtung mit dem Samen des Ehemannes (homologe Insemination) oder mit einem Spendersamen (heterologe Insemination). Die erste wird für zulässig gehalten. Im zweiten Fall, nach den Autoren des Dokuments, fügt der Eingriff

„[...] der Familie keine neuen Werte hinzu außer der Möglichkeit, die Schwangerschaft auszutragen und ein genetisch fremdes Kind zu gebären."

Deshalb wird Adoption empfohlen.

- Im zweiten Fall der Eizellenverpflanzung benötigt man die Hilfe der so genannten Ersatzmutter. Hier bildet eine Frau, die ein Kind haben will, gesunde Eizellen, ist aber nicht im Stande die Schwangerschaft auszutragen und „dingt" eine zweite, fremde Frau, in die man die befruchtete Eizelle der ersten Frau einpflanzt, die dann die Schwangerschaft austrägt und das Kind gebärt.

Die Autoren jener Richtlinien vertreten den Standpunkt, dass in diesem Fall nicht von einer Analogie zur Transplantation gesprochen werden kann, und daraus folge, dass dieses Verfahren ernsthafte formaljuristische Bedenken wecke. Da die Möglichkeit bestehe, dass beide Frauen Rechtsansprüche auf das Kind haben könnten, halten die Autoren ein derartiges Verfahren für unzulässig.

---

[42] Die genauen Vorschriften, welche die Eizellenübermittlung betreffen, sind in der Stellungnahme der Polnischen Gynäkologiegesellschaft gegenüber dem Problem der Übermittlung von befruchteten Oozyten zwischen den Frauen enthalten. Diese Stellungnahme wurde in derselben Ausgabe der „Meldungen für Gynäkologie und Obstetrik" [„Wiadomości Ginekologiczno-Położnicze] veröffentlicht.

3. 3 Der polnische Kodex der ärztlichen Ethik

Der jüngste Versuch, die Legalität künstlicher Fortpflanzungsmethoden zu regeln, wurde im Jahr 2003 während der Novellierung des polnischen Kodexes der ärztlichen Ethik unternommen. Der seit dem Jahr 1991 existierende Kodex erregte von Anfang an viel Aufmerksamkeit. Die Novellierungen der Folgejahre wurden jedes Mal zum Versuch weitgehender Beschränkungen der ärztlichen Praxis und stellten das Werk eines konservativen Teiles der Ärzteschaft dar. Ziel war die Übereinstimmung des Kodexes mit der Ethik der römisch-katholischen Kirche.

Der erste Anlauf fand im Jahre 1991 statt. Der 2. Außerordentliche Landesärztekongress beschloss den Kodex der ärztlichen Ethik, dessen Vorschriften im Widerspruch zum damals gültigen Recht standen. Es ging u. a. um einen Eintrag, der einem Arzt verbot eine Abtreibung durchzuführen, es sei denn, die Schwangerschaft bedrohe das Leben der Mutter oder das Kind sei Folge einer Vergewaltigung. Das damals geltende Gesetz aus dem Jahre 1956 sah zusätzliche Umstände vor, unter denen eine Abtreibung erlaubt war. Dazu zählten sowohl schwierige Lebensbedingungen einer Frau als auch die so genannte eugenische Indikation: Diese Umstände werden im Allgemeinen als Gesundheitsvoraussetzungen interpretiert. In dieser widersprüchlichen Lage entstanden Unsicherheiten, inwiefern Vorschriften des Kodexes, die vom allgemein geltenden Recht abwichen, einen bindenden Charakter für die Ärzte besitzen und damit sozusagen über die „Hintertreppe" ein schärferes Recht zur Zulässigkeit der Abtreibungsverfahren setzen.

Zu Beginn des Jahres 1992 wandte sich der Bürgerrechtsbeauftragte[43] an den Verfassungsgerichtshof, um die Legalität der Kodexvorschriften zu untersuchen. In der im Oktober 1992 ausgegebenen Bestimmung vermied der Verfassungsgerichtshof die Lösung dieses Problems. Er stellte nämlich fest, dass seine Aufgabe darin bestehe, die von den Ärztekammern herausgegebenen normativen Akte hinsichtlich des polnischen Grundgesetzes zu untersuchen. Die deontologischen Normen, die

---

[43] Seit 1987 wird der Bürgerrechtsbeauftragte berufen. Dieses Verfassungsorgan besteht aus einer Person. Sie wacht über die in der Verfassung und in anderen normative Rechtssätzen festgelegten Rechte und Freiheiten der Bürger. Der Bürgerrechtsbeauftragte hat gesetzlich geregelte Kompetenzen, handelt selbstständig und in eigenem Namen. Er wird vom Sejm mit Zustimmung des Senats auf fünf Jahre berufen. Das oberste Prüfungsorgan im Staat ist die Oberste Kontrollkammer NIK. Ihre Hauptaufgabe ist die Prüfung der Tätigkeit von Organen der Regierungsverwaltung, von der Polnischen Nationalbank (NBP), von staatlichen juristischen Personen und anderen staatlichen organisatorischen Einheiten. Außerdem kann die NIK die Arbeit von Organen der territorialen Selbstverwaltung, von kommunalen juristischen Personen und anderen kommunalen organisatorischen Einheiten prüfen.
http://www.msz.gov.pl/mszpromo/de/4_1.htm (16.7.04).

im Kodex der ärztlichen Ethik enthalten sind und die vom Bürgerrechtsbeauftragten in Frage gestellt worden waren, hätten keinen solchen Charakter. Der Verfassungsgerichtshof entschied, dass er nicht das zuständige Organ zur Beurteilung deontologischer Normen sei: „Rechtsnormen", lesen wir in der Bestimmung des Verfassungsgerichtshofs,

> „[...] sollten sich auf das von der Gesellschaft anerkannte Wertesystem stützen, vor allem wenn es um Grundwerte geht. Die Sammlungen der gesetzlichen und ethischen Normen stimmen nicht überein und bilden zwei verhältnismäßig unabhängige Kreise. Die Forderung, dass die ethische Norm mit der gesetzlichen übereinstimmen solle, ist nicht berechtigt. [...] Wenn man nicht dem Wesen der Sache nach die Übereinstimmung der ethischen Normen mit der Verfassung und den Gesetzen fordern kann, kann die Behauptung solch einer Nichtübereinstimmung nicht in der Pflicht der Abweichung von einer ethischen Norm liegen. Denn diese Normen sind weder rechtskräftig beschlossen noch weichen sie von den für Rechtsnormen vorgesehenen Verfahren ab. Aus dem Wesen der Normen ergibt sich also, dass sie selbst keiner Rechtsprechung des Verfassungsgerichtshofs unterliegen."

Egal, in welchem Verhältnis die ethischen und gesetzlichen Normen stehen, es besteht die Tatsache fort, dass die im Kodex der ärztlichen Ethik enthaltenen Entscheidungen eine wichtige Rolle für die Auslegung der allgemeinen, die Ausübung der medizinischen Berufe betreffenden Vorschriften spielen. Der Kodex ist ein spezifisches Dokument. Er bezeichnet nicht nur das System der von Ärztekreisen vertretenen Normen und der Werte, sondern er bildet eine Quelle gegenwärtigen Rechts und ist Grundlage der von Disziplinargerichten getroffenen Entscheidungen. Auf dieses Spezifikum des Kodexes wies der Bürgerrechtsbeauftragte in seinem zweiten, an den Verfassungsgerichtshof gerichteten Antrag hin. Diesmal fragte er danach, ob ein Arzt, der in Übereinstimmung mit dem geltenden Gesetz handele, die Normen des Kodexes der ärztlichen Ethik jedoch verletze, für seine Tat verantwortlich gemacht werden könne. In der Entscheidung vom März 1993 erklärte der Verfassungsgerichtshof, dass ein Arzt in Übereinstimmung mit dem Gesetz handeln müsse und zugleich die Vorschriften des Kodexes verletzen könne, ohne das Risiko eines Erklärungsverfahrens oder Rufes vor dem Ärztegericht einzugehen. Jetzt wussten zwar Ärzte, wie sie jegliche Strafen vermeiden konnten, die juristische Relevanz des Kodexes war allerdings immer noch eine fragliche Angelegenheit.

Die 1992 und 1993 vom Verfassungsgerichtshof getroffenen Entscheidungen sind auch für die aktuellen Diskussionen über die Aussagekraft des Kodexes von

Bedeutung. Die Vertreter des konservativen Teils der Ärzteschaft berufen sich vorwiegend auf die erste Entscheidung des Verfassungsgerichtshofs und bemühen sich damit zu zeigen, dass die Verfahren aus dem Bereich der ärztlichen Ethik eine Angelegenheit der Gesellschaft bleiben und keiner juristischen Kontrolle unterliegen. Wie es der Vorsitzende der Oberärztekammer, Konstanty Radziwiłł, formulierte, zeigen

> „[...] mehrere historische Beispiele, wie sich das Gesetz degeneriert hat und dass es nicht der einzige Wirkungsvektor für die Menschen sein kann. [...] Der Gesetzgeber hat vorgesehen, dass die Ärzte ihre deontologischen Regeln selbst bestimmen sollen. Die ärztliche Ethik muss eben auf eine andere Weise aufgefasst werden: [...] mit Hilfe von Autoritäten, die als Wegweiser dienen, und im Einklang mit dem Gewissen."

Zur Frage, was seiner Meinung nach die Grundlage der im Kodex enthaltenen Regeln sein soll, antwortet er:

> „Für uns, Polen und Europäer, ist es natürlich die christliche Ethik."[44]

Der 7. Außerordentliche Landesärztekongress, der am 19. und 20. September 2003 stattfand, wurde noch einmal zu einem Schlachtfeld zwischen den Konservativen und den liberal denkenden Vertretern der ärztlichen Kreise. Diesmal wurden die Themen Pränataldiagnostik und künstliche Fortpflanzungsmethoden zum Streitpunkt. Uns interessiert natürlich vorwiegend das zweite Thema.

Unter den von den Kreisärztekammern zugeschickten Anträgen befand sich ein Vorschlag, der folgendermaßen lautete:

> „Artikel 39 a, Absatz 2: Medizinische Fortpflanzungsmethoden, die ein unproportionales oder unvorhersehbares Risiko für den gezeugten Menschen oder seine Mutter darstellen, sind nicht ethisch (Antragsteller: Kreisärztekammer in Danzig [Gdańsk])."[45]

---

[44] K. Radziwill: Äußerung während der Konferenz „Medizin - Ethik - Ökonomie" [Medycyna - Etyka - Ekonomia], die am 16. Juni 2003 von der Kreisärztekammer in Warschau [Warszawa] organisiert wurde.

[45] Wie leicht festzustellen ist, leitet uns selbst die Sprache der vorgeschlagenen Novellierung zu den offiziellen Urkunden des apostolischen Stuhls. Die Abhängigkeit der Zulässigkeit vom Risiko für die an schwangeren Frauen durchgeführten Eingriffe ist ein Hauptkriterium, mit dem sich die herausgegebene Anweisung über die Hochachtung eines entstehenden menschlichen Lebens und über die Würde seines Geschenks (Donum Vitae) beschäftigt. Die Fußnote zu dieser Anweisung

Der Vorschlag, diese Stimme in den Kodex der ärztlichen Ethik einzubeziehen, stieß auf scharfen Widerspruch einer Mehrheit der gynäkologischen Experten. Ihrer Meinung nach bedeute eine Fixierung dieses Antrags, dass die In-vitro-Befruchtung praktisch unmöglich wäre. Bei diesem Eingriff werden einige Eizellen entnommen und befruchtet, von denen dann nur ein Embryo in die Gebärmutter einer Frau verpflanzt wird. Die restlichen werden eingefroren. Da die Intention des Antragstellers der Schutz jedes „gezeugten Menschen" ist, könne das Einfrieren eines Teils der Embryonen als unethische Handlung beurteilt werden. Aufgrund dieser Einsprüche wurde der Novellierungsentwurf geändert. Letztendlich schlug man dem 7. Außerordentlichen Landesärztekongress einen Änderungsantrag vor, der wie folgt lautete:

„Ein Arzt, der künstliche Fortpflanzungsmethoden anwendet, sollte alles tun, um das Risiko für das Kind oder seine Mutter zu reduzieren."

Wie leicht feststellbar ist, hatte diese Änderung lediglich kosmetischen Charakter und bestand darin, diejenige Formulierung, die direkt an die vatikanischen Dokumente anknüpfte, zu streichen. Der Vorschlag wurde zum heißen Diskussionsthema während des Kongresses. Für die Aufnahme der Änderung stimmte der Vorsitzende der Oberärztekammer Konstanty Radziwiłł und der Chef der Kommission Jerzy Umiastowski, der das Novellierungsprojekt vorbereitet hatte. Sie erklärten, dass es bei dem Vorschlag darum gehe, eine besondere Achtsamkeit gegenüber dem Risiko zum Ausdruck zu bringen, das sowohl für die Frau als auch für das Kind mit der Durchführung solcher Verfahren verbunden sei. Umiastowski betonte, dass Frauen manchmal unter ungeheuerlichen Emotionen die Entscheidung träfen [sich einer künstlichen Fortpflanzungsmethode zu unterziehen – Anmerkung: W. Ch.]. Er behauptete, dass dieser Vorschlag von vielen Wissenschaftlern der Gynäkologie unterstützt werde. Ein Mitglied der Polnischen Gynäkologiegesellschaft stellte die Richtigkeit dieser Äußerung in Abrede. Einer der führenden Mitglieder der Gynäkologiegesellschaft, Romuald Dębski, kritisierte den Vorschlag scharf.

---

enthält eine Auslegung des Begriffs „Unproportionales Risiko": „[...] Die Pflicht zur Vermeidung eines unproportional hohen Risikos bedingt eine echte Hochachtung der menschlichen Wesen und eine Rechtlichkeit der Heilintentionen. Sie basiert darauf, dass 'der Arzt vor allem die negativen Konsequenzen beurteilen soll, die für den menschlichen Fötus die Anwendung einer bestimmten Untersuchungstechnik haben kann, und solche diagnostischen Methoden vermeiden wird, deren er nicht sicher ist. Wenn, was offenbar bei menschlichen Entscheidungen passiert, ein Risiko eingegangen werden muss, wird er sich bemühen zu prüfen, ob es mit einer reellen Untersuchungsnotwendigkeit und Gültigkeit der Resultate zum Besten des Fötus ist.' " (Johannes Paul II., Rede an die Teilnehmer des Symposiums „Bewegung für das Leben" vom 3. Dez. 1982, in: Insegnamenti di Giovanni Paolo II, V/3 ,1982, 1512.

Nach einer heftigen Diskussion lehnten die Delegierten letztendlich die vorge-schlagene Änderung ab. Die Tagung des 7. Außerordentlichen Landesärzte-kongresses zeigte jedoch, dass die Frage der Zulässigkeit von künstlichen Fort-pflanzungsmethoden immer noch viele Emotionen weckt und dass es einer derjenigen medizinisch – praktischen Bereiche bleibt, in dem immer noch hart-näckige, ideologische Grabenkämpfe ausgetragen und in dem immer wieder Versu-che unternommen werden, anderen die katholische Weltanschauung aufzuzwingen.

Von Anfang an stießen Kliniken, die Unfruchtbarkeit behandeln, auf den Wider-stand der katholischen Kirche. Mirosław Szamatowicz, der Leiter der gynäkolo-gischen Klinik der Medizinhochschule in Białystok, des ersten Zentrums in Polen, in dem Reproduktionstechnologien angewandt wurden, erinnert sich daran, wie vor ein paar Jahren der Metropolit von Białystok, Erzbischof Stanisław Szymecki, von der Kanzel donnerte:

„Es verbreiten sich in Polen die Übel Trinksucht, Rauschgiftsucht, Prostitution. Die schlimmsten Dinge passieren jedoch in den Kliniken der Medizinhochschule, in denen unter dem Vorwand einer Behand-lung Menschen getötet werden."

Die Erinnerungen der am Zentrum für die Behandlung ehelicher Unfruchtbarkeit („Kriobank") Beschäftigten sind nicht eben besser. Das Zentrum war gezwungen seinen bisherigen Sitz zu ändern, weil die auf der anderen Straßenseite wohnenden Missionarsschwestern der Heiligen Familie gegen das Zentrum protestierten.

Der Leiter der Warschauer Poliklinik „Novum", Piotr Lewandowski, erinnert sich an das Jahr 1995, als Anna Gręziak, die damalige Woiwodschaftsärztin, seine gerade aufgenommene Tätigkeit mit allen Mitteln zu beenden versuchte. Der letzte Ausdruck dieser Auseinandersetzung war Gręziaks Benachrichtigung der Staats-anwaltschaft, dass die „Novum" Poliklinik Verbrechen begehe, denn sie friere Embryonen ein und vernichte sie anschließend.[46]

Als die Delegierten des Kongresses diejenigen Änderungen ablehnten, deren Ziel es war, die Anwendung von Reproduktionsmethoden zu begrenzen, kommen-tierte die polnische ultrakonservative Zeitung „Nasz Dziennik" dies wie folgt:

„Neulich waren wir Zeugen einer riesigen nationalen Niederlage bei dem Versuch, den Kodex der ärztlichen Ethik zu novellieren. [...] Der misslungene Versuch einer positiven Novellierung des Kodexes der ärztlichen Ethik bedeutet die Beteiligung der polnischen Medizin an der

---

[46] Nach P. Walewski, Der Natur verhelfen [Pomóc naturze] in: Polityka.

Grenzverzerrung zwischen Gut und Böse, und zwar im Bereich des beginnenden Lebens. Der September-Kongress der Vertreter medizinischer Kreise hat nichts dagegen unternommen, dass die Medizin sich fortwährend für mörderische Praktiken engagiert, deren Ziel die künstliche Befruchtung ist. Das betrifft vor allem aber die extra-korporale Befruchtung, die so genannte In-vitro-Fertilisation. Bei dieser Methode werden neu gezeugte menschliche Wesen (überzählige Embryonen genannt) weggeworfen. Was das Mysterium der menschlichen Zeugung angeht, so wird es auf eine nahezu tierärztliche Praktik reduziert; auf eine Praktik, die man an anderen Wesen, nicht aber am Menschen vollziehen kann."[47]

Man könnte glauben, das wären radikale Meinungen, die man nicht ernst zu nehmen braucht. Polnische Erfahrungen zeigen jedoch, dass „radikal" nicht immer „marginal" bedeutet. Sie lehren uns auch, dass die Entschlossenheit katholischer Gruppen im Kampf um ihre Weltanschauung enorm ist, die sie als die einzig richtige betrachtet, und dass sie keine Kompromisse eingeht. Die Argumentation von Konstanty Radziwiłł scheint hier immer noch sehr zutreffend zu sein:

„Unser ethischer Kodex wird hier in Polen angewandt. Es ist auch nicht schwer zu erraten, dass unsere Ethik ihre Wurzeln im Christentum hat. Deshalb sollte unsere Ethik an die christliche Ethik anknüpfen und dasselbe betrifft auch unseren ethischen Kodex."[48]

Die Tatsache, dass dies die Worte des Vorsitzenden der Oberärztekammer sind, ruft eine gewisse, wohl berechtigte Besorgnis hervor. Mittlerweile hat sich jedoch gezeigt, dass die meisten Ärzte medizinische Fortpflanzungsmethoden anerkennen. Aus dem Kongress können wir jedoch schließen, dass es keine erdrückende Mehrheit ist, was Befürchtungen angesichts der Zukunft dieser Methoden fortbestehen lässt.

---

[47] Nasz Dziennik, 21. September 2003.

[48] K. Radziwill: Äußerung während der Konferenz „Medizin - Ethik - Ökonomie" [Medycyna - Etyka - Ekonomia], die am 16. Juni 2003 von der Kreisärztekammer in Warschau [Warszawa] organisiert wurde.

3. 4   Die öffentliche Meinung

Aus den neuesten Meinungsumfragen geht hervor, dass 65 % der polnischen Bürger die Meinung vertreten, außerorganische Befruchtung solle erlaubt sein. 21 % sprechen sich dagegen aus und 14 % der Befragten haben zu diesem Thema keine Meinung.[49] In den letzten Jahren wachsen stetig die Anzahl und die Aktivität von Organisationen, die die von Unfruchtbarkeit betroffenen Menschen zusammenführen. Eine der aktivsten ist die im Oktober 2002 entstandene Gesellschaft für Unfruchtbarkeitsbehandlung und Adoptionsunterstützung „Nasz Bocian" [Unser Storch]. Diese Gesellschaft hat ihre eigene Website geschaltet, auf der man sich über medizinische Fortpflanzungsmethoden, über aktuelle Angaben von Kliniken, die Unfruchtbarkeit behandeln, und über Adoptionsstellen erkundigen kann. Es werden auch Selbsthilfegruppen angeboten, die für Personen in Behandlung oder für diejenigen, die sich auf eine Adoption vorbereiten, gedacht sind.

Eines der grundlegenden Ziele der Gesellschaft „Nasz Bocian" ist es, die Aufmerksamkeit auf die gesellschaftliche Bedeutung des Unfruchtbarkeitsproblems zu lenken. Es ist allerdings schwer zu beurteilen, inwiefern dies als bewusste Strategie verfolgt wird und inwiefern es sich nur um Zufall handelt. Tatsache jedoch ist, dass die Gesellschaft sich vorrangig um eine Garantie auf Rückvergütung der Behandlungskosten bemüht. Was die ethischen Aspekte der medizinischen Fortpflanzungsmethoden betrifft, so begibt sich die Gesellschaft nur ungern in eine Diskussion. Angesichts des entschlossenen Widerstands der katholischen Kirche in Sachen künstlicher Fortpflanzungsmethoden und angesichts des mangelnden Willens, allgemein akzeptable Lösungen zu finden, scheinen die Versuche, die Gegner von der Richtigkeit dieser Methoden zu überzeugen, ohne jeden Erfolg zu bleiben. Wenn wir in Betracht ziehen, dass das Hauptziel der Gesellschaft darin besteht, den Betroffenen Zugang zu medizinischen Fortpflanzungsmethoden zu verschaffen, so kann die Strategie die Gunst des Staates zu erlangen, damit er die Kosten der Eingriffe zurückzahlt, erfolgreich sein.

Der erste Versuch, der von der Gesellschaft für die Unfruchtbarkeitsbehandlung und die Adoptionsunterstützung „Nasz Bocian" unternommen wurde, um die Aufmerksamkeit der Entscheidungsträger auf die Probleme der Leute zu richten, die unter Unfruchtbarkeit leiden, war die im Juni 2002 organisierte Konferenz „Kinder, die wir nicht haben – die polnische Gesellschaft gegenüber dem Problem der Unfruchtbarkeit" [*Dzieci, których nie mamy - społeczeństwo polskie wobec problemu niepłodności*]. Zur Tagung wurden hervorragende Fachärzte auf dem

---

[49] Eine vom polnischen Hauptamt für Statistik (CBOS) in den Tagen 13. / 14. März 1997 unter einer repräsentativen Gruppe von 1185 erwachsenen Polen durchgeführte Untersuchung.

Gebiet der Unfruchtbarkeitsbehandlung, Abgeordnete und Vertreter der Regierung eingeladen. In Folge der Konferenz wurde ein Appell an den damaligen Minister für Gesundheit und Sozialfürsorge gerichtet, in dem man sich um die Rückerstattung der Kosten für Unfruchtbarkeitsbehandlungen bemühte. Man sammelte einige Tausend Unterschriften für den Appell; der Appell fand jedoch keine Resonanz.

Ein weiterer Versuch, die öffentliche Aufmerksamkeit auf die Probleme der von Unfruchtbarkeit betroffenen Personen zu lenken, war die im Februar 2003 auf Initiative der Gleichstellungsbeauftragten berufene Konferenz „In-vitro-Fertilität im XXI. Jahrhundert - Hoffnungen und Bedrohungen" [*In vitro w XXI wieku – nadzieje i zagrożenia*]. Das Ziel dieser Konferenz war die Diskussion über die Implementierung institutioneller Mechanismen, die den an Unfruchtbarkeit leidenden Personen eine reale Chance auf erfolgreiche Behandlung gewährleisten würden. Wie es während der Tagung Marian Szamatowicz formulierte:

> „Die Fortpflanzungsmedizin wirft grundlegende Fragen auf. Die Medizin aber darf diese Technologien nicht übersehen, sondern muss sie verbessern und vervollkommnen."[50]

Das allerdings wird nach Meinung der Versammelten erst dann möglich sein, wenn sich die Unfruchtbarkeitsbehandlung auf der Liste der staatlich finanzierten Behandlungen befindet.

Unter den Argumenten, die für die staatliche Finanzierung der Unfruchtbarkeitsbehandlungen vorgebracht wurden, schienen die ungünstigen demographischen Faktoren und die Tatsache, dass in den meisten europäischen Ländern die Kosten für Unfruchtbarkeitsbehandlungen rückerstattet werden, am wichtigsten zu sein. Der Bezug auf demographische Daten ist ein neues Element in den Diskussionen über die künstliche Befruchtung. Er ist neu, aber offenbar von einer großen Wirkungskraft. Vom Themenkreis „Aussterben der Gesellschaft", den ökonomischen Folgen des Alterns der Gesellschaft sowie dem stetigen Rückgang des Erwerbsalters fühlen sich immer mehr Menschen angesprochen, auch diejenigen, die sich auf der rechten (konservativen) Seite der politischen Bühne positionieren. Wenn Unfruchtbarkeitsbehandlungen als Bestandteil der Familienpolitik in Polen dargestellt werden, wo die „Familie" einen führenden Platz in der Wertehierarchie einnimmt, kann das dazu führen, dass diese Verfahren mehr Anhänger gewinnen.

Trotz der Sympathie für das Projekt zur Kostenrückerstattung für Unfruchtbarkeitsbehandlungen seitens der politischen Eliten sind wir von der praktischen Realisierung weit entfernt. Dafür gibt es im Wesentlichen zwei Gründe. Erstens gibt es

---

[50] Szamatowicz, 2003, S. 17.

keine Übereinstimmung dahingehend, auf welche Weise diese Verfahren im Etat des Gesundheitswesens Berücksichtigung finden sollen. Zurzeit kämpfen zwei Projekte gegeneinander.

In dem von zwei hervorragenden Experten der Unfruchtbarkeitsbehandlung, Stanisław Radowicki und Marian Szamatowicz, angelegten Projekt wird die Aufnahme der künstlichen Fortpflanzungstechniken in den Katalog der medizinischen Leistungen vorgeschlagen. Die beiden Experten intendieren auch, dass die Unfruchtbarkeitsbehandlung in den Behandlungskatalog aufgenommen wird, der den Bürgern im Rahmen der allgemeinen Gesundheitsversicherung zusteht. Die Projektgeber schlagen außerdem vor, dass sich auf der Liste der rückzuerstattenden Arzneien auch einige Hormonpräparate befinden sollen, die zur Stimulation benutzt werden.

Eine etwas andere Lösung schlägt die Polnische Gynäkologiegesellschaft vor. Diese Gesellschaft will

„ [...] die Anerkennung der Verfahren der extrakorporalen Befruchtung IVF, der Intra-Cytoplastischen-Spermien-Injektion, sog. ICSI, als hochspezialisierte, von Krankenkassen und vom polnischem Nationalen Gesundheitsfond rückzuerstattende Verfahren, und die Rückerstattung der Medikamente, die zur Eierstockstimulation benutzt werden (rekombinierende Gonadotropinen, Agonisten und Antagonisten von GnRH) zu mindestens 50%."[51]

Dieses Projekt wird von der Gesundheitskommission des polnischen Parlaments unterstützt[52]. Als „hochspezialisierte Verfahren" werden solche Gesundheitsleistungen, Medikamente und technische Heilmittel bezeichnet, die vom polnischen Staatshaushalt finanziert werden, aber dem Bürger im Rahmen der allgemeinen Gesundheitsversicherung nicht zustehen. Die Liste, die Regeln und das Verfahren zur Erteilung von Sozialleistungen werden auf dem Wege einer Anordnung des polnischen Ministers für Gesundheit und Sozialfürsorge bestimmt, nachdem die Meinung der polnischen Oberärztekammer eingeholt worden ist.[53]

---

[51] Nach dem Referat von W. Szymański, „Unfruchtbarkeit: Bedarf die Behandlung der staatlichen Unterstützung?" auf der Konferenz In-vitro-Fertilität, 2003.

[52] Aufgrund der vom Abgeordneten Bolesław Piecha abgegebenen Erklärung während der Konferenz In-vitro-Fertilität, 2003, S. 45.

[53] Artikel 31a, Absatz 1, Punkt 7 des Gesetzes vom 6. Feb. 1997 der allgemeinen Gesundheitsversicherung (Gesetzblatt vom Jahr 1997, Nr. 28, Pos. 153 und Nr. 75, Pos. 468 mit späteren Änderungen).

Das zweite und offenbar bedeutendere Problem, das die Einbindung von Fortpflanzungshilfsmethoden in die Staatsausgaben für Gesundheitsfürsorge betrifft, ist die Unmöglichkeit präziser Kostenschätzung. Nach Marian Szamatowicz' Schätzungen würden die maximalen Jahreskosten der Rückerstattung für Unfruchtbarkeitsbehandlungen in Polen rund 224 Millionen PLN betragen. Weil es aber in Polen kein Datenregister über die durchgeführten Behandlungen zur künstlichen Fortpflanzung gibt, sind die Kosten schwer zu überschlagen und müssen sich auf ungefähre Daten stützen. Die wiederum stoßen meistens auf das Misstrauen der für die Planung der Gesundheitspolitik Verantwortlichen.

In der gegenwärtigen Situation sind die Hoffnungen, die Fortpflanzungshilfstechniken in die Zuteilung der Staatsausgaben für Gesundheitsfürsorge einzubeziehen, eher gering. Wie es die Vertreterin des Ministeriums für Gesundheit und Sozialfürsorge, die bei der Konferenz anwesend war, sagte: „Dieses Thema verlangt eine scharfsinnige Untersuchung und Überprüfung."[54] Sie erklärte zugleich, dass das Ministerium allen Anregungen, Vorschlägen und sachdienlichen Unterstützungen gegenüber offen sei. In der offiziellen Sprache der Regierenden bedeutet es, dass wir auf die endgültige Entscheidung noch lange warten müssen.

4. Schlussfolgerungen und Ausblick

Wie ich darzulegen versuchte, konzentriert sich die polnische Diskussion zur Anwendung der Reproduktionstechnologien auf den Begriff der „Familie" und auf die damit verbundenen Werte. Diese Kategorie spielt eine wichtige Rolle bei der Definition, wem und in welchem Bereich diese Techniken zugänglich sein können. Nach Meinung vieler Autoren ist der Wille eine Familie zu gründen – und nicht nur der Wille ein Kind zu haben, wie man denken mag - ein Wunsch, dessen Erfüllung die künstlichen Fortpflanzungsmethoden dienen. Wie erwartet, dringen die normativen Ansichten über Familie, ihre Form und ihr Funktionieren in die neutrale Medizinsprache ein und beeinflussen die Art und Weise, wie Unfruchtbarkeit definiert und diejenige Personengruppe bestimmt wird, die unter dieser Krankheit leiden kann.

Die Familie und die sie begleitenden Werte spielen letztendlich eine wichtige Rolle bei der Argumentation zur Finanzierung der Unfruchtbarkeitsbehandlung durch den Staat. Wie wir uns überzeugen konnten, ist es ein schwerwiegendes und oft sehr wirksames Argument. Zugleich aber ist es auch gefährlich, was die

---

[54] Äußerung der Staatssekretärin Wacława Wojtala im Gesundheitsministerium während der Konferenz In-vitro-Fertilität, 2003.

Diskussionsteilnehmer nicht zu bemerken scheinen. Im Laufe der Debatte verlieren diejenigen Argumente an Bedeutung, die sich auf die Freiheit des Individuums zur Wahl seiner Fortpflanzung beziehen, und die Gründe, die sich auf die „Pflicht gegenüber der Gesellschaft" beziehen, werden gewichtiger. Einige Teilnehmer der Diskussion behaupten sogar, dass das Zeugen von Kindern eine „biologisch grundsätzliche Aufgabe" ist.[55]

Da es zurzeit keine Rechtsvorschriften zu medizinischen Fortpflanzungsverfahren gibt, werden diese Verfahren hinter den verschlossenen Türen der Behandlungsräume durchgeführt. Wem und aus welchem Grund Hilfe beim Zeugen von Kindern geleistet wird, ist Gegenstand des Vertrags zwischen dem Arzt und den Patienten. Es lässt sich schwer sagen, welche Position die polnischen Ärzte einnehmen, die Experten auf dem Gebiet der Unfruchtbarkeitsbehandlung sind. Private Gespräche mit einigen von ihnen haben mich davon überzeugt, dass sie weitgehend liberaler sind, als man aufgrund offizieller Verlautbarungen und öffentlicher Präsentationen vermuten könnte. Solch eine Situation verursacht Ungewissheit darüber, was die Patienten erwarten können und unter welchen Bedingungen die Behandlung verlaufen wird.

Wie es scheint, hat die Forderung nach Finanzierung der Unfruchtbarkeitsbehandlungen (und auch der Fortpflanzungshilfstechniken) aus den Mitteln des Staatshaushalts eine Chance sich in Zukunft zu verwirklichen. Man muss sich aber darüber im Klaren sein, dass die Rückerstattung der Behandlungskosten Konsequenzen für die Rechtsvorschriften zur Zugänglichkeit von Fortpflanzungshilfsmethoden nach sich ziehen wird. Wie ich versucht habe zu zeigen, bezieht sich die überwiegende juristische Meinung darauf, diese Techniken nur ungern den Personen, die nicht in einer Ehe leben, zugänglich zu machen – was vermuten lässt, dass der Personenkreis, der die neuesten Errungenschaften der Medizin anwenden kann, ziemlich klein bleiben wird. Meiner Meinung nach kann das Streben nach Einbeziehung des Staates in den Entscheidungsbereich der Fortpflanzung zum Pyrrhussieg für die polnischen Bürger werden. Die Hoffnung, dass die medizinischen Reproduktionstechnologien bald öffentlich zugänglich sein werden, scheint verfrüht und naiv zu sein, wenn wir die Frage „Für wen?" übersehen.

---

[55] P. Lewandowski, Äußerung in einer Diskussion während der Konferenz In-vitro-Fertilität, 2003, S. 43.

Verwendete Abkürzungen in den Literaturverweisen:

Dyoniak 1996:   A. Dyoniak, Der Einfluss des Willens der Menschen, die bei einer künstlichen Fortpflanzung direkt an den Eltern-Kind-Rechtsbeziehungen beteiligt sind [Wpływ woli osób bezpośrednio na powstanie stosunku prawnego rodzice-dzieci w przypadku nienaturalnej prokreacji], in: Smyczyński, 1996.

Filar 2000:   M. Filar, Ärztliches Strafrecht [Lekarskie prawo karne], Kantor Wydawniczy Zakamycze, Krakau [Kraków] 2000.

Konferenz In-vitro-Fertilität 2003: Konferenz „ In-vitro-Fertilität im 21. Jahrhundert - Hoffnungen und Bedrohungen" [„In vitro w XXI wieku -nadzieje i zagrożenia"], Das Büro des Regierungsbevollmächtigten für Gleichberechtigung der Frauen und Männer, Warschau [Warszawa] 2003.

Radwański 1979:   Oberltn. Z. Radwański, Rechtsstellungnahme eines infolge der künstlichen Befruchtung der Mutter geborenen Kinds [Stanowisko prawne dziecka poczętego w następstwie sztucznego unasiennienia matki], Studia Iuridica Silesiana 5, Kottwitz [Katowice] 1979.

Safjan 1990:   M. Safjan, Das Gesetz zur Ingerenz der natürlichen Fortpflanzung der Menschen [Prawo wobec ingerencji w naturę ludzkiej prokreacji], Universität Warschau, Jura- und Verwaltungsfakultät, Warschau [Warszawa] 1990.

Smyczyński 1996:   T. Smyczyński, Axiologische Grundlagen der Zulässigkeit künstlicher Fortpflanzungsmethoden [Aksjologiczne podstawy dopuszczalności wspomaganej prokreacji], in: T. Smyczyński (Red.), Hilfsmethoden der menschlichen Fortpflanzung. Gesetzliche Probleme [Wspomagana prokreacja ludzka. Zagadnienia legislacyjne], Wydawnictwo Nakom, Posen [Poznań] 1996.

Steciwko 2000:   A. Steciwko, Die besonderen Aufgaben in der Praxis eines Familienarztes [Wybrane zagadnienia z praktyki lekarza rodzinnego]; Band 2: Klinische Aufgaben, psychosoziale Probleme, Prophylaxe, Rechtsaspekte [Zagadnienia kliniczne, problemy psychospołeczne, profilaktyka, aspekty prawne], Herausgeber: Wydawnictwo Continuo, Breslau [Wrocław] 2000.

Szamatowicz 2003:   M. Szamatowicz, Unfruchtbarkeit – soziale Krankheit – sozial unter-schätzt [Niepłodność – choroba społeczna – społecznie niedowartościowana], in: Konferenz „In-vitro-Fertilität im 21. Jahr-tausend – Hoffnungen und Bedrohungen" [„In vitro w XXI wieku – nadzieje i zagrożenia"], Sekretariat des polnischen Regierungsbevoll-mächtigten für Gleichberechtigung von Frauen und Männern, Warschau 2003

Marian Szamatowicz

Die Unfruchtbarkeitstherapie mit den Methoden der Assistierten Reproduktionstechnologie (ART) in Polen

Zur ersten Geburt in Polen nach einer extrakorporalen Befruchtung (IVF/ET) kam es am 12. November 1987 in der Klinik für Gynäkologie der Medizinakademie in Białystok. Die Realisierung des Vorbereitungs- und Behandlungsprozesses war möglich dank der Zusammenarbeit des Instituts für Gynäkologische Endokrinologie in Białystok mit den anderen Reproduktionszentren in Polen und im Ausland. Bald darauf trat die Geburt nach der IVF/ET ein mit Hilfe eines anderen Teams aus der Genetikanstalt am Institut für Pädiatrie in Międzylesie in der Nähe von Warschau.

Anfangs wurde die Arbeit beider Gruppen aus öffentlichen Mitteln finanziert, was als Situation bis 1991 bestand. Dies galt sowohl für die Medikamente als auch für die Behandlungskosten.

Der damalige Gesundheitsminister besaß eine sehr negative Einstellung gegenüber der Unfruchtbarkeitstherapie mit IVF/ET- Methoden: Er traf eine Anordnung, in der er erklärte, dass medizinisch unterstützte Zeugungstechniken sowie kosmetische Eingriffe nach medizinischem Verständnis keine Behandlungen seien und somit die Patienten nicht das verfassungsmäßige Recht auf kostenfreie Behandlung hätten. Die Nachfrage seitens der zeugungsunfähigen Paare führte aber dazu, dass auf der Grundlage des öffentlichen Gesundheitsdienstes die Therapien weitergeführt wurden. Es bestand allerdings die Notwendigkeit für die Verfahren zu bezahlen, die mit extrakorporaler Befruchtung verbunden waren. Die Patienten deckten auch die Kosten der teuren Arzneimittel (z. B. Gonadotropin). Dieser Zustand hält bis heute an. In Polen gibt es keine Rückerstattung für die Behandlung zeugungsunfähiger Paare mit medizinisch unterstützten Zeugungstechniken, auch wenn sich unter der linksorientierten Regierung in den Jahren 1993 bis 1997 die Lage vorübergehend besserte. Der damalige Gesundheitsminister entschied, dass jedes Jahr ein akademisches Institut einen Zuschuss für den Kauf neuer Apparaturen und Geräte bekommen solle, die für die Durchführung von ART (Assisted Reproductive Technologies) nötig seien. Dieses Angebot nutzten die Akademischen Zentren in Białystok, Schlesien, Bydgoszcz und Poznań.

Heute arbeiten in Polen 24 Zentren für Unfruchtbarkeitstherapie mit den ART-Methoden; 6 davon auf Basis medizinischer Akademien und 18 private, kommerzielle Gruppen. Mit der Gründung und Arbeit der Gruppen, die sich mit ART beschäftigen, verbinden sich weder Lizenzerfordernisse noch eine Kontrolle oder die Teilnahme am Landesregister für die durchgeführten Behandlungen. Solange das Landesbudget und die Versicherer keine Kosten für die oben erwähnten Therapien tragen müssen, greifen die öffentlichen Institutionen nicht in den Modus, wie diese Gruppen geführt werden, ein.

Die juristische Regelung für diese Praxis beruht auf einer allgemeinen Gesetzesformel: Wenn Unfruchtbarkeit eine Krankheit ist (die WHO hat hier keine Zweifel), soll diese Krankheit behandelt werden. Wenn also die Behandlung nicht verboten ist, ist sie erlaubt. Bis heute gibt es in Polen keine gesetzlichen Regelungen für die Behandlungen mit ART-Methoden.

Mitte der neunziger Jahre erarbeitete die Hauptverwaltung der polnischen Gynäkologischen Gesellschaft Richtlinien für ART-Behandlungen. Dieses Dokument verblieb ohne Resonanz, verschickt an das Gesundheitsministerium wurde es zu einem „toten Dokument".

Die hier beschriebene Lage ist in großem Maße mit der Einstellung der römisch-katholischen Kirche zur Unfruchtbarkeitstherapie mit Hilfe der ART-Methoden verbunden. Diese doktinäre Auffassung zu ART-Unfruchtbarkeitstherapien führt dazu, dass die Kirche diese Behandlungsarten nicht akzeptiert. Das wiederum hat einen großen Einfluss auf die Regierungsgruppen in unserem Land. All diese Bedingungen führen dazu, dass man eine Auseinandersetzung mit dem Thema so gut wie meidet.

Die Techniken der medizinisch unterstützten Fortpflanzung sind medizinische Verfahren, die wirksam bei der Unfruchtbarkeitstherapie angewandt werden. Sie werden auf zwei Weisen betrachtet: als eine Methode, um eine letzte Chance auf eine Schwangerschaft und ein Kind zu erhalten, wenn alle anderen angewandten Therapiemethoden versagt haben; oder als eine gewählte, bevorzugte Methode, auch als die einzige Methode, dank der die Schwangerschaft und ein Kind möglich sind.

In Polen werden die folgenden Techniken der medizinisch unterstützten Zeugung angewandt:

1. Inseminationen, hauptsächlich intrauterine (IUI): Sie werden vorwiegend vorgeschlagen in allen Fällen der Unfruchtbarkeit unbekannter Herkunft oder bei I° Oligoasthenozoospermie.

2. Klassische extrakorporale Befruchtung (IVF/ET), wobei ihre Verordnung als Methode zur letzten Chance auf dem tubaren Faktor, der Endometriose und auch auf der Unfruchtbarkeit unbekannter Herkunft beruht.

3. Intrazytoplasmatische Spermainjektion (Intracytoplasmic sperm injection ICSI): die Methode bei männlicher Unfruchtbarkeit.

4. Kryokonservierung der Embryonen (Cryopreservation embryos): In Polen werden alle gewonnenen Eizellen befruchtet, 2 Embryonen überträgt man in die Gebärmutter bei Frauen jünger als 35 Lebensjahre und 3 Embryonen bei älteren Frauen. Die übrigen Embryonen werden kryonisiert oder bis zum Stadium der Blastozyste gezüchtet und erst dann kryonisiert. Das erhöht die Wirksamkeit der Therapie und steigert die Chancen auf ein Kind.

5. Assisted Hatching: das Anritzen oder Ausdünnen eines Teils der durchsichtigen Umhüllung der Oozyte (zona pellucida) mit dem Ziel, die Implantationsrate zu verbessern. Diese Methode wird nur dann gewählt, wenn die zona pellucida als genügend dick und einheitlich eingeschätzt wird.

6. Die Aspiration der Samenzellen aus den Nebenhoden (microepidymal sperm aspiration – MESA) wird durchgeführt bei fehlenden Samenzellen im Samen und wenn die somatischen und hormonalen Untersuchungen die Möglichkeit suggerieren, die Samenzellen aus den Nebenhoden zu aspirieren.

7. Die Aspiration der Samenzellen aus den Hoden (Testicular Sperm Aspiration – TESA): ähnlich wie bei der Aspiration der Samenzellen aus den Nebenhoden.

8. Die Eizellenspende (oocyte donation – OD): Diese Methode gibt einer Frau die Chance auf Schwangerschaft und Mutterschaft, wenn es nicht möglich ist, ihr eigene Eizellen zu entnehmen und diese zu verwenden. In Polen sind Spenderinnen von Eizellen diejenigen Frauen, die sich der Therapie mit der ART–Methode unterzogen haben und bei denen die Unfruchtbarkeit auf Faktoren, die beim Mann liegen, beruht. Es handelt sich um Frauen, die sehr gut auf die Stimulation reagiert haben. Ihnen werden nicht mehr als 10 Eizellen entnommen.

9. Leihmutterschaft (surrogacy): Diese Vorgehensweise sehen die vorher genannten Richtlinien der Polnischen Gynäkologischen Gesellschaft nicht vor.

10. Die Präimplantationsdiagnostik (Preimplantation Genetic Diagnostics – PDG): Diese Art der Diagnostik ist zwar bekannt, wird aber in der Praxis nicht angewandt. Manche Zentren planen aber diese Art der Diagnostik.

In Polen hat man vollen Zugang zur Unfruchtbarkeitstherapie mit den ART-Methoden. Bei keinem der praktizierenden Teams gibt es Wartelisten für diese Behandlung. Die Preise für Arzneimittel und für die Prozeduren sind die wichtigsten Faktoren, die einen Zugang begrenzen. Zurzeit gibt es keine Rückerstattung. Die Behandlungskosten unterscheiden sich und liegen zwischen 5000 und 10.000 PLN

(1100 – 2200 Euro). Sie sind höher in den privaten, kommerziellen Anstalten und niedriger in den Zentren, die im Rahmen medizinischer Akademien arbeiten. Die Gebühren für eine Unfruchtbarkeitstherapie mit Anwendung einer ART-Methode liegen entschieden niedriger als in den USA und den westlichen Ländern. In Anbetracht des durchschnittlichen Monatslohns in Polen (1500 PLN – etwa 500 Euro) bleiben die Gebühren jedoch hoch.

Durchgeführte Umfragen zeigen, dass die Öffentlichkeit in Polen gegenüber der Unfruchtbarkeitstherapie mit Anwendung von ART-Methoden wohlwollend eingestellt ist und dass diese Art der Behandlung von der Mehrheit der Gesellschaft unterstützt wird. Eindeutig negativ eingestellte Haltungen repräsentiert die römisch-katholische Kirche aus doktrinären Gründen. Ihr Einfluss auf die sozialpolitischen Entscheidungen ist in Polen deutlich zu bemerken.

In Medizinerkreisen existiert ebenfalls keine eindeutige Position. Im vergangenen Jahr gab es während der Generalversammlung der Ärztekammern auf dem Weg zur Verabschiedung eines ethischen Kodexes, der die Position der Ärzte regeln sollte, deutliche Versuche die Anwendung von ART-Unfruchtbarkeitstherapien zu begrenzen. Zum Glück gewann der gesunde Menschenverstand und für unfruchtbare Paare ungünstige Entscheidungen wurden nicht getroffen.

Generell lässt sich feststellen, dass in Polen die Unfruchtbarkeitsbehandlungen entsprechend der internationalen Standards ausgeführt werden und dass die Techniken der medizinisch unterstützten Zeugung gut etabliert sind. Wenn sich schon irgendetwas ändern sollte, so wäre es gut, wenn die unfruchtbaren Paare stärkere finanzielle Unterstützung erhalten könnten. Wenn der Staat und die Versicherer die Behandlungen über ihre Haushaltspläne finanzierten, so wäre die Lizenzerteilung für die Zentren, die sich mit ART beschäftigen, die Aufsicht über ihre Arbeiten und letztendlich die Führung eines Landesregisters die logische Folge.

Alicja Przyłuska-Fiszer

Die bioethische Diskussion über Reproduktionstechnologien und Embryonenforschung in Polen[1]

Einleitung

Die ethischen Probleme der medizinisch unterstützten Fortpflanzung und der Embryonenforschung werden in Polen bereits seit über zwanzig Jahren diskutiert. Bis zum heutigen Zeitpunkt aber lösten diese Debatten kein sehr großes öffentliches Interesse und keine bewegten Emotionen aus. Ausgenommen davon sind die Diskurse über die Schwangerschaftsunterbrechung oder über das reproduktive Klonen. Das geringe gesellschaftliche Interesse an diesen Diskussionen beruht meiner Meinung nach auf vier Ursachen:

Erstens konzentrieren sich in der Öffentlichkeit die ethischen Bedenken zur medizinisch unterstützten Fortpflanzung im Wesentlichen auf die Methoden zur Unfruchtbarkeitsbehandlung und auf ihre potentiellen Risiken. Thematisiert werden vor allem die negativen Folgen des medizinischen Eingriffs, z. B. die mit der Behandlung verbundenen Risiken. Dagegen widmet man dem Zweck solcher Techniken, der ja darin besteht, unfruchtbaren Ehepaaren zu einem Kind zu verhelfen, nur geringes Interesse. Anlässlich des 25. Geburtstages des ersten in vitro gezeugten Kindes, Louise Brown, erschienen im vergangenen Jahr in der polnischen Presse mehrere Aufsätze zu diesem Thema, in denen vor allem die Erfolge der modernen Fortpflanzungsmedizin betont und die kontroversen ethischen Fragen stillschweigend übergangen wurden.

Eine zweite Ursache findet sich in der Tatsache, dass das Problem, sich z. B. für eine In- vitro-Fertilisation entscheiden zu müssen, nur diejenigen betrifft, die wirklich keine Kinder bekommen können. Wir haben es also nicht mit Problemen zu tun, auf die sich das Interesse der ganzen Öffentlichkeit richten würde. Zu Beginn des Jahres 2003 gründete sich eine Initiative mit dem Ziel, Änderungen im polnischen Kodex der ärztlichen Ethik vorzunehmen (den polnischen Ärztekodex gibt es seit 1991). Die Änderungen zielten darauf ab, den Zugang zu Methoden

---

[1] Der vorliegende Aufsatz wurde finanziell unterstützt durch das Wissenschaftliche Forschungskomitee DS 56.

medizinisch unterstützter Fortpflanzung auch in Form von pränatalen Untersuchungen einzuschränken. Aufgrund dieses Vorhabens beteiligten sich breitere
Bevölkerungsschichten an der öffentlichen Debatte über Reproduktionstechnologien.[2]

Drittens war die Öffentlichkeit völlig von der Problematik des reproduktiven
Klonens und seinen negativen Auswirkungen eingenommen. Intensiv wurde die
Frage diskutiert, ob es ethisch verantwortbar sei, jemanden zu zeugen, der eine
genetische Kopie eines anderen Menschen darstelle. Die Debatte über das Klonen
von Menschen beinhaltet immer wieder eine Kritik, die ihren Fokus auf die
Möglichkeit richtet, eine Armee identischer Lebewesen zu schaffen. Man stellt sich
dabei stets künstliche Menschen vor, die automatenhaft die Befehle ihres Schöpfers
ausrichten. Thematisiert wird, dass das Klonen zu eugenischen und politischen
Zwecken angewandt werden könne, und es wird vor Diskriminierung auf Grundlage genetischer Strukturen sowie vor einer instrumentellen Auffassung und
Behandlung des Menschen gewarnt. Einher geht damit die Befürchtung, dies
schaffe eine Kastengesellschaft, denn man könne nicht ausschließen, dass Individuen gemäß ihrer genetischen Struktur entsprechenden Kasten zugeordnet würden.
Im Alltagsverständnis bedeutet das Klonen nicht nur die Vervielfältigung des
genetischen Materials eines Individuums, sondern auch die Vervielfältigung seines
Charakters und seines Geistes. Dabei vergisst man zuweilen, dass der Klon keine
einfache Kopie des zeugenden Individuums ist, sondern ein völlig anderes Wesen,
ein sich unterscheidendes Individuum, obwohl es die gleiche genetische Struktur
besitzt. Die Presse spielte in dieser Debatte eine sehr große Rolle – in sensationel-
lem Tonfall veröffentlichte sie Nachrichten über die Möglichkeiten, die uns das
Klonen von Menschen gebe, und druckte dazu auch noch Bildfolgen, auf denen
man Politiker oder Schauspielerinnen, fotografisch vervielfältigt, betrachten
konnte.

Viertens verlangt insbesondere eine sachliche Diskussion über die Stammzellenforschung Kenntnisse, über die die Öffentlichkeit nicht in ausreichendem Maße
verfügt. Einige Autoren behaupten sogar, dass fehlendes Fachwissen über medizinisches und therapeutisches Klonen den Nichtexperten das Recht entziehe, sich zu
diesem Thema zu äußern. Ein Autor schreibt z. B.:

---

[2] In der Presse wurde ein Brief publiziert, den der ehemalige polnische Minister Marek Balicki,
    Professor Rużyłło und mehrere andere hervorragende Experten unterzeichneten. Sie protestierten
    darin gegen die Novellierung des Kodexes der ärztlichen Ethik. Ihrer Meinung nach zwinge er
    der Ärzteschaft, die keine politische, sondern eine berufliche Körperschaft bilde, ein bestimmtes
    Weltbild auf.

„Nicht ich bin kompetent genug, nicht die Journalisten, nicht öffentliche Organisationen, nicht Parlamente und auch nicht die Gerichte, sich zu diesem Problem zu äußern. Wir können nur zuhören und wiederholen, was die Experten zu sagen haben. Dass die Experten sich in dieser Sache nicht einig sind, ist aber eine andere Sache – und bevollmächtigt uns nicht dazu, sich in Fachdiskussionen einzumischen und das Wort zu ergreifen."[3]

Gegen allen Anschein ist der Autor des Aufsatzes kein Vertreter der Ärzteschaft, sondern ein Philosoph, der die Ansicht vertritt, Mediziner sollten endlich verstehen, dass ausschließlich sie für ihre Handlungen verantwortlich seien und sie sich ihrer Illusionen entledigen müssten, diese Verantwortung mit dem Rest der Bevölkerung teilen zu können. Nebenbei gesagt, stieß diese Position vor allem bei Juristen auf scharfe Kritik, die betonen, dass kein Vernünftiger die Nützlichkeit des allgemeinen Rechts bestreiten dürfe, vor allem des Völkerrechts und der Menschenrechte.[4] Die Position erschüttert auch die in der Bioethik vertretene Auffassung, dass die Öffentlichkeit Informationen sowohl über die Forschungsrichtungen als auch über die Art und Weise der Anwendung von Forschungsergebnissen erhalten solle – trotz der besonders hohen Verantwortung der Wissenschaftler für deren praktische Anwendung. Darüber hinaus solle die Öffentlichkeit auch das Recht besitzen, über die Anwendung solcher Forschungen zu entscheiden.

Die Möglichkeit, in die genetische Struktur der Bevölkerung einzugreifen, kann sowohl für den Einzelnen als auch für die Gattung Mensch zu schwerwiegenden Konsequenzen führen. Schon aus diesem Grund sollte man die Problematik der genetischen Kontrolle nicht allein den Genetikern, Biologen und Ärzten überlassen.[5]

---

[3] J. Hartman, Das Klonen des Menschen als Herausforderung [Klonowanie człowieka jako wyzwanie], in: Sollte man einen Menschen klonen? Die Kontroversen zum Thema Klonen [Czy klonować człowieka? Kontrowersje wokół klonowania], Die Medizin des Entwicklungszeitalters [Medycyna Wieku Rozwojowego], Ergänzung I zu Nr. 3, Juli-September 1999, Band III, S. 34.

[4] T. Jasudowicz, Das Klonen des Menschen – vom Gesichtspunkt der Standarte des Europäischen Rats [Klonowanie człowieka – z perspektywy standardów Rady Europy], in: Sollte man einen Menschen klonen? Die Kontroversen zum Thema Klonen [Czy klonować człowieka? Kontrowersje wokół klonowania], Die Medizin des Entwicklungszeitalters [Medycyna Wieku Rozwojowego], Ergänzung I zu Nr. 1, Januar-März 2001, Band V, S. 213-225.

[5] A. Przyłuska-Fiszer, Das Klonen eines Menschen als ein ethisches Problem [Klonowanie człowieka jako problem etyczny], in: Sollte man einen Menschen klonen? Die Kontroversen zum Thema Klonen [Czy klonować człowieka? Kontrowersje wokół klonowania], Die Medizin des Entwicklungszeitalters [Medycyna Wieku Rozwojowego], Ergänzung I zu Nr. 3, Juli-September 1999, Band III, S. 127-139 (Przyłuska-Fiszer, 1999 a).

1. Die polnische Debatte

Im Folgenden werde ich einige Charakteristika der in Polen seit fast 25 Jahren geführten bioethischen Diskussion über Reproduktionsmedizin und Embryonenforschung aufzeigen. Dabei stellt es sich als schwierig dar, oberflächliche Urteile zu vermeiden, was mit der Beschwerlichkeit verbunden ist, nicht tendenziöse Materialien zu finden. Dies beinhaltet wiederum die Gefahr, dass man selbst eines einseitigen und voreingenommenen Urteils verdächtigt werden könnte.

Ein anderes Problem bei meinem Vorhaben, wichtige Argumentationsstränge der Diskussion aufzuzeigen, folgt daraus, dass die Disziplin Bioethik interdisziplinär und methodisch differenziert angelegt ist. So umfasst die Fachliteratur Werke von Juristen, Ethikern, Theologen, Genetikern und Ärzten. Ziel dieses Aufsatzes kann deshalb nicht eine Analyse aller bisher in Polen erschienenen Texte zur Bioethik sein – das wäre ein unmögliches Unterfangen. Ein solches Vorhaben wäre auch angesichts der von Jahr zu Jahr steigenden Anzahl an Veröffentlichungen, die zu den philosophischen, ethischen, juristischen und gesellschaftlichen Aspekten der neuen Technologien erscheinen, schwerlich zu realisieren. Wegen des Umfangs und der Komplexität des Themas werde ich eher im Folgenden darauf abzielen, die grundsätzlichen philosophischen und ethischen Fragen, die wiederholt in der Fachliteratur thematisiert werden, aufzuzeigen und auf einige grundlegende Diskussionsstränge und Argumentationslinien hinzuweisen. Mein Ziel ist es, die sichtbaren Tendenzen der Debatte in den neuesten Publikationen zu benennen.

Ich habe mich entschieden, meine Analysen auf eine Sammlung von Aufsätzen zu stützen, die von ausgewiesenen Experten – seien es Ärzte, Biologen, Anthropologen, Philosophen, Bioethiker, Soziologen oder Juristen – verfasst und in zwei Ergänzungsbänden der Zeitschrift *Medizin des Entwicklungszeitalters* [Medycyna Wieku Rozwojowego][6] auf Initiative des Genetikers C. Zekanowski publiziert wurden. Am Beispiel dieser Aufsätze möchte ich den aktuellen Forschungsstand in Polen vorstellen. Ich kenne keine andere, derartig umfangreiche Publikation, in der Wissenschaftler so unterschiedlicher Disziplinen das Wort ergreifen. Zusätzlich sollen in meinen Analysen die Themen gegenwärtiger polnischer Debatten, die im Rahmen des interdisziplinären Seminars „Genetik und Moralität"[7] reflektiert

---

[6] Sollte man einen Menschen klonen? Die Kontroversen zum Thema Klonen [Czy klonować człowieka? Kontrowersje wokół klonowania], Die Medizin des Entwicklungszeitalters [Medycyna Wieku Rozwojowego], Ergänzung I zu Nr. 3, Juli-September 1999, Band III, S. 248; Teil II, Ergänzung I zu Nr. 1, Januar-März 2001, Band V, S. 232.

[7] Das Seminar Genetik und Moralität versammelt rund 300 Wissenschaftler: Genetiker, Ärzte, Juristen und Philosophen verschiedener wissenschaftlicher Zentren. Die Koordinatoren der Gruppe sind Prof. Dr. habil. Jacek Salij OP (Philosoph, Universität des Kardinals Stefan Wyszyński in

werden, Beachtung finden. Erwähnen möchte ich auch, dass die erste polnische Diskussion über medizinisch unterstützte Fortpflanzung, die 1987 in Warschau [Warszawa] im Rahmen der Konferenz über ethische Aspekte der Schwangerschaftsunterbrechung stattfand, mir die Möglichkeit gab, die ethischen Argumente für und wider die Reproduktionsmedizin kennen zu lernen. Diese Konferenz wurde auf Initiative des Ethikers Z. Szawarski (Universität Warschau) organisiert.[8]

Obwohl das erste außerhalb des Mutterleibs (in vitro) gezeugte Kind bereits vor 25 Jahren auf die Welt kam, haben die Überlegungen zu den ethischen Problemen künstlicher Fortpflanzungsmethoden nichts an ihrer Aktualität und Bedeutung verloren. Darüber hinaus bereitet die Anwendung neuer Techniken, z. B. die Mikroinsemination (ICSI Intracytoplasmatische Spermainjektion) oder die Forschung an Stammzellen, neue moralische und juristische Probleme. Diese Entwicklung macht moralische Normen und gesetzliche Regelungen notwendig, die den Umgang mit diesen Methoden festlegen. Allen Entscheidungen sollten aber eine breite öffentliche Diskussion und eine tief gehende philosophisch-ethische Analyse vorangehen.

Sowohl in der polnischen bioethischen Fachliteratur als auch in der internationalen Literatur dominiert die Überzeugung, dass die ethischen Probleme der Reproduktionsmedizin als integraler Teil einer breiteren Problematik betrachtet werden sollten, die offen als die so genannte Ethik der Fortpflanzung bezeichnet wird. In ihrem Rahmen diskutiert man Probleme, die mit Schwangerschaftsverhütung, Sterilisation, Schwangerschaftsunterbrechung, genetischer Beratung, pränataler Diagnostik und Präimplantationsdiagnostik verbunden sind. In all diesen Fällen ist das hauptsächliche ethische Problem die Frage nach der moralischen Grenzbestimmung für das Eingreifen in den menschlichen Reproduktionsprozess. Die moralische Verantwortung der Forscher, die Freiheit wissenschaftlicher Forschun-

---

Warschau), Dr. habil. Cezary Zekanowski (Genetiker, Internationales Institut für molekulare und zelluläre Biologie in Warschau).

[8] Die Initiative von Prof. Z. Szawarski ist der Anmerkung wert, weil an der Konferenz über die ethischen Aspekte der Schwangerschaftsunterbrechung und der medizinisch unterstützten Fortpflanzung zum ersten Mal Philosophen aus verschiedenen universitären sowie katholischen Kreisen (und die Vertreter medizinischer und juristischer Kreise) teilnahmen, die bislang wegen grundsätzlicher Meinungsdifferenzen zu ethischen Regelungen und zum moralischen Status eines Fötus nicht geneigt waren, an den gemeinsamen Debatten zu diesem Thema teilzunehmen. Eine interessante Charakteristik der in Polen geführten Diskussion über die Schwangerschaftsunterbrechung kann man finden in der Arbeit von Z. Szawarski, Der Streit um die Schwangerschaftsunterbrechung [Spór o przerywanie ciąży], Polnische Gynäkologie [Ginekologia Polska], 1988, Vol. 59, Nr. 3 (Szawarski, 1988 a).

gen sowie die ethisch begründbaren Einschränkungen der Forschungsfreiheit: Das sind die Probleme, die sich mit dem Zugriff auf den Embryo ergeben.

Die Debatte über die mögliche medizinische Anwendung genetischen Wissens sowie über das therapeutische und reproduktive Klonen überschreitet aber in hohem Maße den oben erwähnten Rahmen. Sie führt ebenso zu einer sehr interessanten philosophischen Diskussion über die Beziehungen zwischen Werten, über Kultur, z. B. über die kulturellen Übereinkünfte vom Lebensanfang und vom Lebensende, über Fragen nach dem Wesen des Menschen, über das Verständnis von Freiheit.

Wissenschaftlicher und technischer Fortschritt bewegen zum Nachdenken über die Ziele der Medizin, die Grenzen der Verlängerung menschlichen Lebens sowie über die Konsequenzen biotechnischer Eingriffe in den menschlichen Körper und in die menschliche Natur. Aus philosophischer Sicht sind auch die metaethischen Probleme äußerst interessant, die bei jeder Gelegenheit in bioethische Diskussionen aufgenommen werden; sie betreffen sowohl die verschiedenen Möglichkeiten normative Überzeugungen zu begründen als auch die Auswahl einer Diskussions- und Analysemethode. So bestehen für einen katholischen Ethiker, der den Standpunkt des moralischen Monismus vertritt, keine Zweifel, dass die ethischen Probleme der Medizin in engem Zusammenhang mit der personalistischen Konzeption des Menschen und der philosophischen Anthropologie stehen.[9] Die Anhänger des moralischen Pluralismus sind der Meinung, dass in der modernen Welt – mit ihren unterschiedlichen politischen, religiösen und gesellschaftlichen Überzeugungen – das Erreichen eines Konsenses von vornherein zum Scheitern verurteilt sei. Deswegen kann heutzutage die Grundaufgabe der Moralphilosophie nicht darin bestehen, die für richtig befundenen ethischen Überzeugungen aufs Neue zu begründen. Aber das Ziel kann die Ausarbeitung einer Methode sein, die bestimmen ließe, welche von den unterschiedlichen, manchmal auch widersprüchlichen moralischen Überzeugungen Akzeptanz und Anerkennung finden können. Betonen lässt sich auch, dass die Entwicklung der angewandten Ethik zu der Einsicht führte, wie wichtig es ist, neue theoretische Modelle zu schaffen, die uns helfen können, in Streitsituationen um weltliche Werte die richtigen Entscheidungen zu treffen.[10]

---

[9] Siehe z. B. K. Kłosowski, Das Klonen oder die letzte Absurdität der Zivilisation des 20. Jahrhunderts [Klonowanie, czyli ostatni absurd cywilizacji XX wieku], in: Sollte man einen Menschen klonen? Die Kontroversen zum Thema Klonen [Czy klonować człowieka? Kontrowersje wokół klonowania], Die Medizin des Entwicklungszeitalters [Medycyna Wieku Rozwojowego], Ergänzung I zu Nr. 3, Juli-September 1999, Band III, vor allem S. 96-97.

[10] Vgl. A. Przyłuska-Fiszer, Bioethik und die methodologischen Probleme der Ethik [Bioetyka a problemy metodologiczne etyki], in: Die Ethik [Etyka], 1999, Nr. 32, S. 151-161 (Przyłuska-Fiszer 1999 b); Z. Szawarski, Was man von der medizinischen Ethik erwarten sollte [Czego oczekiwać od etyki medycznej?], Medizin nach dem Diplom [Medycyna po dyplomie], 2003

Ich will hier ebenso die kritischen Standpunkte erwähnen, die sich vor allem gegen eine „institutionalisierte Bioethik"[11] richten. Nach den Aussagen einiger Autoren diene sie (die Bioethik) „dem Neomengelismus als Aushängeschild"[12] und wende alle möglichen sophistischen Methoden an, um die Öffentlichkeit zu betäuben – sie sei eine Art neues „Opium für das Volk", das unser Gewissen einschläfere und die unethischen Verfahren der pharmazeutischen Konzerne legitimiere, und stelle obendrein noch eine Profitquelle für diejenigen Ethikexperten dar, die immer dort dienstbereit seien, wo sie bezahlt werden.

Auf der theoretischen Ebene weicht die polnische Debatte nicht allzu sehr von den in der internationalen Debatte vorgebrachten Meinungen ab. Das Spektrum der tangierten Probleme ist dasselbe. Die Unterschiede bei den ethischen Beurteilungen der künstlichen Fortpflanzungsmethoden und der Embryonenforschung ergeben sich ja hauptsächlich aus den moralischen Überzeugungen kultureller und religiöser Traditionen sowie vorhandener, national übergreifender Wertesysteme.

Es erschienen in Polen auch Aufsätze, welche die internationale Diskussion prägten.[13] Es wurden ebenso inzwischen – obwohl noch nicht in ausreichendem

---

(Szawarski, 2003); J. Hołówka, Vorwort in: B. Brandt, Die Ethik. Die Probleme der normativen Ethik und der Metaethik [Etyka. Zagadnienia etyki normatywnej i metaetyki], Warschau [Warszawa] 1996, S. XI-XXXIII.

[11] Der Begriff „institutionalisierte Bioethik" knüpft an die Verordnung des Gesundheitsministers „über die Berufung und die Handlungsweise bioethischer Ausschüsse" an, deren Aufgabe die Beurteilung von Experimenten ist, die den Menschen zum Gegenstand haben. Siehe B. Woloniewicz, Über die sog. Bioethik [O tzw. bioetyce], in: Sollte man einen Menschen klonen? [Czy klonowaæ cz³owieka?] Teil II, Medizin des Entwicklungszeitalters [Medycyna Wieku Rozwojowego], Ergänzung I zu Nr. 1, Januar-März 2001, Band V, S. 155-165 (Woloniewicz, 2001).

[12] Der Begriff „Neomengelismus" knüpft an den Namen Dr. J. Mengele an, den führenden Arzt des Lagers Auschwitz-Birkenau. Er bezieht sich auf das tödliche Experimentieren an willenlosen oder entmündigten menschlichen Wesen. Siehe Woloniewicz, 2001. Alle anderen Zitate stammen auch aus derselben Arbeit.

[13] Vgl. G. Williams, Die Heiligkeit des Lebens und das Strafrecht [Świętość życia a prawo karne], Warschau [Warszawa] 1960; P. Singer u. D. Wells, Kinder aus dem Reagenzglas. Ethik und Praxis der künstlichen Fortpflanzung [Dzieci z probówki. Etyka i praktyka sztucznej prokreacji / The reproduction evolution. New ways of making babies], Warschau [Warszawa] 1988; J. Testart, Transparente Zelle [Przejrzysta komórka] (L'oeuf transparent), Warschau [Warszawa] 1990; P. Singer, Über Leben und Tod. Der Untergang der traditionellen Ethik [O życiu i śmierci. Upadek etyki tradycyjnej] (Rethinking Life and Death. The Collapse of our Traditional Ethics), PIW, Warschau [Warszawa] 1994; H. J. Morowitz, u. J. S. Trefil, Wie ein Mensch entsteht. Lehre und Streit um die Abtreibung [Jak powstaje cz³owiek. Nauka i spór o aborcjê], Warschau [Warszawa] 1995; T. L. Beauchamp u. J. F. Chidress, Regeln der medizinischen Ethik [Zasady

Maße – Vorschläge zu gesetzlichen Lösungen benannt, die von verschiedenen internationalen Gremien angenommen wurden. Beispielhaft dafür möchte ich die Übereinkunft zum Schutz der Menschenrechte und der Menschenwürde hinsichtlich der Anwendung von Biologie und Medizin (Menschenrechtsübereinkommen des Europarats zur Biomedizin)[14] nennen. Die Resolution wurde von Polen 1999 unterschrieben, aber noch nicht ratifiziert. Zu nennen wären zur Bioethik weiterhin das erste zusätzliche Protokoll der Konvention über das Verbot des Klonens menschlicher Wesen[15], die Empfehlungen der parlamentarischen Versammlung des Europäischen Rats, die Stellung nehmen zu Experimenten, zur Genetik, zum genetischen Engineering, zur Problematik der künstlichen Fortpflanzung und zu pränatalen Untersuchungen[16] und die Allgemeine Erklärung der UNESCO zum menschliche Genom und zu den Menschenrechten[17].

---

etyki medycznej] (Principles of Biomedical Ethics), Warschau [Warszawa] 1996; N. M. Ford, Wann bin ich entstanden? Das Problem des Anfangs des menschlichen Individuums in Geschichte, Philosophie und Wissenschaft [Kiedy powstałem? Problem początku jednostki ludzkiej w historii, filozofii i w nauce / When did I begin? Conception of human individual in history, philosophy and science], PWN, Warschau [Warszawa] 1995.

[14] Der Inhalt der Konvention über den Schutz der Menschenrechte und der Menschenwürde in Hinblick auf die Anwendung von Biologie und Medizin, in polnischer Übersetzung mit Kommentar zum Projekt der bioethischen Konvention wurden veröffentlicht in: Bioethik [Bioetyka], Bulletin des Europäischen Zentrums der Universität Warschau, Zentrum für Information und Dokumentation des Europäischen Rats.

[15] Zusätzliches Protokoll zur Konvention über den Schutz der Menschenrechte und der Menschenwürde in Hinblick auf die Anwendung von Biologie und Medizin für das Verbot des Klonens menschlicher Wesen, in: M. Safjan, Das Recht und die Medizin [Prawo i medycyna], Oficyna Naukowa, Warschau [Warszawa] 1998, S. 275-277 (Safjan, 1998).

[16] Die wichtigsten Rechtsnormen des internationalen Rechts, die bis zur Ratifizierung Polens der Bioethik Konvention Empfehlungscharakter hatten, wurden besprochen in: M. Boratyńska, P. Konieczniak u. E. Zielińska, Grundlagen zu den Quellen medizinischen Rechts und ihrer Rechtsauslegung [Podstawowe wiadomości o źródłach prawa medycznego i wykładni prawa], in: L. Kubicki (Red.), Das Medizinrecht [Prawo medyczne], Herausgeber: Wydawnictwo Medyczne, Urban & Partner, Breslau [Wrocław] 2003, S. 15-30. Die Inhalte polnischer und internationaler Schriften wurden veröffentlicht in: T. Jasudowicz (Bearb.), Europäische bioethische Standards [Europejskie standardy bioetyczne], Thorn [Toruń] 1988.

[17] Polnischer Ausschuss für UNESCO, Allgemeine Deklaration für das menschliche Genom und die Menschenrechte, Warschau [Warszawa] 1988.

1. 1   Vier Merkmale der polnischen Debatte

Vergleicht man die polnische Debatte zum Thema der medizinisch unterstützten Fortpflanzung und zur Schwangerschaftsunterbrechung mit der in der westlichen Fachliteratur, so kann man daraus vier Schlüsse für die polnische Debatte ziehen.

Was sich zum *Ersten* als sehr charakteristisch erweist, ist die Gegensätzlichkeit und Unvereinbarkeit der Standpunkte, die sich vor allem aus weltanschaulichen, religiösen und axiologischen Unterschieden ergeben. Dies zeigt sich bei der Beurteilung des moralischen Status künstlich gezeugter Menschen und des Wertes, der künstlichen Embryonen zugeschrieben wird. Die extrem polarisierten Positionen in Polen z. B. zur moralische Frage, ob künstlich gezeugte menschliche Wesen – z. B. überzählige Embryonen im Reagenzglas – vernichtet werden dürfen oder nicht, spiegeln in keiner Weise den gegenwärtigen diesbezüglichen Stand der ethischen Diskussion in der englischsprachigen Literatur wider. Denn dort scheinen gemäßigte Positionen zu dominieren, obwohl diese Positionen mit unterschiedlichen philosophischen Konzepten begründet werden. Auch die in anderen Ländern existierenden gesetzlichen Regulierungen zur Bioethik zeigen die Tendenz zu einer Kompromisssuche zwischen einem völligen Verbot solcher Verfahren und einer Erlaubnis zur kritiklosen Anwendung aller technisch möglichen künstlichen Fortpflanzungsmethoden.

Zweitens: Die radikalen Meinungsunterschiede in Polen zur Anwendung der künstlichen Reproduktionstechnologien sind auch der Grund dafür, dass es bisher nicht gelang, eine rechtliche Regelung für den Umgang mit Keimzellen zu formulieren. Obwohl in Polen schon in den 90er Jahren gesetzliche Regulierungsversuche zur medizinisch unterstützten Fortpflanzung unternommen wurden,[18] existieren bis heute keine genaue Vorschriften, die sich auf die medizinisch unterstützte Fortpflanzung und auf pränatale Untersuchungsmethoden beziehen. In diesem Bereich finden die allgemeinen Grundsätze der ärztlichen Ethik (ärztliche Schweigepflicht, Pflicht zur Aufklärung) ihre Anwendung, die sich jedoch auf sämtliche medizinischen Maßnahmen beziehen.[19] Das Fehlen jeglicher Normen im polnischen Recht für die Regulierung moderner Reproduktionstechnologien beurteilen nicht nur Anhänger dieser Technologien negativ, sondern auch deren Gegner. Eine

---

[18] T. Smyczyński (Red.), Unnatürliche menschliche Fortpflanzung. Gesetzliche Probleme. Materialien des Zentrums für Menschenrechte in Posen [Nienaturalna prokreacja ludzka. Zagadnienia legislacyjne. Materiały Poznańskiego Centrum Praw Człowieka], Institut für Rechtslehre [Instytut Nauk Prawnych] PAN, Posen [Poznań] 1994 (Smyczyński, 1994).

[19] Vgl. Safjan, 1998, S. 220.

„Gesetzeslücke" kann schließlich (und sehr oft ist das auch der Fall) als ein „fehlendes Verbot" interpretiert werden, als ein Freibrief für eine Haltung des „everything goes" und für eine Einstellung, welche die Definition der Grenzen dieser Verfahren der Intuition und den praktizierenden Ärzten überlässt. Es ist äußerst beunruhigend, wenn man beachtet, dass sich der im Westen entwickelnde und in Polen aufkeimende Privatsektor medizinisch unterstützter Fortpflanzung nach den Gesetzen des Marktes zu firmieren scheint und die molekulare Diagnostik in Form von Präimplantations- und Pränataldiagnostik sowie prädiktiven Gentests eine immer größere Rolle zu spielen beginnt. Leider fehlt es bis jetzt in Polen an sachlichen und tiefgründigen Kommentaren zur molekularen Diagnostik. Die Diskussion in Genetikerkreisen behandelt nur die technischen Aspekte und finanziellen Probleme. Andererseits setzt man sich mit ethischen und juristischen Fragen im Rahmen ideologischer Grabenkämpfe auseinander.[20]

Drittens dominiert in der polnischen Ärzteschaft die Überzeugung, dass die ärztliche Ethik, die als ein integraler Bestandteil korrekter medizinischer Verfahren angesehen wird, eine Art Berufsethik darstelle. Ärzte fühlen sich also moralisch bevollmächtigt und moralisch verpflichtet, eine Entscheidung zu treffen – gleichgültig, um welches Verfahren es sich auch handelt. Das betrifft auch die medizinisch unterstützte Fortpflanzung. Da aber, wie schon vorher hier erwähnt wurde, auf der Ebene theoretischer Überlegungen die Meinungen zu diesem Thema und auch die Meinungen der Ärzte differieren, kommt es zu der paradoxen Situation, dass dieselbe gesellschaftliche Gruppe versucht völlig unterschiedliche Lösungen durchzusetzen, obwohl sie sich auf gleiche, aber unterschiedlich interpretierte Normen und Werte ärztlicher Ethik bezieht. Diese unterschiedlichen Einschätzungen und Standpunkte werden deutlich, nimmt man sich einerseits der Regelungen und Grundsätze der polnischen Gesellschaft für Gynäkologie zu den Techniken der Unfruchtbarkeitsbehandlung an[21] und andererseits der Änderungen, die der letzte VII. Außerordentliche Landesärztekongress durchzusetzen beabsichtigte: Der wesentliche Punkt bestand in einer Änderung des Kodexes der ärztlichen Ethik dahingehend, dass alle Eingriffe medizinisch unterstützter Fortpflanzung

---

[20] C. Żekanowski, A. Przyłuska-Fiszer u. M. Barcikowska, Die Alzheimer-Krankheit: zwischen Diagnostik, Ökonomie und Ethik [Choroba Alzheimera: pomiędzy diagnostyką, ekonomią i etyką], in: J. Leszek (Red.), Demenzkrankheiten. Theorie und Praxis [Choroby otępienne. Teoria i praktyka], Herausgeber: Wydawnictwo Continuo, Breslau [Wrocław] 2003, S. 37-66.

[21] Vergleiche die Stellungnahme der Polnischen Gesellschaft für Gynäkologie zu den Techniken der medizinisch unterstützten Fortpflanzung bei der Unfruchtbarkeitsbehandlung (Juni 1996), in: Klinika 1997, Vol. 4, Nr. 6, S. 267-271.

sowie pränatale Untersuchungen enorm einzuschränken seien.[22] Nach einer stürmischen Diskussion über die Novellierung des Kodexes wurde der Artikel 39 b aus dem geplanten Änderungsentwurf gestrichen, der lautete:

„Ein Arzt, der Eingriffe der medizinisch unterstützten Fortpflanzung durchführt, sollte alles tun, um das Risiko für das gezeugte Kind und seine Mutter auf ein Minimum zu senken."

Die Kritiker dieses Novellierungsversuches waren der Meinung, dass damit praktisch alle Maßnahmen medizinisch unterstützter Fortpflanzung von nun an in Polen unmöglich durchzuführen seien. Man stimmte auch dem nicht zu, dass ein Arzt nur den „daran interessierten Personen" Informationen über die Methoden medizinisch unterstützter Fortpflanzung, pränataler Untersuchungen und der Schwangerschaftsverhütung übermitteln solle.[23]

---

[22] Es ist wert hinzuzufügen, dass Papst Johannes Paulus II. an die Teilnehmer des VII. Außerordentlichen Landesärztekongresses, der sich dem Problem der Novellierung des Kodexes der ärztlichen Ethik widmete, einen Brief mit folgendem Inhalt richtete: „Heutzutage ist die Frage der Ethik von besonderer Bedeutung für alle Forschungen und konkrete Verfahren auf den Gebieten der Biologie und Medizin. Wir wissen, dass sich in diesem Bereich im Laufe des letzten Jahrzehnts des 20. Jahrhunderts neue ethische Probleme ergaben, die zum Beispiel mit dem möglichen Eingreifen in das menschliche Genom, mit der Entwicklung der pränatalen Diagnostik und der medizinischen Unterstützung der Fortpflanzung oder mit der sog. „Partnerschaftsmedizin", die ab und zu Verfahrensweisen gegen das Leben annimmt, verbunden sind. Ein Arzt weiß genau, dass beim Ringen um das Gut, um die Gesundheit und um das Leben des Patienten diese Probleme nicht nur auf der Ebene der gegenwärtig geltenden gesetzlichen Vorschriften gelöst werden können. Man sollte sich auch daran erinnern, dass Polen der Europäischen Union beitreten wird und das Ratifikationsverfahren der Konvention über den Schutz der Menschenrechte und der Menschenwürde in Hinblick auf biologische und medizinische Anwendung noch andauert. Diese Konvention empfiehlt den Ländern, eine Reihe von Rechten zu diesem Bereich eigenmächtig zu bestimmen. Die polnische ärztliche Gesellschaft hat also das Recht und die Pflicht, sich zum Thema der Ethik und deren Anwendungen zu äußern. Ich hoffe, dass die polnischen Ärzte dieses Recht nutzen und die Pflicht zu einer aktiven Gestaltung des ethischen Kodexes wahrnehmen werden, die der Bewahrung und der Entwicklung der Würde ihrer Tätigkeit und dem echten Gut jedes Patienten dient." Der Brief ist datiert auf den 18. September 2003. Zitat nach: Częstochowska Gazeta Lekarska - Zeitschrift der Bezirksärztekammer in Tschenstochau [Częstochowa], Herausgeber: Bezirksärzterat in Tschenstochau [Częstochowa], Nr. 4-5 / 2003.

[23] Das Projekt der Novellierung des Kodexes der ärztlichen Ethik regte noch vor dem Kongress zu einer Diskussion an, aus der folgte, dass einige Vorschläge der „Verbesserung" des Kapitels über die Fortpflanzung zurückgezogen oder umformuliert wurden. Am meisten wurde der Art. 39 Abs. 2 kritisiert, der wie folgt lautet: „Ein Arzt sollte sowohl positive als auch negative Konsequenzen pränataler Untersuchungen sowohl für die Mutter als auch für das Kind beurteilen. Ein Arzt darf keine pränatalen Untersuchungen aufnehmen, wenn sie ein höheres Gesund-

[Anmerkung der Herausgeberin Heidi Hofmann: Zum polnischen Kodex der ärztlichen Ethik vgl. auch andere Beiträge in diesem Buch, z. B. von Weronika Chanska, Janusz Symonides und Eleonara Zielinska].

Viertens: Die Frage nach den Grenzen früher Formen menschlichen Lebens ist seit etwa 10 Jahren Thema intensiver Debatten verschiedener internationaler und interdisziplinärer ethischer Ausschüsse; u. a. der Warnock-Bericht aus dem Jahre 1984[24], der Glover-Bericht aus dem Jahre 1989[25], die Protokolle des Ad-hoc-Sachverständigenausschuss für Bioethik (CAHBI), der vom Europäischen Rat berufen wurde, und vor allem die Empfehlung des Projektes „Künstliche Fortpflanzung des Menschen"[26]. In den Jahren 1992 bis 1995 wurde das Projekt von der Europäischen Kommission BIOMED und dem internationalen Forschungsprogramm „Fertility, Infertility and Human Embryo: Ethics, Law and Practice of Assisted Procreation" finanziert, an dem auch polnische Wissenschaftler teilnahmen.[27] Jedoch mangelt es in Polen an einer Initiative, mit deren Hilfe man solch einen interdisziplinären Ausschuss berufen könnte. Erst die Notwendigkeit zur Ausarbeitung einer polnischen Stellungnahme zu Experimenten an embryonalen Stammzellen – und zwar bis zum EU-Beitritt Polens – verpflichtete den polnischen Minister für Wissenschaft sich in diesem Bereich zu engagieren und eine Konfe-

---

heitsrisiko darstellen als der zu erwartende gesundheitliche Nutzen für die Mutter und für das Kind." Die Kritiker meinten, dass diese Vorschrift die Ablehnung einer Einweisung, einer Durchführung von pränatalen Untersuchungen und Schwangerschaftsunterbrechungen erlaube, wenn der Fötus an schwerer und unheilbarer Krankheit leide, was dem geltenden Recht zuwiderlaufe. Eine große Diskussion erregte auch die neue Version des Art. 39 b, die wie folgt lautete: „Ein Arzt darf keine Verfahren der medizinisch unterstützten Fortpflanzung durchführen, die ein höheres Risiko für das gezeugte Kind und seine Mutter als die natürliche Fortpflanzung schaffen." Die Kritiker dieser Vorschrift meinten, dass sie nicht präzise sei, denn sie definiere nicht, was „ein höheres Risiko" bedeute. Sie hoben auch hervor, dass sie in Polen zur vollständigen Eliminierung der Unfruchtbarkeitsbehandlung mit den Methoden der medizinisch unterstützten Fortpflanzung führen könne.

[24] An der Spitze des Ausschusses für Forschungen zur Befruchtung und Embryologie des Menschen stand Mary Warnock, Professorin für Philosophie in Cambridge. Siehe: Report of the Committee of Inquiry into Human Fertilization and Embryology, Her Majesty's Office, London 1984.

[25] J. Glover, Fertility and the Family. The Glover Report on Reproductive Technologies to the European Commission, London 1989.

[26] Siehe Patientenrechte und ethische Probleme der gegenwärtigen Medizin in den Urkunden des Europäischen Rats, Helsinkische Stiftung für Menschenrechte, Warschau [Warszawa] 1994.

[27] An der Realisierung des Projekts nahmen Z. Szawarski und A. Przyłuska-Fiszer (Ethiker) sowie E. Zielińska und W. Lang (Juristen) teil. Siehe: D. Evans (ed.), Conceiving The Embryo. Ethics, Law and Practice in Human Embryology, The Haque, London, Boston 1996.

renz einzuberufen.[28] Diese Initiative erscheint jedoch etwas verspätet erfolgt zu sein in Anbetracht der Tatsache, dass in dem letztes Jahr novellierten Kodex der ärztlichen Ethik der Unterpunkt 39 a zum Artikel 39 hinzugefügt wurde, der besagt:

„Ein Arzt darf an den Verfahren des Menschenklonens nicht teilnehmen."

Der Kodex erweiterte auch den Teil, der die Fragen wissenschaftlicher Forschungen und biomedizinischer Experimente reguliert. Laut Art. 45. 2 darf

„ [...] ein Arzt keine Forschungsexperimente an Menschen im embryonalen Stadium durchführen",

und laut Art. 45. 3 kann

„ [...] ein Arzt nur dann Behandlungsexperimente an Menschen im embryonalen Stadium durchführen, wenn der zu erwartende Nutzen wesentlich über das Gesundheitsrisiko der dem Behandlungsexperiment nicht unterzogenen Embryonen hinausgeht."[29]

2.   Inhalte und Probleme der ethisch-philosophischen Debatte

Im Diskurs über die medizinisch unterstützte Fortpflanzung und das Klonen kann man vier bedeutende, eng miteinander verflochtene ethische Fragestellungen hervorheben, so dass es in der Praxis recht schwer fällt, sie voneinander zu trennen. Da aber eine differenzierte Betrachtung der oft verwendeten Argumente hilfreich sein dürfte, sollte es auch den Versuch wert sein diese Fragestellungen aufzufächern, obwohl ich mir vorwerfen lassen könnte, komplizierte Zusammenhänge zu vereinfachen. Folgende Fragestellungen lassen sich ausmachen:

---

[28] Die Debatte über die Anwendung von Stammzellen, 15. 12. 2003, Warschau [Warszawa], Ministerium für Wissenschaft. Das Einführungsreferat mit dem Titel „Leben fürs Leben oder die Dilemma gegenwärtiger Bioethik" [„Życie za życie, czyli dylematy współczesnej bioetyki"] wurde von Prof. Z. Szawarski von der Universität Warschau gehalten.

[29] Der Kodex der ärztlichen Ethik, einheitlicher Text vom 2. Januar 2004, der die am 20. September vom VII. Außerordentlichen Landeskongress der Ärzte beschlossenen Änderungen enthält, Warschau 2004.

1. die Frage nach dem ethische Status eines künstlich gezeugten menschlichen Wesens,
2. die Frage der ethischen Bewertung einer Forschung an menschlichen Keimzellen und Embryonen,
3. die Frage der sozialen Kontrolle über die menschliche Fortpflanzung, d. h. die Problemstellung der Eugenik und der ethischen Zulässigkeit von Verfahren, die zu einer Kontrolle der genetischen Ausstattung zukünftiger Kinder führen würden,
4. und die weiteste Fragestellung: die Frage nach der Bestimmung der ethischen Grenzen für Methoden zur Verlängerung und Rettung menschlichen Lebens, d. h. der Technologien, die am Ende eines Lebens eingesetzt werden.

All diese Fragestellungen sind Bestandteil des polnischen Diskurses. Betont werden muss ihre Aktualität bereits zu Zeiten, als sich die Reproduktionsmedizin nur auf die Methoden der künstlichen homologen (AIH) und heterologen (AID) In-vitro-Fertilisation beschränkte.[30] Die intensiven ethischen Reflexionen, die im Rahmen der Debatte über medizinisch unterstützte Fortpflanzung stattfanden, hängen ganz eindeutig mit der Ablehnung von Gen- und Reproduktionstechnologien durch die offizielle katholische Kirchenlehre zusammen. Sowohl Pius XII. wie auch Johannes XXIII., Paulus VI. und der polnische Papst Johannes Paulus II. beurteilten jegliche Form von medizinisch unterstützter Fortpflanzung als unmoralisch.[31] Die Etablierung und Anwendung künstlicher Fortpflanzungsmethoden forderte also von ihren Befürwortern, sich mit den Gegnern und Kritikern und ihren Argumenten auseinanderzusetzen.

---

[30] Siehe B. Popielski, Besondere Probleme der Ethik und des Rechts. Künstliche Besamung [Szczególne zagadnienia z pogranicza etyki i prawa. Sztuczne unasiennienie], in: T. Kielanowski (Red.), Ausgewählte Probleme der ärztlichen Ethik und der Deontologie [Wybrane zagadnienia z etyki i deontologii lekarskiej], PZWL, Warschau [Warszawa] 1980, S. 119-128.

[31] Siehe: Instytut Wydawniczy Pax (Hrsg.), Johannes XXIII., Paulus VI., Johannes Paulus II., Enzykliken [Encykliki], Warschau [Warszawa]; Johannes Paulus II., Evangelium Vitae, KAI, Warschau [Warszawa] 1981 (Johannes Paul II, 1981). S. Kornas, Gegenwärtige medizinische Experimente im Lichte der Beurteilung der katholischen Ethik. [Współczesne eksperymenty medyczne w ocenie etyki katolickiej], Tschenstochau [Częstochowa] 1986, S. 152-174 (Kornas, 1986).

2. 1 Die Frage nach dem ethischen Status eines menschlichen Embryos

Obwohl künstliche Fortpflanzungsmethoden auf die Behandlung der Unfruchtbarkeit abzielen, also auf den Erhalt des menschlichen Lebens, können sie in der Praxis zur Vernichtung des gezeugten Lebens führen. Johannes Paulus II. schreibt im Evangelium Vitae:

> „Auch die verschiedenen Techniken der künstlichen Fortpflanzung, die dem Leben zu dienen scheinen und oft mit dieser Absicht verwendet werden, eröffnen in Wirklichkeit Möglichkeiten zu neuen Angriffen auf das Leben."[32]

Die Gegner der künstlichen Fortpflanzung thematisieren insbesondere folgende Probleme:

Zunächst müssen reproduktive Methoden vor ihrer Anwendung eine Forschungsphase durchlaufen. Das heißt, es werden Experimente an Embryonen unternommen, die immer mit deren Vernichtung einhergehen. Man erinnere sich daran, dass Edwards und Steptoe, die Väter des weltweit ersten Retortenbabys, mit ihren Experimenten im Jahre 1968 begonnen hatten, also 10 Jahre, bevor Louise Brown geboren wurde. Das bedeutet: Bevor es zur Geburt des weltweit ersten Retortenbabys kam, wurde eine große Anzahl Embryonen vernichtet. Das Durchführen von Experimenten an befruchteten Eizellen stelle – im Einklang mit der Stellungnahme der katholischen Ethik – eine Missachtung menschlichen Lebens dar und widerspreche der Würde eines Menschen. Der erste in Polen herausgegebene Aufsatz zu den ethischen Aspekten medizinisch unterstützter Fortpflanzung thematisierte diese vom Standpunkt der katholischen Ethik her; die Überlegungen hierzu findet man im Unterkapitel „Die Eingriffe aus dem Bereich der Eugenik" [„Ingerencje z zakresu eugeniki"] des Kapitels „Ethische Beurteilung der medizinischen Experimente" [„Ocena etyczna eksperymentów medycznych"].[33]

Demzufolge sind insbesondere folgende Methoden der medizinisch unterstützten Fortpflanzung einer Kritik ausgesetzt:

- Mikroinsemination=(ICSI: Intracytoplasmatische Spermainjektion),
- die Herstellung sog. überzähliger Embryonen, deren Einfrieren und – im Falle ihrer Nichtverwendung – deren Vernichtung sowie
- die Präimplantationsdiagnostik, deren Ziel die Selektion von Embryonen vor der Implantation in die Gebärmutter ist.

---

[32] Johannes Paul II, 1981, S. 24.

[33] Kornas, 1986.

69

Außerdem erregt die niedrige Erfolgsquote der Reproduktionstechnologien massive ethische Zweifel. Selbst in den besten Zentren der Welt wird die Schwangerschaft nur in 30-40 % aller Fälle erreicht. So wurden z. B. in der Klinik „nOvum" in Warschau durch In-vitro-Fertilisation und Mikromanipulation 2350 Patientinnen schwanger, was ca. 30 % der Patientinnen ausmacht, die sich für diesen Eingriff entschieden. Dem Abort unterliegen ca. 10 % dieser Schwangerschaften, das trifft aber vor allem auf ältere Patientinnen zu.[34]

Im Weiteren unterliegt auch die von der polnischen Gesellschaft für Gynäkologie als zulässig anerkannte Reduktion von Mehrlingsschwangerschaften einer Kritik. Der so genannte Fetozid findet Anwendung bei festgestellter Mehrlingsschwangerschaft (einer Schwangerschaft mit drei oder mehr Embryonen) und wenn ein oder mehr Embryonen Abnormalitäten aufweisen. Die Mitglieder der Arbeitsgruppe Gynäkologie, die „die Techniken der medizinisch unterstützten Fortpflanzung bei Unfruchtbarkeitsbehandlungen" bearbeitet, sind sich bewusst, dass eine selektive Tötung von Embryonen bei Vorliegen einer Mehrlingsschwangerschaft vom ethischen Standpunkt her sehr problematisch ist. Sie meinen aber, dass es kein schwerwiegendes Problem für unfruchtbare Paare darstelle, die alles in Kauf nehmen um gesunde Kinder zu bekommen. Die selektive Vernichtung darf nicht gegen den Willen der schwangeren Frau durchgeführt werden.

„Der Druck der öffentlichen Meinung oder das Überreden der Eltern zur Fortsetzung der Fünflings- und in extremen Fällen auch Siebenlings- oder Achtlingsschwangerschaft, nur weil es irgendwann einmal irgendwo gelungen ist, alle Kinder zu gebären, ist einfach unredlich. Solche Schwangerschaften haben nur eine Chance von einer Frau ausgetragen zu werden, die schon vorher einmal geboren hat. Eine Frau dagegen, die wegen Unfruchtbarkeit behandelt wird und oft auch zum ersten Mal schwanger ist, kann nur schwer eine Drillingsschwangerschaft austragen. Schwangerschaften mit einer höheren Anzahl an Kindern enden in der Regel mit der Geburt von Kindern, die nicht lebensfähig sind oder sich nicht normal entwickeln können. [...] In

---

[34] Daten (fehlende Jahresangaben) nach dem vom Ambulatorium Novum herausgegebenen Vademekum.
Anmerkung der Herausgeberin Heidi Hofmann: Diese Zahlen sagen relativ wenig über die Wirksamkeit aus, da die Anzahl der Zyklen nicht erwähnt werden. Es geht auch nicht hervor, ob sich die Wirksamkeit auf die Schwangerschaftsrate oder auf die „baby-take-home" – Rate bezieht.

solchen Situationen bietet die Vernichtung eines Teiles der Embryonen die Chance auf eine normale Entwicklung des Restes der Kinder."[35]

Aufgrund der oben angeführten Begründung ist es wohl offensichtlich, warum im Diskurs über Reproduktionstechnologien die Frage nach dem Status der frühen Formen menschlichen Lebens einen so zentralen Stellenwert einnimmt.

Im Kontext der medizinisch unterstützten Fortpflanzung und ihren wissenschaftlichen Experimenten gewann die Frage nach dem moralischen (und gesetzlichen) Status der extrakorporal gezeugten menschlichen Embryonen an Bedeutung. Vertritt man die Meinung, dass die Vernichtung menschlichen Lebens ethisch gesehen grundsätzlich schlecht sei und dass im Moment der Verschmelzung der Gameten ein menschliches Wesen entstehe, dessen Leben einen absoluten Wert besitze, so kann man keine Form des Eingriffs tolerieren, die zur Vernichtung dieses Wesens führt. Das eben ist die Einstellung der katholischen Ethiker zu diesem Streit. Wenn man aber meint, dass die Vernichtung oder die Tötung menschlichen Lebens in einigen Fällen moralisch gerechtfertigt sein könne, eben weil eine Zygote nicht über denselben Schutz verfüge wie ein menschliches Wesen in einem späteren Entwicklungsstadium, kann man darüber nachdenken, ob das Ziel, dem die medizinisch unterstützte Fortpflanzung oder dem medizinische Experimente dienen, die Vernichtung des gezeugten Kindes rechtfertigen kann. Die Annahme einer konsequentialistischen Stellungnahme in der Ethik fordert aber die Bestimmung und Präzisierung der Rahmen, in denen solch ein Verfahren moralisch zulässig ist, und das ist keine einfache Sache.

In einem früheren Aufsatz habe ich den moralischen Status eines Embryos charakterisiert und dabei verschiedene Diskussionsebenen unterschieden.[36] Vor allem um zwei Positionen wird gestritten: Die eine Position besagt, dass der besondere Lebensschutz durch die Zugehörigkeit zur menschlichen Spezies begründet werden könne, d. h. dass der moralische Schutz, sei es der einer befruchteten Eizelle, eines Embryos oder eines Fötus, sich durch die Zugehörigkeit zur Gattung MENSCH ableiten lasse. Die zweite Argumentation beruft sich auf

---

[35] M. Dębski, Jodie und Mary - ein neues Problem, das von der Natur und vom medizinischen Fortschritt geschaffen wurde [Jodie i Mary – nowy problem, jaki stworzyła natura i postęp medyczny.], in: Das Recht und die Medizin [Prawo i Medycyna], Nr. 8/2000, Vol 2, S. 103 f.

[36] Ich habe umfassender darüber geschrieben in: A. Przyłuska-Fiszer, Die ethischen Aspekte des Streites um die Schwangerschaftsunterbrechung [Aspekty medyczne sporu o przerywanie ciąży], AWF, Warschau [Warszawa] 1997 (Przyłuska-Fiszer, 1997); A. Przyłuska-Fiszer, The Ethical Aspects of Human Procreation, in: C. Joerden, J. N. Neumann, J. N. (Hrsg.), Medizinethik 1: Studien zur Ethik in Ostmitteleuropa, Herausgeber Peter Lang, 1999, S. 77-86 (Przyłuska-Fiszer, 1999 c).

den Personenbegriff. In diesem Konzept hängt der moralische Status eines Wesens von bestimmten empirisch nachweisbaren Bedingungen ab; z. B. von der Fähigkeit zu Selbstbewusstsein, Empathie und Rationalität. Die Literatur zu diesem Thema ist auch in Polen sehr umfangreich und nichts weist darauf hin, dass auf der theoretischen Ebene ein Kompromiss erreicht werden könnte, vor allem weil es sich nicht um eine Kontroverse über Tatsachen, sondern um einen Streit um Werte handelt.

Deswegen lässt sich in der Debatte zu diesem Thema sowohl die Ansicht vertreten, dass das menschliche Embryo „nur ein biologisches Material – ein wachsendes Zellenagglomerat"[37] darstelle, als auch die Überzeugung, dass es „ein menschliches Wesen in embryonaler Gestalt"[38] sei.

Obwohl eigentlich über den Streit um die Interpretationsweise der Begriffe „Mensch" und „Person" bereits fast alles gesagt und geschrieben wurde, ist es immer noch das Hauptthema einer Mehrheit von Aufsätzen, die den ethischen Problemen der Fortpflanzung und der medizinischen Genetik gewidmet sind. So wurden zum Beispiel im Rahmen des alljährlichen zyklischen Seminars „Genetik und Moral" drei Referate zu diesem Thema gehalten[39] und es gibt in der von mir untersuchten Gesamtarbeit über das Klonen menschlicher Embryonen keinen Autor, der sich nicht auf das Problem des ontologischen Status eines Embryos oder auf die Würde oder den Wert menschlichen Lebens bezieht. Interessanterweise gibt es auch bei den Biologen keine Übereinstimmung darüber, ob das wissenschaft-

---

[37] B. Stanosz, Bioethik und Soziotechnik [Bioetyka i socjotechnika], in: Sollte man einen Menschen klonen? Die Kontroversen zum Thema Klonen [Czy klonować człowieka? Kontrowersje wokół klonowania], Die Medizin des Entwicklungszeitalters [Medycyna Wieku Rozwojowego], Ergänzung I zu Nr. 3, Band III, Warschau [Warszawa] 1999, S. 61.

[38] Wolniewicz, Bemerkungen zum Klonen [Uwagi o klonowaniu], in: Sollte man einen Menschen klonen? Die Kontroversen zum Thema Klonen [Czy klonować człowieka? Kontrowersje wokół klonowania], Die Medizin des Entwicklungszeitalters [Medycyna Wieku Rozwojowego], Ergänzung I zum Nr. 3, Band III, Warschau [Warszawa] 1999, S. 181. Vgl. auch A. Siemianowski, Kann uns das Klonen beglücken? [Czy klonowanie może nas uszczęśliwić?], in: Sollte man einen Menschen klonen? [Czy klonować człowieka?] Teil II, Medizin des Entwicklungsalters, Ergänzung I zu Nr. 1, Januar-März 2001, Band V, S. 88, sowie Forum – Versuch einer Verständigung, Polen 1992: Das Problem der Strafbarkeit der Schwangerschaftsunterbrechung [Polska 1992: Problem karalności przerywania ciąży] Warschau [Warszawa], 26. September 1992, Sejmische Urkunden, Helsinkische Stiftung für Menschenrechte, S. 66.

[39] Prof. Andrzej Paszewski (Institut für Biochemie und Biophysik PAN), Prof. Barbara Chyrowicz (Katholische Universität in Lublin): Menschliche Person: Was ist das? Gesichtspunkte eines Biologen und Philosophen [Osoba ludzka: czym jest? Spojrzenie biologa i filozofa]; Prof. Maria Dąmbska (Institut für experimentelle und klinische Medizin PAN): Eine Person in den Weltkulturen [Osoba w kulturach świata].

liche Wissen über die Entstehung und die Entwicklung des Menschen eine Grundlage dafür darstelle, sich für eine der Fraktionen zu entscheiden. Während laut einiger Biologen das biologische Wissen dazu beitragen könne, frühen Formen menschlichen Lebens, z. B. einem Fötus, den Status eines menschlichen Wesens zuzuschreiben[40], vertreten andere die Ansicht, dass dieses Problem unabhängig vom embryologischen Wissen und eher in Hinblick auf philosophische und religiöse Aspekte geklärt werden solle[41].

2. 2   Die Frage nach der ethischen Bewertung einer Forschung an menschlichen Keimzellen und Embryonen (Embryonenforschung)

Wenn man die in der polnischen bioethischen Fachliteratur geführte Debatte über den ethischen Status des gezeugten menschlichen Wesens charakterisieren will, muss betont werden, dass gemäßigte und liberale Auffassungen zum moralischen Status einer Zygote keineswegs gleichzusetzen sind mit der Einstellung, dass Experimente an extrakorporalen Embryonen moralisch zu rechtfertigen seien. Auch wenn dem Embryo nicht der Status eines menschlichen Wesens zugeschrieben wird, heißt das nicht, dass alle diejenigen Verfahren, die zur Vernichtung von Embryonen führen, moralisch gestützt werden. Deutlich wird das in der Diskussion zur Schwangerschaftsunterbrechung, bei der es um das Abwägen der Rechte des Embryos und der Rechte der Frau geht.

Eine Befürwortung kann nicht als Wegweiser dienen, wenn es um die Frage geht, inwiefern es Wissenschaftlern erlaubt sein sollte nach eigenem Willen medizinische Experimente durchzuführen. Ich vertrete auch nicht die Ansicht, dass die Ablehnung des reproduktiven Klonens auf anthropologische und axiologische

---

[40] A. Paszewski, Sollte man einen Menschen klonen? Die Kontroversen zum Thema Klonen [Czy klonować człowieka? Kontrowersje wokół klonowania], Die Medizin des Entwicklungszeitalters [Medycyna Wieku Rozwojowego], Ergänzung I zu Nr. 3, Band III, Warschau [Warszawa] 1999, S. 145-147 (Paszewski, 1999).

[41] A. K. Tarkowski, Einige Bemerkungen eines Embryologen zum Klonen [Kilka uwag embriologa na temat klonowania], in: Sollte man einen Menschen klonen? Die Kontroversen zum Thema Klonen [Czy klonować człowieka? Kontrowersje wokół klonowania], Die Medizin des Entwicklungszeitalters [Medycyna Wieku Rozwojowego], Ergänzung I zu Nr. 3, Band III, Warschau [Warszawa] 1999, S. 7-12. Vgl. auch T. Ślipko, Grenzen des Lebens. Die Dilemmata gegenwärtiger Bioethik [Granice życia. Dylematy współczesnej bioetyki.], Warschau [Warszawa] 1988, S. 128 f., 135 (Ślipko, 1988).

Auffassungen vom Embryo zurückzuführen sei.[42] Eher stimme ich der Ansicht eines katholischen Philosophen zu, nach der „nicht alle Anhänger einer materialistischen Vorstellung vom Menschen zu solch einem Radikalismus neigen", der das menschliche Embryo für ein biologisches Material wie jedes andere hält.[43] In diesem Zusammenhang ist hervorzuheben, dass z. B. die selektive Reduktion von Mehrlingsschwangerschaften (Fetozid) auch von denjenigen Ethikern als ethisch fragwürdig bezeichnet wird, die eine Schwangerschaftsunterbrechung wegen sog. sozialer Indikation moralisch rechtfertigen. So schreibt z. B. Z. Szawarski:

> „Es scheint mir jedoch aus ethischer Sicht eher ungewöhnlich, wenn einerseits sowohl die Patientin als auch die Ärzte alles für eine erfolgreiche Implantation tun, andererseits aber eine selektive Abtreibung bestimmter Embryonen durchgeführt wird, wenn es sich erweist, dass sich drei oder vier Embryonen im Körper gut entwickeln. ‚Meine Herren, ich habe *ein* Kind, nicht vier bestellt', sagt die Patientin. ‚Kein Problem, unser Kunde ist König', antworten die Ärzte. Ich könnte nicht mit der Vorstellung leben, dass ich auf Kosten meiner Brüder oder Schwestern lebe.'"[44]

Die Frage nach der Beziehung zwischen dem moralischen Status der Frühformen menschlichen Lebens und der Beurteilung medizinischer Experimente an extrakorporalen Zygoten ist schwer zu untersuchen, wenn man sich ausschließlich auf die bisher in Polen geführten bioethischen Diskussionen beschränkt. Die Positionen sind in dieser Hinsicht vor allem von den allgemein akzeptierten axiologischen Annahmen und den entsprechenden philosophischen Urteilen abhängig und orientieren sich oft an der internationalen Fachdiskussion. Das Axiom, dass jedes menschliche Wesen von Anbeginn seiner Zeugung den Wert menschlichen Lebens hat, führt zu der Annahme, dass die Vernichtung solch eines Lebens immer als schlecht anzusehen sei – egal, welches Entwicklungsniveau es erreicht habe – und auch dazu, dass jegliches Experimentieren an Zygoten zu verbieten sei. Schreibt

---

[42] A. T. Łukowska, Philosophische und anthropologische Grundlagen des Streits um das Klonen von Menschen [Filozoficzne i antropologiczne podstawy sporu o klonowanie człowieka], in: Sollte man einen Menschen klonen? [Czy klonować człowieka?] Teil II, Die Medizin des Entwicklungszeitalters [Medycyna Wieku Rozwojowego], Ergänzung I zu Nr. 1, Januar–März 2001, Band V, S. 35.

[43] J. Salij, Die Experimente an menschlichen Embryonen im Lichte einer personalistischen Norm [Doświadczenia z ludzkimi embrionami w świetle normy personalistycznej], in: Sollte man einen Menschen klonen? [Czy klonować człowieka?] Teil II, Die Medizin des Entwicklungszeitalters [Medycyna Wieku Rozwojowego], Ergänzung I zu Nr. 1, Januar–März 2001, Band V, S. 79.

[44] Szawarski, 2003.

man dem personalen Leben des Menschen Werte zu und nimmt man an, dass bestimmte Verfahren gut oder schlecht sind, je nachdem, wie sie die Interessen und Empfindungen von fühlenden Wesen fördern oder verletzen, führt dies zu dem Schluss, dass die Vernichtung von Föten und Embryonen in ihrer frühesten Entwicklungsphase nicht unbedingt zu Unrecht geschehe. Gegen allen Anschein muss diese Position aber nicht zur instrumentellen Behandlung von Zygoten führen. Sie fördert auch nicht unbedingt embryologische Experimente. Dennoch ist es wichtig zu erwähnen, dass sich die Befürworter einer Legalisierung von Embryonenforschung nicht äußern zum philosophischen Thema des moralischen Status einer Zygote. Vielmehr denken sie an den Gewinn, unheilbar kranken Menschen helfen können.

2. 3 Die moralische Bedeutung medizinischer Technologie oder: Die Unnatürlichkeit der Technologien

Ein anderer kontrovers erörterter Aspekt betrifft die Frage, ob es ethisch zu rechtfertigen sei, mit Hilfe künstlicher Methoden in den natürlichen Fortpflanzungsprozess einzugreifen. Gegner der Reproduktionsmedizin bezeichnen diese Methoden als Verfahrensweisen, die gegen die Natur gerichtet seien, wobei der Begriff der „Unnatürlichkeit" in diesem Fall meistens eine negative axiologische Bedeutung hat.[45] Warum soll aber die Anwendung medizinischer Techniken zum Erreichen einer Schwangerschaft negativ beurteilt werden? Ist die Anwendung jeder medizinischen Technologie von vornherein moralisch schlecht? Diese Zweifel führen zur Aufnahme einer allgemeinen Fragestellung, und zwar zur Frage nach der moralischen Bedeutung medizinischer Technologien.

Die Techniken medizinisch unterstützter Fortpflanzung bilden eine Gruppe vielfältiger therapeutischer Methoden, die zur Schwangerschaft verhelfen, aber zugleich eine oder mehrere Phasen der natürlichen Fortpflanzung auslassen bzw. durch Technik ersetzen. Aus dieser Perspektive ist die Anwendung des Begriffs „unnatürliche Fortpflanzung" teilweise begründet. Zu den Techniken medizinisch unterstützter Fortpflanzung zählen mehrere therapeutische Prozeduren, wie z. B.

- die intrauterale oder intraperitoneale Insemination mit dem Samen des Ehemannes oder eines anonymen Spenders,
- die extrakorporale Befruchtung,

---

[45] Es sollte daran erinnert werden, dass der erste Vorschlag in Polen zur gesetzlichen Regulierung der medizinisch unterstützten Fortpflanzung unter dem Titel „Unnatürliche menschliche Fortpflanzung" [„Nienaturalna prokreacja ludzka"] veröffentlicht wurde. Siehe Smyczyński, 1994.

- die Mikroinsemination,
- der Transfer der Gameten oder der befruchteten Eizelle sowie
- der Transfer der befruchteten Oozyten zwischen den Frauen.[46]

Von Bedeutung ist, dass sich die moralische Beurteilung der künstlichen Fortpflanzung nicht nur abhängig von den einzelnen Techniken ändert – je nachdem, ob man vom Transfer der Gameten (GIFT - Gamete Intra Fallopian Transfer) oder vom Transfer der Embryonen (FIVET - Fertilization in vitro and Embryo Transfer) spricht, ob es um die künstliche Insemination oder um die In-vitro-Befruchtung geht – sondern auch je nachdem, ob es sich um die homologe Befruchtung mit dem Samen des Ehemannes oder des Partners (AIH - Artificial Insamination by Husband) oder um die heterologe Befruchtung mit einem Spendersamen (AID - Artificial Insamination by Donor) handelt[47].

Die medizinische und normative Anerkennung der Techniken künstlicher Fortpflanzung ist mit der Überzeugung verbunden, dass die Unfähigkeit ein Kind zu bekommen mit psychischen und physischen Störungen einhergehe und dass sie als eine Krankheit, sogar als eine gesellschaftliche Krankheit betrachtet werden solle. Nach der polnischen Gesellschaft für Gynäkologie könne die extrakorporale Befruchtung ethisch gerechtfertigt sein, wenn sie dazu diene, einem unfruchtbaren Paar – mit einer bestimmten Unfruchtbarkeitsursache – zu einem Kind zu verhelfen. Folgende weitere Voraussetzungen seien zu erfüllen: zutreffend formulierte ärztliche Indikationen, eine nicht höhere Anzahl implantierter Embryonen als drei und ein wirksames Programm zum Einfrieren der überzähligen Embryonen.[48]

Die Argumente für die Zulässigkeit von Techniken medizinisch unterstützter Fortpflanzung beziehen sich auf grundsätzliche Regeln der ärztlichen Ethik: die Verhütung von Leiden, das Wohl des Patienten, den Respekt vor der Autonomie jedes Menschen. Die Gegner künstlicher Fortpflanzung richten aber ihre Aufmerksamkeit darauf, dass die Überzeugung, ein Arzt solle alle verfügbaren Mittel anwenden um einer Frau ein Kind zu ermöglichen, auf die Annahme zweier Voraussetzungen beruhe: Erstens, dass jeder Mensch ein Recht auf Kinder habe;

---

[46] Stellungnahme der Polnischen Gesellschaft für Gynäkologie zu den Techniken der medizinisch unterstützten Fortpflanzung bei Unfruchtbarkeitsbehandlung, in: Die Klinik [Klinika] Vol. 4, Nr. 6, 1997, S. 268.

[47] Diese Frage wird vor allem von katholischen Autoren betont. Einige von ihnen neigen dazu, die künstliche Insemination mit dem Samen des Ehemannes (AIH) deshalb zu akzeptieren, weil sich in dem intimen Geschlechtsakt keine dritte Person einmischt. Siehe Kornas, 1986, S. 155.

[48] Kornas, 1986, S. 268.

zweitens, dass Unfruchtbarkeit eine Krankheit sei und deswegen immer behandelt werden müsse. Die Voraussetzungen könnten aber hinterfragt werden.[49]

Aufgrund der gegenwärtigen ethischen Theorien fällt die Entscheidung schwer, ob jeder Mensch, auch der mit schwerwiegenden und unheilbaren genetischen Fehlern, allein stehend oder mit einer anderen sexuellen Orientierung, das Recht auf ein Kind hat.[50] Abgesehen von der Fragwürdigkeit, ethische Diskussionen in der Sprache moralischer Rechte zu führen und abgesehen von den verschiedenen Interpretationsmöglichkeiten des Begriffs „moralisches Recht" habe ich allerdings den Eindruck, dass in der Literatur zu diesem Aspekt ein eher skeptischer Ton dominiert. Ethiker deontologischer Orientierung, die sich auf die „Heiligkeit des menschlichen Lebens" berufen, sind der Meinung, dass dieses Recht auch Ehepartnern nicht zustehen solle, obwohl der Kindeswunsch die notwendige Bedingung für eine richtige Elternschaft sei,

„ [...] sondern nur das Recht zur Aufnahme des natürlichen Akts, der von vornherein der Reproduktion dient. Das Recht auf ein Kind würde seiner Würde und seiner Natur widersprechen: Denn ein Kind ist keine Sache, kein Objekt, das den Ehepartnern zusteht, und es kann nicht als Eigentum betrachtet werden."[51]

Das Recht ein Kind zu haben wird auch von Ethikern konsequentialistischer Orientierung in Frage gestellt. So wurde z. B. in der Diskussion über die qualitative Kontrolle der genetischen menschlichen Fortpflanzung der allgemeinen Überzeugung, dass fast jeder Mensch das Recht auf ein Kind habe, die moralische Verantwortung für die genetische Ausstattung der zukünftigen Mitglieder der Gattung Mensch gegenübergestellt.[52] Ein anderes gegen die Techniken medizinisch unterstützter Fortpflanzung vorgebrachtes Argument besagt, dass Unfruchtbarkeit ein organischer Fehler, keine Krankheit sei. Die Ärzte behandeln nicht die Unfruchtbarkeit, wenn sie künstliche Methoden der Fortpflanzung anwenden, sondern

---

[49] Diese Fragen wurden sehr genau von Z. Szawarski besprochen. Siehe Z. Szawarski, Der neue herausragende Homo Sapiens [Nowy wspaniały Homo Sapiens], Philosophische Studien [Studia Filozoficzne], Nr. 3 /1988, S. 49-67 (Szawarski, 1988 b).

[50] Szawarski, 1988 b, S. 57.

[51] Die Kongregation für Glaubenslehre: Belehrung über die Achtung vor dem geborenen menschlichen Leben und über die Würde seines Geschenks [Instrukcja o szacunku dla rodzącego się życia ludzkiego i o godności jego przekazywania], in: J. W. Gałkowski, J. Gula, (Red.), Im Namen des gezeugten Kindes [W imieniu dziecka poczętego], Rom, Lublin 1991, S. 319.

[52] Siehe A. Przyłuska-Fiszer, Ethische Grundlagen der genetischen Kontrolle [Etyczne podstawy kontroli genetycznej], Die Ethik [Etyka], Band 23, S. 111-132.

versuchen den Fehler zu kaschieren, indem sie eine Prothese verwenden.
L. Niebrój schreibt:

„Es lässt sich nämlich nicht sinnvoll behaupten, dass assistierte Fortpflanzung eine Form der Behandlung ist. Sie stellt keine Behandlung
der spezifischen Ursachen dar. Nach Eingriffen mit Hilfe reproduk-
tionstechnischer Methoden bleiben der Mann und die Frau immer noch
unfruchtbar – genau wie vor dem Eingriff auch. Sie ist auch keine
symptomatische Behandlung, sie beseitigt nicht symptomatisch die Unfruchtbarkeit (sie beseitigt die „Symptome" der Kinderlosigkeit, aber
niemand, der bei Sinnen ist, würde doch Kinderlosigkeit – also die
Unfähigkeit Kinder zu bekommen – als Krankheit bezeichnen!). Wollte
man jedoch – allen Argumenten zuwider – die assistierte Fortpflanzung
bei den ärztlichen Verfahren unterbringen, könnte man höchstens
sagen, dass sie eine Form der Prothetik darstellt. […] ein Kind, das in
Folge der oben erwähnten Verfahren gezeugt und geboren wurde, wird
als Prothese eines natürlich gezeugten Kindes betrachtet."[53]

Ich glaube, auch wenn man den oben erwähnten Standpunkt einnähme (obwohl die
WHO ihm nicht zustimmt), beweist dieses Argument nicht, dass die Techniken
medizinisch unterstützter Fortpflanzung nicht als Behandlungsmethoden betrachtet
werden dürfen. Wie B. Popielski richtig bemerkt, führt die Nichtbefriedigung des
Mutterinstinkts zu verschiedenen pathologischen Störungen, erfüllt die Möglichkeit
zur weiblichen Mutterschaft die Kriterien einer Behandlung und beugt der Krankheit vor.[54]

Meiner Meinung nach verbergen die Debatten über das Recht auf Kinder und
über die Angemessenheit des Begriffs „Behandlung" ein wichtiges moralisches
Problem der gegenwärtigen Ethik – die Frage, wie im Lichte der Anerkennung
einer moralischen Autonomie des Patienten die Bedeutung der ärztlichen Rolle und
der Rolle der Medizin als eine Maßgabe für die Bioethik aufgefasst werden soll.
Soll der Arzt vor allem als Erfüllungsgehilfe von Patientenwünschen und die
Medizin als eine Art Dienstleistung fungieren oder sollen die Möglichkeiten
medizinischer Technik den Regeln ärztlicher Ethik und den gesellschaftlich
anerkannten Werten und moralischen Normen unterliegen?

---

[53] L. Niebrój, Am Anfang des menschlichen Lebens [U początków ludzkiego życia], Herausgeber:
Wydawnictwo Naukowe Papieskiej Akademii Teologicznej, Krakau [Kraków] 1997, S. 113 f.

[54] Popielski, 1980, S. 119-128.

Die Gegner medizinisch unterstützter Fortpflanzung meinen, dass sie zur instrumentellen Behandlung des Kindes führe und eine Gefahr für die Institution der Ehe und der Familie darstelle. Der Priester S. Olejnik schreibt:

> „Die Verbreitung dieses Unwesens, d. h. des Manipulierens am entstehenden menschlichen Leben, droht echte und ungünstige gesellschaftliche Konsequenzen mit sich zu tragen. Sie kann nämlich zur weitgehenden Dehumanisierung zwischenmenschlicher Beziehungen führen."[55]

Die medizinische Technologie wird nicht nur als ein Mittel zum Erreichen der von uns gesetzten Ziele angesehen, sondern auch als eine Bedrohung für die persönlichen Sozialbeziehungen und vor allem für die Institution der Familie. Sie trage zur Entstehung eines Fortpflanzungsmarktes bei, Fortpflanzungsdienste würden von Samen- und Embryonenbanken angeboten und öffentliche Institutionen arrangierten Verträge für Ersatzmutterschaften. Äußerst gefährlich sei das Abspalten des Liebesakts vom Akt der Reproduktion.

Die Sicht, welche die Techniken medizinisch unterstützter Fortpflanzung als gegen die Natur gerichtete Verfahren betrachtet, wirft die Frage nach der Bedeutung des Naturbegriffs auf. Es lassen sich mindestens vier Interpretationen dieses Begriffs nennen. Natürliche Verfahren sind diejenigen,

(1) die mit dem natürlichen, von Gott bestimmten Recht übereinstimmen,
(2) die mit den Naturrechten übereinstimmen,
(3) die aus der menschlichen Natur natürlich hervorgehen und
(4) die ohne menschliches Zutun durchgeführt werden können.[56]

Es besteht kein Zweifel, dass die künstliche Fortpflanzung genauso wie andere medizinische Techniken unnatürlich ist angesichts der Interpretation (4), denn sie stellt schon per definitionem einen Eingriff in den Entwicklungsprozess menschlichen Lebens dar. Für die ethische Beurteilung solcher Verfahren können nur die erste und die dritte Auffassung des Begriffs „Natur" von Bedeutung sein. Auf die erste Auffassung bezieht sich die Kongregation der christlichen Glaubenslehre, indem sie konstatiert, dass der Zeugungsprozess im Reagenzglas den Eltern jede Würde nehme; die Reproduktion verliere in diesem Fall ihre Vollkommenheit und es erfolge ein Bruch zwischen dem körperlichen und geistigen Akt, zwischen der

---

[55] S. Olejnik, Die ärztliche Ethik. Katowitz [Katowice] 1995, S. 121.

[56] Szawarski, 1988, S. 63.

Fortpflanzung und der Liebe.[57] Nebenbei gesagt, teilen nicht alle katholischen Ethiker diese Ansicht. Zum Beispiel äußert T. Ślipko, dass der technische Faktor eine instrumentelle Rolle spiele und seine Beurteilung davon abhänge, welchem Zweck er diene. Deswegen meint er, dass man die moralische Akzeptanz der homologen extrakorporalen Befruchtung bei Ehepartnern, die schuldlos unfruchtbar seien und den Wunsch nach eigenen Kindern äußerten, nicht verweigern solle.[58] Auf die dritte Interpretation des Begriffs „Natur" beziehen sich diejenigen Ethiker mit der Ansicht, dass die Bestimmung einer Antinomie (Gegensätzlichkeit) zwischen der natürlichen und unnatürlichen Fortpflanzung keinen Sinn habe. In gewisser Hinsicht sei nämlich jeder medizinische Eingriff unnatürlich.

Man kann in der polnischen bioethischen Fachliteratur, die diese Probleme berührt, zwei Tendenzen erkennen. Die sich auf das Naturrecht beziehenden Ethiker heben die Notwendigkeit zum Erhalt der jedem Menschen innewohnenden Würde hervor und meinen, dass niemand nur ein Mittel zur Realisierung von Zwecken anderer Menschen sein dürfe. Sie meinen also, dass es Werte gibt, die nicht zugunsten anderer eingeschränkt werden dürfen: Diese bilden die Grundlage der unveräußerlichen Menschenrechte, die unverletzbar bleiben müssen. Das Eingreifen in den Prozess menschlicher Fortpflanzung führe zur Realisierung einer als abstoßend empfundenen Gesellschaftsvision, die A. Huxley im Roman „Die neue schöne Welt" [„The Brave New World"] beschrieb. Solche Zweifel erwachsen zumeist der Überzeugung, dass die Erforschung neuer Methoden der künstlichen Fortpflanzung zum Missbrauch der Untersuchungsergebnisse und zum Kontrollverlust über zukünftige Anwendungsmöglichkeiten verleite. Die Philosophen konsequentialistischer Orientierung betonen jedoch, dass für die Beurteilung neuer Fortpflanzungstechniken die Ziele des jeweiligen Verfahrens und die Interessen aller, die in das Verfahren involviert und davon betroffen seien, berücksichtigt und bewertet werden müssten (des Fötus, der zukünftigen Eltern und der Spender). Die moralische Beurteilung medizinischer Technologien müsse also abhängig sein von der Analyse der Konsequenzen, um die Interessen der zukünftigen Kinder, ihrer Eltern, der Familien und der gesamten Gesellschaft zu wahren.

Die kirchliche Kritik an den Verfahren medizinisch unterstützter Fortpflanzung ist oft völlig unverständlich für kinderlose Ehepartner, die ihr eigenes Kind sehnsuchtsvoll erwarten. Die Verfahren stoßen aber auch auf den Widerstand von Gynäkologen, die in Kliniken arbeiten, die diese Verfahren anwenden. Ich habe den Eindruck, dass auch für größere Teile der polnischen Gesellschaft einige Argumente gegen die medizinisch unterstützte Fortpflanzung schwer zu akzeptieren

---

[57] Die Kongregation für Glaubenslehre, Gałkowski u. Gula, 1991, S. 312-314.

[58] Siehe Ślipko, 1988, S. 170-172.

sind, auch wenn sie die päpstlichen Einwände gegen die Abtreibung verstehen (was nicht bedeutet, dass sie mit seiner Meinung völlig übereinstimmen).[59]

Ausblick

Im Allgemeinen ist man der Auffassung, dass eine Änderung der durchgeführten Technik wie z. B. der Verzicht auf Einfrieren überzähliger Embryonen und die zahlenmäßige Begrenzung implantierter Embryonen eine ausreichende Legitimation für die Zulässigkeit medizinisch unterstützter Fortpflanzung sein könne. Hingegen aber, wie ich schon zu zeigen versuchte, beschränkt sich der Widerstand katholischer Ethiker gegen die Methoden medizinisch unterstützter Fortpflanzung nicht nur auf das damit verbundene Risiko der Vernichtung menschlichen Lebens. Die medizinisch unterstützte Fortpflanzung verletze die moralische Ordnung, missachte die Würde eines Menschen, öffne die Tür für genetische und eugenische Manipulation. Obwohl ich weit von der Meinung entfernt bin, alle Formen medizinisch unterstützter Fortpflanzung für moralisch unzulässig zu halten, muss ich ernsthaft eingestehen, dass mich einige Entwicklungen beunruhigen. Wenn man die Tatsache beachtet, dass es weltweit schon über 300.000 auf extrakorporalem Wege gezeugte Kinder gibt, fällt die Vorstellung schwer, dass ein völliges Aufhalten der Reproduktionsmedizin möglich wäre.

Schlagzeilen im Jahr 2004 vom „gehörlosen Wunschkind", dem „ersten tauben Designerkind", berichteten von einem lesbischen Paar, der Sozialarbeiterin Sharon Duchesneau aus Bethesda in Maryland und ihrer Partnerin, Candace McCullough. Die beiden Frauen nahmen ihr Recht auf „reproduktive Freiheit" in Anspruch: Ihr Wunschkind sollte wie sie taub sein. Mit der Auswahl eines gehörlosen Spermienspenders erfüllten sie sich ihre Vorstellungen. Sichtbar werden an diesem Fall Bandbreite und Spektrum privater, individueller Präferenzen, die an ein Wunschkind gestellt werden können. Mit diesem Fall stehen das Dogma sowie die Heilsvision von Leidensfreiheit und einem gesunden Wunschkind auf dem Prüfstand. Denn im obigen Fall ging es gerade nicht um die Vermeidung von Krankheit und Behinderung, sondern Spenderprofil und Spendertyp wurden bewusst so ausgesucht, dass ein behinderter Nachwuchs gezeugt werden konnte. Unterschiedliche Vorstellungen davon, was als „schadhaft" oder „makelhaft" verstanden und definiert wird, stehen sich nun kontrovers gegenüber. Das Niveau der Diskussion darüber und die Qualität der in dieser Diskussion verwendeten Argumente zeigten

---

[59] Zum Beispiel muss man die Gameten, die zur künstlichen Insemination gebraucht werden, auf dem Wege der Masturbation gewinnen, die in der katholischen Ethik als eine moralisch unzulässige Handlung betrachtet wird.

jedoch ganz deutlich, was wir erwarten können, wenn wir zur Gestaltung der genetischen Ausstattung zukünftiger Kinder die Anwendung der Fortpflanzungstechnologien erlauben. Es ist also nichts Sonderbares, dass auch die Ethiker, die das christliche Menschenbild nicht teilen, Schwierigkeiten bei der Bestimmung von Vorschriften sehen, die die Praxis medizinischer Fortpflanzungstechnologien regulieren sollen:

„Eine ausschließlich instrumentelle Behandlung menschlicher Embryonen als ein Mittel zur Befriedigung solcher oder anderer menschlicher Bedürfnisse oder Wünsche ist eine – vom moralischen Gesichtspunkt her – beunruhigende Sache. Wir werden nämlich nie im Stande sein klar und eindeutig zu definieren, welche Bedürfnisse rationell und moralisch determiniert sind und welche nur einer exzentrischen Laune folgen. Es scheint mir, dass es besser für die Zukunft unserer Art und für unsere moralische Tradition wäre, wenn man dieses unglaubliche Rennen zwischen Medizin, Recht und Moralität einerseits und dem uns von der Entwicklung und von der Kultur eingeschriebenen Bedürfnis nach eigener genetischer Nachkommenschaft andererseits aufhalten könnte."[60]

---

[60] Szawarski, 2003.

Verwendete Abkürzungen in den Literaturverweisen:

Johannes Paul II, 1981:   Johannes Paulus II., Evangelium Vitae, KAI, Warschau [Warszawa] 1981.

Kornas, 1986:   S. Kornas, Gegenwärtige medizinische Experimente im Lichte der Beurteilung der katholischen Ethik [Współczesne eksperymenty medyczne w ocenie etyki katolickiej], Tschenstochau [Częstochowa] 1986.

Paszewski, 1999:   A. Paszewski, Sollte man einen Menschen klonen? Die Kontroversen zum Thema Klonen [Czy klonować człowieka? Kontrowersje wokół klonowania], Die Medizin des Entwicklungszeitalters [Medycyna Wieku Rozwojowego], Ergänzung I zu Nr. 3, Band III, Warschau [Warszawa] 1999.

Przyłuska-Fiszer, 1999 a: A. Przyłuska-Fiszer, Das Klonen eines Menschen als ein ethisches Problem [Klonowanie człowieka jako problem etyczny], in: Sollte man einen Menschen klonen? Die Kontroversen zum Thema Klonen [Czy klonować człowieka? Kontrowersje wokół klonowania], Die Medizin des Entwicklungszeitalters [Medycyna Wieku Rozwojowego], Ergänzung I zu Nr. 3, Juli-September 1999, Band III.

Przyłuska-Fiszer, 1999 b: A. Przyłuska-Fiszer, Bioethik und die methodologischen Probleme der Ethik [Bioetyka a problemy metodologiczne etyki], in: Die Ethik [Etyka], 1999, Nr. 32.

Przyłuska-Fiszer, 1999 c: A. Przyłuska-Fiszer, The Ethical Aspects of Human Procreation, in: C. Joerden, J. N. Neumann, J. N. (Hrsg.), Medizinethik 1: Studien zur Ethik in Ostmitteleuropa, Hrsg. P. Lang, 1999.

Przyłuska-Fiszer, 1997:   A. Przyłuska-Fiszer, Die ethischen Aspekte des Streites um die Schwangerschaftsunterbrechung [Aspekty medyczne sporu o przerywanie ciąży], AWF, Warschau [Warszawa] 1997.

Safjan, 1998:   M. Safjan, Das Recht und die Medizin [Prawo i medycyna], Oficyna Naukowa, Warschau [Warszawa] 1998.

Smyczyński, 1994:   T. Smyczyński (Red.), Unnatürliche menschliche Fortpflanzung. Gesetzliche Probleme. Materialien des Zentrums für Menschenrechte in Posen [Nienaturalna prokreacja ludzka. Zagadnienia legislacyjne. Materiały Poznańskiego Centrum Praw Człowieka], Institut für Rechtslehre [Instytut Nauk Prawnych] PAN, Posen [Poznań] 1994.

Ślipko, 1988:   T. Ślipko, Grenzen des Lebens. Die Dilemmata gegenwärtiger Bioethik [Granice życia. Dylematy współczesnej bioetyki.], Warschau [Warszawa] 1988.

Szawarski, 2003:   Z. Szawarski, Was man von der medizinischen Ethik erwarten sollte [Czego oczekiwać od etyki medycznej?], Medizin nach dem Diplom [Medycyna po dyplomie], 2003.

Szawarski, 1988 a: Z. Szawarski, Der Streit um die Schwangerschaftsunterbrechung [Spór o przerywanie ciąży], Polnische Gynäkologie [Ginekologia Polska], 1988, Vol. 59, Nr. 3.

Szawarski, 1988 b: Z. Szawarski, Der neue herausragende Homo Sapiens [Nowy wspaniały Homo Sapiens], Philosophische Studien [Studia Filozoficzne], Nr. 3 / 1988.

Woloniewicz, 2001:   B. Woloniewicz, Über die sog. Bioethik [O tzw. bioetyce], in: Sollte man einen Menschen klonen? [Czy klonowaæ cz³owieka?] Teil II, Medizin des Entwicklungszeitalters [Medycyna Wieku Rozwojowego], Ergänzung I zu Nr. 1, Januar-März 2001, Band V.

Magdalena Środa

Hindernisse und Chancen der Moraldebatte in Polen und die Marginalisierung von Frauen

Über moralische Fragen zu diskutieren, gestaltet sich in Polen als äußerst schwierig und ist mit vielen Problemen verbunden, besonders wenn sie Frauen betreffen (z. B. zur Abtreibung, zu pränatalen Untersuchungen), die Entwicklung der Biotechnologie (zum Klonen, zu neuen Therapiemöglichkeiten) oder mehr allgemeine soziale Fragen (z. B. zur Homosexualität). Frauen werden in dieser Debatte marginalisiert. Auch rationelle und utilitaristische Argumente werden nur am Rande behandelt. In Polen trifft man auf ein dogmatisches Verständnis von Begriffen wie Wahrheit und nur selten auf einen Meinungspluralismus, insbesondere zu moralischen Fragen. Warum? Diese Frage zu beantworten, ist das Leitmotiv dieses Artikels.

1.   Die verlorene Schlacht

Ich werde mit einer Anekdote beginnen. Eines Tages erschien in meinem Institut (Philosophisches Institut der Universität Warschau, Lehrstuhl für Ethik) ein Wissenschaftler, der eine Habilitationsarbeit über neue Methoden der pränatalen Untersuchungen geschrieben hatte. Der Wissenschaftler erklärte mir eine Stunde lang alle Einzelheiten und die Vorteile pränataler Untersuchungen, vor allem, dass die Methode gefahrlos, billig und sicher sei, dass sie kein Leiden der Frau verursache und keine Gefahr für den Fötus darstelle. Nach einer Stunde dieser Erläuterungen fragte ich ein wenig beunruhigt, warum er überhaupt mit seiner Habilitationsarbeit bei mir erschienen war, weil ich doch keine Genetikerin bin und auch nicht eine schwangere Frau, die eventuell an neuen Formen pränataler Untersuchungen interessiert sein könnte. Wie sich herausstellte, war seine Arbeit wirklich innovativ und so gut, dass der Autor auch keine sachliche Unterstützung brauchte (die ich sowieso in keine Weise anbieten konnte) und auch keine Form des Sponsorings bei der Publikation (was ich umso weniger zusichern konnte). Ihm ging es um ethischen Beistand. Denn obwohl er über die „Fakten" und sachlichen Aspekte seiner Arbeit sicher war, hatte er Befürchtungen, dass er sie vom

85

„ethischen" Standpunkt her angemessen verteidigen könne. Er ahnte, dass seine Arbeit über Fragen der pränatalen Untersuchungen eine Diskussion über das Thema Abtreibung während des Habilitationskolloquiums hervorrufen würde. In Polen herrscht nämlich die Überzeugung, dass pränatale Untersuchungen einer Abtreibung als Vorwand dienten und dass jeder, der sich mit diesen Untersuchungen beschäftige, Abtreibungen potentiell befürworte.

Die Frage der Abtreibung ist in Polen ein deutliches Zeichen für eine verlorene Schlacht. Die Niederlage bezieht sich nicht nur auf die Rechte der Frauen zur Abtreibung, sondern auch auf die Rechte und Möglichkeiten, eine rationelle, öffentliche und offene Debatte zu den damit verbundenen kontroversen Fragen führen zu können.

Die Frage der Abtreibung stellte sich in Polen 1989 neu im Zusammenhang mit der Gesetzesvorlage zum „Schutz der Leibesfrucht". In diese Debatte engagierten sich alle gesellschaftlichen Autoritäten: Wissenschaftler, Politiker, Ärzte, Nicht-Regierungsorganisationen, Medien, soziale Gruppierungen und vor allem die Priester und Gläubigen der katholischen Kirche. Die Debatte über dieses Gesetz polarisierte die polnische Gesellschaft; es entstanden die politischen Lager „Pro Life" und „Pro Choice", die „Verteidiger des Lebens" und die „Befürworter der Wahl".

Beide Lager bestimmten die Regeln der Diskussion, die zwar den Beteiligten halfen ihre Identität zu festigen, eigene Meinungen zu artikulieren oder ihr Zusammengehörigkeitsgefühl zu stärken. Sie dienten aber nicht der Kommunikation und waren wenig hilfreich dafür, sich in den unterschiedlichen Auffassungen einem Konsens anzunähern. Äußerst aktiv und „kreativ" handelte die Gruppe „Pro Life", die eine „Beseitigung neutraler Fachausdrücke" bewirkte.[1] Für die „Pro Life"-Anhänger besaßen allgemeine Termini wie „Schwangerschaft", „Embryo", „Fötus", „schwangere Frau" oder „Schwangerschaftsunterbrechung", die bis 1989 sowohl in der Fachsprache als auch in der Alltagssprache verwendet wurden, eine pejorative Bedeutung.

Die Begriffe „Embryo" und „Fötus" ersetzte man durch Ausdrücke wie „gezeugtes Kind", „gezeugter, aber noch nicht geborener Säugling", „kleiner Junge oder kleines Mädchen in embryonaler Phase" oder „lebendes Kind". Eine „ungewollte Schwangerschaft" wurde zu einem „ungewollten Kind" oder „unerwarteten Kind". Eine „schwangere Frau" bezeichnet man jetzt einfach als „Mutter". Die „Schwangerschaft als Folge einer Vergewaltigung" wurde in das „Kind, gezeugt in Folge einer Vergewaltigung" umbenannt und „die Abtreibung", vom polnischen

---

[1] A. Matuchniak-Krasuska, Die Kategorien und Regeln der polnischen Diskussion über Abtreibung, [Kategorie i reguły polskiego dyskursu o aborcji], in: Fremde Probleme. Über die Wichtigkeit des Unwichtigen, gemeinsame Arbeit, Warschau 1991, S. 101 (Matuchniak-Krasuska, 1991).

Recht gestattet bei „einer Schwangerschaft in Folge einer Vergewaltigung", wurde zur „Tötung eines unschuldigen Kindes für das Vergehen seines Vaters". In solchen Fällen wird die Frau als „zweites Opfer der Abtreibung" bezeichnet, aber um dieses Opfer zu vermeiden, werden Frauen dazu überredet, dass sie „dem Kind Zuflucht in ihrem Schoß gewähren", d. h. dass sie keine Abtreibung durchführen (der Begriff „Gebärmutter" wurde durch den Ausdruck „Schoß" ersetzt; der erstere klang für „Pro Life" zu „medizinisch"[2]). Ärzte, die eine Abtreibung vornehmen, sind – nach diesem Verständnis – keine Gynäkologen, sondern „Abtreiber" und „Verbrecher"; sie führen keine Eingriffe durch, sondern betreiben ein „Unwesen"; und die Klinik wird als „Abtreibungsanstalt" oder sogar als „Abtreibungskammer" bezeichnet.

Die Gegner der Abtreibung benutzten so konsequent „die neue Sprache", dass der Streit schon verloren schien, bevor er richtig angefangen hatte: Jeder, der versuchte oder derzeit versucht eine Diskussion über die Abtreibung aufzunehmen, wurde und wird als „Kindsmörder" betrachtet. Es lassen sich keine Argumente für die Rechte zur Abtreibung vorbringen, wenn der Gesprächsgegenstand „ein Kind" und nicht „ein Embryo" ist. Diese Dominanz einer nicht hinterfragten und ausschließlich für richtig gehaltenen Diskussion, mit der die Abtreibungsdebatte geführt wird, betrifft nicht nur allein diese Problematik. Sie umfasst nahezu alle moralischen Fragen. Es gibt dafür viele Ursachen, wie eben kurz skizziert. Einer der Gründe liegt in einem universalistischen Verständnis von ethischen Werten und Normen.

2.   Was ist Ethik in Polen?

Die Unmöglichkeit, in Polen Diskussionen über Fragen der Sexualität, der Sexualerziehung, der Abtreibung, der Gen- und Reproduktionstechnologie und der Geschlechtsumwandlung bei Transsexualität zu führen, liegt nicht an mangelndem Willen, sondern beruht auf einer besonderen Auffassung von Ethik. In Polen wird die Ethik als ein Fundus und als Sammlung religiöser Werte und Überzeugungen betrachtet: Sie ist in ihrer Genese durch Inhalte und Sanktionen autoritativ (es handelt sich vor allem um die Autorität des Klerus und des Papstes), traditionell (die Ethik folgt nicht einem Konsensprinzip, sondern der Tradition), universell und irrational. Diese Attribute machen die Ethik zu einem deklarativen und mit Tabus behaftetem Wissensgebiet, in dem jede Nichtübereinstimmung mit Feindseligkeit betrachtet wird. Und dies ist – nach meiner Überzeugung – die ernsthafteste Barriere für die Aufnahme von Diskussionen und Dialogen.

---

[2] Matuchniak-Krasuska, 1991, S. 102.

2. 1 Der religiöse Charakter der Ethik

In Polen herrscht die allgemeine Überzeugung, dass Gott der Ursprung moralischer Normen ist und dass die Verbindungen von Ethik und Religion natürlich, unbedingt und nicht hinterfragbar sind. Immer, wenn über universelle Werte gesprochen wird, werden darunter diejenigen verstanden, die vom Dekalog oder durch die Stimme des Papstes geschützt sind. Immer wenn über Gegenwerte gesprochen wird, wird an Laienwerte gedacht. Und „laien-" hat die Bedeutung von „fremd", „nicht polnisch", „aufklärerisch". Die polnische Tradition steht dem Aufklärungsgedanken und der Aufklärungstradition abneigend gegenüber. Ihre Religiosität weist die rationelle Diskussion zurück und lässt nur theologische Methoden der Argumentation und theologische Stellungnahmen gelten.

Polen ist aufgrund seiner Geschichte eine zutiefst religiöse Nation. Man muss berücksichtigen, dass die Religiosität eine andere Rolle spielt und spielte als in den übrigen europäischen Staaten. Die Kirche schützte und verbreitete nicht nur theologische Werte, sondern sie schützte auch die „nationale Substanz" vor den Aneignungsversuchen der Okkupanten, zunächst während des 2. Weltkrieges, dann vor den Kommunisten. Die Kirche war also in Zeiten der Besatzung wie auch des Kommunismus – nach allgemeiner Überzeugung – die Zuflucht des „Polnischen". Sie sorgte sich um die polnische Kultur und die nationale Identität. Diese spezifische Mission ist nicht nur gut gelungen, sondern stellt bis heute die Daseinsberechtigung der Kirche in der Öffentlichkeit dar und ist das Kriterium ihres hohen sozialen Ansehens. Sie beinhaltet auch die Legitimation ihrer nicht geringen politischen Macht. Das kulturelle und moralische Erbe der Kirche wirft bis heute seine Schatten (oder sein Licht) auf die Politik, was in der politischen Diskussion sichtbar ist und was wir in den vielen politischen Auftritten hören können von Vertretern beinahe aller (nicht nur konservativer) Parteien. Hier ein Beispiel davon:

„Es ist an der Zeit das zu verwirklichen, wofür die Polen seit über 50 Jahren gekämpft haben und wofür sie an allen Fronten starben, in den Lagern, Gefängnissen, zwangsverbannt oder vertrieben. Die einzige Institution, die niemals dem kommunistischen Diktat unterlag und die über Jahrzehnte den Unabhängigkeitsbewegungen Schutz gab, war die katholische Kirche. Die Kirche setzte auf diese Weise die jahrhundertelange Tradition fort, unsere nationale Haltung zu bilden, die Werte zu formen, die für die große Mehrheit der Polen von entscheidender Bedeutung sind [...]. Die vergangenen 50 Jahre des militärischen und zivilen Kampfes, offen und geheim, um Unabhängigkeit und Wahrheit, um Freiheit und Menschenwürde, um das Recht auf Glauben und das Recht auf Ehrlichkeit erfordern immer noch die moralische und rechtliche Abrechnung – nicht nur im Namen der historischen Wahrheit, sondern auch, um sich dem Gefühl moralischer Straflosigkeit entgegenzustellen, die bei einigen Menschen Zynismus und bei anderen Gleichgültigkeit verursacht." [3]

Die katholische Kirche in Polen erfüllt also nicht nur religiöse Funktionen, sondern auch historische, politische und soziale; sie *ist* der Prüfstein aller Moral.

2. 2 *Die Homogenität der Ethik*

Nach Meinung der Kirche ist die katholische Religion die einzige Quelle moralischer Werte. Die Kirche bestimmt die Sanktionen der Moralstandards, ihre Legitimation und ihren Inhalt. In den häufigen öffentlichen Auftritten und Erklärungen von Vertretern der kirchlichen Hierarchie hört man, dass die Einheit der Religion und der Moral der einzige Garant richtigen Handelns sei und jeder Versuch, diese Verbindung aufzulösen, zu einer moralischen Katastrophe führe. Hier ein Beispiel eines Vertreters des polnischen Episkopats zum Thema Massenmedien:

„Die Kirche begreift Medien als Gottesgabe, die zur brüderlichen Freundschaft zwischen Menschen führen [...]. Heute sind wir (leider) geteilt. Es gibt Gründe, die uns nicht nur voneinander unterscheiden, sondern auch trennen oder sogar antagonisieren. Dazu zählen vor allem soziale und politische Ansichten, unterschiedliche Optionen und Stellungnahmen zu den grundlegenden Fragen der Nation und des Landes. Gleichzeitig werden übermäßig unwichtige und zweitrangige Probleme exponiert [...]. Zu all diesen kranken Phänomenen und Störungen, die Massenmedien in Polen an sich erkennen lassen, muss man noch zahlreiche Erscheinungen hinzufügen, die die Seelsorger und die Gläubigen mit tiefer Besorgnis erfüllen. Es sind dies die zahlreichen Versuche, in der Gesellschaft hoch angesehene Autoritäten in der Öffentlichkeit als lächerlich darzustellen, lästerliche Aussagen über die Glaubenswahrheiten und ethischen Standards, die offene Verbreitung pornographischer Inhalte, [...] das aufdringliche Propagieren eines

---

[3] Die Erklärung der Premierministers J. Olszewski, Dezember 1991, zitiert nach S. Kowalski, Naturrecht als eine Kategorie der politischen Diskussion [Prawo naturalne jako kategoria dyskursu publicznego], in: „Fremde Probleme. Über die Wichtigkeit des Unwichtigen", gemeinsame Arbeit, Warschau 1991, S. 253-254.

Lebensmodells ohne Glauben und ohne moralische Pflichten, die Missachtung solcher Prinzipien wie die Unlösbarkeit eines Ehebundes oder
des Schutzes gezeugten Lebens. Die polnischen Bischöfe, versammelt
im Heiligtum in Tschenstochau [...] wenden sich heute in einem Appell
an alle bei den Massenmedien arbeitenden Landsleute: Jede Form eurer
Tätigkeit sollte sich auf den Dekalog stützen!" (Der Appell der Bischöfe endet in einem Aufruf an den Heiligen Geist, damit sein Licht alle
Taten der Journalisten leite.)[4]

Den Zusammenhalt der moralischen Weltanschauung überwacht der Papst, der seit
Beginn seines Pontifikats alle Abspaltungen von der katholischen Doktrin und jede
Abweichung von der Orthodoxie verfolgt. In der für die Disziplin Ethik wichtigs-
ten Enzyklika *Veritatis splendor* (die der neuen Ausgabe des Katechismus der
katholischen Kirche vorausgeht und mit ihr direkt verbunden ist), schreibt der
Papst:

„Heute scheint es notwendig, über die gesamte kirchliche Morallehre
zu reflektieren, deren konkretes Ziel ist, an einige grundlegende Wahr-
heiten der katholischen Doktrin zu erinnern im Zusammenhang mit
derzeitigen Versuchen, sie in Frage zu stellen oder zu verzerren. Im
Inneren der christlichen Gemeinschaft ist nämlich eine neue Situation
entstanden, in der immer mehr Zweifel und Vorbehalte gegenüber der
kirchlichen Morallehre verbreitet werden, gegenüber der humanitären
und psychologischen, sozialen und kulturellen, religiösen sowie im
strikten Sinne theologischen Natur. Es ist nicht mehr eine fragmentarische und einstweilige Kritik, sondern ein Versuch, global und systema-
tisch das Erbe der Moraldoktrin in Frage zu stellen, die auf bestimmten
anthropologischen und ethischen Konzepten beruht. Die Quellen dieser
Kritik kann man in den mehr oder weniger verborgenen Einflüssen der
Gedankenströmungen finden, die zur Auflösung der wesentlichen und
konstitutiven Verbindung zwischen menschlicher Freiheit und Wahrheit führen. Auf diese Weise wird die traditionelle Doktrin über
Naturrecht, über Allgemeinheit und Unveränderlichkeit ihrer Gebote
abgelehnt; man glaubt, dass einige Elemente der kirchlichen Morallehre
einfach inakzeptabel seien; dass das Magisterium [die kirchliche Lehr-
autorität, Anmerkung H. Hofmann] sich zu Moralfragen äußern müsse,
nur um die Gewissen anzuregen und die Werte vorzuschlagen, von

---

[4] Gazeta Wyborcza, 13. September 1991.

denen jeder Mensch selbst die Inspiration für seine autonomen Entscheidungen und Lebenswahlen schöpfen wird."[5]

Die ganze Enzyklika ist ein Ausdruck obsessiver Furcht vor Liberalismus, Rationalismus, Relativismus, Pluralismus und Dialog. Der Papst bezeichnet Liberalismus als „den dritten Totalitarismus" und die Konzeption von der Autonomie und Souveränität des Gewissens – die vom II. Vatikanischen Konzil so verstärkt wurde – ersetzt er durch die „teilnehmende Theonomie"[6]. Er schreibt:

„Das Gewissen ist kein unfehlbarer Richter, es kann sich irren. Ein Irrtum des Gewissens kann eine Folge unbesiegbarer Unwissenheit sein, das heißt, der Unwissenheit, die dem Subjekt selbst nicht bewusst ist und von der es sich selbst nicht befreien kann."[7]

Die Hilflosigkeit des Gewissens zwingt jeden Gläubigen zum Gehorsam der katholischen Kirche gegenüber und ganz besonders gegenüber dem Magisterium der Kirche.

„Die Katholische Kirche ist Lehrer der Wahrheit und sie ist verpflichtet die Wahrheit, die Christus ist, zu predigen und sie authentisch zu lehren sowie die Prinzipien der moralischen Ordnung, die aus der eigenen Natur des Menschen resultieren, zu bestätigen."[8]

Ein Depositär der Wahrheit ist demnach die Kirche und nicht das individuelle Gewissen. Ein Katholik soll vor allem ein gehorsamer Gläubiger sein und nicht ein denkender, diskutierender oder autonomer Mensch.

Der Gehorsam betrifft vor allem die Fragen des sexuellen Lebens eines Menschen, des Lebensbeginns (das Tabu der Zeugung) und des Lebensendes (das Tabu eines natürlichen Todes). Gegenstand päpstlicher Sorge ist auch die Biotechnologie. Der Papst missbilligt alle „genetischen Manipulationen", besonders diejenigen, die an Stammzellen durchgeführt werden; diese Missbilligung wird in den Medien als verbindlich dargestellt. Diskussionen über die Biotechnologie gibt es daher nur am Rande und hauptsächlich innerhalb akademischer Kreise.

---

[5] Johannes Paul II, Veritatis Splendor, Einleitung (Johannes Paul II).

[6] Theonomie: Die Ableitung aller Sittlichkeit von Gottes Gesetz und Gebot, im Unterschied zur Autonomie, der Gesetzgebung des Selbst.

[7] Johannes Paul II, S. 94.

[8] Johannes Paul II, S. 97.

2.3   Die „schiefe Ebene"

Die Furcht vor Debatten, die als Angriff betrachtet werden nicht nur auf die moralische Einheit, sondern möglicherweise auch auf die Moral an sich, beruht auf der Schlussfolgerung in den Kategorien der so genannten „schiefen Ebene". Johannes Paul II schreibt in der Enzyklika *Veritatis Splendor*:

> „Die Entchristlichung, die auf ganzen Völkern und Gemeinschaften lastet, die einst von Glauben und christlichem Leben erfüllt waren, zieht nicht nur den Verlust des Glaubens oder zumindest seine Bedeutungslosigkeit für das Leben nach sich, sondern notgedrungen auch einen Verfall oder eine Trübung des sittlichen Empfindens: und das zum einen wegen des fehlenden Sinns für die Ursprünglichkeit der Moral des Evangeliums, zum anderen wegen der Verdunkelung fundamentaler sittlicher Grundsätze und Werte. Heute so weit verbreitete subjektivistische, utilitaristische und relativistische Tendenzen treten nicht einfach als pragmatische Positionen mit Gewohnheitscharakter auf, sondern unter theoretischem Gesichtspunkt als feste Konzeptionen, die ihre volle kulturelle und gesellschaftliche Legitimität beanspruchen."[9]

Nach Johannes Paul II bedeutet jede Abspaltung der Ethik von der Religion – in der päpstlichen Sprache – die „Absonderung des Gewissens von der Wahrheit", der „gesunden Lehre" der Kirche widersprechend. Dieser Widerspruch führt zum Relativismus, Relativismus zum Subjektivismus und Subjektivismus zum Nihilismus. Letzterer ist der Vater „der Todeskultur" und des „dritten Totalitarismus", d. h. der gegenwärtigen pluralistischen Gesellschaften Europas. Diese starke Kritik bezieht sich vor allem auf die moralischen Fragen zum Sexualleben und der menschlichen Zeugung, ebenso auf die Frage der Abtreibung, der Euthanasie und der Anwendungen neuer Biotechnologien. Interessant ist, dass nirgendwo erklärt wird, warum die Kirche besonderes Interesse an Angelegenheiten der menschlichen Sexualität zeigt; die ist nämlich in der Kirchenlehre mit zahlreichen Tabus bedeckt. Die Kraft dieser Tabus hat auch Einfluss auf die Anwendung der neuen medizinischen Technologien. Die polnische Kirche, die enormen Einfluss auf das öffentliche Leben hat, lehnt nicht nur die Möglichkeit einer Debatte ab, an der Werte, die als religiöse Tabus gelten, beteiligt sind, sondern auch die Möglichkeit, die kompetente öffentliche Meinung zu berücksichtigen oder die „Stimme des Volkes", also die Volksabstimmung, zur Kenntnis zu nehmen. Hier die Antwort

---

[9]   Johannes Paul II, S. 106.

der polnischen Bischöfe auf den Vorschlag einer Volksabstimmung zur Frage der Abtreibung:

„Im Bewusstsein unserer seelsorgerischen Pflicht warnen wir alle davor, zum Mittel der Volksabstimmung über das Leben zu greifen; unsere Brüder im Glauben rufen wir auf, diese Form des Rechtentscheids, die im Widerspruch zur Natur und Würde des Menschen steht, abzuweisen und sich mutig hinzustellen zum Schutz des Lebens."[10]

Der Appell der Bischöfe 1991 war wirksam: Die Volksabstimmung zur Frage der Abtreibung fand nicht statt und im Parlament wurde das Gesetz, das die Abtreibung unter Strafe stellte, angenommen.

2. 4 „Im Widerspruch zur Natur"

Das am häufigsten verwendete normative Konzept in der polnischen Moraldebatte ist das „Naturrecht", d. h. die ethische Befürwortung oder Ablehnung (von z. B. Reproduktionstechnologien) orientiert sich an einer Übereinstimmung oder nicht vorhandenen Übereinstimmung mit der „Natur". Dieser Begriff – wie wir wissen – wurde in die moralische Enzyklopädie vom heiligen Thomas von Aquin eingeführt. Nichtsdestoweniger kennt man in Europa noch eine andere Tradition außerhalb der religiösen, die diesen Begriff verwendet. Es ist nämlich die Tradition der Aufklärung (ihre Vorläufer waren Thomas Hobbes, später John Locke). In der christlichen Tradition verbindet sich das Naturrecht mit einer bestimmten teleologischen[11] Konzeption vom Menschen. Danach ist der Mensch ein von Gott auf eine bestimmte Weise erschaffenes Wesen (das Dogma der Schöpfung) und er wurde erschaffen zu einem bestimmten Zweck (das Dogma der Erlösung); das Naturrecht soll dem Menschen beim Erreichen des letztendlichen Ziels helfen. Es soll ihm helfen, sein Potential zu verwirklichen. Die Freiheit in der christlichen Konzeption – im Gegenteil zur liberalen Freiheit – hat eine positive Bedeutung; sie ist keine Freiheit der Wahl (als Freiheit von Hindernissen und arbiträren Begrenzungen), sondern die Freiheit zur richtigen Wahl. Das Kriterium der richtigen Wahl ist genau das Naturrecht. Es hat eine normative und deontologische Form. Das natürliche Recht auf Leben bedeutet: die Pflicht zu leben.

---

[10] 246. Konferenz des Episkopats Polens, zitiert nach: Fremde Probleme. Über die Wichtigkeit des Unwichtigen, gemeinsame Arbeit, Warschau 1991, Zit. S. 260.

[11] von *telos (gr.)* – das Ziel.

Anders dagegen meint das natürliche Recht auf Leben in der Aufklärungstradition, die einen gewissen Gegensatz zur christlichen Tradition darstellt, das
Recht, nicht getötet zu werden. Das Naturrecht bestimmt hier den Umfang unserer
Freiheit und den Inhalt bestimmter Ansprüche und nicht die Pflichten, die wir
erfüllen sollen aufgrund einer Notwendigkeit zum Erreichen eines Zieles, für das
wir erschaffen wurden. In der Aufklärungstradition verleiht das Naturrecht auf
Leben uns das Recht, über dieses Leben zu verfügen. Hingegen erlegt es in der
christlichen Tradition die Pflicht auf, das Leben aufrechtzuerhalten. Daher die
strenge Missbilligung der Selbsttötung und die unverhandelbare Position der
katholischen Kirche zur Frage der Euthanasie.

Als ein „der Natur entsprechendes" Sexualleben des Menschen gilt nur ein solches
Verhalten, das zur Zeugung führt. Im Widerspruch zum Naturrecht steht also
jegliches sexuelles Verhalten, dessen Ziel nicht die Zeugung ist. Nach der Lehre
des heiligen Thomas von Aquin unterlagen demnach die Vergewaltigung und die
Blutschande weniger einer Kritik – weil sie potentiell zur Zeugung führten –, dafür
bewertete man als um so verwerflicher die Onanie und die Homosexualität – weil
sie in keiner Weise auf eine Zeugung gerichtet sind. Es lässt sich ergänzen, dass die
Anwendung von empfängnisverhütenden Mitteln, auch von Kondomen, ebenfalls
dem Naturrecht widerspricht (deshalb auch die nicht nachlassende Mißbilligung
des Papstes von Kondomen und anderen unnatürlichen empfängnisverhütenden
Methoden). Übrigens werden in der in Polen herrschenden religiösen Sprache
natürliche Methoden der Empfängnisverhütung als „ökologisch" bezeichnet. Dank
der positiven Besetzung des Begriffs „Ökologie" in den letzten Jahren soll damit
die Anziehungskraft des „ehelichen Kalenders" gesteigert werden, der im Rahmen
der Erziehungsprogramme „Vorbereitung auf das Familienleben" empfohlen wird.
Diese Programme fungieren als Ersatz für eine „Sexuelle Erziehung", verstanden
als „Sexuelle Aufklärung" in polnischen Schulen.
    Eine Ablehnung mit Rekurs auf das Naturrecht erfährt am häufigsten die
Homosexualität. Im Katechismus können wir lesen: „ [...] homosexuelle Akte sind
in ihrer inneren Natur ungeordnet", stehen im Widerspruch zum Naturrecht,
können also nicht bewilligt werden. Zugleich aber sagt der Katechismus, dass man
Homosexuelle „mit Achtung, Mitleid und Feingefühl" behandeln solle, weil Homosexualität nicht Gegenstand einer Wahl sei. Die theologischen Einschätzungen
übergehen aber eine Tatsache, nämlich die, dass die Homosexualität nicht nur eine
sexuelle Orientierung ist, sondern vor allem eine Frage der Identität. Der Anspruch
an einen Homosexuellen, dass er mit seiner Homosexualität kämpfen solle und
dann als eine Person geachtet werde, fußt auf der Annahme, dass jeder von uns
irgendeine abstrakte Person sei, die von sich dasjenige abspalten könne, was für
öffentliche Zwecke bestimmt sei und den anderen Teil „zu Hause" lassen könne. Es

ist jedoch schwierig, den wesentlichen Teil der eigenen Identität „zu Hause" zu lassen. Und die polnischen Homosexuellen stimmen der dargestellten Ansicht nicht zu.

3. Die Befruchtung in vitro

Polen ringt – wie fast jedes europäische Land – mit demographischen Problemen. Immer mehr Ehepaare werden unfruchtbar. Die Gesellschaft altert dramatisch. Dieses Phänomen ist umso schmerzhafter spürbar, weil die polnische Gesellschaft eine familienzentrische Struktur besitzt. Familienzentrisch ist auch das Erziehungs- und Bildungssystem. Der Individualismus der westlichen Gesellschaften ist in Polen weniger populär. Für Polen nimmt, unabhängig von politischen und ökonomischen Veränderungen, seit Jahrzehnten das glückliche Familienleben unverändert einen hohen Stellenwert ein. Die Familie ist das Heiligtum, unabhängig von wachsenden Scheidungszahlen. In diesem Zusammenhang ist es selbstverständlich, notwendig, natürlich und erwünscht, Kinder zu haben. Perfekt funktioniert in Polen das Netz von privaten Ambulanzen und Kliniken, die sich mit der Befruchtung *in vitro* befassen. Die Ärzte haben auf diesem Gebiet viele Erfolge, die weltweit hohes Ansehen finden (die hohe „Erfolgsquote" bemisst sich nach der Anzahl erfolgreicher Eingriffe bei einer bestimmten Zahl von Versuchen). Leider werden die Kosten für diese Behandlungen in keiner Weise vom Staat rückerstattet. Der polnische Staatshaushalt finanziert viele Gesellschaftskrankheiten (völlig kostenfrei sind z. B. teure HIV-Therapien). Warum also interessiert sich der Staat in einem familienzentrischen Land, in dem die demographischen Zahlen alarmierend sind, nicht für so eine wichtige Zivilisationskrankheit wie die Unfruchtbarkeit? Die Antwort: weil es die Kirche verbietet.

Gemäß der geltenden Stellungnahme der Kirche ist eine kinderreiche Familie das wichtigste Zeichen für den Segen Gottes. Umso mehr sei das Kind eine Gabe und nicht etwas, was einem Menschen zustehe, auf das man ein Recht haben könne, das man als Anspruch dem Staat gegenüber geltend machen dürfe. Im Katechismus können wir lesen:

> „Das Kind ist nicht etwas, was einem zusteht, sondern eine Gabe [...].
> Die größte Gabe der Ehe ist ein Mensch – eine Person. Das Kind kann
> nicht als Eigentum betrachtet werden, als etwas, wozu die Anerken-
> nung eines angeblichen Rechts auf das Kind führen könnte. In diesem
> Bereich besitzt nur das Kind echte Rechte: das Recht, Frucht eines

richtigen Aktes ehelicher Liebe der Eltern zu sein und als eine Person seit dem Moment seiner Zeugung respektiert zu werden."[12]

„Weil das Kind eine Gabe ist, kann es nur auf natürliche Weise gezeugt werden. Deswegen sind alle Methoden, welche die Trennung der Elternschaft durch den Eingriff eines Dritten verursachen [...], weitgehend schädlich. Diese Methoden verletzen das Recht eines Kindes, durch Vater und Mutter geboren zu werden, die es kennt und die mit dem Eheband verbunden sind. Diese Methoden widersprechen dem ausschließlichen Recht der Gatten, Vater und Mutter nur dank einander zu werden."[13]

Und weiter:

„Diese Methoden führen zur Separierung des Geschlechtsakts vom Zeugungsakt. Der Akt, mit dem das Leben des Kindes beginnt, ist nicht mehr der Akt, in dem sich zwei Personen einander hingeben. Sie geben das Leben und die Identität der Embryonen in die Hände der Ärzte und Biologen, führen zur Herrschaft der Technik über die Herkunft und Bestimmung des Menschen. Eine solche Herrschaft an sich widerspricht den Prinzipien der Würde und der Gleichheit, die anerkannt werden sollen sowohl im Falle der Eltern als auch der Kinder."[14]

„Die Übertragung des Lebens ist aber, vom Standpunkt der Moral, ihrer spezifischen Vollkommenheit beraubt, wenn es als Frucht des ehelichen Aktes nicht gewollt ist, d. h. des spezifischen Aktes der Vereinigung der Ehegatten. Nur das Achten des Zusammenhangs, der zwischen den Bedeutungen des ehelichen Aktes existiert, und der Respekt vor der Einheit des Menschen ermöglichen die Elternschaft, die der Menschenwürde entspricht."[15]

Die negative Beurteilung der künstlichen Befruchtung stützt sich also auf einige Argumente:

---

[12] Katechismus der katholischen Kirche [Katechizm kościoła katolickiego], Posen 1994, 2378 (Katechismus).

[13] Katechismus, 2376.

[14] Kongregation der Wissenslehre [Kongregacja Nauki wiary], Instr. Dominum vitae, Einleitung, S. 2 (Kongregation).

[15] Kongregation, II, S. 4.

- *Erstens:* Niemand hat das Recht darauf, Kinder zu haben. Hilfen, sie zu bekommen, sind also unnötig und sogar nicht angebracht.
- *Zweitens:* Jede technologische Hilfe um Kinder haben zu können bedeutet ein Eingreifen in die Domäne göttlicher Angelegenheiten.
- *Drittens:* Diese Einmischung verletzt die Würde der beteiligten Personen.
- *Viertens:* Sie steht im Widerspruch zum natürlichen Ziel der Ehe.

Dazu muss man noch ein weiteres Argument hinzufügen, nämlich die Sünde der Masturbation:

„Sowohl das Lehramt der Kirche mit ihrer unveränderlichen Tradition als auch der moralische Sinn der Christenheit stellen entschieden fest, dass die Masturbation ein im Inneren ernsthaft ungeordneter Akt ist [...]. Ohne Rücksicht auf ein bewusstes und freiwilliges Motiv steht die Nutzung der Geschlechtsorgane über das normale Eheleben hinaus in wesentlichem Widerspruch zu seiner Zweckdienlichkeit."[16]

All diese Argumente machen also die In-vitro-Methoden zu etwas Schlechtem. Zum Trost zeigt die Kirche den unfruchtbaren Eheleuten „das Kreuz des Herren, das die Quelle aller geistigen Fruchtbarkeit ist." Sie werden auch darauf verwiesen, „ [...] den großen Akt der Großzügigkeit zu tätigen, indem sie Kinder adoptieren oder andere Dienste am Nächsten vollbringen."[17]

Können diese für die Kirche geltenden Argumente irgendeinen Einfluss auf die moralische Debatte über die staatliche finanzielle Unterstützung der In-vitro-Befruchtung nehmen? Es scheint so zu sein. Das Einbringen dieses Themas in die Öffentlichkeit bedeutet eine Polemik gegenüber der Kirche. Solche Polemik erweist sich als nicht förderlich für eine politische Karriere und jeder, der sie pflegt, bemüht sich gleichzeitig, den religiösen Status Quo nicht anzufassen. Denn die Kirche in Polen ist nicht nur eine moralische, sondern auch eine politische Macht.

Wie ist in diesem Zusammenhang die Lage der Frauen? Können sie die Form und den Verlauf der moralischen Debatte in Polen beeinflussen? Das sind keine einfachen Fragen; die Antworten sind nämlich verwoben mit der Geschichte und Tradition Polens.

---

[16] Kongregation.

[17] Katechismus, Zit. 2379.

4. In Polen Frau sein

Es ist schwer zu sagen, ob Frau sein in Polen etwas Leichteres ist als z. B. in Deutschland, Frankreich oder Südafrika. Es ist auch schwer zu sagen, was es denn überhaupt bedeutet „Frau zu sein", ohne in Banalitäten zu sprechen oder sich auf gesellschaftliche Zuschreibungen zu stützen. Jede Definition eines kollektiven Subjekts ist immer schwierig, aber sie erfüllt wesentliche kognitive Funktionen, deren Realisierung manchmal erstrebenswert ist.

4. 1   Die Frau in der ponischen Geschichte

Die polnische Geschichte – wie die Geschichte der meisten Staaten (oder vielleicht die Geschichte überhaupt) – ist die Geschichte der Männer: ihrer Siege, Niederlagen, Kriege, Schlachten und Diplomatie. Die Geschichte Polens ist vor allem eine Militärgeschichte und genauso hat der bis heute gepflegte polnische Patriotismus eine militaristische Form: Dem eigenen Land schenkt man das Leben und nicht die Steuern. Die polnische nationale Identität wurde wahrscheinlich am stärksten von der Adelstradition beeinflusst. Diese war vor allem durch eine Vorliebe für persönliche Unabhängigkeit, Politik und Waffen gekennzeichnet.

Der Adlige verstand Freiheit nur als staatliche Unabhängigkeit oder Teilnahme an der Macht. Die Tradition der Aristokratie gestaltete eine republikanisch-demokratische Idee von Freiheit, die vor allem die Wichtigkeit der Bürgerrechte betont, verstanden als Recht auf Ausübung von Macht, wonach der Mensch vor allem als Mitglied einer politischen Gemeinschaft betrachtet wird und nicht als Individuum. Die republikanisch-demokratische Idee der Freiheit ist vielleicht nicht das genaue Gegenteil der Freiheit in liberal-individualistischem Sinne, unterscheidet sich aber sicherlich davon.

Der Liberalismus ist vor allem mit dem sittlichen Individualismus verbunden und im religösen Bereich mit Puritanismus. Die liberale Tradition, die uns fremd ist, hat immer die Freiheit des Individuums hervorgehoben, verstanden als die maximale Erweiterung der Sphäre, in der dieses Individuum frei ist von der Unterordnung unter Entscheidungen anderer, also die maximale Einschränkung des Umfangs der allgewaltigen politischen Macht. Im Gegenteil zum Liberalismus ist die Tradition der Adelsdemokratie – also die Tradition der republikanischen Freiheit – mit dem Ethos der Gemeinschaft und des Kollektivismus verbunden; ihr zentraler Begriff ist nicht die Freiheit des Individuums, sondern der Wille des Volkes; nicht die Freiheit von der Macht, sondern die Teilnahme an dieser Macht. Insofern sind die polnische Politik und die polnischen Moralkonzeptionen sehr stark vom Kollektivismus und Gemeinschaftsgefühl geprägt. In den Zeiten des Kommunismus erfuhr diese Haltung keine Veränderung; das Ideal der „moralisch-politischen Einheit der Gesellschaft" war ja eines der zentralen Ideale, die sowohl das sozialistische Bild der Wirklichkeit als auch die Epoche der entstehenden Oppositionsbewegungen prägten. Die Mentalität des Kleinadels, das Gefühl der Gemeinschaftzugehörigkeit und der Rechte dieser Gemeinschaft prägten auch – nach dem Historiker Norman Davies – die Denkweise der Aktivisten von „Solidarność".

Und was sind ihre Konsequenzen? Das republikanische Verständnis von Freiheit war von Natur aus mit den Privilegien verbunden, die einem Mann zustehen – der Kampf, die Macht, das Eigentum. Teilnahme an der Macht, Wahlrecht, *liberum veto* – all das sind nicht nur Rechte der Männer, sondern auch ihr Lebensstil, ihre Berufung; Werte, welche die männliche – also auch die nationale – Kultur bestimmen. Was hatte im Rahmen dieser Kultur ein Mann einer Frau anzubieten? Es ist sehr zutreffend im Refrain eines polnischen Volkliedes ausgedrückt: „Auch wenn für unser Land zu sterben unser Wille ist, zweifle nicht mein Mädchen, wir sehen uns im Himmel."

Die Frauen lebten am Rande der Kultur und waren zugleich ihr materielles, „unterirdisches" Fundament. Die Instabilität der historischen Lage Polens – Teilung, Aufstände, Deportation, Gefängnisse – brachte mit sich, dass Macht und Eigentum eben die Frauen innehatten, indem sie das Land und den Haushalt bewirtschafteten, indem sie zu Arbeit gingen als Lehrerinnen, Gouvernanten, Arbeiterinnen. Diese Situation wiederholte sich übrigens mehrmals: In den Zeiten des Kommunismus trugen die Frauen die ganze Last der Haushaltsführung, sie standen in den Schlangen, sie bauten das komplizierte System der Netzwerke, der Bekanntschaften, die Tauschnetze; alles, was soziale und familiäre Existenz ermöglichte. In Zeiten des Kommunismus wurden die Frauen emanzipiert und emanzipierten sich selbst. Die Emanzipationsidee passte nicht nur gut zur sozialistischen Ideologie, sondern auch zu den Anforderungen eines jungen sozialistischen Staates, der billige Arbeitskräfte brauchte und das bürgerliche Eigentum verachtete. Dieser emanzipatorische Fortschritt war natürlich nur eine Attrappe totalitärer Macht; das Ziel der Gleichberechtigung bestand in der maximalen Nutzung aller produktiven Kräfte für den Wirtschaftsbedarf. Die Ideologie der Gleichberechtigung passte perfekt, um das Potential der Arbeitskräfte zu steigern. Die Frau erfüllte also über Jahrzehnte eine Doppelrolle: die traditionelle (als Ernährerin der Familie; und wer das damalige Polen kannte, der weiß, dass es eine fast heroische Rolle war) und die revolutionäre (als arbeitende Frau). Neben Erlöserin und Pflegerin wurde sie außerdem Vorarbeiterin. Diese seltsame Ideologie brachte – wie bekannt ist – sehr miserable ökonomische Effekte, aber auch sehr eklatante

Veränderungen im Bewusstsein. Der Kommunismus weckte das Bedürfnis und zeigte die Möglichkeiten einer wirklichen Gleichberechtigung. Das betraf nicht nur die Berufsarbeit, sondern auch Bildungsmöglichkeiten, Teilnahme am kulturellen Leben und Zugang zu dieser Kultur.

Die Zeit des realen Sozialismus war also für die polnischen Frauen eine Zeit der Ausbeutung, aber auch neuer Erfahrungen: von persönlicher Unabhängigkeit, von Berufstätigkeit, von ersten Versuchen politischer Aktivität. Die Wichtigkeit dieser Erfahrungen lässt sich nicht abstreiten trotz der Tatsache, dass während der demokratischen Transformation Polens in den 90er Jahren der Slogan der Dekommunisierung mit Deemanzipation verknüpft wurde. Das „freie" Polen wurde zu einem durchaus religiösen Staat.

4. 2   Die Frau in der religiösen Symbolik

Der Nobelpreisträger Czesław Miłosz hat einmal sinngemäß geschrieben, dass nach den tausend Jahren, in denen die Bewohner Polens nach geistiger Nahrung suchten, sie nur die Trümmer zerbrochener Illusionen fänden und entweder den Katholizismus hätten oder gar nichts. Der Katholizismus in Polen bedeutet mehr als einfach nur eine Religion. Er ist eine Lebensart, eine Art der Weltanschauung, ein Klassifikationskriterium der Menschen, ein Gegenstand der Mode, der Faszination und des Snobismus, Träger der Zensur (in Polen ist es unmöglich den Papst zu kritisieren und jeder wichtige Politiker konsultiert in für das Land strategischen Entscheidungen die Kirche), er ist eine dominierende Stütze der Erziehung und letztendlich ist er auch eine Quelle der politischen Stichworte für verschiedene politische Parteien, nicht unbedingt nur des rechten Spektrums.

Die Lage der Frauen gestaltet sich von der Warte der katholischen polnischen Kultur her noch komplizierter als von der Warte der Adelstradition. Jene Tradition warf die Frau aus dem Kreis des Wesentlichen und Bedeutungsvollen; diese fängt sie und stellt ins Zentrum, was paradoxerweise keineswegs ihre reale Lage verbessert. Die Frau spielt in der polnisch-katholischen Kultur eine grundlegende Rolle; sie ist die große Göttin, die Schwarze Madonna, die Mutter Gottes etc. Deutlich sichtbar ist das in der gesamten religiösen Symbolik. In polnischen Kirchen findet man vor allem das Abbild der Mutter Gottes, die Schützerin aller Dinge (in anderen Kirchen, z. B. in den französischen, spielt die Hauptrolle in der Symbolik der Heilige Geist, es herrscht dort also eine metaphysische Symbolik und nicht eine patriotisch-schützende). Die Frau als Mutter Gottes hat dennoch nicht einmal die Polen vor Feinden gerettet (oder zumindest vor dem schwedischen Aggressor in

Tschenstochau und vor dem bolschewistischen in Warschau) und bestimmt wird sie noch nicht einmal in unsere Schwierigkeiten eingreifen müssen, und das sicherlich mit heilsamer Wirkung. Die Frau (als Mutter Gottes von Tschenstochau) ist das Ziel alljährlicher Pilgerfahrten, wozu sich auch eine enorme Schar von Männern auf den Weg macht. Charakteristisch ist, dass nach Tschenstochau vor allem die Männer, z. B. Zöllner, Polizisten, Soldaten und Politiker pilgern.

Deswegen soll man der Frau, deren vollkommenste Verkörperung die Mutter Gottes ist, eine besondere Achtung entgegenbringen, eine Achtung wie gegenüber einem Symbol. Polen ist bekannt als ein Land mit besonderen Höflichkeitsetiketten Frauen gegenüber, man lässt sie als erste an der Tür vorbei, küsst die Hände, macht den Platz frei etc. Andererseits bewirkt eben der katholische Charakter der polnischen Kultur, dass die Lage der Frauen vom Standpunkt ihrer Möglichkeiten, Chancen und Rechte bedauernswert ist. Die Frau wird nämlich auf ihre „Berufung" und ihre „Natur" festgelegt. Die Kirche erkennt zwar der Frau den gleichen Status zu wie dem Mann, jedoch differenziert sie wegen des Charakters ihrer „Berufung". Die Frau soll für Wärme des Familienhaushalts sorgen, soll Mutter der Kinder sein, fürsorglich und überdies auch eine gepflegte Ehefrau. Symbolische Verstärkung bekommen die Frauen seitens der ständig wachsenden Anzahl an päpstlichen Selig- und Heiligsprechungen. Wir haben also eine ständig wachsende Zahl an heiligen Frauen, die diesen Status dank ihrer Demut, Liebe, Schlichtheit, Gehorsamkeit, Hingabe und Entsagung zugesprochen bekamen und nicht dank ihrer Ausbildung, Unabhängigkeit und Karriere.

Insofern schuf die polnische Tradition, die adlige wie auch die katholische, erfolgreich Illusionen von weiblichen Privilegien, gleichzeitig entfernt sie die Frau aus dem Kreis der wichtigen, also die Männer betreffenden Gebiete. Dass diese symbolische Macht nicht in eine reale Macht umgesetzt ist, wird in Polen zu einer wichtigen, und was bedeutend ist, auch zu einer wahrgenommenen Frage.

4.3   Die erziehende Frau

Das Phänomen der Reproduktion und Aufrechterhaltung der eigenen, oft bedrückenden Situation ist nicht nur polnischen Frauen bekannt. Frauen erziehen Kinder, indem sie ihnen die traditionellen gesellschaftlichen Rollen einprägen. Ein Mädchen soll warmherzig, bescheiden und fürsorglich sein; ein Junge mutig, unternehmungslustig und selbstständig. Die erzieherische Rolle der Frauen ist in Polen sehr stark; nicht nur im Zusammenhang mit ihrer zentralen Rolle „am häuslichen Herd", sondern auch wegen der starken Position der Kirche und ihres

Einflusses auf die Tradierung der gesellschaftlichen und vor allem geschlechts-spezifischen Rollen. Nicht nur die Atmosphäre des traditionellen polnischen Familienhaushalts ist mit der Achtung vor der Religion durchdrungen; auch der Inhalt der Schulprogramme orientiert sich im axiologischen Bereich an der Förderung einer familiären Gesellschaft und einer Familie mit differenzierter, hierarchischer Rollenverteilung. In den Lehrbüchern für die so genannte „Einführung in das Familienleben" (die – wie schon oben erwähnt wurde – ein Ersatz für die immer noch fehlende sexuelle Erziehung ist) wird den Mädchen sinngemäß erklärt: Wenn die Frau jemand für jemanden sein wolle, so wolle der Mann im Leben einfach jemand sein. Oder: Das Herz eines Manns seien die Dinge dieser Welt, und die Welt einer Frau seien die Sachen ihres Herzens. Der zuständige Minister der linken Regierung hat in dieser Angelegenheit nichts geändert: Sexualerziehung, Empfängnisverhütung, weibliche Selbständigkeit, individualistische Gesellschaftsmodelle bleiben die Tabufragen im polnischen Bildungssystem.

4. 4 Die Frau in der Politik

Die Frauen befassen sich ungern mit Politik. Die politische Wirklichkeit gehört den Männern; Frauen haben in ihr zwei Arten der Karriere reserviert: Die eine schafft Möglichkeiten für moderne Frauen, die sich an die Männerwelt anpassen können, indem sie deren Werte übernehmen (Unabhängigkeit, Ambitionen, Wettbewerbsfähigkeit); die zweite stellt Möglichkeiten zur Verfügung, die Rolle der konservativen Schützerin patriarchaler Ordnung anzunehmen.

In der Politik gibt es keine Feministinnen (vielleicht zwei oder drei) und praktisch keine völlig unabhängigen Frauen; es fehlt an Frauenparteien (d. h. Parteien, die vor allem die Interessen der Frauen vertreten). Auch bestehen Schwierigkeiten darin, ein kohärentes und angemessenes Bild von einer Frauenpolitikerin zu präsentieren. Feministinnen werden abgelehnt, das Muster einer „Mutter-Polin" kann sich in der Politik nicht etablieren wegen seines grundlegenden inneren Widerspruchs: Es ist schwer eine aktive Frau zu sein und gleichzeitig die anderen Frauen zu überreden, dass sie zu Hause bleiben und auf Entwürfe von einem unabhängigen und guten Leben zu Gunsten der Familiensorgen verzichten sollen. Im polnischen Parlament haben die so genannten „Frauenangelegenheiten", wie z. B. Abtreibung, einen stark politischen Charakter – das Abtreibungsverbot gab zahlreichen Politikern die Chance, ihr eigenes Weiblichkeitsbild zu kreieren. Andere Fragen, wie z. B. reproduktive Gesundheit oder das Gesetz zur Gleichberechtigung von Frauen und Männern, sind Gegenstand politischer Abwertung und Verspottung. Die Frauen erfüllen eine „Nebenrolle" in der Politik; sie sind vor

allem in Nichtregierungsorganisationen und Siftungen tätig. Initiierte Gleich-
berechtigungsprogramme hatten bisher nur einen kurzfristigen Charakter.

4. 5   Die arbeitende Frau

Obwohl statistisch gesehen Frauen besser ausgebildet sind, ist es schwieriger für
sie eine Arbeit zu finden, sie verlieren auch als erste ihren Arbeitsplatz. Über ihnen
schwebt auch die ständige Angst des Arbeitgebers vor einer möglichen Schwangerschaft. Die Frauen haben vor allem Arbeitsstellen in „feminisierten Nischen", d. h.
in Berufen, die am schlechtesten bezahlt sind: Krankenschwestern und Lehrerinnen, bei denen der Arbeitgeber, d. h. der Staat, Niedriglöhne mit der Überzeugung
rechtfertigt, dass die Pflege, Sorge und Selbstaufopferung in der Natur der Frauen
liege. Trotz der schlechten Lage auf dem Arbeitsmarkt machten polnische Frauen
die historische Erfahrung aktiv sein zu können. In Polen, wo eigentlich eine Mittel-
klasse auf Basis klarer wirtschaftlicher und geschlechtlicher Rollenverteilung nie
entstanden ist, fühlten sich die Frauen nie zu Hause so eingeschlossen wie es der
Fall in westlichen Ländern, z. B. in den USA, war. Auch aus ökonomischen Gründen wird es schwierig in Polen, eine Gruppe gut situierter Frauen zu finden, die
über mangelhaften Zugang zur Öffentlichkeit klagen. Die Frauen arbeiten, weil sie
arbeiten müssen. Es gibt auch immer mehr Frauen, die arbeiten wollen oder die in
ihrer Arbeit und über ihre berufliche Karriere den einzigen Weg zur Selbstverwirklichung sehen. Hier unterscheidet sich Polen nicht von den anderen Staaten im
Westen, obwohl sicherlich die „allein stehende Frau" eher traditionell bedingt und
darüber hinaus als ein wenig bedrohlich wahrgenommen wird. Das Fehlen von
Familie und Kindern ist immer noch – besonders in bestimmten Kreisen – mit
einem moralischen Makel verbunden.

4. 6   Die Frau und die Gesundheit

Die Gesundheitsprobleme der Frauen – vor allem das Problem der so genannten
reproduktiven Rechte – zeigen am deutlichsten das Ausmaß der politischen und
existenziellen Einschränkungen von Frauen. Das in Polen geltende Abtreibungsverbot aus persönlichen und sozialen Gründen, das Fehlen einer modernen
sexuellen Erziehung, das seit postkommunistischen Zeiten fortbesteht, zeigt, dass
die Frauen nicht als autonome und moralische Subjekte betrachtet werden und dass
über ihre Fruchtbarkeit, über ihr Wissen und die Aufklärung über ihren eigenen

Körper Politiker und Priester entscheiden. Die Frage der Abtreibung ist eine Frage der Religion und der Politik. In Zeiten vor den Wahlen oder in Zeiten der politischen Krisen dominiert die Abtreibung die politische Karte und das Thema stellt wirkungsvoll wirtschaftliche Probleme in seinen Schatten. In der polnischen Abtreibungsdiskussion, betrachtet vor allem mit den Augen der aktivsten Seiten, also der Kirchenvertreter und der überwiegenden Zahl der Politiker, existiert – was ich schon am Anfang meines Beitrages erwähnt habe – keine Frauenfrage, sondern die Frage der so genannten „Leibesfrucht". Das Abtreibungsverbot soll den politischen Willen zeigen, „das gezeugte Leben" vor den von Natur aus verantwortungslosen Frauen zu schützen. Das Abtreibungsverbot enthüllt noch eine Eigenschaft des polnischen politischen und sozialen Lebens – das Verhältnis zum Recht. Paradoxerweise, trotz vieler Erklärungen und rechtlicher Verbote, ist die Abtreibung in Polen allgemein zugänglich: allerdings illegal und sehr kostspielig. Man kann also sagen, dass die Abtreibung in Polen vor allem ein politisches und gesellschaftliches Problem darstellt: Nicht alle Frauen können sich den Eingriff leisten. Auch nicht alle können die Kosten der Empfängnisverhütungsmittel ohne staatliche Zuschüsse tragen und wenn all dies ein moralisches Problem ist, dann nicht deshalb, weil sein Gegenstand der Kampf um Achtung vor dem Leben ist, sondern die Verachtung den Frauen gegenüber.

5.   **Kann Feminismus dazu beitragen, die Barrieren, die einen Moraldiskurs in Polen verhindern, niederzureißen?**

Der polnische Feminismus ist einer der Bereiche des sozialen Lebens, die sich am stärksten entwickeln. Er ist vor allem durch einen gesellschaftlichen Abrechnungscharakter geprägt, aber auch kognitiv und intellektuell (was man an den ständig an polnischen Universitäten enstehenden „Gender Studies"-Disziplinen beobachten kann). Er ist, wie vor vielen Jahren im Westen, die Ideologie einer diskriminierten Gruppe. In Polen hat er eine milde Form angenommen – vielleicht eine zu milde angesichts der wachsenden Welle von Repressalien sowohl realer als auch symbolischer Natur. Die Legalisierung der Abtreibung, der Zugang zu pränatalen Untersuchungen, die Teilnahme der Frauen an Entscheidungsprozessen, der Kampf gegen Stereotypen in Bildungsprogrammen, Medien, Werbung usw. sind die politischen Anliegen, die eine Verbindung zwischen verschiedenen organisierten Frauengruppen entstehen lassen. Aber nicht nur das: Die Feministinnen kämpfen um ein verändertes Frauenbild, das bisher von der katholischen Kirche und ihren politischen Befürwortern gestaltet wird: die Frau als ein asexuelles Wesen, gewidmet den mütterlichen Pflichten, „von Natur aus" für die unentgeltliche Arbeit für Männer geeignet, was in der patriarchalen Ideologie als die „traditionelle Rolle der Frau", „ihre Natur" und „ihre Berufung" bezeichnet wird. In Polen ist auch die so genannte „neufeministische Bewegung" lebendig, initiiert durch den Brief des Papstes an die Frauen (1996). Sie nimmt die „unantastbare" Frage der Abtreibung nicht auf, versucht aber, die Position der Frau egalitärer zu machen sowohl in der Kirche als auch in der Gesellschaft. Die Feministinnen versuchen ebenso erfolgreich gegen Institutionen zu kämpfen, wie z. B. gegen die Kliniken für Gynäkologie und Geburtshilfe, in denen die Frau noch bis vor kurzem als ein Behälter für das zu gebärende Kind behandelt wurde und keine Rechte besaß, oder gegen Familiengerichte, in denen das Klischee von einer Frau, die „alle Pflichten hat", und von einem Mann, dessen Tugend ist, dass er „nicht schlägt und nicht trinkt", noch immer vorherrscht.

In Polen ist es schwer um die Rechte zu kämpfen, die sich in die Sprache der nationalen und religiösen Deklarationen nicht übersetzen lassen. Das Recht, über das eigene Schicksal und Glück zu entscheiden, das Recht auf angemessenes individuelles Leben, verstanden als ordentlicher Lebensstandard, das Recht auf persönliche Freiheit und vor allem auf moralischen Pluralismus und eine eigene sexuelle Orientierung ist für die von konservativen Ideen beeinflusste nationale Mentalität schwer zu fassen. Polen wird vom Katholizismus dominiert – von dieser unumstrittenen Staatsraison, die mit dem Bild des Papstes unterstützt wird. Es fällt hier sehr schwer, die liberalen Einstellungen zu popularisieren, sogar oder vielleicht vor allem in der sittlichen Sphäre. Es ist ebenso schwierig zu erklären, dass der Raum zwischen Parlament und Kirche, also zwischen der großen Politik und Sonntagsritualen, mit den Werten und Standards gefüllt werden soll, welche die Achtung der persönlichen Freiheit, die Toleranz gegenüber der Verschiedenheit sowie das Recht auf Individualität fördern. Die Frauenrechte – wie auch die Rechte aller Individuen – gehören genau in diese Sphäre.

„Frau" kann aber Optimistin sein; in Polen findet fast in jeder Sphäre ein positiver Austausch zwischen den Generationen statt. Die jungen Frauen leisten immer stärkeren Widerstand gegen die Reduktion auf klischeehafte Geschlechtsrollen und übernehmen mit wachsender Entschlossenheit immer mehr Bereiche der Männerwelt – auf der beruflichen, wirtschaftlichen und politischen Ebene. Vielleicht wird es auch den moralischen Diskurs beeinflussen – seine Veränderung ist unbedingt erforderlich.

Verwendete Abkürzungen in den Literaturverweisen:

Johannes Paul II: Johannes Paul II, Veritatis Splendor.

Katechismus: Katechismus der katholischen Kirche [Katechizm kościoła katolickiego], Posen 1994.

Kongregation: Kongregation der Wissenslehre [Kongregacja Nauki wiary], Instr. Dominum vitae.

Matuchniak-Krasuska, 1991:   A. Matuchniak-Krasuska, Die Kategorien und Regeln der polnischen Diskussion über Abtreibung, [Kategorie i reguły polskiego dyskursu o aborcji], in: Fremde Probleme. Über die Wichtigkeit des Unwichtigen, gemeinsame Arbeit, Warschau 1991.

Zbigniew Szawarski

Ethics and prenatal screening

The Polish law on family planning, human embryo protection and conditions allowing abortion, revised in 1997, excludes the possibility of abortion due to so called social reasons, but allows abortion as stated in the following case:

> "When prenatal examinations or other medical factors point to a high probability of serious and irreversible damage of the foetus or the incurable illness threatening the foetus's life."

Probably nobody would question the moral premises that guided the legislator in this case. If we had to choose between a healthy baby and a baby with serious and incurable genetic handicap, it would be unwise to choose a severely disabled child. Nobody capable of compassion and rational thought would willingly choose to be born instead with a severe disability or a disease, which makes a normal independent life impossible. Following the fundamental rule of morality "Love thy neighbour as you love thyself" we say, "Do not condemn your neighbour to a life that you would not willingly choose to live yourself". If you yourself would not like to be born and live with *spina bifida*, hydrocephalus or a fragile *X* syndrome, do not force others to be born and live with them. Although genetic reasons, as understood by the general public, are the least controversial reasons for allowing abortion, moral appraisal of prenatal diagnosis is far more complicated, than one would think at first. The controversy concerning moral justification of prenatal diagnosis is in a sense a continuation of the abortion debate. However, the problem of the ethics of prenatal diagnosis brings some new and important arguments about that will help us to better understand the nature of moral disagreements in medicine.

The Case

A married couple from a small town in North East Poland has a 5 year old son, suffering from an irreversible genetic condition called hypochodroplasia (or achondroplasia). One of the symptoms of that condition is dwarfism and shortness of limbs. When the first child was born both parents decided to use contraceptives. Unfortunately Mrs. B.

got pregnant. Considering her poor state of health and the fact that they have already a seriously disabled child both parents decided to terminate the pregnancy. Polish abortion law has a clause saying that abortion is permissible, "when prenatal examinations or other medical factors point to a high probability of serious and irreversible damage of the foetus or the incurable illness threatening the foetus's life". The doctor caring for Mrs B had no right to refer her to prenatal examination. According to the law only a qualified specialist may do so. However, the specialist they approached neither permitted her to have the abortion nor referred her to a prenatal examination centre. As a result a baby girl was born in October 1999. The child suffers from a genetic condition similar to that of her brother. Both parents with two handicapped children live in a tiny flat (31 sq. meters) on 1ˢᵗ floor. It is a damp place with fungus on the wall. Their financial situation is rather difficult. In spring 2000 they decided to sue the doctor for violations of patient's rights and demand a substantial compensation and a rent for their disabled daughter. The court proceeding is in progress.

1.   Prenatal screening: the clinical aspect

Let's define prenatal screening as the set of procedures and actions serving to obtain information regarding the probability of having a baby with a genetic disorder. These procedures are usually carried out before pregnancy, while couples are considering the possibility of having a child, or when the woman is already pregnant. In the first case, we want to know, whether either of parents is a carrier of undesirable genetic or chromosomal defects, that could be passed on to the future offspring. When we talk about genetic testing in this case, we mean preventive genetic screening (genetic testing, genetic screening, carrier screening.). Given data concerning the genetic predisposition of potential parents, if the risk of passing on faulty genes is high or even it is certain that the genes will be passed on, it will be better for them and society as a whole, if they decide not to have children of their own. There are many tests that allow us to estimate such a risk, e.g. in case of cystic fibrosis, Tay-Sachs disease, Duchenne's disease, hemofillia, Huntington's disease, severe sickle cell anaemia, neurofibromatosis, or even cancer or Alzheimer's disease. It is possible that in the near future genetic markers will be discovered for every disease which has genetic grounds.

In the second case, when the object of testing is the foetus, we simply speak of prenatal diagnosis or – as it is called in the Polish medical tradition – prenatal diagnostics. It is clear that the Polish abortion law by prenatal diagnosis means the second possibility. By applying the methods of prenatal diagnosis we are able to discover whether the foetus has this or other disease or disorder.

Various authors give various names and descriptions for modern methods of prenatal diagnosis. The authors of the recently published "Foundations of medical genetics" [1]divide possible tests into two groups: invasive and non-invasive; in the first group we find tests such as amniocentesis, chorionic villus sampling, cardiocentesis, biopsy of foetus' skin, and foetus lives biopsy, and in the second group: USG, radiographic methods of showing the foetus, analysing foetal calls taken mother's blood. Recently, in connection with IVF treatment, the concept of pre-implantation has emerged.

At the very beginning of applying prenatal diagnosis, much attention has been given to moral appraisal of risk connected with amniocentesis. However, regardless of the diagnostic method chosen and the risk to the foetus connected with the given method, the crucial moral problem in the prenatal diagnosis debate is that of knowledge itself. What is the meaning and value of information regarding the health status of a foetus? Why do we really want to know what the status of a foetus is?

There are two major points of view regarding this issue – the abstract scientific point of view and the practical point of view of a future parent, or generally speaking of society as a whole. From the point of view of science the situation is clear. We want to know, what exactly causes genetic disorders, because we want to be able to treat them successfully or prevent them from happening. It is true that each amniocentesis is connected with a small 1-2 % risk of damaging the foetus or causing miscarriage. However, considering the benefits of understanding the mechanisms of genetic disease formation and development, it seems to be a justified risk. Otherwise we would be unable to protect successfully thousands of children from e. g. phenyloketonuria, if we did not know the mechanism of disease formation and treatment. This is certainly a convincing argument, so long as we know how to successfully treat or prevent a given disease. However in the face of most genetic diseases we are quite helpless. It appears that it is precisely in the field of medical genetics that diagnosis became an end in itself. Nowadays, we know exactly what causes Huntington's disease and we are able to recognize the disease in the prenatal phase of development. But we are unable to treat it. In that

---

[1]   M. Connor, M.Ferguson-Smith [Polish translation], Podstawy genetyki medycznej, PZWL 1998, S. 240.

case what is the value of such a diagnosis for the patient? Should we screen people for Huntington's disease, if we are unable to help the patient in any way? The answer is clear. Perhaps at the current stage of development we are unable to treat many of the genetic diseases and disorders that exist, but due to the information obtained from the screening we may prevent them. It is due to prenatal genetic testing, that we know the importance of excess or lack of certain chemical substances (eg. folic acid) in the origin and development of certain genetic disorders (eg. *spina bifida*), we also know what will probably happen if carriers of certain faulty genes or faulty chromosomes decide to have children. That is important knowledge. What is controversial is the use that the patient will make of that knowledge.

From the point of view of the patient everything is clear. It is better to have children that are healthy, intelligent and pretty, than children are severely handicapped mentally of physically. Due to genetic testing we know what genetic characteristics are responsible for children's disability. It would be wise to make use of that knowledge in order to prevent such disability.

Almost every book on medical genetics has a list of genetic risk indicators. It is common knowledge that a certain age barrier exists (35 years for women and 55 years for men) beyond which the risk of having a genetically disabled baby rises. It is known that if in a certain family there have been regular cases of gene related diseases, that the potential mother or father of a future child are carriers of the faulty genes which may cause a genetic disease in that child. It is known that earlier frequent miscarriages or birth of a genetically disabled baby are also high-risk indicators. It is also known, that in certain populations, there is high frequency of recessive genes; belonging to such a population is a high risk factor in itself. (For example Tay-Sachs disease is found mostly among Ashkenazi Jews, and sickle cell anaemia is mostly found in Afro-Caribbean population.)

However, from the fact alone that we know what the causes of genetic disease are, it does not follow that it is a patient's obligation to undergo such testing. The case of Nancy Wexler is very telling. Her mother died of Huntington's (the probability of inheriting the disease by a daughter is 50 %). Nancy spends most of her life looking for genetic marker of this disease; in fact she became a world top expert in this area. However when the marker was finally found Nancy Wexler decided not to undergo testing. In certain situations, the right not to know is equally or even more important than the right to know.

Let us consider the following situation. There is a couple that wants to have happy, healthy children. However they know that one of the parents (or both) belongs to a high-risk group. Nonetheless, they decide to have a child. The mother becomes pregnant and undergoes genetic testing. The diagnosis is that the child has fragile X syndrome. The symptoms of this disease are aggressive behaviour and a learning disability of various degrees. People suffering from this disease are unable to live independent lives, and usually live and die in institutions caring for the mentally disabled.

Parents of such a child are faced with a dramatic moral dilemma: what next? If they decide to have that baby, they face a life of sacrifice for a human being that is often unable to appreciate or even understand and return such sacrifice, or passing the child over to a care-home. This may in turn cause severe remorse and an almost pathological sense of guilt. The alternative is to abort. However this solution may also cause a feeling of guilt and remorse. Whatever they choose, they might end up with a feeling of being guilty of wrong doing. And it won't help that they have chosen the lesser evil (wrong), whatever it might be. Lesser evil is evil nonetheless. It is wrong to increase the amount of suffering in the world and it is wrong to destroy a newly conceived life.

What should a wise person do in such a case? What is better for a human being suffering a serious and untreatable genetic disorder – to be born and live a short, pitiable, full of suffering life, or not to exist at all? Let us try to answer this question, taking, at first, the point of view of those opposed to prenatal diagnosis.

2.   In defence of life

The main argument of radical defenders of life is simple. Killing a human being is a crime. Human embryo, regardless of degree of genetic disorder, is a human being. Therefore, everybody who chooses to undergo prenatal testing with the intention of abortion should the tests turn out to be positive, is committing a crime. Law may not tolerate crime. Therefore the law should forbid any prenatal testing whatsoever, if the main intention behind the tests was to abort disabled embryos. The current Polish abortion law, appraised from this perspective, is a rotten compromise. If the legislator really thought that life is sacrosanct, the law should never have been passed. Let us see what the moral consequences are of accepting such a compromise.

2. 1   Value of life

This compromise makes the difference between the ethics of sanctity of life and ethics of quality of life legal. It is true that the concept of quality has been present in medical practice for a long time, and is commonly used to describe the quality of life of a patient in relation to methods of treatment and the medical care he receives. Quality of life often serves as a synonym of comfort. However, when it is decided that because of a future extremely low quality of life caused by a genetic disorder, it is better for the human beings affected by the disorder as well as their parents and society in general, that they are to be killed in their mothers' wombs, one introduces a new concept. That of life "unworthy of living" – (*lebensunwertes Leben*). This is a direct descendant of Nazi ideology and medical practice. There is no difference in meaning between the following expressions "high probability of serious and untreatable genetic disorder of foetus or untreatable disease threatening its future life" and "high probability of life not worth living".

2. 2   The right to live

Denying those that are too far from genetic or biological norm the right to live is the natural consequence of accepting the future low quality of life of a foetus as a moral justification of abortion. Surely such a decision cannot be just. If we proclaim that every human being, from the moment of conception till death, has a right to live regardless of it's condition, it is unjust to deny the right to live to those, that due to their developmental disorders are condemned to a life in suffering. They too are human and have a right to live. We must not classify and divide people into groups of genetically normal people, who have a right to live, and genetically abnormal, who are denied that right.

2. 3   Disability

Screening and discrimination on grounds of disability is a particularly sensitive issue for the disabled themselves. Associations of disabled are open in demanding a prohibition of prenatal diagnosis. Thanks to USG it is possible to diagnose that a foetus is suffering from *spina bifida*. If it is diagnosed early enough, 90% of potential parents in Western Europe, in such a case, will decide to abort. In the long run, it means a total elimination of this disease from society. In this case, elimination of the disease is identical with the elimination of people suffering from the disease. Who and on what grounds has a right to decide what characteristic shall be called disability? What is the moral meaning of this or other difference from the norm? Are possible blindness, deafness or extra fingers equally valid reasons for prenatal diagnosis and eventual abortion as to fragile X syndrome or Tay-Sachs disease? Where should we draw the line? What is the norm anyway? Disabled people have a right to being different, and at the same time they have the same right to a dignity and creative life as fully abled people. Therefore quality of life cannot be a valid argument in favour of prenatal diagnosis and abortion.

2. 4   Wrongful birth

Now, that is a curious idea. In a situation, where it is generally accepted that it will be better for a child with genetic defect not to be born, but despite parents' right to prenatal diagnosis, they are in practice denied the possibility of carrying out such testing; they are denied information about consequences connected with particular genetic risk factors, one may reasonably argue, that allowing a child with serious and untreatable genetic disorders to be born, one is cauing immeasurable harm to that child. Therefore, someone exists, who is legally and morally responsible for causing that harm. In the West such a situation is usually called "wrongful birth" or "wrongful life". In this case, there is a very subtle difference in meaning. Wrongful birth, that is, causing somebody harm by allowing a child with severe genetic defects to be born, is when it is parents who sue their doctor for not fulfilling his or her professional duties. If a doctor has not warned the couple about the possibility of them having a child with a genetic defect, or denied them referral to prenatal diagnosis, he or she, by those very actions denied the parents the right of a well-informed decision what to do with the pregnancy – should they abort or perhaps continue pregnancy. By "wrongful birth" we mean violation of reproductive autonomy rights of parents. Against their will, they are forced to give birth to a child with severe genetic defects.

In case of wrongful life the situation is different. "The claim in a wrongful-life suit is not that the negligence of the physician was the cause of impairment. It is, rather, that the physician, by failing to inform the parents adequately, is responsible for the birth of an impaired child who otherwise would not have been born and therefore would not have experienced the suffering caused by the impairment"[2]. The difference between these two cases is clear.

---

[2]   B. Steinbock, The Logical Case for Wrongful Life. "The Hastings Center Report", Apr. 1986, S. 15-20.

In the first case (wrongful birth) the doctor, by not referring parents for prenatal diagnosis, is harming the parents, violates their autonomy and forces them to give birth to and care for unwanted offspring. In the second case (wrongful life) the person harmed is the child, because it is condemned to a life of deep and untreatable genetic disease or handicap. In the first case, the legal issue is the conflict of interests between the doctor's interests and parents' interests. In the second case – it is the conflict of interests of the foetus and of the doctor. It is on behalf of the foetus that the doctor is sued for disregarding and unfulfilling his professional duties.

2. 5   Slippery slope

If aborting defected embryos is legalised, then the next step will be killing disabled or unwanted children right after birth. If we kill a person, for his or her own good, before he or she is born then why not do so after the moment of birth? Why is birth itself so significant a moral threshold? If we legalise killing of genetically defective embryos in mothers' wombs, then at firsts we shall kill babies with serious genetic disorder, then medium disability and finally slight disability, or because of genetic characteristics that are not disabilities at all (e. g. sex). Legislation allowing abortion due to genetic reasons opens a floodgate of selection of people: those that are and those that are not worthy of living. The next step is of course legalising infanticide and euthanasia and killing patients and elderly people suffering from chronic diseases or "untreatable diseases threatening their life."

2. 6   Eugenics

Jeremy Rifkin, an ardent critic of modern biotechnology, noticed "that genetic engineering technologies are, by their very nature, eugenic tools".[3] Prenatal diagnosis is one of such methods. It is a curious tool of quality control of human beings. J. Testart, one of the greatest modern embryologists, thinks along similar lines. Applying the methods of prenatal diagnosis is de facto identical with eugenic activities. That is because we want to eliminate carriers of certain negatively valued genes or chromosomal defects, from the population. From here Huxley's glum vision of "The Brave New World" is only a step away. Huxley did not use the term

---

[3] J. Rifkin, The Biotech Century. How Genetic Commerce Will Change the World. Phoenix, London 1998, S. 116.

"prenatal diagnosis". However, the methods of prenatal diagnosis allow us not only to eliminate a genetically defective zygote, but it is the first step to correct and genetically improve it. That is a crucial point along the way towards "Brave New World". Moral acceptance of prenatal testing leads us straight towards a civilization based on genetic manipulations: a civilization that has no respect for free choice and human dignity.

2. 7   The goals of medicine

Legalization of prenatal testing and abortion due to genetic abnormalities is contrary to the fundamental goal of medicine, which is the goal to save and protect human life. Acceptance and common use of prenatal testing and genetic engineering that is intimately connected with prenatal testing, reduces the role of a doctor to that of a technician, who is simply to fulfil patients' wishes, whether they are justified or not. Parents may expect the doctor to design and create a human being up to the order. That is how the curious term "designer's babies" appeared recently. Foetus – a human being – is then treated purely as means to solving a particular problem of life that the parents might have. On the other hand, if the doctor begins to take his eugenic mission seriously, he is playing the role of God, who decides who shall live and who shall die.

It should be clear by now, that the introduction of legislation that allows abortion due to genetic reasons is a diabolic idea, which opens the gates of biotechnological manipulations on human beings and fundamental violation of human dignity and nature. Either each and every human life is equally sacred, or it is not sacred at all. There is no place for compromise for those who for one reason or another want to kill an unborn human being. And it does not matter whether the pregnancy is a result of rape, or that the baby has severe genetic defects, or even that the pregnancy itself is life-threatening for the mother. Nowhere does it say that a mother's life is more sacred that the life of her unborn baby. Sanctity of life is not a matter of degree.

3.   In defence of the common sense

Since the times of Plato and Aristotle philosophers have debated the meaning and relevance of so-called common sense arguments. I am not able to give a good definition of common sense. However, I think that above all, it is a certain position towards reality. The essence of that position is that we try to perceive the world

115

exactly as it is without filtering our sensual perception through a prism of religious or philosophical doctrine, or ideology. Descartes, who is usually credited for introducing the term into modern philosophical language, thought that everybody has an equal share of common sense. There is a place in the brain, he thought, where all information from all of the five senses is gathered and processed. When one speaks of common sense in the context of prenatal diagnosis, it is usually a suggestion to accept several simple assumptions.

3. 1   Value of life

It is true that life is a fundamental value. But it is not the only or the most important value. There exist many situations in life, where it seems to us that it would be better for us to die than to live in a certain way. Sometimes honour, self-respect and one's dignity, or being faithful to one's moral beliefs are more important than life itself. That we sometimes speak with respect and admiration about "a martyr's death" indicates that there are certain values that for a holy martyr, and perhaps for us, are far more important than simply remaining alive. Biological existence does not by itself define the value of human life. Quality of life, values and beliefs etc. are also deciding factors in defining the value of one's life.

Every human foetus, developing in his or her mother's womb, has a certain life potential. In case of embryos developing normally there is a possibility that this potential will be fully fulfilled or that it will be wasted. Everything depends on how the child's future life will develop after birth. For many human beings, suffering from serious and untreatable physical or mental defects, the probability of fulfilling that potential is low or practically none. What chance of a good life has a being that is suffering from the Tay-Sachs disease? Children born with this disease suffer from degeneration of the nervous system; they live in horrible pain and suffering, at the same time they display a disturbing tendency to self-mutilation. Usually they die young, normally by the time they are 4 years old. Should the unfortunate and unhappy mother, who by the 10th week of pregnancy knows that her child has Tay-Sachs, carry to term, and give birth to a child that is not going to survive, simply to "christen it and say good-bye"? Say "good-bye" and then what? A child with Tay-Sachs surely will not survive, but nonetheless it might live for quite some time.

3. 2   *The sense of illness*

A world without illness and disease is impossible. Where there is life, there also degenerative processes. The natural cycle of human life, whose range is marked by birth and the moment of death, is – to a lesser or greater degree – marked by illness and degenerative processes associated with ageing. From a biological point of view of, a disease is a damage to normal structure and disorder in functioning of an organism. From the psychological point of view, illness, especially a serious and untreatable one, is simply quite often a disaster. Illness destroys our plans for the future and a sense of control of one's destiny. We perceive illness as an evil that in some inexplicable way touched us, and now we have to deal with it. But disease is not just a biological fact or a powerful psychological experience. It is also, or perhaps above all, a moral challenge. Can one be happy and at the same time be suffering from a deadly, painful disease? Can one have a happy family of one or two children who are suffering from a serious genetic defect? Illness is a kind of moral problem, for which one has to find a solution. Ideally it should be a wise solution.

There are various ways of coping with one's illness: one may heroically fight for every second of life till the last minute, another with humility accepts one's lot, or gives up the struggle completely or even escapes from live. But how should parents cope with a perspective of having a seriously genetically damaged child? Do they have any choice? Of course, some of them may, with admirable heroism, accept their fate and completely change their plans and life ambitions towards caring for a vulnerable, helpless, and suffering human being. In that case, incurable disease in a child is a challenge, which we try to meet as well as we can. But it may happen, that our moral, psychological, social and economic resources are not sufficient and do not allow us having such a heroic attitude. Often, a presence of one disabled child in a close family is enough to say "never again".

Therefore, if due to genetic medicine we may know early enough the probability of having a child with severe genetic defects, is taking advantage of that knowledge not a reasonable and moral thing to do? I have no doubt that the answer has to be affirmative. We have a right to heroism, but we do not have a moral duty to live heroically. I understand and forgive all the women who, following a prenatal testing indicating a presence of a serious genetic defect, decide to undergo abortion, because they do not feel they have enough strength to meet the challenge that is a child with a genetic defect. If parents decide that a presence of a child with a genetic disorder will cause more evil than could be good for the family, their decision not to have such a child, even at a price of abortion, will be correct. The ethics of heroic sacrifice and dedication is an elitist ethic. We may admire it but we

117

cannot make it an ordinary obligation. You cannot condemn morally people that they are only able to live a normal, quiet life, without heroic deeds, sacrifice, martyrdom, and sanctity.

3. 3   Disability

If we decide that the foetus is a person and has a right to live from the moment of conception, prenatal screening indeed discriminates against disabled persons. By deciding that a healthy foetus has a greater right to life than an unhealthy one, we deny persons with genetic illnesses and disability the right of life. We assume that due to their genetic status they should not be born. It is a difficult question. But it does not mean that prenatal diagnosis, even if it leads to abortion of foetuses with genetic defects, is to be understood as discrimination against disabled persons. That is so, because we do no have to accept the premise that a foetus is a person and has a right to live from the moment of conception. If, for the moment, we exclude the debate about the moral status of the embryo from the discussion, it does not really matter whether one terminates a pregnancy due to social or genetic reasons. In both cases, foetuses, whether healthy or with genetic disorders, are treated in exactly the same way. It is also evident, that abortion due to genetic defects of foetuses does not in any way discriminate against people that are already living with a disability or genetic defects. Such persons have a right to a full and dignified life, and it is the moral duty of society to provide for them conditions that would increase their quality of life and promote their personal development.

3. 4   Slippery slope

Prenatal diagnosis has been in use in medicine for at least the last 30 years, and there is no evidence that it has changed in any way our approach towards genetic disorders and their treatment. From the moment where Down's syndrome was first recognized *in utero*, a debate has been raging whether that is indeed a reason for terminating a pregnancy. In Western civilization no discrimination on grounds of foetal sex has been noted, though one has to admit that the practice is still common in India. But it is not a serious argument towards accepting the slippery slope argument. In fact, liberal abortion law, combined with intensive and wise sexual education and the availability of contraceptives has – in many European countries – caused a fall, and not a rise, in the number of abortions carried out.

3. 5   The goals of medicine

If the only aim of medicine were protection, prolongation and maintenance of life, we would not have a problem with moral appraisal of prenatal diagnosis. However medicine has many goals. One of those goals is the prevention and treatment of disease. Another is the prevention and alleviation of pain and suffering. The tragic dilemma that we face in case of abortion for genetic reasons, comes from the fact that we are not sure what is more important in this case: saving and keeping alive a being with severe genetic disorder or prevention of suffering, even at the price of the child's life. A person is able to suffer willingly, if he or she can understand the sense of that suffering. In this case however it is difficult to understand and justify one's suffering,

Certainly, it is good to live, and maybe even sometimes to suffer – but not always and not at every price. There are situations, in which it is better not to live than to live in absurd pain and suffering. Prenatal diagnosis helps us to prevent such suffering. Qualities of life are as important, or even more so, that purely biological existence alone.

4.   Prenatal diagnosis – moral guidelines

There is a popular theory that science is morally neutral, and that it only people that make bad use of it. However incredible developments and possibilities made in modern molecular biology, made many think that some discoveries and methods used by biologists and geneticists are by their very nature destructive for the concept of humanity and the future of the human race. Let us put aside this problem for now, and let us say the obvious: regardless of the future consequences of a given scientific or medical research, the research itself will always be a subject of professional, legal and moral regulation.

WHO Proposed Ethical Guidelines for Prenatal Diagnosis

Equitable distribution of genetics services, including prenatal diagnosis, is owed first to those with the greatest medical need, regardless of ability to pay or any other considerations.

Prenatal diagnosis should be voluntary in nature. The prospective parents should decide whether a genetic disorder warrants prenatal diagnosis or termination of a pregnancy with an affected foetus.

If prenatal diagnosis is medically indicated, it should be available regardless of a couple's stated views on abortion. Prenatal diagnosis may, in some cases, be used to prepare for the birth of a child with a disorder.

Prenatal diagnosis is carried out only to give parents and physicians information about the health of the fetus. The use of prenatal diagnosis for paternity testing, except in cases of rape or incest, or for gender selection, apart from sex-linked disorders, is not acceptable.

Prenatal diagnosis solely for relief of maternal anxiety, in the absence of medical indications, should have lower priority in the allocation of resources than prenatal diagnosis with medical indications.

Counselling should precede prenatal diagnosis.

Physicians should disclose all clinically relevant findings to the woman or couple, including the full range of variability in the manifestations of the condition under discussion.

The woman's and/or the couple's choices in a pregnancy with an affected fetus should be respected and protected, within the framework of the family and of the laws, culture and social structure of the country. The couple, not the health professional, should make the choice.[4]

I admit that I was surprised when in Medline, I discovered hundreds of various directives and guidelines for genetic research, diagnosis and treatment of particular genetic disorders. There is even a special web page that lists all possible standards and criteria of conduct in obstetrics gynaecology and reproductive medicine. The list takes into account particular countries, specialities and diseases. It is not difficult to understand why it should be so. It is impossible to treat all disorders in the same way. A consultation with parents at risk of having a child with Huntington's will be different from the one concerning a risk of having a child with

---

[4]   http://www.who.int.ncd/hgn/hgnethic.htm.

Down's or any other genetic disorder. Each genetic disorder has a different course and in various degrees determines the future quality of life of a patient. However, despite that variety it is possible to formulate certain universal rules of conduct. Such rules are listed in the tentative proposal of WHO. One has to stress that although the best doctors have proposed these rules, representing all countries, traditions and religions, they have a provisional character only, because so far, the General WHO Council has not officially ratified them.

However, even the most carefully designed ethical rules of conduct are not able to take into the account all possible situations and problems that life brings. The rules proposed by WHO do not forbid for example prenatal diagnosis whose aim it is to check if the foetus is not a carrier of certain harmful recessive genes. Such carriers may lead normal and healthy lives, and the disease may appear in their offspring. Somebody, who does not want to have grandchildren suffering from cystic fibrosis, might be against the birth of a daughter who is a carrier of particular genes responsible for the disease. WHO does not take into the account that there exist certain groups of disabled (e. g. the deaf), who want to transmit to their offspring the gene that causes that particular disability, and if they undergo prenatal testing it is so that they can be sure that the gene will be transmitted. They perceive that is a way of maintaining their social and cultural identity.[5]

WHO does not consider the fact that in many countries (including Poland) there is a growing number of private practices that offer prenatal diagnosis, and that those practices are beyond any institutional control. On purely private basis one can commission any prenatal testing whatsoever, and then according to the result, decide what he wants to decide.

The development of prenatal testing is a tremendous challenge for lawmakers and moral philosophers. The situation in Poland, regarding legal solutions and regulations, is very far from sophistication. The moment Poland joins the European Union, even if the Polish family planning law does not change, sooner or later a dynamic market of genetic services will appear. It would be very wrong if the only rule of that market was the rule of supply and demand.

---

[5] Näheres zu diesem Fall im Aufsatz von A. Przyluska-Fiszer, Die bioethische Diskussion über Reproduktionstechnologien und Embryonenforschung in Polen, S. 81 (in diesem Buch).

Anna Sobolewska

Die Grenzen der Biotechnologie, die Grenzen der Menschheit

1. Öffentliche Debatte und politische Zensur

Seit 1989 wird in Polen über den Schutz des ungeborenen Lebens diskutiert. 1993 wurde vom Parlament ein Gesetz verabschiedet, das die Bedingungen für die Zulässigkeit von Abtreibungen und den Schutz von Embryonen regelt.[1] Das Gesetz erlaubt die Abtreibung in folgenden Fällen:

- wenn die Schwangerschaft die Gesundheit oder das Leben der Mutter gefährdet (medizinische Indikation),
- wenn sie Folge einer Vergewaltigung oder eines Inzests ist (kriminologische Indikation),
- wenn die Wahrscheinlichkeit einer schweren, unabwendbaren Schädigung des Embryos besteht (embryopathische Indikation).

Für manche ist dieses Gesetz zu restriktiv, für andere zu liberal. Die Vertreter der neu gegründeten Grünen Partei, die Feministinnen und Anhänger der ökologischen Bewegung vereinigt, forderten, dass sich der Staat überhaupt nicht in die Sachen des ungeborenen Lebens einmische. Dagegen stand das Verlangen der katholischen Kirche nach einem absoluten Abtreibungsverbot und nach einer restriktiven Regelung für pränatale Untersuchungen. Die beiden Interessensgruppen verwenden eine spezifische Sprache, die für den „Gegner" beleidigend ist, so z. B. „Mörder des Ungeborenen" oder „Ciemnogród" [Burg der Ignoranz].

Das Gesetz von 1993 war seinerzeit und es ist weiterhin eine Form des gesellschaftlichen Kompromisses. Vielleicht wird die Mitgliedschaft Polens in der Europäischen Union eine neue öffentliche Debatte auslösen, die dieses Gesetz in Frage stellen und darüber hinaus auch noch andere neue medizinische Techniken in den öffentlichen Diskurs einbeziehen wird. Die Mehrheit der politischen Parteien

---

[1] Vgl. [Verfasser unbekannt] Wie geht es weiter mit dem Abtreibungsgesetz? [Co dalej z ustawą aborcyjną?], „Gazeta Wyborcza", 2004, Nr. 19; W. Frasyniuk, Abtreibung – ein ernsthaftes Thema [Aborcja – temat poważny] „Gazeta Wyborcza", 2003, Nr. 15.

befürchtet jedoch eine gesellschaftliche Destabilisierung und einen Konflikt mit der katholischen Kirche, die als Folgen dieser Debatte auftreten können. Meiner Meinung nach sollte diese Diskussion in einer breiten Öffentlichkeit geführt werden; vor allem Frauen sollten ihre Meinungen äußern. Die Begrenzung der Diskussion auf Expertenkreise kritisiert auch der Jurist Prof. Marek Safjan:

> „In einer modernen Demokratie ist der einzige sinnvolle Mechanismus eine breite öffentliche Debatte, um zu juristischen Lösungen in kontroversen und für die Bürger prinzipiellen Sachen zu kommen und nicht eine Diskussion in den engen Experten- und Politikerkreisen."[2]

In anderen Ländern wie auch in Polen wurden die modernen Gen- und Reproduktionstechnologien, z. B. die In-vitro-Fertilisation, das therapeutische und reproduktive Klonen menschlicher Embryonen und die medizinischen Techniken, die zur Lebensverlängerung eingesetzt werden, zu einem öffentlichen und kontrovers diskutierten Thema.

Befürworter und Gegner der Legalisierung dieser Methoden bereiten sich auf eine neue ideologische Offensive vor. Eine Zeit lang versuchte die Ärzteschaft den Zugang zu pränatalen Untersuchungen und die Möglichkeit zur extrakorporalen Befruchtung (In-vitro-Fertilisation) durch Bestimmungen im polnischen Ärztekodex zu erschweren und nur für extreme Ausnahmesituationen zu erlauben. Diese Änderungsvorschläge wurden jedoch nicht angenommen.[3]

Polen ist ein Staat, in dem pränatale Untersuchungen sehr schwer zugänglich sind. Es gibt zu wenig genetische Beratungsstellen. Hinzu kommt, dass Ärzte den Patientinnen ungern Überweisungen an die Spezialinstitute ausstellen, in denen vorgeburtliche Untersuchungen durchgeführt werden. In den letzten Jahren kam es daher auch zu einigen Gerichtsfällen, in denen Patientinnen, denen die Einweisungen verweigert worden waren und die aufgrund fehlender Diagnose Kinder mit genetischen Fehlern geboren hatten, gegen die entsprechenden Ärzte und deren medizinische Institutionen klagten.

Erschwerung und Verweigerung von pränatalen Untersuchungen verweisen auf Widersprüche. Sie bedeuten grundsätzlich eine Einschränkung der bürgerlichen Freiheiten und eine Form der Entmündigung einer schwangeren Frau, der damit

---

[2] K. Brunetko, Die Elternrechte, die Rechte des Embryos, die Rechte der Ärzte. Mit Professor Marek Safjan spricht Krzysztof Brunetko [Prawa rodziców, prawa embriona, prawa lekarzy. Z prof. Markiem Safjanem rozmawia Krzysztof Brunetko], „Tygodnik Powszechny", 2003, Nr. 38 (Brunetko, 2003).

[3] Insbesondere geht es um den Artikel 39 des Ärztekodexes, der besagt: „Ein Arzt darf Verfahren der unterstützten Zeugung nicht durchführen, wenn das Risiko für das Kind oder seine Mutter größer ist als auf dem Wege der natürlichen Zeugung."

automatisch unterstellt wird, abtreiben zu wollen. Werden der Frau Abtreibungs-
absichten unterstellt, so könnten absurde Restriktionen eine logische Folge sein:
Vorstellen könnte man sich Situationen, in denen Ärzte einer schwangeren Frau
das Recht auf Grunduntersuchungen verweigern, weil jede schwere Krankheit ein
Hinweis auf Abtreibung sein könnte! Mit diesem Gedankengang will ich nur
verdeutlichen, dass eine emotionale Einstellung der Abtreibungsgegner zu äußerst
autoritären Reaktionen führen könnte. Im Bewusstsein vieler „Lebensschützer"
wird eine Frau nämlich als ein lebender Inkubator betrachtet, dessen Wohl nur
dann bewahrt werden soll, wenn es für das Kind nötig ist. Wie Wanda Nowicka
von der Föderation für Frauen und Familienplanung schreibt:

„Mit der Zeit hörten die Ärzte auf, die Gesundheit einer Frau als einen
Wert an sich zu betrachten. Sie erwarten von ihr Heroismus. Sie
weichen der Verantwortung aus, kalkulieren. ‚Wird sie blind? Nun gut,
aber sie wird ihr Leben behalten.' Keine Krankheit genügt, um die
Schwangerschaft zu unterbrechen."[4]

Nowicka erinnert an die tragischen Beispiele, in denen Frauen Opfer einer Ablehnung des gesetzlichen Abtreibungsrechtes wurden: eine Patientin mit nur einer
Herzklappe, die zwei Wochen nach der Geburt ihres Kindes starb; eine Patientin
mit Gehirntumor, die sich, durch einen Priester terrorisiert, nicht für die Abtreibung
entschieden hat, deswegen starb und acht Kinder hinterließ.

2.   Genetische Fehler – Akzeptanz und Ablehnung eines Kindes

Früher erfuhren wir von genetischen Fehlern erst nach der Geburt eines Kindes.
Der Fötus war unerreichbar. Heutzutage ermöglicht die pränatale Diagnostik
Entwicklungsfehler festzustellen und sie sogar pränatal, also im Mutterleib, zu
behandeln. Allerdings stimmt es nicht, dass die Information über genetische Fehler
des Fötus eindeutig eine Entscheidung zur Schwangerschaftsunterbrechung nach
sich zieht.
    Die Zeitungen „Gazeta Wyborcza" und „Wysokie obcasy" publizierten viele
Briefe von Eltern, deren Kinder von Geburt an unterschiedlich beeinträchtigt sind.
Ich habe insbesondere die Briefe der Frauen in Erinnerung, die schon während der

---

[4]   Zit. nach L. Ostałowska, Es hat noch lange sehr wehgetan [Bolało jeszcze bardziej], in: Wysokie
    Obcasy, 2004, Nr. 4 (Ostałowska, 2004).

Schwangerschaft von den genetischen Mängeln ihres Kindes wussten[5] – vom Down-Syndrom oder vom Wirbelspalt – und trotzdem liebevoll ihr behindertes Kind empfingen. Mit Rührung las ich einen Brief von Marta Dzierzek, Mutter eines mit Katzenschrei-Syndrom geborenen Mädchens:

> „Ich träume davon, dass eines Tages über selten vorkommende genetische Fehler öffentlich gesprochen wird. Ich möchte, dass kein Arzt oder eine Person mehr oder weniger zufälliger Begegnung, die davon erfahren, dass Maja das Katzenschrei-Syndrom hat, in meinem Kind ein Wesen von einem anderen Stern erblicken. Diese Kinder haben einen eigenen Weg, so wie jeder von uns. Es ist schwierig, sie mit gesunden Kindern zu vergleichen: Ihr genetisches Anderssein stellt größere Herausforderungen an sie, aber sie können auch viel erreichen, sie können Liebe und Freude geben, die Welt kennen lernen und bewundern; man soll es ihnen nur erleichtern."[6]

Bewunderung und Hochachtung hat in mir das Tagebuch einer Mutter hervorgerufen, die sich entschied, ein Mädchen mit Gehirnhypoplasie zur Welt zu bringen, ein Mädchen, dem nur ein paar Monate des Lebens blieben. So schreibt die Frau Jola über ihre Tochter Sylwia:

> „Sie gibt uns viel Freude und Glück, sie lässt mich die Mutterschaft erfahren. Wahrscheinlich nehmen wir sie nie mit nach Hause, aber jeden Tag, an dem wir am Inkubator sitzen, verbringen wir mit ihr viel Zeit. Wir geben ihr unsere Wärme und Liebe. [...] Morgen, am 23. Juni, wird Sylwia einen Monat alt sein. Sie schenkt uns ihr Lächeln und ihren Blick. Wir wissen, dass sie ein sehendes und hörendes Kind ist, deswegen glauben wir mit ihr Kontakt zu haben."[7]

Die Autorin erzählt vom Krankenhausaufenthalt Sylwias mit außergewöhnlicher Natürlichkeit, ohne Sentimentalität, ohne etwas zu verheimlichen oder zu verschweigen.

---

[5] A. Stelmach, Dobrze, Gut, dass wir die Untersuchung gemacht haben. Ein Gespräch mit Pawel und Agnieszka, den Eltern von Justynka und Aleksander, der mit Down-Syndrom geboren wurde [że zrobiliśmy badania. Rozmowa z Pawłem i Agnieszką, rodzicami Justynki i Aleksandra, który urodził się z zespołem Downa], „Gazeta Wyborcza", 2002, Nr. 105.

[6] Vgl. Briefe an die Redaktion [Listy do redakcji], in: Wysokie Obcasy, 2003, Nr. 43.

[7] Frau Jola [Nachname unbekannt], Ein Tagebuch über die Tage unseres Lebens [Pamiętnik z dni naszego życia], in: Hospicjum, 2003, Nr. 4 (Jola, 2003).

„Es gab Momente, in denen ich Angst hatte, dass es schon das Ende ist. Jetzt freuen wir uns über jeden uns gegebenen Tag und das, was kommt, hängt von Gott ab."[8]

Es ist schwer zu glauben, dass man mit solch innerer Kraft ein kleines behindertes und wehrloses Wesen willkommen heißen und gleichzeitig verabschieden kann. In allen diesen Fällen kämpften die Eltern nicht nur gegen ein eigenes Unglücksgefühl an, sondern auch gegen den Mangel an Unterstützung seitens der Ärzte und Therapeuten. Die Ärzte raten unter ähnlichen Umständen vorwiegend „eine Schwangerschaft zu unterbrechen", und nachdem ein Kind auf die Welt gekommen ist, stellen sie den Eltern ein schwarzes Szenario der zukünftigen Hypoplasie vor.

Jeder Fall von Abtreibung wegen eines genetischen Fehlers beim Fötus und insbesondere wegen des Down-Syndroms ruft in mir eine tiefe Ablehnung und den Eindruck ethischen Missbrauchs hervor. Trotzdem bin ich davon überzeugt, dass die pränatale Diagnostik und die Abtreibung aufgrund genetischer Erkrankungen rechtlich gestattet und leicht zugänglich sein müssen. Niemand, keine religiöse oder weltliche Einrichtung, hat das Recht eine schwangere Frau zur Einnahme einer heroischen Haltung zu zwingen, mit der die Entscheidung für die Geburt eines mit schwerem Entwicklungsfehler belasteten oder eines zum frühen Tode verurteilten Kindes, so wie bei der kleinen Sylwia, verbunden ist. In Polen haben die Mühen und Belastungen des Alltags mit einem behinderten Kind eine heroische Dimension.

Im Frühling vergangenen Jahres erfuhren wir aus den Pressenachrichten von zwei tragischen Morden an behinderten Kindern (mit Gehirnlähmung) durch die verzweifelten Mütter, die anschließend Selbstmordversuche unternahmen. Ist das die Epidemie einer Frühlingsdepression oder doch eher die Erfahrung von extremer Einsamkeit, Hilflosigkeit und Verzweiflung? Derzeitige Einschränkungen und Kürzungen sozialer Leistungen sind einige von vielen Faktoren dieser desperaten Entscheidungen. Allerdings würde die Aussicht auf angemessene und richtige Behandlung und auf Rehabilitation der Kinder mit genetischen Fehlern bedeuten, dass eine weitere Öffnung der embryopathischen Indikation oppressives Handeln wäre.

Es gibt Lebenssituationen, in denen man einer Frau die Geburt eines Kindes nicht befehlen kann, z. B. wenn für das Kind aufgrund eines genetischen Schadens (z. B. Tay-Sachs-Syndrom) sein Leben mit Qualen verbunden ist. Meiner Überzeugung nach ist das Down-Syndrom keine schwere genetische Schädigung dieser Art, aber sie kann es im Bewusstsein anderer Frauen sein. Früher habe ich mich selbst in vollem Bewusstsein gegen pränatale Untersuchungen entschieden: Zwei Überweisungen an Gynäkologen habe ich in den Papierkorb geworfen und das im

---

[8] Jola, 2003.

Einverständnis mit meinem Mann. Wir wollten uns nicht der Notwendigkeit einer tragischen Wahl stellen.

2. 1   *Pessimistische Prognosen und optimistische Geschichten*

Im Jahre 1989 wurde unsere Tochter Cecylia mit dem Down-Syndrom geboren. Im selben Jahr wurde Polen schließlich von der kommunistischen Ideologie und von den mit dem alten politischen System verbundenen Institutionen befreit. Allerdings muss man auf die positiven Veränderungen im gesellschaftlichen Bewusstsein länger warten. Die Ärzte der Abteilung für Geburtshilfe in einem großen Warschauer Krankenhaus waren nicht auf die Aufnahme eines behinderten Kindes vorbereitet. Die Feststellung des „Verdachts" auf Down-Syndrom bei Cecylia (es wurde immer über den „Verdacht" gesprochen) endete mit der Frage der Chefärztin: „Warum haben Sie keine Untersuchungen gemacht?" In diesem Moment war die Frage absurd, weil das mit einem genetischen Fehler belastete Kind sich schon auf der Welt befand. Nebenbei gesagt, war es ein schönes und gesundes Neugeborenes, das nichts von seinem kläglichen Zustand und davon, dass es ein entbehrliches, im Programm nicht vorgesehenes Wesen ist, wusste. Der nächste Arzt zitierte mir aus einer veralteten Gesundheitsenzyklopädie Passagen über zahlreiche Entwicklungsfehler von Kindern mit Down-Syndrom. Er zählte eine lange Krankheitsliste auf, mit der mein Kind wahrscheinlich zu rechnen habe, indem er auch gleichzeitig das Down-Syndrom als „eine schwere Behinderung" vorstellte. Ich erfuhr ebenso davon, dass Erwachsene mit Down-Syndrom öfter von der Alzheimer-Krankheit betroffen sind. Auf diese Art und Weise wird die Geburt eines behinderten Kindes von Anfang an von einer Atmosphäre des Todes begleitet. Zum Glück erwiesen sich diese schwarzseherischen Prognosen als falsch. Das Down-Syndrom wird oft von keinen zusätzlichen Krankheiten begleitet und die Mehrzahl der Kinder mit Down-Syndrom ist nur leichten oder mäßigen Grades benachteiligt.

Das schwarzseherische Szenario erwies sich nicht nur im Falle Cecylias als Unwahrheit, sondern auch bei anderen bekannten Kindern mit Down-Syndrom. Um vieles näher an der Wahrheit wäre die nachfolgende Prognose für Eltern eines Kindes, das mit Down-Syndrom geboren worden ist. In einem Ratgeber für Eltern kleiner Kinder mit Down-Syndrom schrieb ich:

> „Ihre Kinder haben viel größere Entwicklungsmöglichkeiten als zu früheren Zeiten geborene Kinder. Heutzutage lernen vom Down-Syndrom Betroffene sich selbst zu helfen und sie funktionieren unter

den gesunden Kindern in den Integrationskindergärten und -schulen normal, oft lernen sie auch das Lesen und Schreiben und viele andere Fertigkeiten. Down-Syndrom ist kein Hindernis für die Entwicklung künstlerischer Begabungen. Die Intelligenz Ihres Kindes hängt in bedeutendem Maße davon ab, ob ihr Leben und gleichzeitig Ihr eigenes Leben interessant und freudig, trotz schwieriger Umstände, sein werden. Ein Leben voller Verzicht und Angst ist für Ihre ganze Familie eine Sackgasse. Je schneller Sie deswegen den Schmerz überwinden und positiv über die Möglichkeiten Ihres Kindes und über stimulierende Übungen für Ihr Kind nachzudenken beginnen, desto schneller wird Ihr Leben so glücklich wie vorher sein und vielleicht auch sogar noch freudiger, obwohl das in diesem Moment kaum vorstellbar ist. Ich bin davon überzeugt, dass Ihr Kind Ihnen nicht erlaubt in Trauer zu verharren."

Die Mutter des schon erwachsenen Pawel mit Down-Syndrom, Maria Gawlikowska-Turczyn, schrieb Folgendes:

„Unser Pawel arbeitet und fühlt sich gebraucht. Obwohl die Psychologen behaupteten, dass eines Tages seine Möglichkeiten ein Ende nähmen, bin ich da überhaupt nicht sicher. Natürlich hat er mit vielen Sachen Probleme, aber er kann ausgezeichnet Rad fahren, Tennis spielen und er hat auch viele Freunde. Er liebt es leidenschaftlich, zu reisen. Wir waren in vielen europäischen Ländern, wo er sich unter wirklich spartanischen Bedingungen zu helfen wusste. Sehr lange wollte er nicht lesen, er las sehr schlecht, aber plötzlich begann er sich für Autos interessieren, es ging besonders um die Fabrikmarke Warszawa. Er sammelt Bücher zu diesem Thema und jetzt liest er zu unserer Freude sehr viel! [...] So ist er auch für uns eine immerwährende Überraschung. Ich könnte viel über unsere Misserfolge und Erfolge schreiben. Aber am wichtigsten ist, dass sich Pawel sicher und geliebt fühlt, dass wir für ihn von der Situation unabhängig eine Unterstützung sind und er uns darauf mit Liebe antwortet."[9]

---

[9] Vgl. M. Gawlikowska-Turczyn, Mit den Gedanken an dich. Ratgeber für Eltern kleiner Kindern mit Down-Syndrom [Z myślą o Tobie. Informator dla rodziców małych dzieci z zespołem Downa]. Der Verband der Familien und Pfleger von Personen mit Down-Syndrom [Stowarzyszenie Rodzin i Opiekunów Osób z Zespołem Downa], in: Bardziej Kochani, Warszawa 2002, S. 28.

Die Nachrichten über Krankenhäuser durch mir bekannte Eltern von Kindern mit Down-Syndrom sind ähnlich. Warum können die Ärzte Eltern nicht auf solche Art und Weise informieren statt sie zu verletzen? Die Krankenhäuser mögen keine behinderten Kinder, deren Geburten die Statistiken und das Wohlbefinden der Ärzte schädigen. Die Gesellschaft, ähnlich wie die Krankenhäuser, mag keine Behinderten. Niemand ist zur Aufnahme eines behinderten Kindes bereit. Im Sprechzimmer, im Bus, auf der Strasse stößt die Mutter auf eine Art der Stigmatisierung, auf einen Mangel an gesellschaftlicher Akzeptanz – seien sie sichtbar und offenkundig oder verborgen.

Die Geburt eines behinderten Kindes ist eine der schwierigsten Lebenserfahrungen. So groß sind die Erwartungen an einen gesunden, prächtigen Sprössling, dass die Eltern viele Wochen und Monate brauchen und manchmal sogar viele Jahre, um sich aus dem Zustand der Verzweiflung herauszuheben; aus der Trauer über den unerfüllten Traum von einem wunderbaren Kind, das geboren werden sollte. Mit diesem Problem fühlte ich mich nie allein – wir halfen uns, mein Mann und ich. Zuerst mussten wir das Down-Syndrom als eine Invalidität akzeptieren, die man nicht heilen kann. Wir unterstützten uns gegenseitig in dieser existentiellen Situation, in der wir unsere Melancholie und negativen Gefühle gegen uns selbst und gegen Gott richteten. Große Unterstützung fanden wir in unseren Eltern, die sofort die Enkelin akzeptierten und liebten, und auch bei Freunden, die uns viele Optimismus weckende Bücher besorgten. In den nächsten Monaten und Jahren traf ich viele ausgezeichnete Spezialisten – Ärzte, Psychologen, Logopäden –, aber das Trauma dieses ersten Moments gesellschaftlicher Ablehnung meines Kindes blieb. Einer der positiven Besuche bei Spezialisten war ein Treffen mit dem Genetiker Prof. Jacek Zaremba, der unsere Aufmerksamkeit darauf richtete, dass das Kind mit Down-Syndrom alle Eigenschaften seiner Eltern erbt – Charakterzüge und Begabungen – und dass die Trisomie 21 nur einer der auf volle und reiche Persönlichkeit angelegten Faktoren ist.

Ärzte sollten von Anfang an der Mutter und dem Kind Beistand leisten. Sie sollten das Kind wie andere Kinder behandeln und den Eltern positive Informationen zum Down-Syndrom vermitteln. Es gibt wirklich viele solche Informationen. Fast jeder von uns kennt doch irgendeine Person mit Down-Syndrom, die sich zu helfen weiß und die ihre Eltern mit Stolz und Freude erfüllt, und weiter, die kein medizinischer Fall, sondern eine interessante Persönlichkeit ist. Die Ärzte sollten den Eltern sagen, dass sich ein Kind mit Down-Syndrom in einer liebvollen Familie vorzüglich entwickeln wird. Im abstrakten Denken, z.B. in Mathematik, wird es immer schwächer sein, aber im künstlerischen Denken kann es einfallsreich und schöpferisch und im emotionalen Leben geradezu genial sein!

Jetzt ist Cecylia eine Schülerin der ersten Klasse des sozialen Gymnasiums. Sie lernt sehr gut, liest viel, sie mag Polnisch und Geschichte. Sie hat eine reiche

Phantasie und eine künstlerische Begabung. Sie hat unveränderlich gute Laune und dasselbe verlangt sie von uns. Ihre Lieblingsaussprüche lauten: „Bitte lächeln!", „Keine traurigen Mienen!", „Man muss happy sein!", „Lieben Sie sich, bitte!". Sie besucht zusätzlich den Kunstunterricht und trainiert Kampfsport. Sie hat eine reich ausgestattete Filmothek. Sie liebt es mit dem Vater Tadeusz Sobolewski, der Filmkritiker ist, ins Kino zu gehen. Sie mag die Filme von Disney, Chaplin und Spielberg. Im täglichen Leben vergessen wir oft, dass sie das Down-Syndrom hat. Cecylia stellt keine Ausnahme dar. Die mir bekannten Kinder mit Down-Syndrom sind schöpferisch, freudig und talentiert. Daniel Krajewski hat Musikbegabungen, Piotruś Swend ist ein begabter Schauspieler, er spielt mit Erfolg in einer Fernseh-folge namens „Klan". Sie haben keine Chancen auf volle Selbstständigkeit und volles Erwachsensein – wie alle Personen mit einer geistigen Behinderung –, aber sie haben die Perspektive auf ein schöpferisches, glückliches Leben und auf reiche, Befriedigung bringende Beziehungen mit Menschen vor sich.

2. 2   Der Appell von Andrea Walder

Aus der Warte der Eltern von Kindern mit Down-Syndrom ist ein solcher Fehler kein Unglück, sondern eine Invalidität, eine ähnliche Einschränkung wie viele andere. Wenn bei einem Kind im Mutterleib eine Leber- oder Nierenkrankheit diagnostiziert wird, denkt niemand an eine Abtreibung, sondern an eine Behand-lung des Kindes und an eine Hilfeleistung. Ganz anders dagegen ist die Fest-stellung des Down-Syndroms meistens ein Abtreibungshinweis. In Westeuropa wurde im Zusammenhang mit der Einführung der pränatalen Diagnostik die Häufigkeit auftretender Down-Syndrome gesenkt.

Ich habe den erschütternden Appell einer Frau mit Down-Syndrom an das Europäische Parlament in Brüssel gelesen. Andrea Walder aus Deutschland, eine Frau mit Down-Syndrom und Vertreterin des Europäischen Verbandes der Down-Syndrom-Betroffenen, bat um den Schutz des Lebens Behinderter.

„Töten Sie keine Kinder mit Down-Syndrom, aber ändern Sie auch das negative Bild von diesen Menschen",

appellierte sie. Sie unterstrich, dass das Recht auf Leben durch eine Behinderung nicht in Frage gestellt werden solle.

„Wir müssen solche Bedingungen schaffen, in denen die Menschen mit Down Syndrom ein normales Leben führen können", postulierte sie auf einer Sitzung der Kommission für Beschäftigung und soziale Angelegenheiten des Europäischen Parlamentes (vom 10. bis 11. November 2003). Diese dramatische, an die europäische Öffentlichkeit gerichtete Bitte zeigt uns, dass wir in einer Welt leben, in der eine geistige Behinderung – trotz einer Atmosphäre der „Political Correctness" – weiterhin eine Schande darstellt. In Frankreich und in den Vereinigten Staaten kam es zu einigen – gewonnenen – Prozessen um so genannte Entschädigungen für das Leben von Kindern mit genetischen Fehlern, die durch Ärzte nicht diagnostiziert worden waren (die sog. „wrongful life"-Fälle). In Frankreich protestierten Eltern behinderter Kinder gegen die Formulierung „Entschädigung für das Leben", weil sie es ablehnten, dass ihre Kinder in eine Kategorie von Kindern, die nicht geboren werden sollten, eingereiht werden. Das Rechtsverfahren, in dem es um die Entschädigung für das Leben eines behinderten Kindes ging, wurde aufgehoben.

In der heutigen Welt wird das Auftauchen von Kindern, die den Erwartungen der Eltern entsprechen, so genannten „designer children", nur eine Frage der Zeit sein. Die Kinder müssen ihre Eltern in Geschlecht, Körpergröße, Schönheit und Intelligenz zufrieden stellen, andernfalls wäre ihr „Marktwert" in Frage gestellt und die Eltern könnten dann Rechtsansprüche erheben. Aber an wen? An die Versicherungsgesellschaft, an die Genetiker oder an Gott?

2. 3   Polnische Erfahrungen

Es fällt mir schwer, eine eindeutige Stellung zum Streit um das Abtreibungsrecht einzunehmen. Die Situation, in der es zu einer Abtreibung kommt, ist nämlich immer eine tragische. Es scheint, dass die Mehrheit der Frauen mit der Leserin der Zeitung „Gazeta Wyborcza" wiederholen könnte:

„ [...] ich bin gegen die Abtreibung, aber für das Recht auf die Entscheidung darüber."

In dieser Frage gibt es keine guten Entscheidungen: keine guten Lebensentscheidungen und auch keine sozialen oder rechtlichen Lösungen. Der gewollte oder nicht gewollte Fötus ist die embryonale Form eines Menschen und nicht ein Gewebekomplex. Nichtsdestoweniger ist er gleichzeitig ein Teil des weiblichen Organismus und niemand kann einer Frau die Liebe und die Verantwortung für die Form des Lebens, das sie in sich trägt, gebieten und sie dazu zwingen. Deswegen würde ich für eine Liberalisierung des polnischen Gesetzes stimmen, trotz der Überzeugung, dass die Abtreibung immer einen Missbrauch der Ethik bedeutet.

Dr. Grzegorz Południewski, der Leiter der Gesellschaft der Familienentwicklung, behauptet:

„Die Schwangerschaft kann die psychische Existenz einer Frau bedrohen – im Westen versteht man das. In Polen sind die medizinischen Indikationen ausschließlich auf die direkte Lebensrettung beschränkt. Man muss sie erweitern. Und zwar bedeutend erweitern."[10]

Als natürliche Konsequenz des Antiabtreibungsgesetzes entstand eine Untergrundbewegung bei Abtreibungen. In den zehn Jahren nach Inkrafttreten des Gesetzes haben sich illegale Abtreibungen weit verbreitet und sind relativ einfach, wenn auch kostspielig. Zunächst entwickelte sich „ein Abtreibungstourismus", es fanden also Aborttouren in die Nachbarländer mit liberalem Abtreibungsrecht statt; anschließend begannen private Arztpraxen für ihre Abtreibungsdienste in chiffrierter Weise zu werben (z. B. durch folgende Anzeigen: „Heilmaßnahmen – in vollem Umfang" oder „Menstruationsauslösung"). Wie eine Leserin der Zeitungsbeilage „Wysokie obcasy", die Opfer eines fehlerhaft und schmerzvoll durchgeführten Eingriffes wurde, schreibt:

„Ich beschuldige diesen Arzt nicht, er hat sich Mühe gegeben. Vielleicht gab es keine Betäubungsmittel, vielleicht brauchte man dazu einen Anästhesisten? Wenn er das offiziell machen könnte, dann würde eine Krankenschwester assistieren, sie würde dem Arzt die Instrumente halten. Die Schuld daran trägt das Gesetz. Die Frau kämpft mit sich selbst und mit ihrem Gewissen, bis zum Ende ihres Lebens schlägt sie sich mit diesen Gedanken herum. Warum soll sie sich aber noch zusätzlich wie eine Schlampe oder wie eine Verbrecherin fühlen? Warum kann sie es nicht unter sterilen Bedingungen und unter richtiger ärztlicher Pflege machen?"[11]

Die Funktionalisierung der „Abtreibungsuntergrundbewegung" ist mit der allgemeinen Heuchelei der Ärzte verbunden, deren Gewissen am Morgen der Patientin im Krankenhaus die Verweigerung einer Abtreibung befiehlt mit dem Hinweis auf eine ernstliche Krankheit oder auf einen Fötusfehler und die am Nachmittag in ihren eigenen Praxen eine Abtreibung durchführen, ohne sich in moralische

---

[10] Vgl. G. Południewski, Flüstern und Schreien. 10 Jahre der Abtreibungsuntergrundbewegung [Szepty i krzyki. 10 lat podziemia aborcyjnego Mit den Gedanken an dich. Ratgeber für Eltern kleiner Kindern mit Down-Syndrom], in: Gazeta Wyborcza 2004, Nr. 19.

[11] Zit. nach Ostałowska, 2004.

Bedenken zu stürzen. Eine derartige Einstellung deckt zutreffend der Zeichenwitz von Marek Raczkowski in der Zeitschrift „Przekroj" auf, der eine Szene aus einer privaten Gynäkologenpraxis darstellt:

„Warum so teuer, Herr Doktor?!", fragt eine Patientin.
„Das ist eine schwere Sünde", antwortet der Arzt. [12]

Dr. Poludniewski fasste diese Situation so zusammen:

„In Polen ist die Abtreibung für Geld möglich. Und sie ist unzugänglich dann, wenn sie das Leben oder die Gesundheit einer Frau rettet."[13]

Wenn der Fötus während der Schwangerschaft ein Teil des weiblichen Körpers ist, sind solche tragischen Situationen, die aus einem Zwiespalt biologischer oder sozialer Interessen der Mutter und des Kindes erfolgen, nicht zu vermeiden. Die Entwicklung neuer medizinischer Techniken schuf keines der alten ethischen Dilemmata ab; stattdessen trug sie zur Entstehung neuer bei, z. B. die mit der Ersatzmutterschaft verbundenen. Prof. Safjan stellt die Frage, wie das Recht verfasst sein soll, das auf die neuen Entwicklungen der Medizin oder Genetik rückwirken würde:

„Die Prokreation war immer ein Element unseres Privatlebens: Wir entschieden über Prokreation, aber sie war zugleich biologisch determiniert. Biologische Bande und Verwandtschaftsbeziehungen als biologische Determinanten waren nicht Gegenstand einer Konvention oder eines Vertrages. Heutzutage kennt die Wissenschaft Instrumente, die eine um vieles weitergehende Prokreationswahl ermöglichen. Es entsteht die Frage: Gibt es hier irgendwelche Grenzen oder soll jede unserer Wahl respektiert sein? Das Recht auf Schutz des privaten Lebens und auf Freiheit des Menschen stößt doch mit den Rechten eines Kindes zusammen, das als Resultat solcher Maßnahmen geboren werden soll."[14]

In allen öffentlichen oder privaten Diskussionen zum Thema Abtreibung verwechseln die Gesprächspartner zwei Sachen: Eine Frage betrifft die Zulässigkeit

---

[12] In: Przekrój, 2003, Nr. 26.

[13] Zit. nach Ostałowska, 2004.

[14] Brunetko, 2003.

und Rechtmäßigkeit der Abtreibung, die andere betrifft die ethische Entscheidung. Man meint im Allgemeinen, dass die rechtliche Zulässigkeit von Abtreibungen gleichzusetzen sei mit ihrer Befürwortung. Wo doch anderseits das, was rechtmäßig ist, nicht gleichzeitig moralisch gerechtfertigt sein muss. Man kann doch ein Anhänger des liberalen Rechtes sein und die Abtreibung gleichzeitig innerhalb ethischer Kategorien als einen Gewaltakt einem wehrlosen Wesen gegenüber und als eine Form der Heuchelei betrachten. Je nach Lebenssituation und psychischer Verfassung kann für dieselbe Frau ihr eigenes Kind als Embryo ein ersehntes „befruchtetes Kind" oder ein ungewollter Gewebekomplex, der abgetrieben werden soll, sein.

2. 4   *„Der Kampf um die Sprache"*

Ein ersehntes Kind ist nie „ein Fötus", sondern gerade ein Kind schon ab der ersten Lebenswoche. Modern sind heutzutage liebevolle Gespräche mit dem Kind im Mutterleib und auch das Sammeln und Versenden ultrasonografischer Aufnahmen des Kindes, das erst geboren werden soll. Noch in achtziger Jahren hingegen wurde die Abtreibung als eine drastische Antikonzeptionsform betrachtet – manche Frauen unterbrachen Schwangerschaften einige zehn Male.

Ein Erfolg für die Befürworter des Schutzes ungeborenen Lebens in Polen war eine Änderung der Sprache, mit deren Hilfe sich Vertreter verschiedener weltanschaulicher Optionen bisher öffentlich geäußert hatten. Aus dem öffentlichen Leben verschwanden die trockenen medizinischen Fachausdrücke wie „Fötus" oder „Schwangerschaftsunterbrechung". Allgemein verwandt werden nun dem Sprachschatz der „Lebensschützer" entlehnte Bezeichnungen. Vor allem ersetzte ein positiv formulierter Ausdruck „ungeborenes Kind" ein neutrales, biologisches Wort: „Embryo" oder „Fötus". Man kann sagen, dass die Gegner des Abtreibungsrechts „einen Kampf um die Sprache" gewannen, von den rechtlichen Lösungen, die sie nicht akzeptieren, abgesehen.[15] In den siebziger Jahren dagegen war die Abtreibung, damals als „Ausschabung" bezeichnet, eine Erfahrung, über die man in Gesellschaftskreisen ungestört sprechen konnte. Heute ist das anders. Die Frauen gestehen sogar eine Abtreibung aus medizinischen Gründen nicht ein. So äußert sich eine Leserin der Zeitungsbeilage „Wysokie Obcasy":

„Ich habe es niemandem gesagt. Man sagt Schweigen ist Gold, also schweige ich und flehe meinen eigenen Verstand um eine Atempause an. Ich bete für die Legalisierung, weil ich es dann jemandem erzählen

---

[15] Vgl. J. Hennelowa, in: Polityka i życie, 2003, Nr. 26 und J. Podgórska, in: Polityka 2003, Nr. 25.

kann ohne gesellschaftliche Ächtung und ohne völliges, mich noch tiefer deprimierendes Unverständnis zu befürchten. Ich weine um mich, mein ungeborenes Kind und um Hunderte von Frauen in einer ähnlichen Situation."[16]

In der heutigen Sprache drückt sich die Akzeptanz des embryonalen Lebens als eine vollberechtigte Daseinsform aus; das ist nicht ausschließlich eine Angelegenheit religiöser Sorge um das gezeugte Leben, sondern auch eine Folge neuer wissenschaftlicher Erkenntnisse, z. B. der Psychologie und der Anwendung moderner medizinischer Visualisierungstechniken wie Ultraschall, durch die ein Kind bereits im Mutterleib beobachtet werden kann.

Die Sprache der polnischen Anhängerinnen eines liberaleren Abtreibungsrechts weicht aber trotz alledem von einer Sprache ab, wie sie z. B. von dänischen Frauenrechtlerinnen der Organisation „Frauen auf Wellen" (Women on Waves) verwendet wird, die mit dem Schiff „Langenort", einer Abtreibungsklinik, kamen, um polnischen Frauen eine Abtreibung an Bord zu ermöglichen. Eine Aktivistin dieser Bewegung, Dr. Rebecca Gomperts, versuchte die polnischen Leserinnen der „Wysokie Obcasy" davon zu überzeugen, dass die Abtreibung nichts anderes als irgendein „gewöhnlicher chirurgischer Eingriff" sei und dass sich die polnischen Frauen deshalb vor allem von Schuldgefühlen befreien sollten.[17] Die holländischen Aktivistinnen schlugen den Frauen das Tragen von Hemden mit der Aufschrift „Ich habe abgetrieben" vor. Sind Schuldgefühle im Zusammenhang mit einer Abtreibung wirklich nur eine kulturelle Manipulation, deren man sich entledigen soll, ähnlich den Schuldgefühlen im Zusammenhang mit Übergewicht oder Schuldgefühlen, die man hat, wenn man Gästen Fertiggerichte aus der Mikrowelle serviert? Eine derart seelenlose, mechanische Einschätzung der Abtreibung ist mir in Polen sowohl in öffentlichen Äußerungen als auch im privaten Kreis nicht begegnet. Wo doch – trotz Zuredens der Bordfrauen des Schiffes „Langenort" – die Abtreibung meistens ein traumatisches Erlebnis ist:

„Weil der Verlust eines Kindes sehr weh tut. Und sogar der eines ungewollten Kindes",[18]

---

[16] Ostałowska, 2004.

[17] K. Surmiak-Domanska, Ihre „Sexmission" ist sonderbar. Mit Rebecca Gompers spricht Katarzyna Surmiak - Romańska [Dziwna ta wasza „seksmisja". Z Rebeccą Gomperts rozmawia Katarzyna Surmiak-Domańska] in: Wysokie Obcasy, 2003, Nr. 28.

[18] Ostałowska, 2004.

wie eine der Leserinnen der „Wysokie Obcasy" schrieb. Die Depression nach einer Abtreibung und noch gefährlichere psychische, mit einer Abtreibung einhergehende Probleme sind keine Erfindung der Kirchenideologen, sondern eine Erfahrung vieler Frauen. Die Illustrierte „Marie Claire", die sich an junge, moderne und berufstätige Frauen richtet, brachte viele dramatische Berichte ihrer Leserinnen unter dem Titel „Das Leben nach der Abtreibung" heraus.[19] Eine vernünftige Schlussfolgerung aus dieser Diskussion, die eine ethische Bedeutung der Abtreibung nicht missachtet, ist die Stimme einer Leserin:

„Abtreibung ist das Töten eines Menschen. Aber das bedeutet nicht, dass die Abtreibung verboten werden soll. Sie soll rechtmäßig sein. Weil die Entscheidung über die Geburt eines Kindes einer Frau gehören soll, denn sie trägt die größten Konsequenzen. Es soll eine bewusste Entscheidung sein, die schon nach dem Abwägen aller Für und Wider fällt. Man muss über Abtreibung sprechen und sie nicht dämonisieren. Ich hoffe, dass wir eines Tages eine offene, bewusste Gesellschaft werden. Ich hoffe, dass eines Tages (zum Teufel, wann!?!) die Sexualerziehung die Oberhand über die Lehren der Kirche gewinnt und die Frauen nicht vor dem Problem: ‚Abtreiben oder nicht?', sondern vor der Frage: ‚Welche Antikonzeptionsmittel anwenden?' stehen werden."[20]

Diese Leserin der Zeitschrift „Marie Claire" unterstreicht die negative Rolle des kirchlichen Verbotes der so genannten künstlichen Antikonzeption, das Abtreibungen und die Verbreitung von AIDS fördert. Das Verbot der Antikonzeption ist meiner Meinung nach der größte und destruktivste Irrtum der katholischen Kirche im 20. Jahrhundert.

3. Utilitarismus oder neue Eugenik?

In der polnischen Presse begegnen uns Veröffentlichungen, die nicht nur den Fragen der Abtreibung oder der Euthanasie gewidmet sind, sondern auch den ethischen Dilemmata, die mit neuen medizinischen Techniken, die am Anfang und

---

[19] Das Leben nach der Abtreibung. Kontroversen [Życie po aborcji. Kontrowersje], in: Marie Claire, 2004, Nr. 1. In Deutschland wurde das Buch von Karin Struck veröffentlicht: K. Struck, Ich sehe mein Kind im Traum [Widzę moje dziecko we śnie], Ullstein Verlag 1994. Es zeigt die dramatischen psychologischen Folgen der Abtreibung.

[20] Zycie po aborcji. Listy do redakcji, in: Marie Claire, 2004, Nr. 1.

am Ende des Lebens eingesetzt werden, verbunden sind. Die Zeitung „Gazeta Wyborcza" stellte ihren Lesern mehrmals einen reichen geistigen Ertrag des Bioethikers Peter Singer vor, der seit Jahren eine „neue Ethik" oder „praktische Ethik", welche den Platz der alten Ethik des Dekaloges (der Zehn Gebote) einnimmt, zu lancieren versucht. Singers Überlegungen zu den Fortschritten der Genetik und der Bioethik werden auf Grundlage einer gründlichen Analyse der modernen „neuen Welt" der Technik, der Macht der Medien, des entfesselten Konsums geführt. Peter Singer betont – im Gegensatz zu anderen Philosophen – , dass die Normen und Regeln der alten Ethik nicht mehr der modernen Welt entsprechen, und akzeptiert die Grundsätze einer neuen pragmatischen und hedonistischen Ethik: Er zeigt das Streben zukünftiger Eltern nach Besitz eines genetisch veredelten Kindes in denselben Kategorien wie den allgemein akzeptierten Traum von einem besseren Modell eines Autos oder eines Laptops.

Singer propagiert alles: den Handel mit Eizellen von Harvardstudentinnen, die ungewöhnlich intelligent und vor allem mit der richtigen Körpergröße begnadet sind; die Institution der Ersatzmutter; das Klonen menschlicher Embryonen nicht nur zu therapeutischen, sondern auch zu reproduktiven Zwecken.[21] Wenn es keine Grenzen für die Optimierung menschlichen Lebens und für die Maximierung des Vergnügens gibt, warum sollten die Menschen sich nicht selbst die Grenzen gerade in Fragen der Reproduktion oder der Nachkommen setzen?

Nach Singer ersetzt die Norm der Lebensqualität die alte Idee vom menschlichen Leben als Heiligtum. Der Bioethiker versucht, in ein Schutzsystem menschlicher Solidarität auch Tiere und insbesondere Primaten einzubeziehen, also die großen Affen. Das sind die positiven Seiten seines Systems – und die negativen?

Der Bioethiker stellt mit deutlicher, gleichwohl verborgener Abscheu das Leiden dar, das mit dem menschlichen Lebensabend verbunden ist. Ein Leiden, das unnötig und unästhetisch sei und das eine mitleidvolle Verkürzung verlange. Er schreibt über Neugeborene mit Wirbelspalt (spina bifida), die in der Zukunft sowieso kein normales, gesundes Leben führen würden, also lohne es sich nicht sie mit großem Kostenaufwand zu retten.[22] Er schreibt heuchlerisch über „die netten Personen mit Down-Syndrom", deren Anwesenheit auf der Welt ehrlich gesagt von niemandem erwünscht sei. Es wundert und erstaunt mich nicht, wenn die

---

[21] Vgl. J. Butrym, Ich kaufe die Eizellen. Ein Gespräch mit Professor Peter Singer, Bioethiker [Kupię jajeczka. Rozmowa z prof. Peterem Singerem, bioetykiem], in: Polityka, 2002, Nr. 51-52.

[22] Vgl. S. Zagórski, Die alte Ethik bröckelt. Den Fortschritt der Medizin kann man nicht mit dem Prinzip der Heiligkeit menschlichen Lebens versöhnen – behauptet Professor Peter Singer, Bioethiker, im Gespräch mit Sławomir Zagórski [Stara etyka się kruszy. Postępu medycyny nie da się pogodzić z zasadą świętości ludzkiego życia – twierdzi prof. Peter Singer, bioetyk, w rozmowie ze Sławomirem Zagórskim], in: Gazeta Wyborcza, 1999, Nr. 10 – 11 IV.

„Bioethik" Peter Singers in Israel bei Eltern von Kindern mit Down-Syndrom ganz einfach „faschistisch" genannt wurde.

Die Taktik Singers und anderer Vertreter „der neuen Ethik", also der Anhänger eines unkontrollierten Rechts auf Abtreibung, auf Euthanasie und auf therapeutisches Klonen, gestaltet sich in der Regel immer ähnlich: Zuerst wird ein indiskutabler Fall von hoffnungsloser körperlicher Verfassung z. B. eines Neugeborenen präsentiert, das an Anenzephalie leidet und das man sterben lassen sollte, und dann erweitert man die Perspektive vom „guten Tod" auf die Embryonen und sogar auf die Neugeborenen mit Trisomie 21, weil sie nicht ausreichend intelligent würden; mit dem Ullrich-Turner-Syndrom würden sie zu klein, mit dem Wirbelspalt würden sie sinn- und nutzlos leiden und den Staatshaushalt belasten. Mit einem Wort: Es sei für sie besser zu sterben. Gibt es überhaupt ein Kriterium für den „guten Tod"? Vielleicht versteht man darunter die Beihilfe zum Selbstmord, die man einem gefolterten Gefangenen zukommen lässt? Und vielleicht ist das der Verzicht auf eine aggressive Therapie, wenn es keine Hoffnung mehr auf Heilung gibt? Aber sicher ist das keine Zustimmung zur Selektion und zur Zerstörung eines Lebens, das vermeintlich weniger wert ist. Professor Safjan unterstreicht, dass das Leben traditionsgemäß ein geschützter Wert in jedem Rechtssystem ist – gleichgültig, ob es sich noch für „den Inhaber" als wertvoll oder schon als nicht mehr wertvoll darstellt.

Singers Konzeption der verschiedenen Wesensklassen bedeutet eine Differenzierung der Qualität menschlichen Lebens: Je nach Einstufung wird eine unterschiedliche moralische Verpflichtung zum Schutz des Lebens beigeordnet. Dieses Stufenmodell ist keine „neue Ethik", sie ist überhaupt keine Ethik, sondern nur eine sehr alte Sicht, die schon im antiken Sparta und in vielen anderen Gesellschaften Popularität besaß. Am Anfang des 20. Jahrhunderts tauchte „die Eugenik" auf, eine Theorie von der Vervollkommnung einer Rasse, eine Pseudowissenschaft, die sich in einer Symbiose mit der faschistischen Weltanschauung entwickelte.

In den letzten Jahren wurde die öffentliche Meinung in Europa durch die Kunde von der Tatsache erschüttert, dass in den skandinavischen Ländern sogar bis in die jüngste Zeit hinein Zehntausende behinderter Menschen unfruchtbar gemacht wurden. In Schweden wurden bis 1976 über 60.000 geistig behinderte Menschen einer Zwangssterilisation unterzogen. Auch in Dänemark und Finnland hat man bis in die sechziger Jahre hinein weit über 10.000 Behinderte sterilisiert. An den Sterilisationsgesetzen waren die Sozialdemokraten maßgeblich beteiligt.

Die Heldin des Romans „Die Aprilhexe" der schwedischen Schriftstellerin Majgull Axelsson ist ein Mädchen, das nach Durchleiden der Heine-Medin-Krankheit in einer geschlossenen Anstalt untergebracht wird. Ausgeschlossen vom Schulsystem, wird sie trotz normal entwickelter Intelligenz „abgeschrieben". Auf die Frage des behinderten Mädchens nach ihrer Mutter: „Warum hat sie mich verlassen?", gibt der Arzt Erklärungen:

„Deshalb, weil das in den fünfziger Jahren so gehandhabt wurde. Man sprach nicht von Abweichungen. Die Ärzte machten keine Ausnahmen. Als ich in Göteborg arbeitete, traf ich ständig die alten Quacksalber, die meinten, dass ein verkrüppelter Körper mit einer verkrüppelten Seele identisch sei. Der Chefarzt meiner Klinik riet den Eltern, behinderte Kinder laufen zu lassen und sie zu vergessen. Ein Klumpfuß reichte aus. [...] Ich weiß nicht, wie er dachte, meinte er wirklich, dass alle Kinder mit Klumpfüßen geistig behindert sind, oder störten sie nur sein Harmoniegefühl? Er war ein Anhänger von Ordnungsprinzipien. Ich vermute, dass das plötzliche Erscheinen behinderter, deformierter Menschen auf den Straßen für ihn eine peinliche Dissonanz, ein Symptom für Chaos bedeutete. Es ist besser sie irgendwo verschlossen zu halten. Dort werden sie wenigstens nicht zu lange leben..."[23]

Nach Meinung des Chefs einer Behindertenanstalt:

„Man muss solchen Kindern drei Mal täglich das Essen geben und sie zwei Mal täglich waschen. Mehr kann man nicht tun."

Solche Zustände gab es in den skandinavischen Ländern noch bis vor kurzem. Die Schriftstellerin, die im reichen und im gewissen Grade sicheren Schweden wohnt, enthüllt die Hypokrisie der reichen westlichen Gesellschaften. Ihre Solidarität mit den Gewaltopfern, Opfern von Ausbeutung und von Elend speist sich aus einer einfachen, inneren Identifikation: „Das könnte ich sein".[24] Eine vergleichbare Identifikation finden wir in keinen Schriften der neuen Ethiker, für die menschliches Leiden und Behinderung immer etwas Äußeres, Fremdes, „Anderes" darstellt.
In den siebziger Jahren versuchte man in Schweden die alten Fehler der Segregation mit Hilfe eines Programms zur allgemeinen gesellschaftlichen Integration behinderter oder geisteskranker Personen zu reparieren. Man schloss die Sonderschulen und die geschlossenen psychiatrischen Abteilungen, was sich zur Ursache vieler Tragödien entwickelte (z. B. des unlängst vergangenen Mordes an der

---

[23] M. Axelsson, Die Aprilhexe [Kwietniowa czarownica], Übersetzung Halina Thylve. Warszawa: Verlag WAB, 2002.

[24] K. Tubylewicz, Das könnte ich sein. Mit der schwedischen Schriftstellerin Majgull Axelsson spricht Katarzyna Tubylewicz [To mogłabym być ja. Z Majgull Axelsson szwedzką pisarką, rozmawia Katarzyna Tubylewicz], in: Gazeta Wyborcza – Bücher [Książki], 2003, Nr. 12.

Ministerin Anna Lindh, die von einem Geisteskranken erstochen wurde, dem vorher eine psychiatrische Pflege in einer geschlossenen Abteilung verweigert worden war). Nebenbei gesagt, brachte das allgemeine Integrationsprogramm für behinderte oder kranke Personen keinen erwartbaren Nutzen. Gegenwärtig obsiegen vernünftige Lösungen, die ein Kompromiss zwischen dem Integrationsideal und dem Bedürfnis nach spezialisierter Pflege von Behinderten sind.

In der Geschichte der Menschheit hat sich die Ablehnung von Behinderten in regelmäßiger Folge in verschiedenen Epochen und Kulturen wiederholt. Haben wir eine Garantie, dass es sich nie mehr wiederholt? Wir haben keine Garantie. Im Gegenteil – es scheint, dass „die neue Ethik" früher oder später die zivilisierte Menschheit in dieselbe Richtung führen wird. In der kommenden Epoche des „Genetic Engineering" kann sich der Mechanismus gesellschaftlicher Verdammung wiederholen – die Geburt eines behinderten Kindes kann dieselbe Schande sein wie es früher die Geburt eines unehelichen Kindes war. In diesem Sinne ist die Entwicklung der Genetik und der Biotechnologie für Personen mit genetischen Fehlern gleichzeitig eine Chance und eine tödliche Gefährdung!

3. 1   „Unsichtbare Sterbehäuser"

Meiner Überzeugung nach gibt es keine „neue Ethik" – es gibt nur eine alte Ethik, die in jeder Epoche durch fast jede Generation auf eine andere Art und Weise überschritten und missachtet wird. Früher war ein Kindsmord ein Ausdruck von extremer Ablehnung eines Kindes und eine mildere Form der Ablehnung war die Abgabe des Kindes an eine Amme auf dem Lande, wo die Mehrheit der Kinder starb. Die Kindsübergabe an eine Amme oder an ein Kinderheim betraf nicht nur „pathologische" Familien, sondern sie wurde allgemein praktiziert – sie umfasste das Volk, Aristokraten und Philosophen wie Jean Jacob Rousseau. „Die Entdeckung des Kindes" in der europäischen Kultur fand erst um die Wende vom 18. zum 19. Jahrhundert statt.

Heutzutage erfüllt die Abtreibung eine analoge Funktion. In jeder Epoche sind einige Methoden, welche die traditionelle Ethik überschreiten, legal und andere illegal oder werden zumindest gesellschaftlich verdammt. Im Mittelalter wurde die Unterbrechung des Fastens bestraft, in heutiger Zeit bestraft man die Sünde der Gefräßigkeit und auch das sich daraus ergebende Übergewicht – mit gesellschaftlicher Verdammung.

In unserer liberalen Gesellschaft sind verschiedene Missbräuche möglich, die das Wohl des Kindes nicht weniger als die alten Muster der Vernachlässigung und der „schwarzen Pädagogik" verletzen. Mutter Theresa sagte in einem ihrer Interviews, dass es in Kalkutta überfüllte Sterbehäuser gebe, in den Gesellschaften des Westens dagegen ebenso Sterbehäuser existierten, aber in unsichtbarer Form:

> „In Kalkutta gibt es sichtbare Sterbehäuser, aber in vielen Ländern werden Kinder in unsichtbare Sterbehäuser gesperrt. Sie leiden unter verschiedenen moralischen Verletzungen und unter Zukunftsangst. Ihre extremen Lebenssituationen haben ihre kindliche oder jugendliche Unschuld entstellt. Bei manchen erzeugt dies Verzweiflung: Wozu leben, hat das Leben noch irgendeinen Sinn?"[25]

Wo sind diese unsichtbaren Sterbehäuser versteckt? Was ist der Hauptfaktor, der den Kindern die Freude und den Glauben an einen Lebenssinn nimmt? Abgesehen von Gewalt und anderen Missbräuchen Kindern gegenüber treten auch indirekte, vieldeutige Faktoren auf. Die Medienwelt, die den Kindern passive Unterhaltung gewährt, schafft gleichzeitig primitive Persönlichkeitsvorbilder, die nicht nur von Kindern kritiklos angenommen werden. Wie im Märchen von der bösen Hexe verwandeln sich die nur einige Jahre alten Mädchen in „Lolitas" mit nacktem Bauch und Ohrring im Nabel und die über zehn Jahre alten Mädchen in anorektische Models. Den Jungen bietet die Massenkultur immer dasselbe an – den Kult brutaler Körperkraft.

3. 2   Der kategorische Imperativ

Die Lancierungsversuche der neuen Ethik führen zu der Schlussfolgerung, dass die alte Ethik des Dekaloges (die Ethik der Zehn Gebote) und die Ethik Kants an Aktualität nicht verloren haben, sondern umgekehrt – sie bestätigen fortwährend ihre Gültigkeit. Der fundamentale Grundsatz Kants, nach dem ein Mensch für den anderen Menschen niemals Mittel, sondern Zweck – ein Subjekt – sein soll, hat universale Bedeutung, unabhängig davon, wie oft er gebrochen wurde. Im Licht der Ethik Kants sind viele Verfahren der modernen Medizin kein „medizinisches Dilemma", sondern eine Instrumentalisierung und Objektivierung des menschlichen, für weniger wert erklärten Wesens: z. B. menschlicher Embryonen oder der als nutzlos erklärten Kranken in der letzten Phase ihrer Krankheit. Bei der Produktion menschlicher Embryonen zu Forschungszwecken werden die Embryonen als ein Mittel angesehen: Sie werden vorsätzlich gezeugt und getötet um das

---

[25] Zit. nach Bruder Roger aus Taizé, Alles, was ihr getan habt [Wszystko coście uczynili], in: Gazeta Wyborcza, 2002, Nr. 244.

142

vermeintlich übergeordnete Ziel, nämlich Nutzen für an Parkinson und an Alzheimer erkrankte Menschen zu erzielen.

Unter den vielen Beispielen instrumenteller Behandlung menschlicher Embryonen und Föten stieß ich auf ein ethisch schockierendes Projekt zur Nutzung gesunder Eizellen, die aus weiblichen Föten nach einer Abtreibung gewonnen wurden. Das aus einer solchen Eizelle geborene Kind ist ein Nachkomme des Mädchens, das noch vor der Geburt getötet wurde. Diese Idee birgt in sich einen doppelten Missbrauch: die Verweigerung des Rechts auf Leben und auf Entwicklung eines Fötus sowie seine Ausnutzung und zweckbestimmte Verwendung nach dem Tode. Andere schockierende Ideen sind z. B. die Mutterschaft von Männern und die Zeugung menschlicher Chimären – also zum Teil weiblicher und zum Teil männlicher Embryonen. Eine instrumentelle Behandlung des Menschen wäre auch das Klonen eines gestorbenen Kindes, um den Schmerz der Eltern zu stillen und ihre Eitelkeit zu befriedigen – ihr Streben nach eigener Vervielfältigung.

3. 3   Die Genetik und die Futurologie

Es scheint, dass das Klonen eines Menschen ein Fall von extremer Freiheitsbeschränkung der vervielfältigten Person ist, die in Folge dieser Manipulation nichts Eigenes haben kann – sogar keinen eigenen genetischen Code! Das Recht auf eine eigene biologische Identität muss ein neuer Punkt der Menschenrechte werden. Wie es der Psychotherapeut und Buddhist Wojciech Eichelberger formuliert:

„Das Klonen ‚perfekter' Menschen zwänge uns zu einer Konzeption die Vollkommenheit begründenden Anthropologie, Psychologie, Genetik und Ideologie, wenn sich auch dadurch unsere Zivilisation in die düsteren Zeiten des Totalitarismus und des Rassismus zurückzöge. Im Voraus programmierte, eigenartige, genetische Entscheidungen verurteilten die Menschen zu einem bestimmten Schicksal – einem Schicksal des Arbeiters, des Sportlers, des Angestellten, des Soldaten usw. [...] Wenn wir die Welt gemäß eigener Vorstellungen kreieren, dann schaffen wir die Hölle auf Erden."[26]

---

[26] R. Arendt-Dziurdzikowska, Was ist Gott? Wem ist am Klonen gelegen? Was ist am 11. September 2001 passiert? Tötet das Fernsehen die Seele? Sind Tiere essbar? Über die Probleme der gegenwärtigen Welt sprechen wir mit dem Psychotherapeuten Wojciech Eichelberger in dem neuen Zyklus: Die Welt und ich.. [Kim jest Bóg? Komu zależy na klonowaniu? Co się stało 11 września 2001 r.? Czy telewizja zabija duszę? Czy zwierzęta są do jedzenia? O problemach

Der Psychologe bemerkt den Infantilismus und die Naivität des Strebens nach Unsterblichkeit des menschlichen Körpers (das Einfrieren von Leichen, die Versuche des Klonens von sich selbst), das in der Tat eine Flucht vor den fundamentalen, das Geheimnis des Lebens und den existentiellen, den Tod betreffenden Fragen ist. Er folgert:

> „Die echte Unsterblichkeit können wir nur auf eine Weise erreichen: indem wir auf die Täuschung des „Ich" verzichten und unsere wahre, mit dem ganzen Universum identische Natur erfahren."[27]

Dennoch behaupten zeitgenössische Denker, Philosophen und Futurologen, dass es schon keine Rückzugsmöglichkeit mehr gebe – der Mensch, der im Ideal der ewigen Verbesserung des Körpers und des Geistes versunken sei, werde sukzessiv die natürlichen Phasen der Existenz überschreiten. Francis Fukuyama verkündete vor einigen zehn Jahren das Ende gesellschaftlicher Entwicklung auf der ganzen Erde und erklärte die liberale Demokratie zu einem finalen Punkt der Geschichte (die bekannte Formel vom „Ende der Geschichte"). Der Siegeszug der Demokratie erfolgte jedoch nicht. Unter dem gegenwärtigen Druck der Ereignisse und neuer Tendenzen, solcher wie der Entwicklung der Genetik und des Auflebens fundamentalistischer Ideologien, änderte Fukuyama völlig entgegengesetzt seine Sicht auf die Zukunft der menschlichen Gattung und er prophezeite kein „Ende der Geschichte", sondern das „Ende des Menschen", entwickelte also eine Perspektive von Überschreitung der Menschheit sowohl im biologischen als auch sozialen Maßstab:

> „Die Biotechnologie wird die Menschen und die Zivilisation verändern. Die bisherige Geschichte des Menschen wird ihr Ende nehmen und es wird ein neues Wesen entstehen."[28]

Die Verlockung einen idealen Menschen zu erschaffen ist gefährlicher Fanatismus. Man kann nur hoffen, dass sich die Prophezeiung Fukuyamas – wie immer – als falsch erweist.

Einige Denker stellen die zukünftige Welt als eine Weltbühne genetisch verbesserter Raubtiere im optimierten menschlichen Körper dar, andere stellen sich die Fortschritte einer in Diensten der Demokratie stehenden Genetik vor. In diesem

---

współczesnego świata rozmawiamy z psychoterapeutą Wojciechem Eichelbergerem w nowym cyklu Świat i ja], in: Zwierciadło 2002, Nr. 5 (Arendt-Dziurdzikowska, 2002).

[27] Arendt-Dziurdzikowska, 2002.

[28] Zit. nach Z. Wojtasiński, Neue Genokratie [Nowa Genokracja], in: Wprost, 2004, Nr. 1.

utopischen Zukunftsmodell werden den Menschen – auf Kosten der sozialen Fürsorge – die Gene der Freundschaft und des Altruismus eingepflanzt.[29] Professor Keith Campbell, einer der „Väter" des Schafes Dolly, äußert dazu:

„Jede Erfindung kann man richtig und falsch nutzen. Und nicht die Wissenschaftler, sondern die Gesellschaft muss gewährleisten, dass die Forschungsergebnisse auf richtige Weise angewandt werden. Und die potentiellen Nutzen der Klontechnologie sind riesengroß."[30]

Die Optimisten bleiben jedoch in der Minderheit, die überwiegende Mehrheit bilden Pessimisten wie der bedeutende Schriftsteller und Essayist Stanislaw Lem, der sich seit einigen Jahrzehnten auf die wissenschaftlich begründete Schwarzseherei spezialisiert. Publizisten und Schriftsteller behaupten, dass die Verbreitung genetischer Versuche und Klontechniken, deren Ziel die Zeugung des verbesserten Menschen ist, in der Zukunft zur Entstehung einer neuen Oligarchie führen könne – einer besonders verfeinerten menschlichen Rasse und gleichzeitig einer Gesellschaftsklasse reicher, über die gemeine Volksmasse natürlicher Herkunft herrschender Menschen. An eine solche Perspektive erinnern die Zukunftsgesellschaften, die in den Romanen „Schöne neue Welt" von Aldous Huxley oder in „Zeitmaschine" von H. G. Wells entworfen wurden – mit einem charakteristischen Unterschied. Die Schriftsteller des 20. Jahrhunderts stellten sich eine genetisch verbesserte Rasse als eine neue „Faulenzerklasse" vor, wohingegen in der Zukunft gerade die Arbeit Mangelware sein wird. Das wertvolle Recht auf Arbeit wird den besseren, genetisch veränderten Menschen zustehen und „normale", natürlich gezeugte Menschen bekommen ihre „Glückspille" statt Arbeit und Recht auf Selbstverwirklichung. Der Psychologe Andrzej Leder prophezeit die Entstehung einer neuen Abart der menschlichen Spezies – der Menschen, denen der Geist vollständig genommen wurde. Seiner Meinung nach wird nach dem narzisstischen 20. Jahrhundert ein Jahrhundert der autistischen Persönlichkeit folgen, einer Persönlichkeit, die die Realität von den virtuellen oder von den medialen Welten nicht unterscheidet:

---

[29] Vgl. W. Sadowski, Unser kriechtierartiges Gehirn [Nasz gadzi mózg], in: Polityka, 2004, Nr. 3 und M. Ryszkiewicz, Solidarität in unseren Genen [Solidarność w naszych genach], in: Newsweek, 2003, Nr. 51-52.

[30] S. Zagórski, Wozu Dolly? Die geklonten Tiere werden mit Fehlern geboren, erkranken und sterben frühzeitig. Und manche wollen auf diese Weise Kinder zur Welt bringen – es spricht Professor Keith Campbell, einer der Väter von Dolly (im Gespräch mit Sławomir Zagórski) [Po co Dolly? Sklonowane zwierzęta rodzą się z wadami, chorują i przedwcześnie umierają. A niektórzy chcą w ten sposób powoływać na świat dzieci – mówi prof. Keith Campbell, jeden z ojców Dolly (w rozmowie ze Sławomirem Zagórskim)], in: Gazeta Wyborcza, 2004, Nr. 18.

„Die Menschen werden zwei Gruppen angehören. Eine der Gruppen, zu der immer mehr auf dem globalen Markt nutzlose Menschen gehören werden, wird ganz einfach keinen Geist besitzen. Die Reaktionen und die Empfindungen dieser Wesen werden mit Hilfe psychopharmakologischer Substanzen reguliert, Arzneien, die Angst- und Frustrationszustände beseitigen und gleichzeitig Vergnügen und positive Emotionen gestatten. Virtuelle Abenteuer, die durch immer bessere Maschinen generiert werden, werden ihnen ein Leben gewährleisten. [...] Die zweite, enger gefasste Gruppe besteht aus Menschen, für die ein Kontakt zur authentischen Wirklichkeit ein Wert und ebenso – mit Rücksicht auf ihre gesellschaftliche Rolle – eine Notwendigkeit sein wird. Sie werden die Idee der Selbstverwirklichung verbreiten. Die Fähigkeit zum Verstehen zwischenmenschlicher Prozesse wird sie für die Ausübung gesellschaftlicher Schlüsselfunktionen prädestinieren. Durch den privilegierten Zugang zu elitärer Ausbildung werden ihre Kinder ähnliche gesellschaftliche Funktionen einnehmen. [...] Der Mensch, der durch eine virtuelle Informationsübermittlung erzogen wurde oder der ständig unter dem Einfluss von Psychopharmaka steht, kann einfach nicht bemerken, dass gerade etwas Wirkliches passiert. Zur psychiatrischen Nomenklatur greifend, kann man diese Tendenz als autistisch bezeichnen. Das bedeutet, dass sie in einer Flucht vor der Wirklichkeit besteht. Vielleicht wird also das 21. Jahrhundert ein Jahrhundert der autistischen Persönlichkeit?“ [31]

3. 4   Der „gute Tod“ ist keine Euthanasie

Professor Safjan lenkt die Aufmerksamkeit auf die berechtigte Forderung, dass die rechtlichen Anforderungen minimalistisch und nicht maximalistisch sein sollten. Das Recht in einem demokratischen Staat habe weltlichen Charakter, es könne eine bestimmte Weltanschauung nicht aufdrängen:

„Das Recht ist demnach kein Instrument, durch das sich solche oder andere moralische Anschauungen aufdrängen lassen. Viele wichtige und allgemein geschätzte ethische Ideen könnte man gar nicht in die Sprache der Rechtsnorm übertragen, z. B. die Forderung nach Liebe zu den eigenen Kindern oder die nach einer altruistischen Einstellung zu

---

[31] A. Leder, An der zweiten Seite der Seele. Wer wird gesunden Geistes sein? [Po drugiej stronie duszy. Kto będzie zdrowy psychicznie?], in: Polityka, 2003, Nr. 22.

anderen Menschen. Der Gesetzgeber sollte also vor allem das respektieren, was eine minimalistische und dadurch notwendige moralische Erfordernis ist, d. h. die Erfordernis, ohne welche die zu einem Zivilisationskreis gehörende Gesellschaft nicht funktionieren kann. Hingegen kann er nicht mit Hilfe des Rechts ethische Anschauungen, die man als maximalistisch bezeichnen kann, durchsetzen. [...] Umso mehr kann man nicht erwarten, dass das Recht solche maximalistischen Moralforderungen formuliert und dass es sie von den Bürgern zu erzwingen versucht."[32]

Das Recht muss eindeutig die menschlichen Handlungen bewerten, indem es sie in legale und illegale einteilt. Das Leben bildet dagegen ein Kontinuum menschlicher Fälle, Absichten und Handlungen und schafft dadurch die ethischen Dilemmata, die sich nicht eindeutig bewerten und ein für allemal entscheiden lassen. Die katholische Kirche wollte das Heiligtum des menschlichen Lebens, das sich unter anderem in der Unverletzlichkeit der Person des Fötus oder bei tragisch miteinander verwachsenen siamesischen Zwillingen offenbart, verordnen. Wohingegen jedes Paar siamesischer Zwillinge anders ist – einige kann und muss man voneinander trennen, andere nicht. Wenn sie ein gemeinsames Herz oder andere lebenswichtige Organe gemeinsam haben, dann wäre das Töten eines der Zwillinge Mord; aber wenn nur ein Zwilling zum selbstständigen Leben fähig und der zweite dazu unfähig ist, wie das im Fall der Zwillinge Mary und Jane auftrat, ist die Trennung der Zwillinge völlig gerechtfertigt, sogar wenn sie mit der Beschleunigung des Todes eines der Zwillinge verbunden wäre.

Ich bin nicht für die Erhaltung erlöschenden menschlichen Lebens um jeden Preis mit Hilfe moderner Apparatur. Dennoch muss das Recht gerade die neugeborenen Kinder mit Mehrfacherkrankungen oder die unbewussten, in Schlafsucht versunkenen Menschen in Schutz nehmen. Es kommt oft vor, dass ein Kranker nach vielen Wochen der Schlafsucht wieder zu Bewusstsein kommt. Er kommt dann wieder zur Verstandesklarheit für immer oder wenigstens für eine Weile, um sich von der Familie zu verabschieden und bewusst zu sterben. Das bewusste Sterben ist für Gläubige und für viele Religionen des Westens und Ostasiens weiterhin ein bedeutender Wert des Lebens. Eine Legalisierung der Euthanasie würde de facto die gesellschaftliche Akzeptanz und geradezu die Sanktionierung des Entzugs von Leben, das keine verwertbare Qualität hat, bedeuten. Und wie soll ein Leben hoher Qualität sein, erfolgreich und erfüllend?

In den Ländern der Dritten Welt werden Föten und Neugeborene weiblichen Geschlechts als minderwertige Exemplare menschlicher Gattung leichtfertig

---

[32] Vgl. Brunetko, 2003.

getötet. Die geschlechtliche Diskriminierung beginnt noch vor der Geburt. Die Wahl des einen Geschlechts bedeutet nämlich die Ablehnung des anderen Geschlechts. Das Geschlecht ist allerdings keine Krankheit und es darf die Ärzte und die Forscher nicht beschäftigen. Man kann sich – in der Konvention der Antiutopie – in den Ländern unserer Welt z. B. leicht vorstellen, zu klein geborenen Säuglingen das Leben zu nehmen, weil doch hoher Wuchs ein wichtiger Faktor glücklichen Lebens ist: Er gewährleistet hohen Verdienst und einen groß gewachsenen Lebensgefährten.

Die Grundlage sowohl der europäischen Religions- als auch Laienkultur war die Anerkennung der menschlichen Autonomie und Subjektivität als Wert, der nicht erschüttert werden kann. Zu dieser kulturschöpferischen Gemeinschaft kann man die „Fremden" aus nichtmenschlichen Gattungen einladen, z. B. die Menschenaffen – unsere Verwandten. Warum nicht? Das Einbeziehen der Naturwelt in die zwischenmenschliche Gemeinschaft – nach dem Vorbild hinduistischer und buddhistischer Geistigkeit – ist Thema eines separaten großen Disputs. Man kann dagegen niemanden aus der Menschenfamilie nur deshalb ausschließen, weil er irgendwelche arbiträren Normen nicht erfüllt. Die Menschlichkeit ist nämlich vollkommen und sogar dort, wo das bewusste Leben kaum glimmt. Das Seelenleben, an dem wir alle teilnehmen, ist nämlich etwas, was die Schwäche des menschlichen Körpers und die Beschränkungen des Geistes überschreitet.

4.   „Wir haben einen Clown in uns!"

Als Cecylia geboren wurde, hatten zwei Bücher für mich große Bedeutung, zwei außergewöhnliche Zeugnisse von Eltern unheilbar kranker Kinder: „Wenn guten Menschen Böses widerfährt" von Harold S. Kushner[33] und „Segen" von Mary Craig[34]. Rabin Kushner war Vater eines an Progerie leidenden Jungen, d. h. an einem genetischen Defekt leidend, der zu frühzeitigem Altern und zum Tod des Organismus führt. Die Autorin von „Segen" ist Mutter zweier behinderter Kinder: Einer ihrer Söhne hat das Down-Syndrom und der andere, schon gestorbene, wurde mit der Von-Pfaundler-Hurler-Krankheit geboren, also mit einer genetischen

---

[33] H. S. Kushner, Wenn guten Menschen Böses widerfährt [Kiedy złe rzeczy zdarzają się dobrym ludziom] Übersetzung M. Karaszewska. Verlag Verbinum, Warszawa 1994. Vgl. auch H. S. Kushner, Wer braucht Gott? [Komu potrzebny jest Bóg?], Warszawa 1994, und Wenn alles noch nicht genug ist [Gdy wszystko to jeszcze nie dość] ,Warszawa 1995.

[34] M. Craig, Segen [Błogosławieństwa] Übersetzung W. Kustra. Verlag M., Kraków 1992.

Beschädigung, die auch manchmal „Gargoylismus" oder „Wasserspeiergesicht" genannt wird. Die beiden Bücher stellen mehr als den privaten Beweis eines Kampfes gegen die Verzweiflung dar – es sind die kleinen bewegenden philosophischen Abhandlungen zum Thema Schicksal, Leiden und Glauben.

Rabin Kushner und Mary Craig unterziehen die traditionelle Idee der Vorsehung einer Revision. Statt der Theodizee – der Rechtfertigung Gottes angesichts des von ihm in der Welt zugelassenen Übels und Leids – schlagen sie eine Theologie solidarischen Mitleidens vor. Und gerade die Eltern behinderter Kinder spüren oft einen inneren Zwang, sich an jenem ewigen Dilemma zu messen. Statt sich in den Kreislauf des eigenen Dramas einzuschließen, stellen sie die Fragen nach der Quelle und dem Sinn des Leidens. Ihre Forschungen können anderen Menschen dienen.

Die Autorin von „Segen" sagte über ihr Söhnchen mit Down-Syndrom: „Weihnachtsbescherung, die das ganze Jahr dauert". Das Leben überzeugte auch mich davon, dass es in diesen Worten keine Übertreibung gibt, obwohl es manchmal für andere Menschen schwer zu glauben ist. Ein Kind mit genetischem Fehler, dessen Geburt eine Familientragödie war, wird sehr oft zu „einem Sternchen vom Himmel", „einem Schatz" oder „einer lieben Sonne". Wie ist das möglich? Der zeitgenössische hinduistische Weise Swami Muktananda sagt:

„Das Gefühl vom Anderen ist die Quelle der Angst."

Eines der Ziele der Yoga-Praxis ist die Abschaffung dieser Angst, die Überwindung des Gefühls von Fremdheit „dem Anderen" gegenüber durch die mystische Erfahrung von Einheit. Im Westen verkündete Emmanuel Lévinas eine Ethik der Verpflichtung dem „Anderen" gegenüber und der Überwindung der Teilung „Ich – der Andere"; Lévinas, der – gemäß der wertvollen Formulierung des Priesters Józef Tischner – „durch die Verantwortung für den Anderen, den Zweiten, die Anwesenheit Gottes zwischen uns ergründete."[35]

Eine ähnliche Ethik des Altruismus und der Verpflichtung „dem Anderen" gegenüber, der gewöhnlich dieser Kleinere, Schwächere und Wehrlose ist, finden wir in den pädagogischen Schriften von Janusz Korczak. Korczak vergleicht das Kind mit einem in einer unbekannten Sprache geschriebenen Buch. Er kehrt mehrmals auf die Metapher vom Kind als dem in einem fremden Alphabet geschriebenen Buch, das schwer zu entziffern ist, zurück:

„Das Kind ist ein dicht mit kleinen Hieroglyphen beschriebenes Pergament, von denen du nur einen Teil ablesen kannst; einige kannst du

---

[35] Zit. nach: M. Cichy, Über den Priester Józef Tischner [O księdzu Józefie Tschnerze], in: Gazeta Wyborcza, 2000, Nr. 150.

auswischen oder nur anstreichen und dann wirst du sie mit eigenem Inhalt füllen."[36]

„Die Hieroglyphenschrift" bedarf der Fähigkeit des verstehenden und mitfühlenden Lesens. Das behinderte Kind stellt einen besonders schwierigen Text dar, der voller Lücken und Unklarheiten ist. Das Gesicht des behinderten Kindes ist eine besondere Verpflichtung. Korczak konnte in den Gesichtszügen des Kindes, jedes Kindes, eine Lichtform, einen Funken bemerken, der „das Licht des Glücks und der Wahrheit" entzünden kann.

Dieselbe Helligkeit drückt sich in den „verschlossenen", durch Vorbelastung deformierten Gesichtern aus, den Gesichtern, die Masken ähnlich sind. Ihre Anwesenheit ist tatsächlich eine sehr kühne Herausforderung, eine Einladung zum Dialog und zur Solidarität. Wir können nur dann die verborgene, chiffrierte Bedeutung dieser Gesichter verstehen, wenn wir nach dem Vorbild Korczaks und Lévinas' die grundlegende Anwesenheit des „Anderen" – des kranken oder vorbelasteten Ankömmlings – als Herausforderung und Wunder erklären, indem wir einen positiven Sinn im Anderssein feststellen. Für Korczak und Lévinas bestimmt die Begegnung mit dem „Anderen" die Relation von Verantwortung und Sympathie.[37] Diese Relation ist grundsätzlich asymmetrisch: nicht „Ich lasse mich herab", sondern das ist „der Fremde", der mich mit Freiheit beschenkt, indem er mich von der egoistischen Verschlossenheit befreit. Unwichtig, aus welcher Quelle sich das Gefühl der Verantwortung für den „Anderen" ergibt, aus dem Evangelium, aus der jüdischen Tradition, aus dem Gedanken ostasiatischer Philosophie oder aus der „Laienmystik" gegenwärtiger Künstler und Philosophen. Deren Gemeinsamkeit ist die Erfahrung von Solidarität mit der Menschheit und von gemeinsam empfundener Existenz mit dem fremden, schwächeren und behinderten Anderen.

Professor Wiktor Zinn, der in Krakau für Behinderte den Studiengang der Kunstwissenschaft „Zblizenia" („Annäherungen") leitet, sagte in einem seiner Interviews: „In den Augen Gottes sind wir alle behindert."[38]

In der Welt der Fiktion – in Filmen und Romanen – akzeptieren wir Käuze, Sonderlinge und Ungeheuer. Anders ist es im realen Leben. Rabin Kushner und

---

[36] J. Korczak, Wie man ein Kind lieben soll [Jak kochać dziecko] In: Schriftenauswahl [Wybór pism] B. III, Warszawa 1958, S. 78.

[37] Michael Kirchner weist auf die Verwandtschaft der philosophischen Gedanken Korczaks und Lévinas' hin; vgl. M. Kirchner, Von Angesicht zu Angesicht. Janusz Korczak und das Kind. Heinsburg, Dieck 1997.

[38] [Verfasser unbekannt], Der geheime Riss. Ein Gespräch mit Professor Wiktor Zinn [Szczelina ich tajności. Rozmowa z prof. Wiktorem Zinnem], in: Gazeta Wyborcza – Gazeta W Krakowie, 2000, Nr. 192.

Mary Craig mussten sich mit der schwierigsten Aufgabe messen – mit der Erziehung eines Kindes von abstoßendem Aussehen. Mary Craig offenbart, dass sie selbst den Kontakt mit vorbelasteten Kindern mied, als sie glückliche Mutter eines gesunden Kindes war. Und dann sagte ein bekannter Arzt „dieses Tier" zu ihrem zweiten Söhnchen.

Warum verlieren wir im Kontakt mit „Krüppelhaftigkeit" oder Abnormität den Boden unter den Füßen? Die vorbelasteten Menschen stören unsere Ruhe, indem sie uns eindringlich an unsere eigenen Begrenzungen und an unsere Sterblichkeit erinnern. Gerade das können wir ihnen nicht verzeihen. Wir fürchten uns vor der Ansteckung mit dem Unglück. Unsere Angst bemänteln wir mit Aggression.

Der vorbelastete Mensch ist ein lebendiges Zeichen. Der verkrüppelte menschliche Körper deutet nämlich auf etwas, was sehr wesentlich ist und außerhalb seiner selbst liegt; etwas, in dem vielleicht das Geheimnis unserer Menschlichkeit steckt. Verkrüppelung lässt uns verstehen, dass unsere Körperlichkeit manchmal durchschaubar ist. Vielleicht ist nicht nur unser Körper, sondern auch unsere Persönlichkeit, unser rationales Bewusstsein, eine Maske? Und fällt es ihretwegen leichter, das Gotteslicht in den Augen und im Lächeln eines behinderten Kindes wahrzunehmen? Entgegen allem Anschein ist das kein Bewusstsein vom vergänglichen Wert des Körpers, sondern ein freudiges Wissen, das die Beschränkungen mit Distanz und sogar mit Humor annehmen lässt.

Cecylia sagte eines Tages: „Wir haben einen Clown in uns!" Wenn wir das Leben als ein Spiel, in dem wir alle Masken tragen, betrachten, gibt es schon keine Teilung mehr zwischen Gewöhnlichen und Behinderten, Normalen und Vorbelasteten.

Das Krüppelsein oder das Ungeheuersein scheinen nur eine Maskerade zu sein, ein Kostüm, das den Schimmer der Vollkommenheit verhüllt. Gerade dafür lieben wir die Ungeheuer von Fellini – die monströsen, dicken, zwergenhaften Menschen. Die Helden des Films von Lasse Hallström *Gilbert Grape* sind unter anderem eine ungeheuer dicke Mutter und ihr geistig behinderter Sohn, „liebe Sonne" genannt. Die Filme Fellinis und Hallströms begegnen dem Anderssein und Krüppelsein nicht mit Mitleid (das oft Distanz und Abscheu verbirgt), sondern mit allumfassendem Humor, der ein Zeichen der Liebe ist. Ihre Deformierung akzeptierend, fühlen wir uns sicher in der Welt, in der das Menschliche unendlich viele Formen hat. Wir bewundern manchmal die Schönheit der abgearbeiteten Gesichter alter Menschen. Die Gesichter alter Schauspieler verlieren nichts; umgekehrt, sie werden zum Zeichen einer Unveränderlichkeit, einer Dauer. Der Schauspieler geht auf natürliche Weise von einer Rolle des Liebhabers zur Rolle eines Seniors über. Wir dagegen klammern uns manchmal an nur eine Rolle, indem wir sie zu lange und ohne Talent spielen.

Die Fotografien von Diane Arbus, die Pensionäre in Irrenanstalten darstellen, erregen im ersten Moment Grauen. Sobald wir uns an den Anblick sonderbarer, deformierter Gestalten gewöhnen, beginnen wir in ihren Augen ein Licht zu bemerken, und mehr, ihr Lächeln wird authentisch. Interessant ist, dass Arbus ihren Modellen Karnevalskleider und -masken gab, wodurch sie auch deren Verkrüppelung den Zug der Narrheit verlieh. Man kann in dieser Geste Verspottung oder tiefste Solidarität sehen, die Gemeinschaft des menschlichen Schicksals im Karnevalskreis des Daseins, in dem wir alle Masken tragen. Die Pensionäre der Pflegeanstalt werden zu „Gauklern Gottes" nach dem Vorbild des Heiligen Franz.

Indem wir mit sehr alten oder behinderten Menschen verkehren, überschreiten wir die Sphäre des Schweigens. Die belasteten Menschen erwecken nicht gerade Mitleid, sondern mehr eine gewisse Erschütterung, die uns auf unser Inneres richtet, auf die Sphäre, in der es schon keinen Zwang und keine Verstellung mehr gibt. Mittels dieser Personen können wir gerade den Kern der Menschlichkeit berühren, der unabhängig davon ist, wie unser Körper und unser Geist funktionieren. Der verkrüppelte Körper, der schwerfällige Geist deuten – auf widersinnige Weise – auf die Vollkommenheit dieser Menschen. Und aller Menschen. Indem wir auf diese Weise die Belasteten betrachten, können wir in ihnen nicht den Anderen, sondern uns selbst wahrnehmen. Dieses Ausmaß an Menschlichkeit bemerken die Verkünder der „neuen Ethik" in keiner Weise:

„In unserem gemeinsamen Interesse liegt es, dass die Vermehrung des Menschen nicht unmenschlich wird",[39]

stellte der britische Bioethiker Leon Kass fest. Die Genetik entfacht nämlich die utilitaristische Illusion vom Glück für die größtmögliche Anzahl an Personen, ähnlich der unlängst kompromittierten Utopie vom Kommunismus. Es gibt nichts Schlechtes am genetisch verbesserten Kalb und an der genetisch veränderten Kuh, welche die Milch mit einem Glückshormon gäbe. Die menschliche Natur dagegen und insbesondere das menschliche Bewusstsein lassen sich nicht mit biologischen Methoden verbessern. Das Bewusstsein lässt sich nicht anders verbessern als mit der altertümlichen Methode der Selbsterkenntnis und der Suche nach der inneren Identität von Erfahrungen. Nur Wahnsinnige sehen im Klonen und in anderen genetischen Manipulationen ein Versprechen zur Todesüberwindung. Sowohl die

---

[39] L. Kass zitiert nach Claudia Kalb, Junge oder Mädchen. Was hast du lieber? [Chłopiec czy dziewczynka. Co wolisz?], in: Newsweek, 2004, Nr. 6. Im Untertitel ermuntert die Autorin den Leser zur ethischen Reflexion: Die Wissenschaft erfüllt heutzutage die Träume der Eltern, die ein Kind bestimmten Geschlechts haben wollen. Übertritt sie jedoch nicht die Grenze, die sie nicht übertreten soll? [Nauka spełnia dziś marzenia rodziców, którzy chcą mieć dziecka określonej płci. Czy jednak nie przekracza granicy, której przekraczać nie powinna?].

Philosophie als auch die zum Kreis der jüdisch-christlichen und indoeuropäischen Kultur gehörenden Religionen verkünden den Wert der Selbsterkenntnis und der Identitätssuche, sogar der Unendlichkeit – im Rahmen der begrenzten und schmerzhaften Verfassung des Menschen.

Verwendete Abkürzungen in den Literaturverweisen:

Arendt-Dziurdzikowska, 2002:   R. Arendt-Dziurdzikowska, Was ist Gott? Wem ist am Klonen gelegen? Was ist am 11. September 2001 passiert? Tötet das Fernsehen die Seele? Sind Tiere essbar? Über die Probleme der gegenwärtigen Welt sprechen wir mit dem Psychotherapeuten Wojciech Eichelberger in dem neuen Zyklus: Die Welt und ich [Kim jest Bóg? Komu zależy na klonowaniu? Co się stało 11 września 2001 r.? Czy telewizja zabija duszę? Czy zwierzęta są do jedzenia? O problemach współczesnego świata rozmawiamy z psychoterapeutą Wojciechem Eichelbergerem w nowym cyklu Świat i ja], in: Zwierciadło Nr. 5, 2002.

Brunetko, 2003:   K. Brunetko, Die Elternrechte, die Rechte des Embryos, die Rechte der Ärzte. Mit Professor Marek Safjan spricht Krzysztof Brunetko [Prawa rodziców, prawa embriona, prawa lekarzy. Z prof. Markiem Safjanem rozmawia Krzysztof Brunetko], in: Tygodnik Powszechny, 2003, Nr. 38.

Ostałowska, 2004:   L. Ostałowska, Es hat noch lange sehr wehgetan [Bolało jeszcze bardziej], in: Wysokie Obcasy, 2004, Nr. 4.

Jola, 2003:   Frau Jola [Nachname unbekannt], Ein Tagebuch über die Tage unseres Lebens [Pamiętnik z dni naszego życia], in: Hospicjum, 2003, Nr. 4.

Gesine Fuchs

Reproduktion und Reproduktionstechnologien in den Debatten der polnischen Frauenbewegung

1. Einleitung

Der Umbruch in Polen vor 15 Jahren hatte sehr zwiespältige Folgen für Frauen. Auf der einen Seite verschlechterte sich ihre wirtschaftliche und rechtliche Situation, namentlich beim Zugang zum Schwangerschaftsabbruch. Zudem sind sie überdurchschnittlich von Armut, Erwerbslosigkeit und Doppelbelastung betroffen. Auf der anderen Seite haben sich durch die Demokratisierung viele persönliche und politische Gestaltungsspielräume geöffnet, um alte und neue Probleme zu bekämpfen. In Polen gibt es heute eine der stärksten und vielfältigsten Frauenbewegungen der Region. Die Kristallisierung in Initiativen und Organisationen im Laufe der neunziger Jahre gelang, weil bereits vor 1989 informelle Gruppen bestanden und weil polnische Frauen relativ viel vom Feminismus und von der westlichen Frauenbewegung wussten, sei es durch Emigration oder wissenschaftlichen Austausch. Das war ein deutlicher Gegensatz zu anderen, wesentlich autoritäreren und abgeschirmteren Staaten des Warschauer Paktes, von der DDR einmal abgesehen. Es gibt Themen und Anliegen, die prominent vertreten sind und andere, über die nicht oder nicht explizit gesprochen wird. So ist Arbeit und Qualifizierung ein relativ akzeptiertes Anliegen von Frauenorganisationen. Über weibliche Sexualität spricht man wenig und kaum unter einem explizit politisch-emanzipatorischen Blickwinkel. Bei Reproduktion und Reproduktionstechnologien wird ganz unterschiedlich debattiert. Unter Reproduktionstechnologien werden hier alle Mittel und Techniken verstanden, um *kein* Kind (Verhütung, Sterilisation, Abtreibung), um *ein* Kind (z. B. In-vitro-Fertilisation) oder um ein Kind *mit bestimmten Eigenschaften* zu bekommen (z. B. pränatale Diagnostik). Während der Kampf um legale Schwangerschaftsabbrüche zentral für die polnische Frauenbewegung ist, gibt es nur sehr wenige Stimmen namentlich zu Technologien, um *ein* oder *ein bestimmtes* Kind zu bekommen.

Eine feministische Technikkritik z. B. aus einer Autonomieperspektive fehlt in den Veröffentlichungen ebenso wie eine kritische Auseinandersetzung mit den eugenischen Implikationen von Reproduktionstechnologien. Dies fällt besonders aus einem deutschen Blickwinkel auf, da es in Deutschland am ehesten eine

Mobilisierung der Frauenbewegung zu Reproduktionstechnologien gibt und restriktive Regeln gefordert werden.[1] Die komparative Forschung zur Politikformulierung in diesem Feld hat gezeigt, dass Standpunkte, Partizipation und Einfluss feministischer Gruppen weit auseinander gehen und in einigen Ländern diese einen liberalen Umgang mit Fortpflanzungstechnologien eher befürworten, wie in Italien[2]. Für den polnischen Kontext und die Haltung der Frauenbewegung führe ich hier insbesondere die Entwicklungsbedingungen der Bewegung sowie den hegemonialen politischen Diskurs an, der es quasi verunmöglicht, als Bewegung eine Debatte über problematische Seiten neuer Technologien zu führen.[3] Schließlich ist der Mangel bzw. der disparate Zugang zu Leistungen im Gesundheitswesen eine soziale Grunderfahrung in Polen, so dass deren Bekämpfung an erster Stelle steht.

Die Debatte um das Abtreibungsrecht in Polen dauert seit 1989 an. Überspitzt gesagt verdankt die polnische Frauenbewegung ihre im regionalen Vergleich starke Position dem politischen Gegner, der eine Gelegenheit zur Formulierung von Fraueninteressen und -identitäten schuf. In der Auseinandersetzung agierte die Pro Life-Seite, d. h. konservative Politiker und die katholische Kirche mit Gleichgesinnten im Justiz- und Gesundheitswesen, mehrheitlich und besaß von Anfang an die diskursive Hegemonie. Politisch hat die Frauenbewegung darauf mit einer konsequenten *Framing-Strategie* reagiert, d. h. sie hat die Forderung nach legalen Schwangerschaftsabbrüchen in größere Bezugsrahmen gestellt, die ideologisch weniger leicht zurückgewiesen werden können. Das sind namentlich der Kontext „Gesundheit" und der Kontext „internationales Recht".

Im vorliegenden Beitrag werde ich den Verlauf der Abtreibungsdebatte darstellen (Punkt 2), die Strategien der Frauenbewegung unter die Lupe nehmen (Punkt 3) und schließlich im vierten Abschnitt die sozialen und diskursiven Folgen der Debatte und Strategien diskutieren. Dazu gehören das Ringen um einen offenen Diskurs, die Frage der „Teilhabe am Fortschritt" und um Autonomie. Exemplarisch tauchen alle Themen wieder im „Gesetzesprojekt zur bewussten Elternschaft" auf. Außen vor bleiben muss eine Würdigung der Mutterschaft im feministischen

---

[1] Vgl. C. Rothmayr, Politikformulierung in der Fortpflanzungstechnologie: Partizipation und Einfluss feministischer Gruppierungen im internationalen Vergleich, in: Österreichische Zeitschrift für Politikwissenschaft 32, 2003, Nr. 2, S. 189-200, S. 198 (Rothmayr, 2003).

[2] Vgl. I. Bleiklie / M. Goggin / C. Rothmayr (Hrsg.), Comparative Biomedical Policy: Governing Assisted Reproductive Technologies. London/New York 2004.

[3] Vgl. zum Thema der diskursiven Schließung auch T. Kulawik, ExpertInnen unter sich? Geschlecht, Demokratie und Biotechnologiepolitik in Schweden, in: Österreichische Zeitschrift für Politikwissenschaft 32, 2003, Nr. 2, S. 163-176 (Kulawik, 2003).

Diskurs.[4] Quellen sind hier vor allem veröffentlichte Texte in der feministischen Presse und in Bulletins sowie Aussagen aus Interviews, die im Rahmen meiner Dissertation zu polnischen Frauenorganisationen entstanden sind.

2. Der Abtreibungsstreit von 1989 bis 2003

2.1 Die Entwicklung der polnischen Frauenbewegung

Während der ersten Jahre der Transformation blieben eine starke politische Organisierung und ein Protest von Frauen gegen ihre sich verschlechternde Situation auch in Polen zunächst aus.[5] Eine Ausnahme bildeten Gruppen und Initiativen gegen das drohende Abtreibungsverbot, die sich bereits 1989 organisierten. Diese Frauengruppen stellten in der ersten Entwicklungsphase Rechtsforderungen – so nach einer liberalen Indikationsregelung und gleichzeitig nach sozialen Voraussetzungen und Grundlagen wie Aufklärung und Verhütung. Sie betonten die moralische und individuelle Autonomie von Frauen. Die Frauengruppen konnten sich politisch nicht durchsetzen, aber sie wurden bekannt. Neben dieser Frage organisierten sich Frauen auch rund um das Thema (Erwerbs)-Arbeit und die schwierige soziale Lage. In einer zweiten Entwicklungsphase fanden sich ab 1994 Aktivistinnen aus 12 wichtigen Frauenorganisationen in einem gemeinsamen Komitee zusammen, um einen eigenen Schatten-Bericht für die Weltfrauenkonferenz 1995 in Peking zu erarbeiten und die Regierung zu einem ernstzunehmenden Bericht zu bewegen. Sie handelten gemeinsam prospektiv und nutzten eine politische Gelegenheit. Die Organisationen begannen, ihre politischen Forderungen mit internationalem und nationalem Recht zu legitimieren. Das Komitee verknüpfte den Slogan der internationalen Frauenbewegung „Frauenrechte sind Menschenrechte" mit der polnischen Überzeugung der Zugehörigkeit zu Europa. Seit der Weltfrauenkonferenz werden nahezu alle Forderungen der Frauenorganisationen mit Hinweisen auf das Recht legitimiert. In der Umsetzung der Aktionsplattform von Peking arbeitete die Regierung auch mit einem NGO-Konsultations-

---

[4] Es wäre wünschenswert, diese Diskussion einem deutschsprachigen Publikum zugänglich zu machen, da hierzulande häufig „Mütter" und „Nicht-Mütter" gegeneinander ausgespielt werden, auch in der Frauenbewegung.

[5] Zur Diskussion um ausbleibenden Feminismus und dem „Feminismusstreit" vgl. G. Fuchs, Die Zivilgesellschaft mitgestalten. Frauenorganisationen im polnischen Demokratisierungsprozess. Politik der Geschlechterverhältnisse 21. Campus, Frankfurt/M. 2003, S. 34 (Fuchs, 2003).

gremium zusammen. Recht wurde das zentrale Transportmittel, um Probleme wie Gewalt gegen Frauen, Zwangsprostitution und Frauenhandel und in Ansätzen reproduktive Rechte zu skandalisieren. Nach dem konservativen Regierungswechsel 1997 wurde die Kooperation zwischen Organisationen und Administration abgebrochen und Frauenpolitik als Faustpfand national-katholischen PolitikerInnen überlassen. Die rechtliche Situation für Frauen verschlechterte sich, etwa durch die Einführung der (eigentlich kirchenrechtlichen) Separation[6] ins polnische Recht oder durch die Pensionsreform. Die Politiker der Rechten ignorierten Rechtsentwicklungen in Polen und der Europäischen Union. Doch erstarkte in dieser dritten Entwicklungsphase das Milieu der Frauenorganisationen erheblich. Die Organisationen vernetzten sich, auch dank der stetigen Arbeit von Ośka, dem nationalen Fraueninformationszentrum und ihren jährlichen landesweiten Strategiekonferenzen. Das Milieu wurde nach und nach politisch handlungsfähig. Zu den Wahlen 2001 legte eine überparteiliche Frauenwahlkoalition mit ihren „10 Fragen" an die Kandidierenden eine entwickelte geschlechterpolitische Agenda vor. Grundsätzlich haben die Forderungen immer drei Aspekte:

Erstens werden Rechtsforderungen aufgestellt – z. B. eine liberale Indikationsregelung.
Zweitens werden auch die dazu notwendigen „sozialen Grundlagen" eingefordert, z. B. Aufklärung und Verhütung.
Drittens wird immer wieder die moralische und individuelle Autonomie von Frauen betont.

Aus dem Milieu heraus wurden Gesetzesinitiativen über die Parlamentarische Frauengruppe ins Parlament getragen, z. B. verschiedene Projekte für ein Gleichstellungsgesetz. Nach dem erneuten Wahlsieg der Postkommunisten konnten in einer vierten Entwicklungsphase Kooperationsbeziehungen zu staatlichen Institutionen erneut geknüpft werden. Feministische Standpunkte sind in den letzten Jahren vermehrt in die öffentliche Meinung „diffundiert", und um die Organisationen kristallisiert sich ein Dunstkreis von SympathisantInnen, die vermehrt auch die kulturellen Dimensionen des Feminismus betonen. Darum scheint es gerechtfertigt, heute von einer sozialen Bewegung zu sprechen. Es gibt fast 100 selbstständige Frauenorganisationen. Mit Lokalgruppen, Filialen und Forschungszentren gibt es im ganzen Land etwa 300 Adressen. Die meisten Organisationen arbeiten zu

---

[6] Die Separation trennt „von Tisch und Bett". Die Ehe bleibt jedoch rechtlich bestehen und eine (zivile) Wiederverheiratung ist nicht möglich. Steigender sozialer Druck auf Frauen, statt der Scheidung die Separation zu verlangen, ist wahrscheinlich. Auch in Polen verlangen Frauen häufiger als Männer die Scheidung. Schon 1990 wurden die administrativen Hürden dafür erhöht.

den Themen Arbeit und Qualifizierung, soziale Hilfen, Gesundheit und Gewalt. Die Organisationen sind vernetzt, pluralistisch und stabil. Und doch bleiben die Abtreibungsdebatte bzw. die Versuche von Enttabuisierung und Retabuisierung ein stets präsentes Grundthema.

2. 2 Die Relevanz der Abtreibungsdebatte

Susan Gal und Gail Kligman[7] arbeiteten vier Aspekte heraus, warum der Streit um reproduktive Themen, namentlich die Abtreibung, gerade in Zeiten grundlegenden politischen Wandels in Ostmitteleuropa soviel Aufsehen erregt hat.

Zum *Ersten* waren die osteuropäischen Debatten über Reproduktion besonders virulent im deutschen Einigungsprozess, in Ungarn und Polen sowie den jugoslawischen Nachfolgestaaten. Dadurch haben sich Frauen als politische Gruppe mit besonderen Interessen und als politische Akteurinnen konstituiert.

Zweitens wurden in der öffentlichen Diskussion grundlegende Aussagen über die neue Gestaltung der Beziehung zwischen Staat und Bevölkerung gemacht:[8] Sind die EinwohnerInnen autonome BürgerInnen oder Familienmitglieder eines Staates? Worüber dürfen sie alleine, worüber sollen der Staat und seine Institutionen wachen und entscheiden? In der polnischen Diskussion wurde ungewollt schwangeren Frauen häufig die moralische Autonomie und die Mündigkeit abgesprochen.[9]

Drittens sind reproduktive Themen das zentrale und vornehmste Mittel, die Nation und ihre Grenzen (neu) zu bestimmen, was sich besonders in Staaten mit territorialen Neuformierungen ausgewirkt hat[10]. Im ethnonationalistischen Denken sind biologische Reproduktion und zeitliche biologische Kontinuität zentrale Punkte, um Gemeinschaft neu zu erfinden. Die Kontrolle über die biologische Reproduktion und damit über die Frauen der Nation scheint notwendig. Deren Mutterschaft wird aufgewertet, sie selbst werden in vielen Varianten zu spirituellen Repräsentantinnen der Nation. In Polen, einem Land ohne territoriale Verände-

---

[7] S. Gal, G. Kligman, The Politics of Gender after Socialism. A Comparative-Historical Essay. Princeton University Press, Princeton 2000, S. 15 - 36 (Gal/Kligman, 2000).

[8] Gal/Kligman, 2000, S. 22 - 24.

[9] Vgl. A. Matuchniak-Krasuska, Worum ging es bei der Abtreibungsdiskussion? [Czym była dyskusja o aborcji?], in: A. Titkow; H. Domanski (Hrsg.), Was es heißt, in Polen Frau zu sein [Co to znaczy być kobieta w Polsce], Warszawa 1995, S. 189 - 212, S. 194.

[10] Gal/Kligman, 2000, S. 24 - 28.

rungen, erfolgte die Definition der Nation durch die Selbstimaginierung als besonders wichtiges Land mit einer Mission, wobei Motive des Messianismus aus dem 19. Jahrhundert unverkennbar sind. Später wurden auch demographische Gründe vorgebracht[11], manchmal in rassistische Argumente gekleidet.[12]

Schließlich können *viertens* Debatten über Reproduktion als kodierte Diskussionen über Ansprüche auf politische Legitimität verstanden werden.[13] Den propagierten neuen Regeln werden als ethisch anständig die „Unmoralität des Kommunismus" kontrastiert. So wurde versucht, mit entgegengesetzten Regelungen – Abtreibungsverbot in Polen bei vorherigem liberalen Recht und Abtreibungsliberalisierung in Rumänien bei vorherigem totalitärem Recht – das Gleiche zu erreichen, nämlich symbolische Distanz zum vorangegangenen Regime.

Für die polnische Frauenbewegung bedeutet dies, dass die Auseinandersetzung zwischen ihr und konservativen, gleichstellungsfeindlichen Kräften stets durch das Prisma der Abtreibungsdebatte gebrochen wird und alle Themen, die mit Körperlichkeit, menschlicher Natur und Autonomie in Verbindung stehen, früher oder später zu einer neuen Gegenüberstellung von Pro Choice und Pro Life führen.

2.3   Der Verlauf der Auseinandersetzung seit 1989

Der Streit um das Abtreibungsverbot[14] war einer der ersten offenen politischen Konflikte im Jahr 1989. Symbolisch sollte mit dem Verbot schnell Distanz zum Realsozialismus geschaffen werden. Dass dies nicht gelang, ist der schnellen sozialen Mobilisierung von Frauen zu verdanken, die bestimmte Rechte und Selbstverständlichkeiten des alten Regimes nicht einfach aufgeben wollten. Charakteristisch für die erste Phase der Auseinandersetzung bis zum Verbot Anfang 1993 ist die starke Polarisierung in Pro und Contra; ein parlamentarischer

---

[11] Vgl. J. Heinen; A. Matuchniak-Krasuska, Abortion in Poland: A Vicious Circle or a Good Use of Rhetoric. A Sociological Study of the Political Discourse of Abortion in Poland, in: Women's Studies International Forum 18, 1995, No. 1, S. 27 - 33 (Matuchniak-Krasuska/Heinen, 1995).

[12] Der damalige Familienbeauftragte Kazimierz Kapera meinte 2000, Europa müsse sein Bevölkerungswachstum steigern, damit die „weiße Rasse" auch weiterhin etwas zu sagen habe. Dies führte schließlich zu seinem Rücktritt.

[13] Gal/Kligman, 2000, S. 28 - 32.

[14] Überblicke über die Diskussion statt vieler: A. Titkow, Poland, in: H. P. David (Hrsg.), From Abortion to Contraception. A Resource to Public Policies and Reproductive Behavior in Central and Eastern Europe from 1917 to the Present, Greenwood Press, Westport, London 1999, S. 165 - 190 (Titkow, 1999).

Kompromissvorschlag wurde erst im Juli 1991, nach zwei Jahren, von der Unia Demokratyczna (Demokratische Union) eingebracht[15]. Obwohl es in Polen bis zur Verabschiedung des restriktiven Gesetzes immer eine Mehrheit in Umfragen für ein liberales Indikationsmodell gab[16], waren sowohl vor als auch nach den ersten vollkommen freien Wahlen die Befürworter eines Abtreibungsverbots in Sejm und Senat in der Mehrheit. Die Pro Choice-Seite musste darum versuchen, von außen durch Expertisen, Proteste und die öffentliche Debatte Einfluss zu gewinnen. Da die Debatte von starken Gegensätzen geprägt war und in scharfem Tonfall stattfand, bescherten Demonstrationen, Happenings und Mahnwachen den ersten Frauenorganisationen relativ große mediale Aufmerksamkeit.[17] Die im April 1991 aufgrund der Debatten und auf Initiative von weiblichen Abgeordneten der Unia Demokratyczna gegründete Parlamentarische Frauengruppe PGK[18] lobbyierte immer für mehr oder weniger liberale Indikationslösungen, brachte im März 1992 selbst einen Entwurf ein und hielt Kontakt mit den Pro Choice-Frauengruppen. Ein Pro Choice-Engagement konnte gravierende Folgen haben. In der Solidarność gab es seit 1989 auf Betreiben des Internationalen Gewerkschaftsbundes eine Frauensektion. Als sich diese auf einem Kongress 1990 gegen ein Verbot aussprach – anders als die Pro Life-besetzte Männerspitze der Gewerkschaft – wurden der Sektion Infrastruktur und Budget entzogen, so dass die Leiterin nach einigen Monaten die Arbeit aufgab.[19]

Eine „Gesellschaftliche Konsultation" des Parlaments 1991 zur Frage des Verbots konnte die katholische Seite aufgrund ihrer Gemeindestrukturen klar für sich entscheiden – fast 90 % aller Zuschriften waren in Kirchengemeinden gesammelt worden und sprachen sich für das restriktive Gesetzesprojekt aus. Ende 1992 bildete sich im Land eine breite gesellschaftliche Bewegung für das Abhalten

---

[15] Vgl. M. Fuszara, Abortion and the Formation of the Public Sphere in Poland, in: M. Mueller; N. Funk (Hrsg.), Gender Politics and Postcommunism, New York 1993, S. 241 - 252, S. 241 u. 244 f.

[16] Vgl. CBOS (BS 97/97/97): Einstellung zur Abtreibung nach dem Entscheid des Verfassungsgerichts [Stosunek do aborcji po orzeczeniu Trybunalu Konstytucjalnego]. Warszawa.

[17] Vgl. B. Szklarski, Semi-public democracy. Articulation of interests and systemic transformation. Instytut Studiów Politycznych Polskiej Akademii Nauk, Warsaw 1997 (Szklarski, 1997).

[18] Vgl. R. Siemieńska, Frauen als politisch Handelnde im postkommunistischen Polen, in: W. Koschmal (Hrsg.), Die Frau in der polnischen Gegenwartskultur, Böhlau Köln, 1996, S. 91 - 124, S. 110 und E. Hauser, B. Heyns, J. Mansbridge, Feminism in the Interstices of Politics and Culture: Poland in Transition, in: N. Funk; M. Mueller (Hrsg.), Gender Politics and Postcommunism, New York 1993, S. 257 - 273, S. 259.

[19] Vgl. M. Tarasiewicz, Poland – Choices to be made, in: Feminist Review, 1991, No. 39, S. 182 - 186.

eines Referendums – die damals gültige sog. „Kleine Verfassung" sah ein Referendum in Fragen von besonderer Bedeutung für den Staat vor. In kurzer Zeit sammelten die Komitees 1,3 Millionen Unterschriften und brachten damit die Frage der weltanschaulichen Neutralität des Staats und demokratischer Strukturen auf die Tagesordnung.[20] Ein Referendum wurde im Januar 1993 im Parlament abgelehnt, doch waren die Komitees ein Integrationserfolg für feministische Frauenorganisationen. Gleichzeitig stimmte der Sejm für ein restriktives Abtreibungsgesetz, das nur enge medizinische, eugenische und kriminologische Indikationen zuließ.[21]

Als 1993 die Postkommunisten an die Macht kamen, brachte im Dezember die Parlamentarische Frauengruppe ein neues Gesetzesprojekt für eine soziale Indikation in den Sejm ein, das im Juni 1994 verabschiedet wurde. Präsident Wałęsa legte jedoch sein Veto ein, das nicht mit der damals notwendigen Zweidrittelmehrheit überstimmt werden konnte. Nachdem jedoch der Postkommunist Aleksander Kwaśniewski 1995 Präsident geworden war, kam es im August 1996 zu einer erneuten Initiative zur Liberalisierung, diesmal der Unia Pracy. Im entsprechenden Entwurf war auch vorgesehen, Verhütungsmittel wie Medikamente auf Rezept abzugeben. Die Debatten und die Verabschiedung des Gesetzes waren von mehreren Großdemonstrationen mit 10.000 bis 25.000 Teilnehmenden und massiven Interventionen von Kardinal Glemp sowie des Papstes begleitet.

Im Juli 1997 erklärte das Verfassungsgericht die soziale Indikation für verfassungswidrig, da menschliches Leben in allen Phasen unter konstitutionellem Schutz stehe. Im September siegten die Konservativen der Wahlaktion Solidarität AWS, so dass im Dezember das Parlament das Abtreibungsrecht wieder verschärfte, indem es die soziale Indikation strich. Bereits im März 1998 wurde die Subvention von Verhütungsmitteln aufgehoben und das Fach Sexualkunde an den Schulen gestrichen.

Im Jahr 2001 siegten wiederum die Postkommunisten bei den Wahlen. Eine überparteiliche „Frauen-Wahlkoalition" (Przedwyborcza Koalicja Kobiet) hatte sich für mehr Frauen in Parlament und Regierung eingesetzt und dazu u. a. für eine Quotenregelung bei den Linksparteien lobbyiert. Der Frauenanteil im Parlament stieg auf 20 %. Die Hoffnungen auf mehr Ministerinnen wurden allerdings ebenso enttäuscht wie die nach einem Umschwung in der Abtreibungsfrage. Immerhin

---

[20] Vgl. H. Fehr, Von der „Solidarität" zum Kampf um die Macht: Elitenbildung und Intelligenz in Polen, in: Aus Politik und Zeitgeschichte No. B 8/98, 1998, S. 10 - 20, S. 14 f.

[21] Szklarski, 1997, S. 141, siehe auch M. T. Staszewski, J. B. Falski, Normative und gesellschaftliche Aspekte des Referendums in Polen [Normatywne i spoleczne aspekty referendum w Polsce], in: M. T. Staszewski, D. Waniek (Hrsg.), Das Referendum in Polen und Osteuropa [Referendum w Polsce i w Europie Wschodniej], Warszawa 1996, S. 11 - 76.

wurde Anfang 2002 die Vorsitzende der postkommunistischen Liga Kobiet Polskich, Izabela Jaruga-Nowacka, zur Staatssekretärin für Gleichstellung ernannt und das Amt für gleichen Status von Frauen und Männern geschaffen.[22] Jaruga-Nowacka schuf flugs wieder ein Konsultationsgremium zwischen Staat und Frauenorganisationen. Ebenfalls Anfang 2002 forderte sie öffentlich die Liberalisierung des Schwangerschaftsabbruchs. Bischof Tadeusz Pieronek bezeichnete sie daraufhin als „feministischen Beton, dem nicht einmal Salzsäure etwas anhaben könne." Konsequenterweise druckten Feministinnen daraufhin T-Shirts mit dem Slogan „Mehr Feminismus – weniger Salzsäure". Aus dieser Erfahrung bemüht sich die Bewegung seitdem, mit öffentlichen Erklärungen vermehrt eine breite öffentliche und sichtbare Unterstützung für ihre Anliegen zu organisieren.[23]

Im Sommer 2003 gelang es der Bewegung, die Abtreibungsfrage auf die nationale Agenda zu setzen. Auf Einladung der Familienplanungsföderation kam vom 21. Juni bis 5. Juli das Schiff „Langenort" der holländischen NGO „Women on Waves" nach Polen.[24] Women on Waves besucht Länder, in denen Abtreibung illegal ist und veranstaltet in Kooperation mit nationalen Frauenorganisationen Diskussionen, Workshops und Tage der Offenen Tür. An Bord des Schiffes befindet sich eine gynäkologische Praxis, in der Schwangerschaftsabbrüche durchgeführt werden können. Dazu begibt sich das Schiff in internationale Gewässer, so auch drei Mal während des Besuches in Polen. Begleitet war dieser ungeheure Tabubruch auch von teilweise gewalttätigen Gegendemonstrationen und Mahnwachen der rechten Organisation Allpolnische Jugend (Młodzież Wszechpolska) und der Liga Polnischer Familien (Liga Polskich Rodzin). Schon bei der ersten Pressekonferenz von Women on Waves und dem polnischen Komitee „Steuerrad" (Komitet Ster) wurden die Aktivistinnen mit Eiern und Farbe beworfen, der Zugang zum Schiff im Hafen von Władysławowo teilweise versperrt. In verschiedenen Städten gab es aber Unterstützungsdemonstrationen mit mehreren hundert Personen. Das Medienecho war enorm; das Fernsehen berichtete teilweise live und auch in den Zeitungen machte das Schiff Schlagzeilen. Dabei verlagerte sich der Fokus von den Gegendemonstranten im Lauf der Zeit auf das Problem der unsicheren illegalen Abtreibungen in Polen und der daraus folgenden unhaltbaren sozialen und gesundheitlichen Situation der Frauen.

---

[22] Vgl. www.rownystatus.gov.pl.

[23] Vgl. auch den Abschnitt zur Autonomie.

[24] Berichte über die Aktion: Berichte über den Verlauf des Besuches von Women on Waves in Polen vom 21.06.-05.07.2003 [Relacje z przebiegu wizyty Women on Waves w Polsce 21.06.-05.07.2003]. Warszawa. Verfügbar unter: www.oska.org.pl/wydarzenia/wow.html am 28. April 2004 und Women on Waves, Report Poland 2003. Den Haag: Verfügbar unter www.womenonwaves.org/poland2003/report.html am 28. April 2004.

Dieser Verlauf des Streits um legale Schwangerschaftsabbrüche verdeutlicht, dass diese Auseinandersetzung ein zunehmend tabuisiertes Thema betrifft, in der mit harten Bandagen bekämpft wird. Das Thema ist hochideologisiert und die Pro Life-Seite versucht, eine Diskussion zu verhindern, indem sie alle Gegner als Vaterlandsverräter oder Mörderinnen denunziert. Die Pro Choice-Seite argumentiert mit internationalem Recht wie dem Recht auf reproduktive Gesundheit, Zugang zu Dienstleistungen und Informationen. Sie pocht auf die Umsetzung des geltenden Rechts und stellt diese Forderungen auch in den Rahmen von Modernität, Fortschritt und sozialem Wohlergehen[25].

3. Pro Choice-Strategien der polnischen Frauenbewegung

Die Polarisierung in der Abtreibungsfrage macht es für die Frauenbewegung notwendig, die eigenen Anliegen in einem akzeptierten Bezugsrahmen zu präsentieren. Dieser Rahmen ist, auch bei anderen politischen Forderungen, vor allem europäisches und internationales Recht.

Seit den neunziger Jahren, der Zeit der großen UNO-Konferenzen (Menschenrechte 1993 in Wien, Bevölkerung in Kairo 1994 und Frauen in Peking 1995), ist dies eine zentrale Strategie der internationalen Frauenbewegung. Mit dem Slogan „Menschenrechte sind Frauenrechte" war ein Brückenschlag zwischen Bewegungen in verschiedenen Ländern und Kontinenten gelungen und gemeinsames Handeln ermöglicht worden. Kultureller Relativismus war erfolgreich zurückgewiesen worden.[26] Mit Vernetzung, strategischer Konferenzvorbereitung sowie Ausnutzung aller politischen Gelegenheiten war es den Frauenorganisationen gelungen, diese Universalität in den Schlussdokumenten zu verankern.[27] In diesem Zusammenhang arbeiten auch polnische Frauenorganisationen.

---

[25] Es wäre überaus lohnend, die polnischen Debatten und den Einfluss der Frauenbewegung als Politikformulierungsprozess zu untersuchen, wie dies kürzlich mit diesem Thema in entwickelten Industriegesellschaften gemacht worden ist, vgl. D. McBride Stetson (Hrsg.), Abortion politics, women's movements and the democratic state. A comparative study of state feminism. Oxford University Press 2001.

[26] Vgl. dazu R. Klingebiel, S. Randeria (Hrsg.), Globalisierung aus Frauensicht. Bilanzen und Visionen, Bonn: Dietz 1998, zur Grundlegung C. Bunch, Women's Rights as Human Rights: Toward a Re-Vision of Human Rights, in: Human Rights Quarterly, Vol. 12, 1990, S. 486 – 498 und Cook, 1993.

[27] J. Joachim, Structures and Processes of Political Negotiation/Governance: The UN, Women's NGOs and the Case of Reproductive rights, in: B. Holland-Cunz, U. Ruppert (Hrsg.), Frauen-

Der Bezug auf überstaatliche Rechtsdokumente wurde in Polen nicht von Frauenorganisationen erfunden, sondern ist eine Argumentationsfigur, die auch von vielen osteuropäischen Oppositionsbewegungen seit den siebziger Jahren gebraucht wurde:

> „Das ist wohl eine natürliche Strategie und so war es seit den Solidarność-Zeiten. Wenn im Land etwas geschah und man wurde mit bestimmten Dingen im Innern nicht fertig, so suchte man Einflussmöglichkeiten auf die innenpolitische Situation durch existierende internationale Institutionen. Es ist auch eine Suche nach anderen Formen von Einflussmöglichkeiten. Wir sind überzeugt, dass es der Regierung in Polen im Moment auf die internationale Meinung ankommt und sie internationale Verpflichtungen auch annimmt."[28]

Dieser Bezug ist die typische Strategie sozialer Bewegungen, das sog. *Framing* ihrer Anliegen zu betreiben, um erfolgreich AnhängerInnen zu mobilisieren und ihre Ziele gesellschaftlich zu legitimieren. „Framing", also Rahmung, bedeutet, dass bekannten Ereignissen und Bedingungen eine neue Bedeutung zugewiesen wird. Die maßgeblichen politischen Kräfte in Polen bejahen die Geltung internationaler Rechtsnormen und die Zugehörigkeit zur europäischen Wertewelt, während eine starke fundamentalistisch-katholische Strömung in der polnischen Politik Universalitätsargumente zurückweist und sich auf eigene Interpretationen des Naturrechts beruft, das wenig überraschend Frauen einen minderen Status gibt. Mit dem „Framing" können soziale Tatsachen, die als bedauerlich, aber tolerierbar bewertet wurden, skandalisiert werden. Man kann verschiedene Arten des „Framing" betreiben: verschiedene bestehende, ideologisch kongruente Bezugsrahmen können miteinander verbunden werden (frame bridging); das eigene Thema kann in einen größeren Rahmen gestellt werden (frame amplification und frame extension) oder aber man ändert den Rahmen an sich, sozusagen das „Universum des Diskurses" (frame transformation[29]). Drei Bedingungen müssen für erfolgreiches „Framing" erfüllt sein:

1. Die behaupteten Fakten müssen nachprüfbar und tatsächlich vorhanden sein („empirical credibility").

---

politische Chancen globaler Politik. Verhandlungsverfahren im internationalen Kontext, Opladen, Leske + Budrich 2000, S. 123 - 132.

[28] Interview mit der Direktorin der Federacja na Rzecz Kobiet i Planowania Rodziny, am 26. Juli 1999 in der Kantine des Wojewodschaftsparlaments in Warschau, 1999, S. 5.

[29] Vgl. Snow/Benford 1986, 1988.

2. Es muss eine erfahrungsmäßige Vergleichbarkeit geben, d. h. der Rahmen muss Antworten und Lösungen zu Situationen bieten, die mit der bisherigen Wahrnehmungsweise dieser Situation harmonieren („experiential commensurability").

3. Das Framing muss in den Geschichten und Mythen des kulturellen Erbes Resonanz finden, die Ereignisse und Erfahrungen in der Gegenwart formen („narrative fidelity", narrative Wiedergabetreue).

Die Anwendung dieser politischen Strategie lässt sich fast in Reinform an der Familienplanungsföderation zeigen. Die Föderation setzt sich als einzige Organisation stetig und offen für legale Schwangerschaftsabbrüche ein und zwar in ihrem „Aktionsprogramm zur Förderung von reproduktiven Rechten und Gesundheit". Das ist ein deutlich größerer und radikalerer Rahmen als lediglich das Postulat eines straffreien Schwangerschaftsabbruchs. Sie benennt viele Facetten eines sozialen Problems und zeigt auf, was im Bereich ziviler Rechte verbessert werden muss. Die Föderation definiert mit Bezug v. a. auf die Konvention zur Abschaffung aller Formen der Diskriminierung der Frau (CEDAW) sowie auf die Abschlussdokumente der Weltbevölkerungskonferenz 1994 und der Weltfrauenkonferenz 1995:

„Reproduktive Gesundheit bedeutet folglich, dass die Menschen ein befriedigendes und sicheres Sexualleben führen können und dass sie die Fähigkeit zur Reproduktion haben ebenso wie die freie Entscheidung darüber, ob, wann und wie viele Kinder sie haben wollen."[30]

Was für die Föderation alles zu dieser Agenda gehört, lässt sich an ihrem Projekt eines Gesetzes über bewusste Elternschaft ablesen. Themen hier sind eine Fristenregelung von 12 Wochen sowie verlängerte Fristen für medizinische, kriminologische und eugenische Indikationen; Sexualkunde als Schulfach; Zugang und Versorgung mit Verhütungsmitteln; Rechte der Schwangeren auf medizinische Betreuung sowie soziale und finanzielle Leistungen inklusive das Recht auf pränatale Untersuchungen und schließlich der Zugang zu Methoden der unterstützten Fortpflanzung.[31]

---

[30] Federacja na Rzecz Kobiet i Planowania Rodziny 1997: Die reproduktive Gesundheit von Frauen in Polen [Zdrowie reprodukcyjne kobiet w Polsce], Warszawa 1997, S. 8 (Federacja, 1997).

[31] Federacja na Rzecz Kobiet i Planowania Rodziny 2004: Gesetzesprojekt über bewusste Elternschaft [Projekt ustawy o świadomym rodzicielstwie], verfügbar unter www.federa.org.pl/ustawa.htm am 28. April 2004 (Federacja, 2004).

Die Föderation arbeitet konkret auf drei Ebenen: Beratung und praktische Information, Informations- und Öffentlichkeitsarbeit sowie international vernetzte Lobby- und Monitoringarbeit. Ihre Beratungs- und Informationstätigkeit umfasst ein tägliches Vertrauenstelefon, landesweit verbreitete Broschüren zu Aufklärung und Verhütung sowie ein Informationsbulletin an interessierte Personen, Gesundheitsämter und Ärztinnen. Hier geht es um ganz praktische Interessen und um persönliches Empowerment, indem das Bewusstsein für eigene Rechte als Patientin und für den eigenen Körper gestärkt wird.

Immer wieder fordert die Föderation zweitens die Liberalisierung des Abtreibungsrechts, die Finanzierung von Verhütungsmitteln durch das Gesundheitswesen, Zugang zu pränataler Diagnostik, Sexualkunde in den Schulen u. a. m. Diese Forderungen sind empirisch glaubwürdig, denn die Organisation veröffentlicht eigene und unabhängige Untersuchungen zu diesen Themen: z. B. 1997 einen Bericht zur reproduktiven Gesundheit von Frauen in Polen; 1994, 1996 und 2000 regelmäßige Berichte zu den Auswirkungen des Abtreibungsverbots. 2001 veranstaltete sie dazu ein Tribunal. Die Grundargumentation verläuft folgendermaßen:

- Polen handhabt das Verbot neben Irland in ganz Europa am restriktivsten. Internationale Abkommen zum Recht auf freie Bestimmung über Zahl und Alter der Kinder (z. B. CEDAW Art. 16, Pkt. e) würden damit gebrochen.
- Es entsteht ein sozial selektiver Abtreibungsuntergrund, bei dem arme Frauen gezwungen sind, ihre Gesundheit aufs Spiel zu setzen.
- Angst vor Schwangerschaft und illegale Abbrüche haben negative Auswirkungen auf die seelische Gesundheit von Frauen, aber auch ihrer Partner.
- Der Staat gewährt Frauen keine Rechtssicherheit und Rechtsgleichheit, wenn eine auch heute legale Abtreibung nicht im öffentlichen Gesundheitswesen vorgenommen wird. Während des Tribunals 2001 wurde dies mit zahlreichen Berichten von Betroffenen untermauert, z. B. herz- und zuckerkranke Frauen. Sozialleistungen für bedürftige Schwangere würden je nach Haushaltslage zusammengekürzt.[32] Die Federacja kontrolliert also staatliche Tätigkeit.

Schließlich ist Lobbying und Monitoring das dritte Tätigkeitsfeld. Die Öffentlichkeit erfährt immer wieder, welche internationalen Verpflichtungen Polen eingegangen ist. Es werden Einflusskanäle und Kooperationen mit Politikerinnen, dem Ombudsmann und anderen nationalen und internationalen NGOs aufgebaut. Die

---

[32] Vgl. Z. Wilkiewicz (Bearbeiter), Abtreibungspraxis in Polen vor der Liberalisierung des Schwangerschaftsabbruchs, in: Osteuropa-Archiv No. 4, 1997, S. 161 - 168.

Föderation ist auch Mitbegründerin von ASTRA, dem Central and Eastern European Women's Network for Sexual and Reproductive Health and Rights.[33] Mit regelmäßigen Berichten wie an den Wirtschafts- und Sozialrat der UNO und Teilnahme an Konferenzen prangert sie die Situation in Polen an und skandalisiert sie. Mit dem Umweg über internationale Organisationen ist es möglich, die eigenen Standpunkte im öffentlichen Bewusstsein Schritt für Schritt zu legitimieren, weil Polen an internationaler Reputation liegt.

Die Forderungen sind auch erfahrungsmäßig vergleichbar, denn die Föderation stellt Tatsachen und Forderungen in einen „Ungerechtigkeitsframe", der sich leicht mit anderen Transformationserfahrungen der Bevölkerung verbinden und so mobilisieren lässt. Sie weitet noch dazu ihren Bezugsrahmen aus: In ihrem „diagnostischen Framing" ist also das Abtreibungsverbot Teil eines größeren Problems des Rechts auf Gesundheit und Selbstbestimmung.

Schließlich gibt es in Polen eine kulturelle Resonanz auf diese Rechtsargumentationen. In Polen ist gerade beim Bezug auf Europa die Rückweisung eines kulturellen Relativismus leicht. Gerade das postkoloniale Misstrauen gegen den Universalitätsanspruch der Menschenrechte als westlicher Rechtsimport fehlt in Polen. Das kann die Anliegen in der polnischen Öffentlichkeit legitimieren. Staatliche Akteure und politische Eliten können sich argumentativ dem Hinweis auf universelle Menschenrechte, auf Geltung und Anwendung auch nationalen Rechts kaum entziehen, doch bleibt Ignorieren ein wirksames Mittel der Abwehr.

Beim „prognostischen Framing", dem Aufruf zur Aktion, schlägt die Föderation vor allem die Umsetzung geltenden nationalen und internationalen Rechts vor. Das kann auf unterschiedlichen Ebenen geschehen – auf staatlicher Ebene, aber auch einzelne Personen und Organisationen können dazu aktiv werden. Bei dieser Argumentation steht vor allem die Regierung „am Pranger", da nach neuerer Rechtsprechung der Staat für die Einhaltung von Menschenrechtsstandards verantwortlich ist. Die Regierung muss sich nicht nur bei ihrer eigenen Tätigkeit an diese Richtschnur halten, sondern sie ist auch verantwortlich für die gleiche Anwendung bestehenden Rechts auf alle Menschen. Schließlich muss ein Staat geeignete Maßnahmen treffen, um Menschenrechtsverletzungen von Dritten zu verhindern und die Einhaltung der Rechte zu sichern[34].

Es gibt jedoch einen Punkt, an dem der Bezugsrahmen transformiert werden muss, um neue Werte und Identitäten zu formulieren: dass universelle Menschen- und Frauenrechte gerade auch in der Privatsphäre zu achten sind; und dass Selbstbestimmung, moralische Autonomie, Sexualität, Liebe und Spaß am eigenen Körper Werte an sich sind und nicht aufopfernde Mutterschaft. Ohne eine solche

---

[33] www.astra.org.pl.

[34] Cook, 1993, S. 234 f. und 250 f. mit entsprechenden Urteilen.

Transformation wären Fragen der Sexualität, des Körpers und der Gewalt nicht politisierbar.

Alle diese Pro Choice-Argumente sind stringent formuliert, doch kann man die Hypothese aufstellen, die Frauenbewegung sei nun ihrerseits eine „belagerte Festung"[35], die vor allen Diskussionen zurückschreckt, die diese schlüssigen Argumente in Frage stellen könnte. Das ist nicht ganz überraschend. Als in Italien katholische und konservative Politiker versuchten, Gegenentwürfe zur liberalisierten Abtreibung einzubringen und die Anwendung von Fortpflanzungstechnologien einzuschränken [was zwischenzeitlich im Frühjahr 2004 gelang], bildeten feministische Gruppen und Pro Choice-Organisationen Plattformen gegen solche restriktiven Politiken[36]. Die dennoch geführten Debatten dazu werden im folgenden Kapitel vorgestellt.

4. Soziale und diskursive Folgen von Diskussionen und Strategien

4. 1 Soziale Folgen

Die Hürden in Polen für legale Abtreibungen sind hoch. Wenn die Schwangerschaft Resultat einer Straftat ist, müssen deren Umstände von der Staatsanwaltschaft bestätigt sein. Nur bei der kriminologischen Indikation darf der Abbruch auch in einer Privatklinik durchgeführt werden, sonst muss sich die Frau in ein öffentliches Krankenhaus begeben. Ärzte müssen keine Abbrüche durchführen, sondern können sich auf ihr Gewissen berufen.[37] Eine Umfrage unter GynäkologInnen und Krankenschwestern ergab allerdings, dass viele die geltenden Indikationen und das Prozedere nicht oder nur ungenügend kennen.[38] Strafrechtlich verfolgt werden nur wenige Verstöße gegen das Verbot. 1998 waren es 42, im Jahr

---

[35] Zu Zeiten fremder Besatzung und des Realsozialismus ist die polnische katholische Kirche oft als „belagerte Festung" beschrieben worden, die sich vor allem gegen außen verteidigen muss und darum wichtige interne Diskussionen – wie über das 2. Vatikanische Konzil – nicht führt.

[36] Vgl. Rothmayr, 2003, S. 196 u. Ramijoué/Klöti 2004. Eine Gleichsetzung von reproduktiver Autonomie der Frau und liberaler Forschungspraxis kann auch instrumentell verwendet werden, um letztere zu rechtfertigen, wie z. B. in Schweden durch die Genethikkommission (Kulawik, 2003, S. 171).

[37] Federacja na Rzecz Kobiet i Planowania Rodziny: The Anti-Abortion Law in Poland. The Functioning, Social Effects, Attitudes and Behaviors. Warszawa 2000, S. 8 f. (Federacja, 2000).

[38] Federacja, 2000, S. 27 - 29.

1999 waren es 62 Ermittlungsfälle, wovon 3 bzw. 6 schließlich vor Gericht kamen.[39] Die Statistiken registrierter Abbrüche verweisen auf die Praxis in öffentlichen Krankenhäusern, können aber die Realität in Polen kaum erhellen. 1999 wurden beispielsweise noch 151 Abbrüche registriert, davon 94 mit medizinischer Indikation. 1997 waren es noch 409 Abbrüche aus medizinischen Gründen gewesen. Da sich der Gesundheitszustand der polnischen Bevölkerung im gleichen Zeitraum nicht wesentlich verbessert hat, lässt sich aus diesen Zahlen schließen, dass viele kranke Frauen, die nach geltendem Recht die Schwangerschaft abbrechen dürften, dieses Recht in öffentlichen Krankenhäusern nicht wahrnehmen können, weil ihnen der Eingriff dort verweigert wird (und sie evtl. an eine Privatpraxis verwiesen werden). Dies deckt sich mit dem „Alltagswissen" der Bevölkerung[40] und die Federacja prangert mehrerer solcher Fälle öffentlich an[41]. In einem Urteil vom 21. Oktober 2003 hat das Oberste Gericht nun allerdings entschieden, dass eine Frau Schadenersatzansprüche hat, wenn ihr eine rechtmäßige Abtreibung verweigert wird. Diese Ansprüche betreffen nur entgangene Erwerbseinkünfte wegen Schwangerschaft und Geburt.[42] Auf ihrer Webseite hat die Föderation mittlerweile eine Anleitung mit Adressen und Telefonnummern veröffentlicht, wie vorzugehen ist, wenn ein Abbruch oder eine vorgeburtliche Untersuchung verweigert wird. Sie kommentiert dazu:

„Wir möchten alle Frauen darauf hinweisen, dass ein Kontakt mit Institutionen und Ämtern für sie schwierig sein kann. Sicher gibt es Versuche, Sie von einer Stelle zur nächsten zu schicken. Wir raten, geduldig und entschlossen zu bleiben und sich möglichst nicht hin- und herschieben zu lassen. [...] Wir wissen, dass sich Frauen in einer Situation befinden, in der die Zeit läuft. Wir raten daher, bei jedem Einreichen einer Beschwerde zu unterstreichen, dass Sie um zügige Bearbeitung bitten. Als wir die obigen Informationen sammelten, standen wir selber vor vielen der erwähnten Schwierigkeiten. Wir sind

---

[39] Federacja, 2000, S. 11 - 15.

[40] Vgl. CBOS (BS/40/40/97): Problem aborcji w szpitalach państwowych [Das Abtreibungsproblem in staatlichen Krankenhäusern], Warszawa.

[41] Vgl. Federacja na Rzecz Kobiet i Planowania Rodziny: Hölle der Frauen [Piekło kobiet], Materialien zum Tribunal. Verfügbar unter www.waw.pdi.net/~polfedwo/publikacje/podrecznik/pieklokobiet am 22. April 2004.Warszawa. Sowie Federacja, 2001 und Koral, 2001.

[42] Vgl. www.gminyrp.pl/serwisinfo/RP_23_04_4_3.html, verfügbar am 2. Juli 2004.

uns bewusst, dass dies für eine Frau, hinter der keine Institution steht, wesentlich schwieriger sein kann als für uns."[43]

Diese Entwicklungen entsprechen dem Bild einer patriarchal-kontrollierenden Arzt-Patientin-Beziehung, wie sie die Föderation schon 1997 diagnostiziert hatte:

„Diese Praxis, bei der die Patientin als Objekt behandelt wird, und nicht als wesentlicher Partner des Arztes, hat weit reichende Konsequenzen. Oft fühlt sich der Arzt nicht verpflichtet, die Frauen über ihren Gesundheitszustand zu unterrichten, er empfiehlt eine Therapie ohne Diskussion und ohne Wahlmöglichkeit, die sehr häufig möglich und sogar angezeigt ist. Eine so behandelte Frau fühlt sich für ihre eigene Gesundheit nicht verantwortlich, alle Verantwortung legt sie in die Hand des Arztes. [...] Die Ideologisierung der Sphäre der reproduktiven Gesundheit der Frau ist eine außerordentliche negative Erscheinung, verbunden u. a. mit einem traditionellen Rollenverständnis des Arztes, nach dem er [...] über Angelegenheiten nach seiner eigenen Weltanschauung entscheiden darf, die unserer Ansicht aber keinen Einfluss auf seinen Professionalismus haben sollte. Dies ist besonders sichtbar in der Beziehung des Arztes zu Abtreibung und Verhütung."[44]

Neben der Tendenz zu mehr Kindsaussetzungen und Kindstötungen, die von Zeit zu Zeit großes mediales Echo hervorrufen[45], ist die Konsequenz des weitgehenden Verbots das Blühen eines Abtreibungsuntergrundes. Die Föderation schätzt die tatsächliche Zahl der Aborte auf mindestens 80.000 pro Jahr. Die Preise für einen Eingriff liegen um die 600 $.[46] Besonders in größeren Städten ist es einfach, über die Kleinanzeigen-Rubrik zu einschlägigen Adressen zu kommen: „Alle Eingriffe" – „Hervorrufung der Monatsblutung" heißt es dort unter Angabe einer Handy-Nummer. In Polen scheinen ausschließlich ausgebildete Personen Abtreibungen zu machen[47], Krankenschwestern sehen allerdings von Zeit zu Zeit Frauen mit

---

[43] Vgl. www.federa.org.pl/publikacje/ulotki/gdy_lekarz_odmawia.htm, verfügbar am 28. April 2004.

[44] Federacja, 1997, S. 14 f.

[45] In der Begründung des Gesetzesprojekts ist von fast 1000 Kindern p. a. die Rede, das sind vier Mal mehr als zehn Jahre zuvor.

[46] Federacja na Rzecz Kobiet i Planowania Rodziny, The Anti-Abortion Law in Poland. The Functioning, Social Effects, Attitudes and Behaviors, Warszawa 2000, S. 12.

[47] Interview mit einer Referentin der Federacja na rzecz kobiet i planowania rodziny am 30. März 1999 in den Räumen der Federacja, S. 2.

Komplikationen nach verpfuschten (Selbst-)Abtreibungen auf ihren Stationen, halten sich aber an ihre Schweigepflicht, auch gegenüber den Ärzten, die einen solchen Fall anzeigen müssten.[48] Abgenommen hat seit Mitte der 90er Jahre der organisierte Abtreibungstourismus ins Ausland.

Im Realsozialismus war die Unterversorgung mit Verhütungsmitteln von den zuständigen Planern nicht als Problem gesehen worden.[49] Die Marktwirtschaft hat Auswahl, Qualität und Verfügbarkeit von Verhütungsmitteln erheblich verbessert, und auch ihre Anwendung stieg in den 90er Jahren.[50] Heute sind Informationen zu Verhütungsmitteln in Polen offen zugänglich, allerdings sind Ärztinnen und Ärzte eine wenig verlässliche Quelle, da sie entweder aus eigenen Moralvorstellungen keine Methode empfehlen bzw. verschreiben oder aus Eigennutz z. B. überdurchschnittlich oft Spiralen nahe legen.[51]

Der Stand der Sexualerziehung in Polen ist unbefriedigend. Viele Kinder und Jugendliche sind für Informationen zu Sexualität, Liebe und Verhütung auf die Jugendzeitschrift „BRAWO" oder „die Straße" angewiesen. Lehrbücher zur „Vorbereitung auf das Familienleben" schüren Ängste, enthalten überwiegend Falschinformationen und reaktionäre Geschlechterrollen.[52] Seit dem Regierungswechsel 2001 ist es nicht gelungen, die Regierung zu einer Wiedereinführung einer obligatorischen und sachlichen Sexualerziehung zu bringen. Von feministischer Seite wird zurzeit eine polnische Übersetzung und Adaptation des amerikanischen feministischen Gesundheitsklassikers „Our bodies – our selves"[53] vorbereitet.

4.2 Kampf um Begriffe – Kampf um einen offenen Diskurs

Zwei der wichtigsten Resultate der langen Abtreibungsdiskussion sind die Veränderungen des Sprachgebrauchs und die zunehmende Diskreditierung von Pro Choice-Argumenten:

---

[48] Federacja, 2000, S. 33 f. und 39 f.

[49] Titkow, 1999, S. 179 f.

[50] Federacja, 2000, S. 18 f.

[51] Federacja, 1997, S. 10.

[52] Vgl. M. Środa, Tanz mit der Melone [Taniec z melonem], in: Wysokie Obcasy vom 22. Januar 2000 und Titkow, 1999, S. 189.

[53] auf deutsch: Unser Körper – Unser Leben, erschienen bei Rowohlt.

„Jemand, der überhaupt versucht, auf rationale Weise an moralische Probleme heranzugehen [...] wird sofort als Feind behandelt, als Gegner, um nicht zu sagen: als Inkarnation des Bösen. [...] Bisher ist das spektakulärste Beispiel in Polen dazu die Abtreibung. ‚Du willst darüber diskutieren, also bist du für die Tötung empfangener Kinder'. Schon die Sprache verunmöglicht übrigens oft die Diskussion. Abtreibung wurde schon vor einiger Zeit definiert als ‚Tötung empfangener Kinder', darum aus dem Bereich der Diskussion weggekehrt, denn wie kann man Argumente für das ‚Töten von Kindern' vorbringen?"[54]

Jacqueline Heinen und Anna Matuchniak-Krasuska[55] haben diese Strategien der polnischen Pro Life-Seite näher untersucht. Vor allem wurden neutrale Begriffe eliminiert und durch verzerrte, wertbeladende Begriffe ersetzt. Aus der Schwangeren wurde die Mutter, aus Fötus bzw. Embryo das empfangene Kind, das kleine Mädchen oder das Baby. Aus Abtreibung wurde Mord des Kindes im Schoße seiner Mutter u. ä. An sich neutrale Vorgänge wurden mit negativen Bezeichnungen versehen. Das liberale Gesetz von 1956, im Zuge der Entstalinisierung entstanden, wurde stalinistisch oder totalitär genannt. Heute hat sich die Bezeichnung „Kind" an Stelle von Embryo oder Fötus in der polnischen Publizistik, auch der liberalen, weitgehend durchgesetzt. Zudem wurde ein moralischer Rigorismus verbreitet, der nur eine einzige Entscheidung, die zur Geburt des Kindes, in welch unterschiedlichen Situationen auch immer, als richtig ansah.[56]

Gestützt auf diese Überlegungen plädiert Magdalena Środa vehement für eine offene und tabulose Diskussion über Abtreibung, Gentechnologie sowie über das Klonen. Neue wissenschaftliche Techniken dürften nicht vorab verurteilt werden. Moralischen Problemen und verschiedenen Standpunkten müsse man sich stellen. Was gestern noch als unmoralisch galt – lange verurteilte die Kirche Organtransplantationen – kann morgen schon anerkannt sein, wenn der Nutzen dieser Technik offenbar wird. Das könne auch mit dem Klonen geschehen. Der alleinige Bezug auf Religion, bewusste Manipulation sowie Unwissen gepaart mit dem Kult der Übertreibung führten zu einer Tabuisierung des Klonens. Środa sieht das eigentliche moralische Problem beim kommenden Gen-Engineering im ungleichen

---

[54] M. Środa, Wer hat Angst vorm Klon? [Kto boi się klonem?], in: Zadra 6/2001, S. 16 (Środa, 2001).

[55] Matuchniak-Krasuska/Heinen, 1995.

[56] Diese Begründungen standen in direktem personellen und politischen Zusammenhang über Auseinandersetzungen zur Trennung von Staat und Kirche – aus diesem Grund war etwa die Organisation „Neutrum für einen weltanschaulich neutralen Staat" auch Gründungsmitglied der Familienplanungsföderation.

Zugang für Arme und Reiche zu dieser Technologie, nicht in der Technologie selbst. Wissenschaft lasse sich nicht zensieren und kontrollieren – dies ginge nur mit der gesellschaftlichen Anwendung von Wissenschaft. Besonders empörend sei zudem bei all diesen Tabuisierungen, dass vor allem Frauen und Frauenkörper ihnen ausgesetzt sind. Von Geburtenkontrolle bis In-vitro-Fertilisation werde alles als gotteslästerlicher angesehen als – beispielsweise – der Militärbischof Głódz, der sich gerne mit Schusswaffen in der Öffentlichkeit zur Schau stellt – mit Waffen, die wohlgemerkt zum Töten von Menschen, auch von Kindern, dienen.[57] Darum:

„Und schließlich – eine rationale Diskussion ist eine Wohltat für die Gemeinschaft, die wir sind. Sie klärt, belebt, verbindet, trägt zur Entwicklung und gegenseitigem Verständnis bei. Fürchten wir uns also nicht vor dem Klon. Diskutieren wir!"[58]

Ein Versuch, die Hoheit über die Begriffe wiederzuerlangen, stellt das von der Familienplanungsföderation propagierte Gesetzesprojekt zu bewusster Elternschaft dar,[59] in dem zu Beginn die Begriffe bewusste Elternschaft, Verhütungsmittel, pränatale Untersuchungen, Schwangerschaftsabbruch und schließlich unterstützte Fortpflanzung definiert werden. Konsequent ist immer von Eiern, dem Fötus und dem Embryo die Rede (vgl. dazu näher den Abschnitt 4. 6).

4. 3   Unkritische Teilhabe?

Bei medizinischen Verfahren und medikamentösen Eingriffen im Bereich der Reproduktion wird in der polnischen Frauenbewegung vor allem das Recht auf Teilhabe am medizinischen Fortschritt betont.

Dies liegt zum einen in den Erfahrungen der polnischen Gesellschaft begründet: Das Gesundheitswesen ist in einen öffentlichen und einen privatisierten Sektor geteilt. Dies geht auf realsozialistische Zeiten zurück, als mit der Verstaatlichung des Gesundheitswesens erstmals die ganze Bevölkerung Zugang zu medizinischer

---

[57] Środa, 2001, S. 15.

[58] Środa, 2001, S. 16.

[59] Federacja, 2004.

Versorgung hatte.[60] Gleichzeitig blieb das Gesundheitswesen aber hinter Bedarf, Bedürfnissen und medizinischen Möglichkeiten zurück. Regionale und ständische Unterschiede in Qualität und Verfügbarkeit von medizinischen Leistungen führten zu Akzeptanzproblemen und schließlich zu einem grauen Markt für Dienstleistungen. Seit der Wende wuchs die Kluft zwischen öffentlich-kostenlosen und privat-kostenpflichtigen Leistungen, zwischen arm und reich besonders deutlich. Der tatsächliche Zugang für alle Einwohnerinnen und Einwohner zu Gesundheitsleistungen ist darum ein zentrales politisches Erfolgskriterium, an dem sich soziale Gerechtigkeit messen lässt. Zugang bedeutet in diesem Diskurs auch immer Teilhabe am wissenschaftlichen Fortschritt und an der Moderne. Viele medizinische Leistungen – und sei es nur ein einfacher Ultraschall – sind je nach Region und Geldbeutel nur mit langen Wartezeiten zu erreichen. Jede zusätzliche Begrenzung des Zugangs zu bestimmten Leistungen aus ideologischen Gründen oder vorgeschobenen finanziellen Gründen muss darum umso mehr empören.

Zum anderen wird mit Einschränkungen, Verboten oder Entzug der Finanzierung von konservativ-katholischer Seite immer versucht, die Entscheidungsfreiheiten von Frauen über ihre eigene Fortpflanzung und ihren Körper einzuschränken. Deutlich wird dies bei pränataler Diagnostik und der „Pille danach". Am Beispiel eines Streits zur Hormonersatztherapie lässt sich zeigen, dass dieses Setting auf feministischer Seite zu Kritiklosigkeit und mangelnder Differenzierung führen kann.

4. 3. 1 Pränatale Diagnostik und die „Pille danach"

Als 1999 die Strafen für Ärzte und Ärztinnen verschärft wurden, wenn es bei pränatalen Untersuchungen zu Schädigungen des „empfangenen Kindes" (vorher: der Leibesfrucht) kommen sollte, protestierte die Familienplanungsföderation öffentlich dagegen. Sie befürchtete, dass in Zukunft noch weniger Untersuchungen durchgeführt würden: 1998 waren es offiziell 1654 gewesen (zum Vergleich: im vier Mal kleineren Tschechien waren es 10.000).[61] Dies könnte dazu führen, die enge eugenische Indikation weiter auszuhebeln. Während des schon erwähnten Tribunals im Jahr 2001 wurde auch ein Fall dokumentiert, wo einer Schwangeren, die schon ein behindertes Kind zur Welt gebracht hatte, die Überweisung zur pränatalen Diagnostik standhaft und von verschiedenen Seiten verweigert wurde.

---

[60] F. Knieps, Transformationsprozesse im Gesundheitswesen – Die Einführung einer sozialen Krankenversicherung in Polen, in: Zeitschrift für ausländisches und internationales Arbeits- und Sozialrecht 12, No. 1, 1998, S. 11 - 20.

[61] Vgl. Biuletyn Federacji, 5/1999.

Bei einer anderen Frau, die die Schwangerschaft wegen des Down-Syndroms abbrechen lassen wollte, wurden ohne Rechtsgrundlage immer weitere Dokumente und Einwilligungen verlangt, als sie bereits im Krankenhaus lag – das sie schließlich verließ, um den Eingriff in einer anderen Klinik durchführen zu lassen. Die Grundlage für eine eigenverantwortliche Entscheidung von Frauen – nämlich ob sie eine bestimmte Untersuchung machen lassen wollen oder nicht – wird verweigert. Für eine feministische Diskussion über gesellschaftliche Wirkungen und Risiken pränataler Diagnostik fehlt damit sozusagen das Problem.

Wie bereits in den Definitionen aus dem Gesetzesprojekt der Föderation deutlich wurde, besteht eine Schwangerschaft nach feministischer Auffassung erst, wenn sich ein befruchtetes Ei in die Gebärmutter eingenistet hat. Verschiedene Medikamente sind in Polen als „Pille danach" zugelassen, die je nach Zykluszeitpunkt den Eisprung, die Befruchtung oder das Einnisten eines Eies in die Gebärmutter verhindern und eine Monatsblutung hervorrufen. Die Familienplanungsföderation propagiert unter Berufung auf Empfehlungen der WHO in ihrer Beratungstätigkeit, in ihren Publikationen und auf ihrer Webseite diese Methode der „Verhütung in plötzlichen Situationen". Eine weitere Verbreitung sei in Polen sehr zu wünschen:

„Die Verbreitung von Informationen zu dieser Methode führt zu weniger ungewollten Schwangerschaften und verringert die Zahl von Abtreibungen. Die Anwendung der Pille sollte auch Bestandteil der Hilfe für Frauen sein, die Opfer einer Vergewaltigung wurden."[62]

Der Einsatz für die „Pille danach" ist nicht nur Engagement für Verhütung, sondern ebenso ein Bemühen für die eigenen Definitionen und Begriffe. Ein Artikel in der Gazeta Wyborcza im Januar 2001 bezeichnete die Pille danach als frühabtreibend. Ein Leserinnenbrief der Direktorin der Föderation provozierte die Reaktion des obersten Gynäkologen des Landes, Bogdan Chazan („nationaler Berater"), der in derselben Zeitung seine ideologische Lehrmeinung folgendermaßen formulierte:

„Der Brief [...] führt die Leser in die Irre. Das Wort Antikonzeption bedeutet Verhütung der Empfängnis (Konzeption), indessen verhindert ein Hormonmedikament, das nach dem Verkehr gegeben wird, die Empfängnis nicht. Wenn es zur Empfängnis kommt, erschwert es das Einnisten des befruchteten Eies, führt zur Abtreibung (usunięcie) des befruchteten Embryos und zu seiner Vernichtung. Viele Leser der „Gazeta" sind der Meinung, dass das Leben in dem Moment beginnt, in

---

[62] Biuletyn Federacji, 3/11, 1998.

dem Ei- und Samenzelle miteinander verschmelzen. Es ist unerheblich, ob eine Schwangerschaft begonnen hat, es ist wichtig, dass ein Mensch entstanden ist. Eine Tablette „nach dem Verkehr" macht ihn zunichte, wirkt also abtreibend und nicht verhütend."[63]

Zurzeit ist die „Pille danach" in Polen aber weiterhin auf Rezept erhältlich.

4. 3. 2 Hormontherapie

Die Forderung nach Teilhabe am medizinischen Fortschritt kann sogar so stark sein, dass feministische Bedenken in anderen Gesundheitsbereichen verneint werden. Im Jahr 2000 berichtete Dorota Czajkowska-Majewska, eine Mitarbeiterin des National Institute for Health in Washington, in der Zeitschrift „ZADRA" von den beunruhigenden Ergebnissen der großen Hormonersatztherapie-Studie, die erhöhte Krebsrisiken zeigten.[64] In einer „klassisch feministischen" Argumentation kritisierte sie die Propagierung der Hormonersatztherapie als pharmazeutisches Absatzmarketing, das einherginge mit Frauenverachtung. Als Beleg führte sie den Vater der Hormontherapie Robert Wilson an, der schon 1966 die Menopause als „Krankheit Östrogenmangel" bezeichnete und mit der Hormongabe ewige Weiblichkeit versprach. Die Menopause sei aber ein natürlicher physiologischer Vorgang und keine Krankheit. Zudem gebe es genügend natürliche Mittel, um die Beschwerden und Gefahren, z. B. Osteoporose, zu minimieren. Zwei Nummern später erschien eine vehemente Antwort von Ewa Dąbrowska-Szulc in der ZADRA, in der sie die Argumentation als falsch, verlogen und für die polnische Situation vollkommen unangebracht kritisierte:

> „Wir leben in einem Land, in dem immer noch zu viele Gynäkologen sich Frauen gegenüber gemäß dem biblischen Gebot „und unter Schmerzen sollst Du gebären" verhalten."

Menopause und Klimakterium interessiere niemanden in der polnischen Frauenheilkunde, denn für die „Mutter Polin" hieße es Kinder zu gebären, danach interessiere sie nicht mehr. Und weiter:

---

[63] Zitiert nach Biuletyn Federacji 2/19, 2001.

[64] Die Studie wurde deswegen zwischenzeitlich abgebrochen, da ihre Fortführung als unethisch angesehen wurde. Informationsportal des Bundesgesundheitsministeriums dazu: www.bmgs.bund.de/deu/gra/service/links/5169.cfm.

„Polen ist ein Land, in dem es keine „Pillenrevolution" gab. Und es wurde auch kein Ort des „Hormonkults". Im Gegenteil: Hormon-Medikamente für Frauen sind das Kampfobjekt für verblendete Entscheidungsträger der AWS. Ich erinnere hier an die Entscheidungen zur freien Wahl und zur Selbstzahlung hormoneller Verhütungsmittel. [...] Die anti-hormonalen Äußerungen von Dorota Czajkowska-Majewska stimmen in diesen Chor ein, nur natürliche Methoden empfehlend, wenn es um die Entscheidung von Frauen über ihr Intimleben geht."

Schließlich sei es unethisch, Frauen Angst und Schrecken einzuflößen, wenn von Millionen von Krebstoten infolge der Hormoneinnahme gesprochen werde. Czajkowska-Majewska weist in derselben Nummer in ihrer Replik nochmals darauf hin, dass diese hormonkritischen Studien auf Initiativen von Feministinnen im Gesundheitswesen lanciert wurden. Mit dem Totschlagargument unter polnischen Intellektuellen konstatiert sie zudem:

„In den USA machen nur ungebildete oder naive Frauen eine Hormonersatztherapie."

Die Diskussion ist so sehr von Abwehr geprägt, dass ein Eingehen auf die Argumente unmöglich erscheint.[65]

4. 4 Das Streben nach Autonomie

Ungeachtet dieser „blinden Flecken" ist es der polnischen Frauenbewegung gelungen, ausgehend von der Abtreibungsdebatte ein eigenes positives liberales Autonomieverständnis zu formulieren. Es ist in Abgrenzung zu zwei konträren Ideologien, der marxistisch-leninistischen sowie der katholischen, entstanden:
Das Rechtsverständnis des Realsozialismus war instrumentell. Menschen- und Bürgerrechte standen unter dem Vorbehalt der Interessen der herrschenden Klasse, also der Partei. Die Rechtswirklichkeit war von politischer Vereinnahmung, Gewalteneinheit, Rechtsbeugung und geringer moralischer Verbindlichkeit für die

---

[65] Vgl. D. Czajkowska-Majewska, Niedergang des Hormonkults [Zmierzch kultu hormonów], in: Zadra No. 5/2000, S. 141 - 43, D. Czajkowska-Majewska, Und es ist trotzdem schädlich [A jednak szkodzi], in: Zadra No. 7/2001, S. 30 - 31 sowie E. Dąbrowska-Szulc, Ich verbitte mir eine solche Natur! [Wypraszam sobie taką naturę], in: Zadra No. 7/2001, 28 - 29.

Individuen geprägt.[66] Der Realsozialismus brachte vielen Frauen aber auch einen realen Zuwachs an persönlichen Handlungsmöglichkeiten durch rechtliche Gleichstellung, eigenes Einkommen oder die De-facto-Fristenregelung. Gleichzeitig waren die Bedingungen, die eine faktische Autonomie verhinderten, durch fehlende politische Rechte nicht öffentlich skandalisierbar – wie etwa Gewalt gegen Frauen oder die beschämend schlechte Versorgung mit Verhütungsmitteln. 1989 trat die katholische Ideologie offen auf die politische Bühne und wollte gerade im Bereich der Reproduktion kirchlich definiertes göttliches Naturrecht dem gesellschaftlichen Diskurs entziehen. Frauen wurde und wird eine klar biologisch definierte Rolle zugewiesen, die der Mutter, aus denen andere Aufgaben nur abgeleitet werden. Mit der Forderung Abtreibung zu verbieten, wird Frauen abgesprochen, dass sie volle Bürgerinnen, moralisch handelnde und selbstverantwortliche Subjekte sind, die ihre Entscheidungen selbst treffen müssen: Schließlich werden ihnen weniger Rechte als einer befruchteten Eizelle oder einem Embryo zugesprochen und über ihr Leben müssen höher gestellte Instanzen bestimmen – die Männer der Kirche, der Staat, Richter und Gesetze. Eine weitere Figur in der Diskussion, nämlich diejenige von Aufopferung und Entsagung sowie der freiwilligen Selbstaufgabe wird von katholischer Ideologie propagiert wie sie auch im Marxismus-Leninismus verbreitet war, wenn auch zu anderen Zwecken. Wollen die einen die Nation stärken, kam es anderen auf Opfer zum Aufbau des Sozialismus an.

Von Anfang an stritten Frauen des frauenpolitischen Milieus um das Recht, endlich über das eigene Leben selbst zu bestimmen – und zwar in jeder Hinsicht, auch bei der Frage eines Kindes: „Mój brzuch – moja decyzja" – „Mein Bauch – meine Entscheidung". Fast idealtypisch formuliert dies die anarchofeministische Organisation Wiedźma (Hexe):

„Das Recht auf Wahlfreiheit, auf bewusste Mutterschaft und Selbstbestimmung über den eigenen Körper ist das Grundrecht jeder Frau. Leider leben wir in einem Land, in dem uns dieses Recht genommen wurde. Den polnischen Frauen wurde die Herrschaft über ihre eigenen Körper entzogen. Die polnische Regierung entscheidet für uns und zwingt uns im Voraus Werte und Doktrinen auf, an die wir uns zu halten haben. Die Tatsache, dass die katholische Kirche Abtreibung als Verbrechen und Sünde ansieht, darf nicht auf das Leben der ganzen Gesellschaft oder Teilen davon einwirken, denn nicht jeder in diesem Land ist Katholik und das Recht gilt für alle."[67]

---

[66] Vgl. Fuchs, 2003, S. 146 - 149.

[67] Vgl. www.wiedzma.most.org.pl/, Thema aborcja, Januar 2004, verfügbar am 18. Februar 2004.

Der Text fährt fort:

„Denke daran!
Der Körper einer Frau gehört nur ihr selbst und nur sie selbst hat das
Recht, über ihn zu entscheiden.
Du bist es, die die Konsequenzen einer unerwünschten
Schwangerschaft trägt – und darum geht das wirklich niemanden etwas
an.
Priester werden nicht schwanger!!!
Lass es nicht zu, dass Mutterschaft für dich eine erzwungene Pflicht
wird.
Du bist keine Märtyrerin und niemandes Sklavin.
Denk immer zuerst an dich.
Verlange volle Kontrolle über dein eigenes Leben.
Dein Körper – deine Wahl."

In feministischen Texten durchgängig abgelehnt wird also die Mutterschaft als
soziale Zwangsinstitution für Frauen, die mit Religion, Recht und Moral durchgesetzt werden soll. Bejaht und positiv bewertet wird Mutterschaft als individuelle
Erfahrung mit der Möglichkeit, dieses Muttersein selbstbestimmt zu prägen. Dies
schließt die Forderung nach guten Rahmenbedingungen für Elternschaft mit ein.[68]

Um sich dauerhafte politische Unterstützung zu sichern, wurde im März 2003
das „Manifesta" lanciert, das von fast 300 Einzelpersonen, darunter vielen
bekannten Intellektuellen, unterschrieben wurde. Darin gibt es eine positive
Definition des Autonomiegedankens, die in einer kraftvollen poetischen Sprache
formuliert ist. Als breit abgestützte Erklärung dürfte diese Definition konsensfähig
sein:

„4. Schützen wir stets das Recht der Person, über das eigene Leben zu
bestimmen.
Schaffen wir an ihrer Freiheit und ihrer Autonomie.
Entwickeln wir kritisches und schöpferisches Denken.
Finden wir uns nicht mit Herdentum, Stumpfsinn und Stereotypen ab,
mit Konformismus und Zwang.

5. Meiden wir jene, die den Mund voller Tugend haben, aber denen das
Leid der Menschen egal ist.

---

[68] Vgl. M. Ciechomska, Macierzyństwo a feminizm, in: Inny Świat - pismo anarchistyczne, 2002,
und Texte in Zadra 8-9/2001.

Lassen wir uns von unserer eigenen Erfahrung leiten, sie ist der beste Wegweiser.
Die Moral hat kein Geschlecht. Die Vorstellung, Frauen und Männer hätten unterschiedliche Pflichten, ist falsch. Moralisches Subjekt ist immer das Individuum, und nie das Geschlecht. Und jedes hat das Recht auf einen individuellen Weg.

6. Wir sagen laut und deutlich, dass es niederträchtig ist, Frauen gegen ihren Willen zur Geburt eines Kindes zu zwingen. Die Gesetze, die dazu nötigen, sind Gesetze von Verfolgern der Eltern und Kinder, weil das Gute an der Geburt eines Kindes, das man sich wünscht und das man liebt, in das Böse von Erniedrigung und Hass verwandelt wird. Und das ist das moralische Prinzip: Füge anderen kein Leid zu.“[69]

Biologische Unterschiede zur Rechtfertigung unterschiedlicher Rechte, Pflichten oder Bedürfnisse werden zurückgewiesen. Gleichzeitig wird formuliert, was mit Autonomie und Freiheit erreichbar ist, nämlich kritisches und schöpferisches Denken, Wunschkinder und Zufriedenheit.

4.5   Das Gesetzesprojekt über bewusste Elternschaft

Alle bisher angesprochenen Themen tauchen im Gesetzesprojekt zu bewusster Elternschaft der Familienplanungsföderation von 2004 wieder auf. Das Projekt wurde im Vorfeld mit Frauenorganisationen ausführlich beraten und regelt Rechte und Pflichten bei gewollter und ungewollter Schwangerschaft sowie bei Kinderlosigkeit. Es umreißt staatliche Pflichten im sozialen Bereich und weist der Sexualaufklärung eine zentrale Rolle zu. In Artikel 3 werden die verwendeten Begriffe folgendermaßen definiert:

- „Bewusste Elternschaft (świadome rodzicielstwo), d. h. die Freiheit, verantwortlich zu entscheiden, ob, wie viele und wann man Kinder möchte;
- Verhütungsmittel (środki zapobiegania ciąży), d. h. medizinische Erzeugnisse und Heilprodukte, die in Polen zugelassen sind und zum Ziel haben, die Befruchtung eines Eis zu verhindern bzw. das Einnisten eines befruchteten Eis in die Gebärmutter – damit ist beispielsweise die Spirale

---

[69] Vgl. http://www.oska.org.pl/manifa/manifa2003/manifesta.html, Übersetzung aus Fuchs, 2003, S. 309 f.

und die Pille danach als Verhütungsmittel und nicht als Abtreibungsmittel definiert;

- pränatale Untersuchungen (badania prenatalne), d. h. ärztliche Untersuchungen auf Wunsch der schwangeren Frau, die zum Ziel haben, eine Schwangerschaft, ihr Fortschreiten sowie die richtige Entwicklung des Embryos bzw. der Leibesfrucht zu bestimmen – damit ist alles vom Ultraschall bis zur genetischen Untersuchung abgedeckt;
- Schwangerschaftsabbruch (przerwanie ciąży), d. h. ärztliches Handeln mit Einverständnis der Frau nach der Einnistung des Eis in die Gebärmutter, das zum Ziel hat, die weitere Entwicklung des Embryos bzw. der Leibesfrucht zu verhindern;
- unterstützte Fortpflanzung (wspomagana prokreacja), d. h. ärztliches Handeln gemäß medizinischem Wissen und mit Einverständnis der interessierten Personen, um Ei- oder Samenzellen zu gewinnen, die künstliche Befruchtung von Eizellen in vivo oder in vitro sowie die Ermöglichung der weiteren Entwicklung des Embryos oder seine Aufbewahrung mit dem Ziel, ihn in den Körper der Frau zu bringen.
- Der Entwurf enthält das Recht auf medizinische und soziale Fürsorge für Schwangere – inklusive der Pflicht, Schülerinnen weiterhin Schulbesuch und Abschluss zu ermöglichen (Art. 5). Zentral ist das Pflichtfach Sexualkunde in der Schule, das u. a. über Sexualität, Verhütung, HIV-Prophylaxe sowie Schutz vor sexueller Ausbeutung informieren muss (Art. 6). Moderne Verhütungsmittel sind aus der allgemeinen Krankenversicherung zu zahlen (Art. 7). Alle Personen sollen Zugang zu Leistungen der unterstützten Fortpflanzung haben, mit drei kostenlosen Zyklen (Art. 8). Eine Schwangerschaft kann bis zur 12. Woche abgebrochen werden, danach ist ein möglichst frühzeitiger Abbruch aus eugenischen, medizinischen und kriminologischen Gründen zulässig, bis der Fötus außerhalb des Mutterleibes leben kann (Art. 9). Das medizinische Personal kann Leistungen aus Gewissensgründen ablehnen (ausgenommen Leistungen zur Verhütung), wobei eine schriftliche Erklärung aber bei der Klinikleitung oder der Ärztekammer schriftlich hinterlegt werden muss und diese auch einsehbar ist."

In der Begründung heißt es, dass mit dem Gesetz die Nutzung der Rechte und Freiheiten „in einem der existenziellsten Bereiche des Lebens" sichergestellt werden soll. Das Gesetz folge damit der Verfassung und der verfassungsmäßigen Rechtsprechung. Das Gesetz werde negative soziale Erscheinungen stoppen. Dazu gehörten ungewollte Schwangerschaften, ein Abtreibungsuntergrund mit negativen Auswirkungen auf die Gesundheit von Frauen und die Gesundheitskosten, das Phänomen verlassener Kinder sowie die „Wehrlosigkeit" von Kindern gegenüber sexueller Ausbeutung durch mangelnde Aufklärung.

Im Entwurf geht es nicht nur um liberale Freiheitsrechte auf Autonomie – etwa durch eine Fristenregelung, sondern ebenso um die faktischen Möglichkeiten, eine gewollte Schwangerschaft und ein Kind in guten medizinischen und psychosozialen Bedingungen zu verbringen bzw. aufzuziehen. Detaillierte Vorschriften zum Zugang und zur Finanzierung von Verhütungsmitteln, vorgeburtlichen Untersuchungen und schließlich der unterstützten Fortpflanzung nehmen das Thema des Zugangs zu medizinischem Fortschritt auf. Bei letzterem fällt auf, dass der Kreis der Berechtigten nicht weiter bezeichnet wird. Im Prinzip stehen damit die Techniken allen, also auch gleichgeschlechtlichen Paaren und Nichtverheirateten offen. Eine ausdrückliche Klarstellung wäre hier wohl bedenkenswert, wird in der gängigen polnischen juristischen und medizinischen Literatur Unfruchtbarkeit immer als eheliche Unfruchtbarkeit verstanden. Die Verwendung von Embryonen ist klar beschränkt: Sie dürfen nur mit dem Ziel aufbewahrt werden, ihn in den Mutterleib einzusetzen.

Im April 2004 wurde das Projekt im Parlament eingereicht. Unterstützt wurde es von 49 Abgeordneten, vor allem der Postkommunisten (SLD) und der Sozialdemokraten. Federführend ist eine Gruppe um die Danziger SLD-Abgeordnete Joanna Senyszyn.[70]

Gängige feministische Kritik an Reproduktionstechnologien, um *ein* oder *ein bestimmtes* Kind zu bekommen aus einer Autonomieperspektive heraus, habe ich in den gesichteten Texten nicht gefunden. Dazu gehört beispielsweise das Risiko ökonomischer Ausbeutung, medizinische Dominierung durch Ärzte, die Infragestellung der Selbstbestimmung über die eigene Reproduktion, die Befürchtung, dass Frauen erneut in die Reproduktionsrolle gedrängt werden.[71] Diese Befürchtungen gibt es in Polen auch – aber sie werden, soviel dürfte deutlich geworden sein, nicht vornehmlich durch neue Reproduktionstechnologien genährt.

5. Fazit

Der vorliegende Beitrag hat die Haltung der polnischen Frauenbewegung zu Reproduktion und verschiedenen Reproduktionstechnologien aufgezeigt. Dabei wurde deutlich, dass Verfahren, um kein Kind zu bekommen – vor allem also Abtreibung, aber auch Verhütung, im Zentrum der Entwicklung der Frauenbewegung und ihrer Strategien stehen. Das faktische Abtreibungsverbot, der blühende und unwürdige Abtreibungsuntergrund sowie die diskursive Hegemonie

---

[70] Biuletyn Federacji, Juni 2004.

[71] Vgl. Rothmayr, 2003, S. 190.

katholisch-fundamentalistischer „Lebensschützer" in der polnischen Öffentlichkeit führen dazu, dass der Zugang zu legalen und sicheren Schwangerschaftsabbrüchen das *pièce de resistance* der frauenpolitischen Forderungen sind und andere Fragen der politischen Regulierung von Reproduktion relativ wenig Bedeutung haben. Techniken, *ein* oder *ein bestimmtes* Kind zu bekommen wie künstliche Befruchtung und pränatale Diagnostik werden vor allem aus der Perspektive der Zugänglichkeit betrachtet und befürwortet. Der Verlauf der Abtreibungsdebatte verdeutlicht, dass die Frauenbewegung auf einem schmalen Grat argumentieren muss, um gesellschaftliche Akzeptanz zu gewinnen bzw. nicht zu verlieren. Die Strategie, positive Forderungen in den Vordergrund zu stellen, den Bezugsrahmen von Abtreibungsfreiheit auf reproduktive Gesundheit, Gleichheit vor dem Recht und die faktischen Möglichkeiten des Genusses der Rechte auszuweiten, gibt aber auch die Chance, die Agenda zu erweitern. Dies ist mit dem Gesetzesprojekt zu bewusster Elternschaft geschehen, dessen Themenspektrum einen Eindruck wichtiger Probleme in diesem Bereich in Polen gibt.

Die Frauenbewegung ist bemüht, überhaupt über Abtreibung zu sprechen und zwar mit „eigenen Begriffen" und nicht mit dem wertbeladenen Vokabular ihrer Gegner. Überhaupt sprechen zu können, bedeutet aber nicht, dass über alles gesprochen werden kann. Häufig werden kritische Aspekte eigener Anliegen oder medizinischer Methoden nicht diskutiert. Dies geschieht aus der durchaus realen Besorgnis heraus, in einer polarisierten Meinungslandschaft plötzlich unglaubwürdig zu wirken. Der Zugang zu Leistungen, die faktischen Möglichkeiten, Rechte auch zu genießen, überwiegt in der Verwendung des Autonomiebegriffes. Im Gesetzesprojekt zu bewusster Elternschaft nimmt die Frauenbewegung im Bereich der unterstützten Fortpflanzung eine liberale Haltung ein, die den feministischen Gruppen in vielen anderen Ländern ähnlich ist.

Es ist möglich, dass Technologien künstlicher Befruchtung auf die politische Agenda kommen, wenn das Gesetzesprojekt zu bewusster Elternschaft breit öffentlich diskutiert werden sollte. Auch ein Vorstoß katholisch-konservativer Kreise, etwa der Liga Polskich Rodzin (Liga Polnischer Familien) zur Beschränkung dieser Technologien ist möglich. Erfolgreich durch Katholiken initiierte Gesetzesbeschränkungen in Italien könnten nachgeahmt werden, besonders wenn es in der innenpolitische Situation ratsam erscheint, ein symbolisches Politikfeld zu beleben. Diese Überlegungen werden allerdings solange bloße Theorie bleiben, solange die bestürzend desolate Finanzierungssituation des polnischen Gesundheitswesens nicht gelöst wird, die durch die Ablösung der Krankenkassen durch einen Nationalen Gesundheitsfonds entstanden ist.

Die Frauenbewegung hat mehrmals gezeigt, dass sie politisch handlungsfähig ist und auch provokativ vorgehen kann. Feministische Debattenbeiträge auf breiterer Basis sind daher zu erwarten. Diese werden aber weiterhin in Abhängigkeit zur Regulierung der Abtreibung formuliert werden.

Verwendete Literatur:

I. Bleiklie, M. Goggin, Ch. Rothmayr (Hrsg.), Comparative Biomedical Policy: Governing Assisted Reproductive Technologies, London/New York 2004.

Ch. Bunch, Women's Rights as Human Rights: Toward a Re-Vision of Human Rights, in: Human Rights Quarterly, Vol. 12, 1990, S. 486 – 498.

CBOS (BS 97/97/97): Stosunek do aborcji po orzeczeniu Trybunału Konstytucjalnego [Einstellung zur Abtreibung nach dem Entscheid des Verfassungsgerichts], Warszawa.

CBOS (BS/40/40/97): Problem aborcji w szpitalach państwowych [Das Abtreibungsproblem in staatlichen Krankenhäusern], Warszawa.

M. Ciechomska, Macierzyństwo a feminism, in: Inny Świat – pismo anarchistyczne, 2002, S. 34 - 35.

R. Cook, Women's International Human Rights: The Way Forward, in: Human Rights Quarterly, Vol. 15, 1993, S. 230 – 261.

D. Czajkowska-Majewska, A jednak szkodzi [Und es ist trotzdem schädlich], in: Zadra No. 7/2001, S. 30 - 31.

D. Czajkowska-Majewska, Zmierzch kultu hormonów [Niedergang des Hormonkults], in: Zadra No. 5/2000, S. 141 - 43.

E. Dąbrowska-Szulc, Wypraszam sobie taką naturę [Ich verbitte mir eine solche Natur!], in: Zadra No. 7/2001, S. 28 - 29.

Federacja na Rzecz Kobiet i Planowania Rodziny, Biuletyn Federacji na rzecz Kobiet i Planowania Rodziny, Warszawa 1995.

Federacja na Rzecz Kobiet i Planowania Rodziny, Zdrowie reprodukcyjne kobiet w Polsce [Die reproduktive Gesundheit von Frauen in Polen], Warszawa 1997.

Federacja na Rzecz Kobiet i Planowania Rodziny, The Anti-Abortion Law in Poland. The Functioning, Social Effects, Attitudes and Behaviors, Warszawa 2000.

Federacja na Rzecz Kobiet i Planowania Rodziny, Piekło kobiet [Hölle der Frauen], Materialien zum Tribunal, Warszawa 2001. Verfügbar unter www.waw.pdi.net/~polfedwo/publikacje/podrecznik/pieklokobiet am 22. April 2004.

Federacja na Rzecz Kobiet i Planowania Rodziny, Projekt ustawy o świadomym rodzicielstwie [Gesetzesprojekt über bewusste Elternschaft], Warszawa 2004. Verfügbar unter www.federa.org.pl/ustawa.htm am 28. April 2004.

H. Fehr, Von der „Solidarität" zum Kampf um die Macht: Elitenbildung und Intelligenz in Polen, in: Aus Politik und Zeitgeschichte No. B 8/1998, S. 10 - 20.

G. Fuchs, Die Zivilgesellschaft mitgestalten. Frauenorganisationen im polnischen Demokratisierungsprozess. Politik der Geschlechterverhältnisse 21. Frankfurt/M., Campus 2003.

M. Fuszara, Abortion and the Formation of the Public Sphere in Poland, in: M. Mueller, N. Funk (Hrsg.), Gender Politics and Postcommunism, New York 1993, S. 241 - 252.

S. Gal, G. Kligman, The Politics of Gender after Socialism. A Comparative-Historical Essay. Princeton 2003, Princeton University Press.

E. Hauser, B. Heyns, J. Mansbridge, Feminism in the Interstices of Politics and Culture: Poland in Transition, in: N. Funk, M. Mueller (Hrsg.), Gender Politics and Postcommunism, New York 1993, S. 257 - 273.

J. Heinen, A. Matuchniak-Krasuska, Abortion in Poland: A Vicious Circle or a Good Use of Rhetoric. A Sociological Study of the Political Discourse of Abortion in Poland, in: Women's Studies International Forum 18, No. 1, 1995, S. 27 - 33.

Interview Federacja 1, Interview mit der Direktorin der Federacja na Rzecz Kobiet i Planowania Rodziny am 26. Juli 1999 in der Kantine des Woiwodschaftsparlaments in Warschau.

Interview Federacja 3, Interview mit einer Referentin der Federacja na rzecz kobiet i planowania rodziny am 30. März 1999 in den Räumen der Federacja.

J. Joachim, Structures and Processes of Political Negotiation/Governance: The UN, Women's NGOs and the Case of Reproductive rights, in: B. Holland-Cunz, U. Ruppert (Hrsg.), Frauenpolitische Chancen globaler Politik. Verhandlungsverfahren im internationalen Kontext, Opladen Leske + Budrich 2000, S. 123 - 132.

R. Klingebiel, Sh. Randeria (Hrsg.), Globalisierung aus Frauensicht. Bilanzen und Visionen, Bonn 1998, Dietz.

F. Knieps, Transformationsprozesse im Gesundheitswesen – Die Einführung einer sozialen Krankenversicherung in Polen, in: Zeitschrift für ausländisches und internationales Arbeits- und Sozialrecht 12, No. 1, 1998, S. 11 - 20.

B. Koral, Tutaj lekarz jest bogiem, Wysokie Obcasy 151, 2001, S. 30 - 35.

T. Kulawik, ExpertInnen unter sich? Geschlecht, Demokratie und Biotechnologiepolitik in Schweden, in: Österreichische Zeitschrift für Politikwissenschaft 32, Nr. 2, 2003, S. 163 - 176.

A. Matuchniak-Krasuska, Czym była dyskusja o aborcji? [Worum ging es bei der Abtreibungsdiskussion?], in: A. Titkow; H. Domanski (Hrsg.), Co to znaczy być kobieta w Polsce [Was es heißt, in Polen Frau zu sein], Warszawa 1995, S. 189 - 212.

D. McBride Stetson (Hrsg.), Abortion politics, women's movements, and the democratic state. A comparative study of state feminism. Oxford University Press 2001.

Ośka, Relacje z przebiegu wizyty Women on Waves w Polsce 21.06.-0.07.2003 [Berichte über den Verlauf des Besuches von Women on Waves in Polen vom 21.06.-0.07.2003], Warszawa 2003. Verfügbar unter: www.oska.org.pl/wydarzenia/wow.html am 28. April 2004.

C. Ramijoué, U. Klöti, Assisted Reproductive Technology Policy in Italy. Explaining the Lack of Comprehensive Regulation, in: I. Bleiklie, M. Goggin, Ch. Rothmayr (Hrsg.), Comparative Biomedical Policy: Governing Assisted Reproductive Technologies. London/New York 2004.

Ch. Rothmayr, Politikformulierung in der Fortpflanzungstechnologie: Partizipation und Einfluss feministischer Gruppierungen im internationalen Vergleich, in: Österreichische Zeitschrift für Politikwissenschaft 32, Nr. 2, 2003, S. 189 - 200.

R. Siemieńska, Frauen als politisch Handelnde im postkommunistischen Polen, in: W. Koschmal (Hrsg.), Die Frau in der polnischen Gegenwartskultur, Köln: Böhlau 1996, S. 91 - 124.

D. Snow, R. D. Benford, R. D., Ideology, Frame Resonance, and Participant Mobilization, in: B. Klandermans, H. P. Kriessi, S. Tarrow (Hrsg.), International Social Movement Research, Vol. 1. London: J. A. Press 1988, S. 197 - 217.

D. Snow, R. Burke jr., E., S. K. Worden, R. D. Benford, Frame Alignment Processes, Micromobilization and Movement Participation, in: American Sociological Review 51, No. 4, 1986, S. 464 - 481.

M. Środa, Taniec z melonem [Tanz mit der Melone], in: Wysokie Obcasy vom 22. Januar 2000.

M. Środa, Kto boi się klonem? [Wer hat Angst vorm Klon?], in: Zadra Nr. 6, 2001, S. 14 - 16.

M. T. Staszewski, J. B. Falski, B. Jacek, Normatywne i spoleczne aspekty referendum w Polsce [Normative und gesellschaftliche Aspekte des Referendums in Polen], in: M. T. Staszewski, D. Waniek (Hrsg.), Referendum w Polsce i w Europie Wschodniej [Das Referendum in Polen und Osteuropa], Warszawa 1996, S. 11-76.

B. Szklarski, Semi-public democracy. Articulation of interests and systemic transformation. Instytut Studiów Politycznych Polskiej Akademii Nauk, Warsaw 1997.

M. Tarasiewicz, Poland – Choices to be made. In: Feminist Review No. 39, 1991, S. 182 - 186.

A. Titkow, Poland. In: H. P. David (Hrsg.), From Abortion to Contraception. A Resource to Public Policies and Reproductive Behaviour in Central and Eastern Europe from 1917 to the Present, Westport; London: Greenwood Press 1999, S. 165 - 190.

Z. Wilkiewicz (Bearbeiter), Abtreibungspraxis in Polen vor der Liberalisierung des Schwangerschaftsabbruchs, in: Osteuropa-Archiv No. 4, 1997, S. 161 - 168.

Women on Waves, Report Poland. Den Haag 2003. Verfügbar unter www.womenonwaves.org/poland2003/report.html am 28. April 2004.

„Das Leben war immer stärker als Gesetze
und Strafsanktionen; um so mehr erweist sich
ein modernes Leben als solches unter
veränderten Umständen."

Tadeusz Boy – Żeleński, „Hölle der Frauen",
1930

Hölle der Frauen

Sylwia Spurek spricht mit Izabela Jaruga-Nowacka, Regierungsbeauftragte für die Gleichstellung von Frauen und Männern

Sylwia Spurek: Ich denke, Sie stimmen der Feststellung zu, dass wir in Polen eine außergewöhnlich schwierige Situation haben, was die reproduktiven Rechte der Frauen anbelangt. Es gibt das Abtreibungsverbot sowie große Widerstände, wenn wir über eine finanzielle Unterstützung für Unfruchtbarkeitsbehandlungen durch den Staat sprechen, und einen Pakt des Schweigens in der Frage der Sexualerziehung in den Schulen. Meiner Meinung nach ist die Weise, wie man mit diesen Fragen umgeht, stark mit den Lehren der katholischen Kirche verknüpft, deren Einfluss auf das gesellschaftspolitische Leben immer noch groß ist.

Izabela Jaruga – Nowacka: Es ist selbstverständlich, dass die Kirche stets eine klare und entschlossene Position in dieser Frage hatte und noch immer hat. Niemand will der Kirche das Recht nehmen, sich an die Gläubigen zu wenden und ihnen die Verhaltensweisen aufzuzeigen, nach denen ein Katholik sein Leben führen sollte. Die polnische Regierung hat auch keine Absicht, sich in die Position der katholischen Kirche einzumischen oder sie zu modifizieren. Nach Artikel 25 der polnischen Verfassung besteht eine Trennung zwischen Staat und Kirche und andere Kirchen und Glaubensgemeinschaften werden vom Staat respektiert. Im

Verhältnis zueinander achtet jeder auf Autonomie und Unabhängigkeit in seinem Bereich. Die katholische Kirche ist also eine unabhängige Institution, die sich seit Jahrhunderten an eigene Regeln und Gesetze hält.

Eine andere Tatsache ist, dass der Großteil der Gläubigen in der katholischen Kirche ihre Lehre, Gebote und Verbote nicht befolgt. Das betrifft vor allem den Bereich des Sexualverhaltens. Es sinkt das Alter des ersten Sexualkontakts, immer mehr Leute leben in unehelichen Beziehungen und entscheiden sich für ein Verhütungsmittel. Es ist also bei den verschiedenen Diskussionen und Meinungsverschiedenheiten und insbesondere beim Streit über die Liberalisierung des Antiabtreibungsgesetzes unbegründet und vor allem unehrlich, zu behaupten, dass über 90% der Polen katholisch sind.

Die Regierungsbeauftragte für die Gleichstellung von Frauen und Männern soll dafür sorgen, dass die Regierung eine verfassungsgemäße Politik und eine Politik gemäß allgemeiner Standards zivilisierter Gesellschaften anbietet und realisiert, die mit den Menschenrechten übereinstimmt und die die Rechte auf Selbstbestimmung in Mutterschaft und Familienplanung respektiert.

S. S.: Das restriktive Abtreibungsgesetz erlaubt den Abbruch einer Schwangerschaft nur in drei Fällen – wenn Gefahr für Leben oder Gesundheit der zukünftigen Mutter droht, das Kind unheilbar krank oder nicht lebensfähig zur Welt kommt und wenn die Schwangerschaft Folge einer Vergewaltigung ist. In dieser Form – nur mit einer kurzen Pause im Jahre 1997, als man das Gesetz liberalisieren konnte – gilt es schon seit elf Jahren. Die Nichtregierungsorganisationen, die um die Änderung des Gesetzes kämpfen, bekommen oft zu hören: „Wir beschäftigen uns mit der Sache später."

I. J. - N.: Ja. Das weiß ich, aber damit kann man nicht einverstanden sein. Es kann nicht sein, dass der Staat bei dem Versuch, gesellschaftliche Probleme zu lösen, zwischen den wichtigen Problemen und solchen mit ideologischem Charakter differenziert. Die Praxis ist leider so, dass die Suche nach einer Lösung für die zweite Kategorie verschoben wird. Dadurch verliert nicht nur der Staat, sondern es verlieren auch die Frauen. Die jetzige Regierung ist dazu verpflichtet, die erforderlichen Bedingungen für die Bürgerinnen und Bürger zu schaffen, damit sie in diesem Bereich bewusste Entscheidungen treffen können. Diese Verpflichtung ergibt sich einerseits aus den modernen Standards und dem internationalen Recht, dem wir verpflichtet sind, und andererseits aus unseren Wahlversprechungen und den Inhalten der Parteiprogramme, an die sich Regierungen halten. Von dieser

Denkweise versuche ich meine Kolleginnen und Kollegen in der Regierung zu überzeugen. Ich möchte, dass meine politische Umwelt in den Augen der Öffentlichkeit glaubwürdig wirkt. Deswegen glaube ich, dass wir die notwendigen Gesetzesänderungen erreichen werden. Dank der Entscheidung von Premier Leszek Miller wird eine Arbeitsgruppe gebildet, in der Mitglieder aus verschiedenen Bereichen zusammenwirken. Diese Arbeitsgruppe wird die Realisierung des Abtreibungsgesetzes beaufsichtigen und die damit verbundenen Regierungsstrategien erarbeiten.

S. S.: Es herrscht die Meinung, dass diejenigen politischen und gesellschaftlichen Gruppierungen, die gegen ein gesetzliches Abtreibungsverbot sind, einen Kampf um die Sprache verloren haben.

I. J. - N.: Ja, obwohl das ist nicht nur für Polen spezifisch. Mit ähnlichen Problemen haben auch Aktivistinnen in anderen Ländern zu tun. Es ist nicht richtig, die Beteiligten in diejenigen, die „für das Leben" sind, und diejenigen, die angeblich „für die Tötung" sind, aufzuteilen. Kann man sich in der Tiefe des Herzens und mit reinem Gewissen als Verteidiger des Lebens bezeichnen und gleichzeitig das Wissen über das Sexualleben und die Sexualerziehung blockieren, verzweifelten Frauen nicht helfen und die Tatsache, dass es in Polen eine Dunkelziffer von Abtreibungen gibt, ignorieren? Dieser Streit dient nur einer kleinen Gruppe, rechtskonservativen Politikern, eine Position in der politischen Szene einzunehmen und nicht den Hunderten von Frauen, für die er nicht selten Grund für wahre Lebenstragödien ist. Es sollte auch beachtet werden, dass in Polen so viel über „das gezeugte Leben" gesprochen wird und dabei so wenig für die schon geborenen Kinder unternommen wird.

S. S.: Beurteilen Sie also das Gesetz negativ?

I. J. - N.: Das Gesetz kann nur das schlechte Gewissen mancher Abgeordneter beruhigen, aber es löst nicht das gesellschaftliche Problem in Polen – das Abtreibungsproblem. Es zeigt keine Auswege, die zur tatsächlichen Reduzierung der Zahl von Schwangerschaftsabbrüchen führen. Es ist doch kein Geheimnis, dass es in Polen einen „Abtreibungsuntergrund" gibt. Wenn man die Anzeigen in den Zeitungen liest, ist es nicht schwer zu erkennen, dass das Geschäft mit der illegalen Abtreibung blüht. „Sichere Eingriffe", „Moderne Methoden um die Menstruation zu bekommen": Jeder Pole weiß, wie einfach es ist, telefonisch einen Termin für eine Abtreibung zu erhalten. Der Eingriff kostet natürlich ziemlich viel Geld. Ein anderer Aspekt ist die sogenannte Abtreibungstouristik. Es ist allgemein bekannt, dass Frauen, die es sich leisten können, ins Ausland fahren um dort legal eine Abtreibung vornehmen zu lassen. Am schlimmsten ist aber das Gefühl, dass es sogar in den wenigen Fällen, in denen eine Abtreibung erlaubt wäre, sehr schwer ist die Erlaubnis zu erhalten. Das polnische Recht fügt den Frauen Unrecht zu und das weckt nicht unbedingt Vertrauen und Achtung. Das Gesetz ist vor allem aus sozialen Gründen ungerecht, weil dadurch die nicht gut ausgebildeten und ökonomisch schwachen Frauen benachteiligt werden. Ich erinnere mich an eine Diskussion im September 1994 im Sejm [Abgeordnetenhaus] über die Realisierung der Gesetze zur Familienplanung vom 7. Januar 1993, zum Schutz des ungeborenen Lebens und des Gesetzes gegen die Abtreibung. Die Minister aus den Bereichen Bildung, Arbeit, Sozialpolitik, Recht und Gesundheit erstatteten jeweils ihre Berichte. Ich hatte schon damals meine Kollegen darauf aufmerksam gemacht, dass kein einheitliches Programm entworfen worden war, das Sexualerziehung in der Schule als gesondertes Unterrichtsfach vorsah. Dieses Fach hätten Sexualpädagogen oder speziell ausgebildete Lehrer, die neben ihrem umfassenden fachlichen Wissen auch über die Begabung mit Jugendlichen zu arbeiten verfügen, unterrichten sollen. Es wäre auch sehr wichtig gewesen, das Wissen objektiv, ohne ideologische Zusammenhänge, zu vermitteln. In den Berichten vermisste ich ebenso eine Beurteilung über den Zugang zu Verhütungsmitteln. Das Ministerium für Gesundheit und Soziales beurteilte diesen Zustand als zufriedenstellend, weil – entsprechend des Berichts – das Gesetz dies garantiere. Es folgten aber keine Schritte, um die tatsächlichen Kosten für Verhütungsmittel den finanziellen Möglichkeiten der Bürger anzupassen. Das Justizministerium war zu dem Standpunkt gelangt, dass es zweifellos einen Abtreibungsuntergrund gebe. Man könne aber seine Ausmaße nicht bestimmen, weil Kriterien zur Verifizierung der Daten fehlten. In den Berichten gab es Informationen über Gerichtsverfahren gegen beschuldigte Frauen und Ärzte, die Abtreibungen durchgeführt haben sollen. Es gab jedoch keine Informationen über Gerichtsverfahren gegen Personen, die sich weigerten, in den gesetzlich zugelassenen Fällen in den entsprechenden medizinischen Einrichtungen einen Schwangerschaftsabbruch durchzuführen.

S. S.: Seit der Debatte sind fast zehn Jahre vergangen....

I. J. - N.: ...und die Berichte über die Projekte zur Gesetzesrealisierung, die ich als Regierungsbeauftragte für die Gleichstellung von Frauen und Männern begutachtet habe, erinnern an jene Berichte. In ihnen fehlen immer noch viele Informationen. Wir erfuhren vom Ministerium für Bildung nicht, ob schwangere Schülerinnen

Hilfe erhalten, weil die Betreuer und Schulen solche Informationen nicht sammeln. In einem vom Bildungsministerium zugelassenen Schulbuch lesen wir über weibliche Geschlechtsorgane als „versiegelte Lebensquelle, die sich im unteren Teil des Körpers befindet" und die „erst während der Hochzeitsnacht geöffnet werden kann." Oder dass man durch Benutzen der Tampons eine Eileiterschwangerschaft verursachen könne. Man kann das als eine Art schwarzen Humors betrachten, aber man muss auch sehen, dass die Schule den Jugendlichen kein Wissen über die Sexualität vermittelt. Wir haben keine gediegene Sexualbildung und keine umfassenden Informationen über die Sexualität des Menschen, die für jeden zugänglich wären. Wir haben noch kein Programm für die finanzielle Unterstützung von Frauen und Familien erarbeitet, die sich auf Grund ihrer Armut gegen ein weiteres Kind entscheiden wollen. Ergebnis des derzeitigen Zustandes ist die Tatsache, dass im Jahr 2001 55 Kinder geboren wurden, deren Mütter jünger als 14 Jahre waren. Wir haben da mit Lebensdramen zu tun. Wir kennen weder eine Zahl von Abtreibungen, die Mädchen vornehmen lassen, noch von Suizidversuchen, die aus diesem Grund unternommen werden. Wir wissen nur, dass Vierzehnjährige, also Kinder, Kinder geboren haben. Geschlechtsverkehr mit einer Minderjährigen ist in Polen nicht erlaubt, also stellt sich durchaus die Frage, was mit den „Papis" von 55 Kindern passiert ist. Wurde ein Gerichtsverfahren gegen sie eingeleitet? Ich weiß nicht, ob diese Mädchen über ihr eigenes Schicksal entscheiden konnten, ob sie das Gesetz und ihr Recht nutzen konnten: das Kind zu gebären oder das Kind abtreiben zu lassen, weil die Schwangerschaft Folge eines Verbrechens war bzw. Gefahr für Leben oder Gesundheit bestand.

Laut Umfrage über die öffentliche Meinung sind 90 % der polnischen Gesellschaft der Ansicht, ein Gesetz gegen die Abtreibung sei nicht nötig und wäre wirkungslos. Aber anscheinend gibt es eine Diskrepanz zwischen den Ansichten der Bürger und der politischen Eliten, wenn es um die Durchführung eines Gesetzes geht...

S. S.: Wenn Sie zurückblicken, könnten Sie sagen, dass es Momente gab, welche die feministische Bewegung nicht genutzt hat?

I. J. - N.: Im November 2002 sind zehn Jahre seit der Gründung der so genannten Komitees von Bujak vergangen. Das war eine gesellschaftliche Bewegung zu Gunsten eines Referendums gegen die Bestrafung der Abtreibung. Auf Grund des starken Widerspruches der Kirche und der rechtskonservativen Kreise ist diese Initiative erfolglos geblieben. Es ist damals nicht gelungen, das Referendum in dieser Frage zu initiieren und durchzuführen. Der Druck der katholischen Hierarchie und Geistlichen war zu groß, und außerdem ignorierten die Abgeordneten die gesammelten 1 800 000 Unterschriften. Welche Situation damals herrschte, kann der Fall von Ministerin Anna Popowicz, Regierungsbeauftragte für Kinder und Familie, als Beispiel illustrieren. Sie wurde vom Premier Olszewski entlassen, nach dem sie sich kritisch über das Gesetz gegen die Abtreibung geäußert hatte.

Das gehört aber schon zur Geschichte, aus der wir viel lernen können. Ich glaube, es ist allerhöchste Zeit, um das Problem des erschwerten Zugangs zu den Möglichkeiten einer Abtreibung zu lösen. Das sollte aber modern und wirkungsvoll erfolgen. Unser Ziel ist es, die Zahl der Abtreibungen zu reduzieren.

S. S.: Sollte man also an dem Gesetz Änderungen vornehmen?

I. J. - N.: Es sollten vor allem Schritte unternommen werden, durch Aufklärung die unerwünschte Schwangerschaft zu verhindern. Junge Menschen müssen Zugang zu Informationen über Sexualität, Verhütungsmethoden und Verhütungsmittel bekommen. Wenn sich eine Frau auf Grund ihrer schlechten materiellen Situation für eine Abtreibung entscheidet, sollte sie finanzielle Unterstützung erhalten. Wir müssen auch anerkennen, dass die Mutterschaft ein Recht der Frau und nicht Zwang ist. Es geht um solche Änderungen im Gesetz, die eine legale Abtreibung auf Grund der schwierigen Lebenssituation der Frau ermöglichen. Und das alles nicht nur in Anbetracht herrschender Standards in Europa, sondern auch deshalb, weil das Entscheidungsrecht über die Mutterschaft ein wesentliches Menschenrecht ist.

S. S.: Haben Sie aber nicht das Gefühl, wir sind immer noch am Ausgangspunkt?

I. J. - N.: O nein! Wir haben in der Zwischenzeit viele Erfahrungen und großes Wissen gesammelt, die Frauengruppen sind stärker geworden, junge Menschen versuchen Kenntnisse über die Sexualität zu erlangen und die Gesellschaft hat eine Meinung zu diesen Fragen. Wir sind als Gesellschaft auf eine dauerhafte Änderung des Abtreibungsgesetzes im Geiste der in Europa geltenden Rechte vorbereitet.

übersetzt von Dorota Ogórek

Eleonora Zielińska

Der Schutz des Embryos und die Rechte der Frauen bei der Reproduktion in Polen

Einleitung

Der Konflikt zwischen dem rechtlichen (insbesondere dem strafrechtlichen) Schutz der Zygote, des Embryos und des menschlichen Fötus einerseits und dem Recht des Menschen auf Selbstbestimmung andererseits spielt bei der Reproduktion eine zentrale Rolle. Es geht dabei vor allem um gesetzliche Regelungen zur Zulassung von empfängnisverhütenden Mitteln, zur pränatalen Untersuchung, zur Schwangerschaftsunterbrechung und zu einigen Methoden der assistierten Reproduktion.

Seit der Zeit der großen Systemveränderungen in Polen (d. h. seit 1989) spielen diese Fragen eine wichtige Rolle in der öffentlichen Diskussion. Wie in anderen Staaten auch, wurde die Debatte von der gesetzlichen Regelung zur Schwangerschaftsunterbrechung dominiert, doch fand auch eine Auseinandersetzung mit den anderen genannten Aspekten statt.[1]

In diesem Aufsatz werde ich die Problematik des strafrechtlichen Schutzes des Embryos im Kontext mit dem Rechtsschutz der schwangeren Frau darstellen. Dabei konzentriere ich mich auf die Aspekte, die meines Wissens dem deutschen Leser weniger bekannt sind. Da über die polnische Gesetzgebung zur Schwangerschaftsunterbrechung einige Publikationen in Deutschland erschienen sind,[2] werde ich mich schwerpunktmäßig mit den anderen genannten Aspekten der Thematik befassen.

---

[1] Die ganze Problematik war Gegenstand von Untersuchungen, die ich im Rahmen des wissenschaftlichen Projektes „Rechtsfragen der menschlichen Zeugung" durchführte und deren Ergebnisse als Buch publiziert wurden: E. Zielińska, Rechtsfragen der menschlichen Zeugung [Prawne problemy ludzkiej prokreacji], Redaktion W. Lang u. W. A. Marszałek, Toruń 2000.

[2] Vgl. u. a. E. Weigend, Landesbericht Polen, in: A. Eser / H.-G. Koch (Hrsg.) Schwangerschaftsabbruch im internationalen Vergleich. Rechtliche Regelungen, soziale Rahmenbedingungen, empirische Grunddaten, Teil I: Europa, Nomos Verlagsgesellschaft, Baden Baden 1988, S. 1161; E. Weigend u. E. Zielińska, Aktuelle Entwicklungen im polnischen Recht des Schwangerschaftsabbruchs, Goldammer's Archiv für Strafrecht, Nr. 7/2000.

1. Die Entwicklung der Rechtslage im Polen der neunziger Jahre

Das heute geltende Gesetz über Familienplanung, Schutz der Leibesfrucht und Voraussetzungen für die Zulässigkeit des Schwangerschaftsabbruchs vom 7. Januar 1993[3] brach mit einer über vierzigjährigen Rechtspraxis. Diese war durch das „Gesetz über die rechtlichen Voraussetzungen der Schwangerschaftsunterbrechung" vom 27. April 1956[4] sowie durch die gleichlautenden Vorschriften der Artikel 153 und 154 im Strafgesetzbuch (StGB) von 1969[5] geprägt, die direkt das Leben und die Gesundheit der Schwangeren schützten, den Embryo aber nur indirekt, nämlich über den Schutz der Mutter.

Das Gesetz von 1956 hatte bei der Schwangerschaftsunterbrechung weitgehend den Willen der Frau respektiert. Die Unterbrechung war nicht nur zulässig, wenn die Schwangerschaft das Leben oder die Gesundheit der Frau gefährdete oder das Ergebnis eines Verbrechens war, sondern auch bei schwierigen Lebensumständen der Frau. Voraussetzung war die Einwilligung der Schwangeren, und es durften keine medizinischen Bedenken gegen die Durchführung des Eingriffs bestehen. Die Schwangere konnte dann weder für den erfolgreichen Abbruch noch für die Durchführung des Eingriffs überhaupt strafrechtlich zur Verantwortung gezogen werden, auch dann nicht, wenn ihr Verhalten gegen gesetzliche Vorschriften verstieß.

Das Gesetz von 1993 hingegen löste sich vom bisherigen System des nur indirekten embryonalen Rechtsschutzes, indem der direkte Schutz der Leibesfrucht in das Strafgesetzbuch aufgenommen wurde. Das vorsätzliche Verursachen des Todes einer Leibesfrucht in jeder Phase seiner Entwicklung wurde als ein Verbrechen ähnlich dem Totschlag eingestuft; das galt auch für die Mutter der Leibesfrucht als Täterin. Zwar blieb sie ohne Strafe, ihr Tun aber wurde als Straftat eingestuft. Gleichzeitig begrenzte das Gesetz die Zulässigkeit der Schwangerschaftsunterbrechung auf medizinische, embryopathische und kriminologische Gründe; soziale Gründe wurden nun nicht mehr anerkannt.

In der zweiten Hälfte der Neunziger wurde das Gesetz von 1993 vier Mal geändert. Der Grund dafür lag im Machtkampf zwischen dem rechten und linken politischen Lager in Polen, wobei mal die eine und mal die andere Seite die Oberhand behielt. Für die in diesem Artikel behandelten Fragen waren folgende Änderungen wichtig:

---

[3] Öffentliches Gesetzblatt der Republik Polen (Dz. U) 1993, Nr. 17, Pos. 78 mit späteren Änderungen (im Weiteren bezeichnet als Gesetz von 1993).

[4] Dz. U 1956, Nr. 12, Pos. 61.

[5] Dz. U 1969, Nr. 13, Pos. 94, in Kraft getreten am 30. August 1998.

1) Das „Gesetz zur Änderung des Gesetzes von 1993 sowie anderer Gesetze" vom 30. August 1996[6] ersetzte diejenigen Vorschriften von 1993, die das Leben und die Gesundheit des Kindes seit der Empfängnis schützten. Es galt nun die eher allgemein gehaltene Bestimmung, dass „das Kind auch in der pränatalen Phase durch das Recht geschützt ist in dem Rahmen, den das Gesetz festlegt." Dabei wurde der Umfang der medizinischen und embryopathischen Indikationen erweitert und es wurden weitere Indikationen zur Schwangerschaftsunterbrechung zugelassen. Diese durften bis zur 12. Schwangerschaftswoche berücksichtigt werden, wenn „ [...] die schwangere Frau von schweren Lebensumständen betroffen ist oder sich in einer schwierigen persönlichen Situation befindet" und sich einer Beratung unterzieht. Andererseits wurde der Embryo vor einer Schwangerschaftsunterbrechung stärker geschützt, sobald er fähig war, außerhalb des Mutterleibes zu leben.

2) Die gerade neu eingeführte soziale Indikation wurde wieder aufgehoben durch die Entscheidung des Verfassungsgerichtshofs vom 18. Dezember 1997[7], der diese Art der Indikation für verfassungswidrig erklärte. Nach Meinung des Gerichts sei das menschliche Leben vom Moment der Empfängnis an ein Verfassungsgut, dem durch die Gesetzesänderung von 1996 nicht mehr der gebührender Schutz zuteil werde.

3) Eine weitere Änderung der Rechtslage bei der Schwangerschaftsunterbrechung erfolgte durch das Inkrafttreten des StGB von 1997[8]. Der Begriff der „Leibesfrucht" wurde hier nicht mehr angewandt; vielmehr griff man die Terminologie des StGB von 1969 (das bis 1993 galt) wieder auf.

4) Die letzte Änderung durch das Gesetz vom 8. Juli 1999[9] dehnte den strafrechtlichen Schutz des Embryos erneut auch auf seinen Gesundheitszustand aus und führte den Begriff der „Leibesfrucht" wieder ein. Nach der gegenwärtig geltenden Fassung des Gesetzes von 1993 darf die Schwangerschaftsunterbrechung nur von einem Arzt durchgeführt werden und nur unter einer der folgenden Voraussetzungen:

---

[6] Dz. U 1996, Nr. 139, Pos. 646.

[7] Dz. U 1996, Nr. 139, Pos. 646.

[8] Dz. U 1997 (Im Weiteren: StGB von 1997), Nr. 88, Pos. 553. Der Kodex trat am 1. September 1998 in Kraft.

[9] Dz. U 1999, Nr. 64, Pos. 729.

a) wenn die Schwangerschaft das Leben oder die Gesundheit der Schwangeren gefährdet (Abbruch zeitlich unbegrenzt zulässig);

b) wenn pränatale Untersuchungen oder andere medizinische Befunde mit großer Wahrscheinlichkeit auf eine schwere und irreversible Behinderung des Fötus oder auf eine unheilbare und lebensgefährliche Krankheit hinweisen (erlaubt aber nur, solange der Fötus noch nicht außerhalb des Mutterleibes lebensfähig ist);

c) schließlich, wenn ein begründeter Verdacht besteht, dass die Schwangerschaft das Ergebnis einer Straftat ist (in diesem Fall ist die Schwangerschaftsunterbrechung in den ersten 12 Schwangerschaftswochen zulässig; Artikel 4 a, Absatz 1 des Gesetzes von 1993).

Das Vorliegen der medizinischen oder embryopathischen Indikationen muss ein anderer Arzt feststellen als der, der die Schwangerschaftsunterbrechung durchführt; die kriminologische Indikation stellt der Staatsanwalt fest.

Strafen sind in den Artikeln 152 und 153 des StGB einerseits vorgesehen für die Schwangerschaftsunterbrechung *mit* Zustimmung der Frau, sofern dabei Gesetze verletzt werden. Vorgesehen ist dafür eine Freiheitsstrafe von bis zu drei Jahren. Dabei kann die Strafe auch höher ausfallen (von mindestens sechs Monaten bis zu acht Jahren), wenn der Täter diese Tat verübt, nachdem das Kind fähig ist, außerhalb des mütterlichen Organismus selbstständig zu leben.

Härtere Sanktionen sind in Artikel 153 des StGB andererseits vorgesehen für den Fall, dass die Schwangerschaftsunterbrechung auf eine Gewaltanwendung gegenüber der schwangeren Frau zurückzuführen ist oder auf andere Weise *ohne* ihre Zustimmung erfolgte. Der Strafrahmen beträgt hier sechs Monate bis acht Jahre für den Grundtatbestand und ein bis zehn Jahre, sofern qualifizierte Tatbestandsmerkmale erfüllt sind.

Artikel 154 sieht eine Freiheitsstrafe von ein bis zehn Jahren vor, wenn die Schwangerschaftsunterbrechung zum Tode der Frau führt, der Eingriff aber mit ihrer Zustimmung erfolgte. Fehlt diese jedoch, liegt die Strafe zwischen zwei und zwölf Jahren.

2. Der strafrechtliche Schutz des Fötus gegenüber Dritten

Bis 1993 waren in Polen nur die Schwangerschaft der Frau und das Leben des sich im Körper befindenden Fötus Gegenstand strafrechtlichen Schutzes. Es fehlte aber die Möglichkeit einen Dritten zu bestrafen, wenn seine Tat weder zur Schwangerschaftsunterbrechung noch auf eine andere Weise zum Tod des Fötus führte (ihn etwa nur verletzte). Nur ausnahmsweise wurde die Ansicht vertreten, dass die Verletzung des Fötus als eine Körperverletzung an der schwangeren Frau zu betrachten und auf diese Weise strafbar sei.[10]

Diese Lage änderte sich nach dem Inkrafttreten des Gesetzes von 1993. Wie schon erwähnt, beinhaltete es eine Reihe von Neuerungen, die den rechtlichen Status wie den strafrechtlichen Schutz des Fötus wesentlich stärkten. Dass dieses Gesetz sowohl den Fötus im Mutterleib als auch ex utero schütze, war trotz einiger Zweifel von Anfang an herrschende Meinung und wurde auch durch den Beschluss des Verfassungsgerichts vom 29. Mai 1997 bestätigt.[11]

---

[10] Vgl. u. a. E. Zielińska, Die Schwangerschaftsunterbrechung. Bedingungen der Legalität in Polen und weltweit [Przerywanie ciąży. Warunki legalności w Polsce i na świecie], Warschau [Warszawa] 1990, S. 175.

[11] Diese Meinung wurde u. a von J. Majewski und W. Wróbel vertreten. Sie sehen die Leibesfrucht als das Gut an, das Art. 149 a StGB schützt, „ [...] unabhängig davon, wo die Befruchtung der weiblichen Zelle und in welcher Umgebung die Entwicklung des Fötus erfolgen. Es ist davon auszugehen, dass Art. 149 a § 1 auch die gewollte Verursachung des Todes einer Leibesfrucht außerhalb des mütterlichen Organismus erfasst." In: J. Majewski und W. Wróbel, Strafrechtlicher Schutz der Leibesfrucht. Staat und Recht [Prawnokarna ochrona dziecka poczętego. Państwo i Prawo], Nr. 4, 1993, S. 37 (Majewski, Wrobel 1993). Ebenso: K. Buchala, Kommentar zum Strafgesetzbuch, Allgemeiner Teil [Komentarz do kodeksu karnego, Część ogólna], Redaktion K. Buchala, 2. Ausgabe, Warschau 1994, S. 188 und 189 (Buchala 1994).
Eine Gegenposition vertritt E. Zielińska mit folgender Begründung: „Obwohl es sich aus Art. 149 a des StGB keineswegs klar ergibt, ist die herrschende Meinung, dass diese Vorschrift – anders als Art. 149 b des StGB – die Verursachung des Todes eines Fötus mit Zustimmung der Frau unter Strafe stellt (und zwar beim Fötus in utero wie ex utero). Die Konsequenz dieser Meinung [..., dass Art. 149 a auch die Verursachung des Todes einer Leibesfrucht außerhalb des Mutterleibs betrifft,] wäre allerdings paradoxerweise, dass die Vernichtung eines Embryos durch einen Dritten im Falle der Zustimmung der Mutter strafbar wäre; diese Tat des Dritten gegen ihren Willen jedoch wäre - nicht strafbar! (Gemäß der Definition des Terminus „schwangere Frau" in Art. 149 b des StGB kann nur diese selbst unmittelbarer Täter sein; für einen Dritten kommt nur mittelbare Täterschaft in Betracht. Im Falle der fehlenden Zustimmung der Schwangeren ist diese nicht Täter. Ohne einen unmittelbaren Täter kann es auch keine mittelbare Täterschaft eines Dritten geben – der Dritte, der ohne Zustimmung der Frau des Fötus tötete, bleibt daher straffrei. Die herrschende Meinung ist also nicht akzeptabel. – Darüber hinaus kann sie nur schwer erklären, warum der Gesetzgeber für den Angriff einer Mutter auf Leben oder Gesundheit eines Fötus ex utero selbst dann eine Bestrafung ausschließt, wenn der Angriff keinen geschützten Interessen der Frau diente. Eine besondere Rücksichtnahme des Gesetzgebers auf die (eigentlich kriminelle Verhaltensweise der) Mutter kann keine Erklärung dafür sein; denn auch für den „Vater der Leibesfrucht" (den Samenspender), dessen Beitrag zur Entstehung des in vitro gezüchteten Embryos ebenso unverzichtbar ist, ist keine Bestrafung vorgesehen. – Schließlich spricht auch Art. 157 StGB in seiner modifizierten Form gegen die genannte Ansicht. – Es bleibt also festzuhalten: Bei Art. 149 a muss die Beeinträchtigung einer Leibesfrucht in Zusammenhang

So führte das Gesetz von 1993 die Bestimmung ein, dass jeder Mensch vom Moment der Empfängnis an das Recht auf Leben hat und dass das Leben und die Gesundheit des Kindes von da an durch das Recht geschützt sind. Gleichzeitig wurde durch Ergänzung des Artikels 8 des Zivilgesetzbuches (ZGB) der Leibesfrucht die Rechtsfähigkeit zuerkannt (allerdings mit der Einschränkung, dass das Kind Vermögensrechte und -verpflichtungen nur dann erlangt, wenn es lebend geboren wird). Festgelegt wurde auch, dass es mit der Geburt einen Rechtsanspruch auf Wiedergutmachung der Schäden erlangt, die ihm vor der Geburt zugefügt wurden (Artikel 446, 1 des ZGB) – auch wenn die Schäden durch die Mutter erfolgten.

Darüber hinaus führte das Gesetz von 1993 im Allgemeinen Teil des StGB das generelle Verbot ein, an der Leibesfrucht irgendwelche Handlungen vorzunehmen, es sei denn, diese dienten dem Schutz seines Leben und seiner Gesundheit oder dem seiner Mutter. Eine Ausnahme bilde die pränatale Untersuchung, vorausgesetzt, dass damit nicht die erhebliche Gefahr einer Fehlgeburt verbunden sei (Artikel 23 b des StGB) und die Untersuchung zulässig ist (siehe dazu Kapitel 2. 1 in diesem Aufsatz).

Im besonderen Teil des StGB wurde außer den schon erwähnten Vorschriften über „die Verursachung des Todes einer Leibesfrucht" ein neuer Straftatbestand eingeführt, der für den, der

„ [...] die Verletzung einer Leibesfrucht oder eine Beeinträchtigung ihrer Gesundheit, die ihr Leben gefährdet, verursacht",

eine Freiheitsstrafe bis zu zwei Jahren vorsieht; für die Schwangere gilt die Strafandrohung nicht.[12] Diese Strafvorschrift ist auch nicht auf einen Arzt anzuwenden, wenn die Beeinträchtigung des Fötus eine Folge ärztlicher Maßnahmen ist, mit denen Gefahren für Leben und Gesundheit der Schwangeren oder der Leibesfrucht abgewendet werden sollten.

Wie schon erwähnt, wurde ein Teil der Regelungen, die der Leibesfrucht den Rechtsstatus gewähren sollten, mit dem Gesetz von 1996 wieder aufgehoben. Neben einer Änderung der Terminologie wurde vor allem der strafrechtliche

---

mit dem Prozess der Schwangerschaft stehen." E. Zielińska, Probleme der Strafgesetze zum Schutz des menschlichen Fötus. Staat und Recht [Z problematyki wykładni przepisów karnych dotyczących ochrony płodu ludzkiego. Państwo i Prawo], Nr. 2, 1995, S. 26 ff. (Zielińska 1995).

[12] Gemäß § 3 Art. 156 a des StGB blieb eine schwangere Frau ohne Strafe. Man muss aber darauf hinweisen, dass die Worte „ist nicht strafbar" in Art. 156 a des StGB bedeuteten, dass ihre Tat nach wie vor als Straftat angesehen wurde. Die Folge war, dass ein Dritter, der sie zu der Straftat anstiftete oder ihr bei der Ausführung half, zu bestrafen war.

Schutz beseitigt, der für die Unversehrtheit des Kindes ab dem Moment der Empfängnis bestand. Gleichzeitig kam es zur Einschränkung des zivilrechtlichen Schutzes des Kindes für Schäden, die ihm vor der Geburt zugefügt worden waren. Aus dem Kreis der möglichen Verantwortlichen wurde die schwangere Frau nunmehr ausgenommen. Die Verletzung eines Fötus war nicht mehr strafbar; das Verbot von „Handlungen an ihm, die zur Verletzung seiner Unversehrtheit führen und seine Entwicklungsprozesse stören", galt nicht mehr.

Alle die oben genannten Beschränkungen des Rechtschutzes eines Kindes wurden vom Verfassungsgerichtshof als verfassungswidrig aufgehoben. In der Entscheidung kritisierte der Gerichtshof insbesondere, dass das Kind gegenüber der Mutter keinen Anspruch mehr habe auf Entschädigung für Schäden, die ihm vor der Geburt zugefügt worden seien, weil

„ [...] dies eine Beeinträchtigung des Schutzes der Leibesfrucht darstellt, die durch andere Werte der Verfassung nicht gerechtfertigt ist, und das in einer neuralgischen Sphäre, weil es um Handlungen der schwangeren Frau geht, also der Person, die einerseits auf Grund der tatsächlichen Lage die größten Möglichkeiten hat ihr Gut – die Leibesfrucht – zu verletzen sowie gleichzeitig der gesetzliche Vertreter des Kindes ist und damit über den Schutz vor Verletzung oder Gefährdung der Leibesfrucht durch Dritte bestimmt."[13]

Jene Beschränkung des Rechtsschutzes des Kindes verletze – so das Gericht – auch das Gleichheitsprinzip, denn

„ [...] es gibt keine grundlegenden Werte in der Verfassung, die rechtfertigen, warum eine Mutter, die den Schaden bewirkte, frei von Verantwortung sein soll, während andere Personen (z. B. der Vater des Kindes, die Ärzte) für die Verursachung eines gleichen Schadens zur Verantwortung gezogen werden."[14]

Nach Meinung des Verfassungsgerichtshofs führe die eingeschränkte Strafbarkeit für die Verletzung einer Leibesfrucht zu einer derartigen Verringerung ihres Rechtsschutzes, dass dieser nicht mehr als „ausreichender Schutz" gelten könne.[15]

---

[13] Entscheidung des Verfassungsgerichtshofes vom 28. 05. 1997, S. 34.

[14] Entscheidung des Verfassungsgerichtshofes vom 28. 05. 1997, S. 34.

[15] Entscheidung des Verfassungsgerichtshofes vom 28. 05. 1997, S. 39. Das Gericht unterstrich, dass die Aufhebung der Strafbarkeit für die vorsätzliche Beeinträchtigung der Gesundheit einer

In Folge der Entscheidung des Verfassungsgerichtshofes verloren die genannten Bestimmungen des Gesetzes von 1996 ihre Rechtskraft, was zur Wiederherstellung der vorher geltenden Vorschriften des ZGB und des StGB führte. Nach Inkrafttreten des neuen StGB von 1997 änderte sich die Lage zum wiederholten Mal. Das neue Strafgesetz enthielt nämlich keine gesetzlichen Bestimmungen zum Schutz des Fötus mehr. Es war daher abzusehen, dass es bald zu einer Ergänzung dieses Gesetzes kommen musste, da es die Anforderungen der Verfassung hinsichtlich „des ausreichenden Schutzes" der Gesundheit eines Fötus nicht erfüllte.

Nachdem das Gesetz von 1996 die Verletzung des Fötus nicht mehr unter Strafe stellte, wurde für eine kurze Zeit wieder die Frage gestellt (nämlich bis 1999, d. h. bis zur nächsten Gesetzesänderung), wie die Verletzung des Fötus durch Dritte zu beurteilen ist. In der Literatur zu diesem Thema wurde die Frage in Bezug auf die HIV-Infektion eines Fötus diskutiert.[16] Erörtert wurde, wie Taten, die den Embryo bzw. Fötus durch eine HIV-Infektion gefährden, zu beurteilen seien.

Die Rechtslage war verhältnismäßig einfach, wenn es um die Infizierung des Fötus im Mutterleib ging. Bei einer gesunden Schwangeren stellen die Handlungen des Täters, dessen Opfer der Embryo sein kann – oder ist –, immer auch einen Angriff auf die Gesundheit der Mutter dar. Zuerst wird nämlich die schwangere Frau infiziert, der Fötus in utero dagegen kann nur sekundär über die Mutter infiziert werden. Die Frage wurde hingegen komplizierter, wenn der Gegenstand des Angriffs der Fötus ex utero war. Das StGB von 1997 dehnte zwar die Strafbarkeit für die Ansteckung mit einer Geschlechtskrankheit auf weitere schwere Infektionskrankheiten einschließlich HIV aus; Artikel 162 des StGB von 1997 sieht die Bestrafung von jemandem vor, der mit dem Wissen, HIV-positiv zu sein, „eine andere Person" auf direkte Weise einer Infektionsgefahr aussetzt. Trotzdem erscheint es fragwürdig, ob mit der Bezeichnung „eine andere Person" (als Opfer der Straftat) auch der Embryo in vitro gemeint sein könnte.

Für das alte StGB in der Fassung von 1993 wurde in der Strafrechtsliteratur die Ansicht geäußert, die Anerkennung der Leibesfrucht als eine „Person" durch das

---

Leibesfrucht eine drastische Einschränkung des Rechtsschutzes eines Kindes bedeute – unabhängig davon, ob die Verletzung mit Zustimmung der schwangeren Frau oder ohne sie erfolgte. Dieser rechtliche Schutz stehe dem Kind besonders gegenüber der eigenen Mutter zu. Es seien keine Grundsätze in der Verfassung erkennbar, die diese Einschränkung des rechtlichen Schutzes begründen oder rechtfertigen könnten.

[16] Vgl. u. a. E. Zielińska, AIDS und die Schwangerschaft im Strafrecht, in: AIDS und das Strafrecht [AIDS i prawo karne], Wydawnictwo Poznańskie, Poznań 1996, S. 103 und die dort erwähnte Literatur.

„Gesetz über Familienplanung, Schutz der Leibesfrucht und Voraussetzungen für die Zulässigkeit des Schwangerschaftsabbruchs" vom 7. Januar 1993 habe zur Folge, dass Strafvorschriften, die dem Schutz schon geborener Personen dienten, auch für den Fötus gelten könnten. Als Beispiel wurde u. a. die Straftat, sich der Übertragungsgefahr einer Geschlechtskrankheit auszusetzen, genannt. Ein weiterer Fall wäre nach dieser Meinung Artikel 160 des StGB (Strafbarkeit der Herbeiführung von Gefahren für Leib und Leben anderer Personen). Selbst wenn die Verletzung des Fötus ohne direkten Vorsatz geschehe, sei er demnach nach Artikel 160 zu bestrafen (ohne diese Beeinflussung des alten Strafgesetzes durch das Gesetz von 1993 bliebe der Täter dagegen ohne Strafe).[17]

Diese Meinung wurde indes heftig angezweifelt, weil sie unterstelle, der Schutz der Leibesfrucht würde dadurch realisiert, dass die Leibesfrucht einer (geborenen) „Person" im Sinne des StGB gleichgestellt sei. Es stelle sich nämlich dann die Frage, welchen Sinn die besonderen Strafbestimmungen des StGB zum Schutz der Leibesfrucht überhaupt noch hätten (da für das Ungeborene ja bereits dieselben Strafvorschriften, die „geborene Personen" schützten, zur Verfügung stünden); gleiches gelte für den Sinn der Vorschriften, die die Rechtswidrigkeit bestimmter Taten an der Leibesfrucht ausschlössen.[18]

Eine weitere Änderung der Gesetzeslage erfolgte, wie schon erwähnt, durch das Gesetz von 1999, das den früheren Wortgebrauch wiederherstellte, indem die Bezeichnung „Fötus" durch „Leibesfrucht" ersetzt wurde. Diese terminologische Änderung betraf auch Artikel 26 Absatz 1 des Gesetzes über den Beruf des Arztes.[19] Darüber hinaus verschärft das Gesetz von 1999 erneut die Strafe für die Verursachung von lebensgefährdenden Verletzungen oder gesundheitlichen Beeinträchtigungen an der Leibesfrucht; gegenwärtig kann für sie eine Freiheitsstrafe bis zu zwei Jahren verhängt werden (vorher – d. h. nach dem StGB von 1969 – gab es nur eine Geldstrafe oder eine geringere Freiheitsstrafe). Das Prinzip, dass die Mutter einer Leibesfrucht keiner Bestrafung unterliegt, bleibt allerdings erhalten. Ebenso bleibt der Arzt straffrei, wenn die Beeinträchtigung der Leibesfrucht eine Folge medizinischer Handlungen ist, die vorgenommen werden, um Gefährdungen des Lebens oder der Gesundheit der schwangeren Frau oder der Leibesfrucht zu verhindern (Artikel 157 a §§ 2 und 3 des StGB von 1997 in der Fassung von 1999).

---

[17] Majewski, Wrobel 1993, Nr. 5, S. 36 und 37.

[18] Erweiterte Kritik dieser Stellungnahme. Vgl. Zielińska 1995, S. 24-25.

[19] Gesetz vom 5. Dezember 1997, Dz. U 1997, Nr. 28, Pos. 152 mit späteren Änderungen.

2.1 Pränatale Untersuchungen

Viele Diskussionen in Polen löste – und löst – die Frage der pränatalen Untersuchungen aus. Die Entwicklung des medizinischen Wissens ermöglicht das Erkennen vieler genetischer oder konstitutioneller Defekte des Fötus. Sie erlaubt auch, scheinbar gesunde Personen zu erfassen, die das Risiko in sich tragen, genetische Störungen an Nachkommen zu vererben. Eltern können bei ihrem Recht auf Selbstbestimmung bei der Zeugung nunmehr bewusste Entscheidungen treffen, die den feststellbaren Gesundheitszustand des gewünschten Kindes berücksichtigen. Ihnen stehen genetische Beratung und pränatale Untersuchungen zu.

Die Pflicht des Staates, diese Zugänglichkeit zu gewährleisten, wurde in einigen internationalen Dokumenten (insbesondere denen der Konferenzen von Kairo und Peking)[20] als Voraussetzung und Bedingung für eine Realisierung der Reproduktionsrechte des Einzelnen genannt. Diese Pflicht wurde in Polen eingeführt durch Artikel 2 a des Gesetzes über Familienplanung, Schutz der Leibesfrucht und Voraussetzungen für die Zulässigkeit des Schwangerschaftsabbruchs von 1993.[21]

Die Gesetzesnovelle von 1996 bestätigte die ausdrückliche Pflicht von Staat und Kommunen, einen freien Zugang zu Auskünften und zu pränatalen Untersuchungen zu sichern; insbesondere gilt dies bei erhöhtem Risiko oder bei Verdacht auf einen genetischen Fehler oder Entwicklungsdefekt des Fötus und auch bei einer unheilbaren Krankheit, die das Leben des Fötus gefährdet (Artikel 2 a). Nach dieser Vorschrift sind staatliche und kommunale Behörden innerhalb ihres Zuständigkeitsbereichs, den Sondervorschriften festlegen, verpflichtet, schwangeren Frauen u. a. die medizinische Versorgung – insbesondere die pränatale Versorgung – des Fötus und die medizinische Versorgung der Schwangeren zu gewährleisten. Wie schon erwähnt, müssen die Behörden den Zugang zu empfängnisverhütenden Mitteln und sexueller Beratung garantieren.

Die Einführung dieser Vorschrift war eine Reaktion auf Hinweise aus verschiedenen Teilen Polens, dass in der Realität der Zugang zu genetischen Untersuchungen eingeschränkt ist – sei es wegen ärztlicher Vorbehalte Einweisungen

---

[20] Insbesondere §§ 7. 2, 7. 5, 67. 6, 7. 29, 7. 33 des Arbeitsplans der Konferenz für Bevölkerung und Entwicklung Kairo 1994, und §§ 94, 97, 101, 106 e, j, k, m, g, u; 107 g, i, m, 108 f der Plattform zu den Aktivitäten der IV. Weltfrauenkonferenz, Peking 1995.

[21] Nach dieser Vorschrift sind staatliche und kommunale Behörden (innerhalb ihrer Zuständigkeitsbereiche, die durch Sondervorschriften bestimmt werden) verpflichtet, einen freien Zugang zur Auskunft und zu pränatalen Untersuchungen zu sichern; dies gilt insbesondere, wenn für den Fötus ein erhöhtes Risiko oder der Verdacht eines genetischen oder Entwicklungsdefektes oder einer unheilbaren Krankheit besteht, die das Leben des Fötus gefährdet.

vorzunehmen[22] oder wegen der nicht ausreichenden Zahl oder ungleichen räumlichen Verteilung von Versorgungszentren. Genetische Untersuchungen am Fötus waren und werden von der Selbstverwaltung der Ärzte immer noch nach anderen Grundsätzen behandelt als andere Untersuchungsmethoden. Sie gelten als eine „verdächtige Diagnosemethode", die ein Arzt als Gegner der Schwangerschafts‾unterbrechung vermeiden sollte, um nicht der „Mitwirkung" an einer Abtreibung verdächtigt zu werden. Das Argument eines sehr bekannten Genetikers nutzte nichts, dass dank genetischer Untersuchungen viele „risikobelastete Schwanger‾schaften" ausgetragen würden; ohne diese Untersuchungen wären sie aus Furcht vor der Geburt eines genetisch belasteten Kindes wahrscheinlich unterbrochen worden.[23]

Infolge der Entscheidung des Verfassungsgerichtshofes von 1997 wurde Artikel 23 des StGB von 1969 für kurze Zeit wieder geltendes Recht. Es erhob sich die Frage, ob diese Vorschrift die Zulässigkeit pränataler Untersuchungen einschränkte.[24] Artikel 23 ließ die Durchführung pränataler Untersuchungen nur unter zwei Voraussetzungen zu: Erstens durfte sich dadurch das Risiko einer Fehlgeburt nicht wesentlich erhöhen und zweitens musste einer der folgende Fälle vorliegen:

- „die Leibesfrucht" stammte aus einer genetisch vorbelasteten Familie;
- es bestand der Verdacht einer genetischen, aber heilbaren Krankheit;
- die Folgen dieser Krankheit können auf die Fötusphase begrenzt werden;
- es bestand der Verdacht eines schweren Fehlers des Fötus.

Die Befürchtungen, dass diese Regelung pränatale Untersuchungen einschränken könnte, waren in gewissem Grade begründet, weil die entstandene Rechtslage in diesem Bereich unklar war. Es bestand zwar kein Zweifel, dass trotz der erneuten Geltung des Artikels 23 StGB von 1969 die staatlichen und kommunalen Behörden

---

[22] Ursachen dieser Vorbehalte lagen teilweise in der erwähnten Entwicklung des Kodexes der ärztlichen Ethik. In der ersten Fassung des Kodex von 1991 war bei einem Defekt des Fötus in Folge pränataler Untersuchungen die Schwangerschaftsunterbrechung eindeutig verboten. In der Praxis blieb dieses deontologische Verbot allerdings auch dann erhalten, als spätere Gesetze die Schwangerschaftsunterbrechung in solchen Situationen zuließen. Denn die Ärzte vermieden es, Patientinnen zu pränatalen Untersuchungen einzuweisen. Sie nahmen nämlich an, dass nur wenige Ärzte angesichts der unklaren beruflichen Haftung eine Schwangerschaftsunterbrechung vornehmen würden.

[23] Vgl. die Aussage von Professor W. Zaremba.

[24] Diese Befürchtung wurde nach dem – erfolglosen – Versuch, eine gleichlautende Vorschrift in das neue Strafgesetzbuch vom 1997 aufzunehmen, geäußert. U. a. wurde diese Ergänzung deshalb abgelehnt, weil sie noch vor dem Inkrafttreten des Gesetzbuches angenommen werden sollte. Rzeczpospolita, vom 27. 07. 1998.

weiter verpflichtet waren, den freien Zugang zu Auskünften über pränatale Untersuchungen zu sichern. Es gab auch keine Zweifel, dass diese Behördenpflicht auch die Zusicherung des Zugangs zu diesen Untersuchungen selbst umfasste, sofern die Schwangere einen Anspruch darauf hatte. Ein solcher Anspruch war vorher gegeben bei erhöhtem Risiko, bei Verdacht auf einen genetischen Defekt, auf einen Entwicklungsdefekt oder bei einer unheilbaren Krankheit, die das Leben des Fötus gefährdete (das deckte in etwa die ersten drei Punkte des Artikels 23 b des StGB von 1969 ab). Höchst fragwürdig war dagegen die Zulässigkeit genetischer Untersuchungen auf Verlangen der Frau aus rein persönlichen Gründen, also ohne einen signifikanten Anlass, der sich einer der oben genannten Kategorien zuordnen ließ (wenn sie z. B. ihre – von den Ärzten nicht bestätigten – Befürchtungen, dass das Kind behindert sein könnte, durch die pränatale Feststellung zerstreuen oder das Geschlecht des Kindes erfahren wollte).

2. 2   StGB von 1997

Das StGB von 1997 befasst sich nicht mit pränatalen Untersuchungen; der Versuch, sie einzuschränken, indem der Inhalt des alten Artikels 23 des StGB von 1969 in das Gesetz über den Beruf des Arztes einfließen sollte, ist gescheitert. Das bedeutet, dass gegenwärtig nur die Bestimmungen des Gesetzes von 1993 – in der Fassung von 1996 – gelten.

Es ist darauf hinzuweisen, dass der neu eingeführte Artikel 157 des StGB von 1999 nicht als Bedrohung für pränatale Untersuchungen angesehen wurde. Man äußerte zwar Befürchtungen, dass Ärzte die Untersuchungen verweigern könnten mit dem Hinweis auf die fehlende ausdrückliche Straffreiheit für den Fall, dass die pränatale Untersuchung eine Verletzung des Fötus verursache. Artikel 157 a des StGB garantiert dem Arzt nämlich nur dann Straflosigkeit, wenn die Untersuchung notwendig ist, um Gefahren für das Leben oder den Gesundheitszustand der Leibesfrucht oder der Schwangeren vorzubeugen. Nicht jede pränatale Untersuchung ist schon von sich aus eine solche nicht strafbare Heilmaßnahme (es sei denn, sie dient wirklich der Diagnose eines therapierbaren Defektes des Fötus).

Dennoch: Wenn man in Betracht zieht, dass die Tat nach Artikel 157 a StGB einen Vorsatz des Täters verlangt, kann eigentlich nur in Ausnahmefällen eine Straftat des Arztes vorliegen, nämlich dann, wenn er um jeden Preis die Diagnose des Fötus stellen wollte und dabei eine Methode mit großem Risikofaktor wählte, wobei er die Möglichkeit, den Fötus zu verletzen, voraussah und billigend in Kauf nahm (dolus eventualis).

Zu erwähnen ist noch, dass mit den genannten Vorschriften der Artikel 38 Absatz 3 des Kodexes der ärztlichen Ethik korrespondiert, der einen Arzt dazu verpflichtet, Patienten, die zu einer Gruppe mit erhöhtem Risikofaktor gehören, über die Diagnostik- und Therapiemöglichkeiten der modernen klinischen Genetik (darunter auch die pränatale Diagnostik) zu informieren. Gleichzeitig wird in dieser Vorschrift festgehalten, dass der Arzt verpflichtet ist, die Beteiligten über Risiken, die mit pränatalen Untersuchungen verbunden sind, aufzuklären.

Im Jahre 2003 unternahm die Landesärztekammer einen weiteren Versuch, den Zugang zu pränatalen Untersuchungen zu beschränken. Nachdem die Medien jedoch die Öffentlichkeit über die Konsequenzen informiert hatten, lehnte der Landesärztekongress die einschränkenden Vorschläge der Landesärztekammer ab. Daraufhin versuchte diese den widerstrebenden Gesetzgeber zu bewegen, pränatale Untersuchungen gesetzlich einzudämmen. Hier zeigen sich wieder einmal die fortwährenden Anstrengungen der ärztlichen Selbstverwaltungsgremien, diese Untersuchungen durch strafrechtliche Einschüchterung zu verhindern, was zu einer Nichtbeachtung der reproduktiven Rechte von Frauen führt.

Diese Einwirkungsversuche blieben nicht ohne Einfluss auf die ärztliche Praxis, wie Beispiele aus der Rechtsprechung beweisen. Ähnlich wie in vielen anderen Ländern kam es auch in Polen zu vielen Verfahren gegen Ärzte vor den Ärztekommissionen im Rahmen der beruflichen Verantwortung (Disziplinarverfahren) sowie vor den ordentlichen Gerichten. Ziel waren Mediziner, die nicht rechtzeitig das Risiko genetischer Defekte beim Fötus erkannt, bestimmte diagnostische Tests nicht durchgeführt oder die Eltern nicht informiert hatten, dass eine pränatale Untersuchung geboten war.

So reichte eine Frau, die ein Kind mit Down-Syndrom geboren hatte und die nicht über die Möglichkeit der pränatalen Untersuchung informiert worden war, obwohl sie auf Grund ihres Alters zur Gruppe mit erhöhtem Risiko gehörte, bei der Ärztekommission eine Klage gegen den Arzt ein. Die Ärztekommission erklärte den Arzt für schuldig und verhängte einen Verweis.

In einem anderen Fall verzögerten Ärzte vorsätzlich eine Abtreibung, indem sie unter Missachtung der Formalitäten für die Einweisung ins Krankenhaus die Bestätigung von anderen Ärzten für den Abbruch verlangten. Der Frau, an deren Fötus das Down-Syndrom diagnostiziert worden war, gelang es nur mit großem Aufwand, fristgerecht einen Abbruch in einem anderen Krankenhaus durchführen zu lassen. Sie verlangte vom Arzt, der die Durchführung des Eingriffs behindert hatte, Genugtuung (in Form einer Entschuldigung) für die seelischen Schmerzen, die sie und ihre Familie dadurch erleiden mussten. Die Ärztekommission erteilte dem Arzt nur eine Abmahnung wegen fehlerhafter Führung der Behandlungsunterlagen.

In einem weiteren Fall, der noch nicht abgeschlossen ist, verweigerte der Arzt die Durchführung der genetischen Untersuchung am Fötus. Nach der Geburt des Kindes wurde festgestellt, dass es an einer ernsthaften, irreversiblen genetischen Krankheit leidet, die durch Untersuchungen hätte entdeckt werden können. In Fällen wie diesen wird Schadenersatz verlangt und aus den USA sind sie als „wrongful life action" bekannt.

3. Der Schutz des Fötus gegenüber der Schwangeren (ohne Berücksichtigung des Schwangerschaftsabbruchs)

Der Schutz des Fötus vor Handlungen oder Unterlassungen seitens der Schwangeren, die sein Leben oder seine Gesundheit gefährden, wurde in Polen in Zusammenhang mit HIV diskutiert. Insbesondere ging es um die Frage, ob eine Frau für ungeschützten Sex mit einer infizierten Person, für die gemeinsame Benutzung von Injektionsspritzen mit anderen Rauschgiftsüchtigen oder – wenn sie selber Trägerin des Virus sei – für die Verletzung des Verbotes, das Kind nach der Geburt zu stillen, bestraft werden könne. Auf einer mehr allgemeinen und internationalen Ebene drehte sich die Diskussion darum, inwieweit dem Fötus ein rechtlicher Schutz gegenüber einer bestimmten Lebensweise der schwangeren Frau zustehe und ob diese zu einer Untersuchung und Behandlung des Fötus gezwungen werden könne (insbesondere zu medizinischen Eingriffen), um dessen Leben oder Gesundheit zu retten.[25]

Es geht hier um die Gefahren, die entstehen, wenn die Schwangere ihre Verpflichtungen verletzt, die sie für das Leben und die Gesundheit des Fötus hat. Gemeint sind *moralische* Verpflichtungen, wie sie sich aus dem in der Ethik diskutierten Grundsatz des barmherzigen Samariters ergeben.

Nach diesem Grundsatz soll die Frau für den Fötus sorgen und notfalls auch ihre eigene Gesundheit und ihr eigenes Leben für den Fötus einsetzen; alles, was die Gesundheit und das Leben des Fötus gefährdet, hat sie zu unterlassen (d. h. den Konsum von Alkohol, Zigaretten, Drogen usw.); schließlich sind die Mühen der Schwangerschaft mit Geduld zu ertragen. Diese Pflichten kann man (in bestimmtem Umfang) auf alle nicht schwangeren Frauen im zeugungsfähigen Alter ausdehnen (es geht dabei um die mögliche Bedrohung von Leben oder Gesundheit des

---

[25] Es ist darauf hinzuweisen, dass auch die Art und die Umstände der beruflichen Tätigkeit die Gesundheit der Schwangeren und des Fötus gefährden können. Im Grunde sind das aber Gefahren, die von Dritten, das heißt von Arbeitgebern, verursacht werden. Diese Fragen bleiben jedoch außerhalb unserer Überlegungen.

künftigen Fötus vor der Empfängnis). Letztendlich gelten diese Pflichten nicht nur für Frauen, sondern auch für Männer mit Fortpflanzungsabsichten.

Die Frage, die hier von Interesse ist, lautet, ob und in welchem Umfang diese moralischen Pflichten in rechtliche Verpflichtungen übergeführt werden sollten (die dann mit Zwang durchsetzbar wären). Für die Umwandlung dieser Pflichten in rechtliche Verpflichtungen sprechen sich vor allem die Gegner einer Legalisierung von Abtreibungen aus. Allerdings haben sich in den letzten zehn Jahren in den Vereinigten Staaten von Amerika auch einige Befürworter der Abtreibungslegalisierung dieser Ansicht angeschlossen.[26] Dass diese Ansicht jedoch gefährlich ist, zeigen die vielen beachtenswerten Einwände, die dagegen vorgebracht werden und die im Folgenden vorgestellt werden.

Die Durchsetzung der rechtlichen Verpflichtungen gegenüber einer schwangeren Frau zu einer bestimmten Lebensweise während der Schwangerschaft (mittels Anwendung von physischem Zwang) hätte in der Praxis zur Folge, dass das Privatleben der Schwangeren einer völligen Kontrolle des Staates unterläge. Eine effektive Methode einer solchen Überwachung wäre die Einrichtung einer gynäkologischen Polizei, die den Lebensstil der schwangeren Frauen kontrollieren würde. Um den Fötus vor den Schäden, die vor der Empfängnis entstehen könnten, zu schützen, müsste die Polizeiüberwachung auch alle Frauen im zeugungsfähigen Alter einschließen. Schwangere Drogensüchtige und Alkoholikerinnen müssten dann zwangsweise in speziellen Zentren für Sozialhilfe medizinisch kontrolliert werden. Die Überwachung würde zwar den menschlichen Fötus vor Gefährdungen seitens der Schwangeren (abgesehen vom Schwangerschaftsabbruch) unmittelbar und schon vor der Zeugung schützen. Die Verwirklichung dieser Maßnahmen, die die grundlegenden Menschenrechte der Frau verletzen, ist in einem Rechtsstaat aber nicht möglich. Chancen auf ihre Verwirklichung kann es nur in totalitären Staaten geben.

In der feministischen Literatur wird auch darauf verwiesen, dass die Schäden, die der Fötus infolge der Arbeitsbedingungen von Frauen sowie der Umweltver-

---

[26] Es wurde hervorgehoben, dass die Schwangere im ersten Drittel der Schwangerschaft ein Wahlrecht haben soll – sofern die Schwangerschaftsunterbrechung ansonsten legal ist. Sie soll wählen können, ob sie die Schwangerschaft unterbrechen oder das Kind austragen und zur Welt bringen will. Entscheidet sie sich für die zweite Möglichkeit, so verpflichtet sie sich damit freiwillig, für den Fötus zu sorgen, Handlungen, die Leben und Gesundheit des Fötus gefährden, zu unterlassen und aktiv oder passiv an der Diagnostik und der Therapie des Fötus teilzunehmen; letzteres insbesondere bei klinischen Eingriffen, die das Leben des Fötus retten können. Vgl. A. Robertson, The right to Procreate and in utero Fetal Therapy, in: The Journal of Legal Medicine, Volume 3, No. 3, 1982, S. 349-365; Procreative Liberty and the Control of Conception, Pregnancy and Childbirth, in: Virgina Law Review, No. 69, 1983, S. 405-164.

schmutzung durch Industriebetriebe erleidet, entschieden größer sind als diejenigen, die von Frauen durch deren Lebensweise verursacht werden können. Niemand aber versucht mit vergleichbarem Engagement die Verantwortlichen dieser Schäden zu bestrafen. Forschungen zeigen auch, dass der Zigarettenkonsum vom Ehemann und Vater mit einem erheblichen Risiko für die Entwicklung des Fötus verbunden ist.

Die Anwendung von Zwangsmethoden gegenüber der schwangeren Frau spielte schon früher eine Rolle bei einer Kaiserschnittentbindung ohne Zustimmung der Schwangeren oder bei einer intrauterinen Therapie des Fötus. Gegen diese Praktiken wurden in der Fachliteratur anderer Länder bereits die unterschiedlichsten Argumente vorgebracht. So wurde z. B. der pragmatische Einwand genannt, dass trotz des medizinischen Fortschritts immer noch viele fehlerhafte Diagnosen bei der Geburtshilfe gestellt werden. Die feministische Literatur macht schon seit Jahren darauf aufmerksam, dass amerikanische Ärzte allzu oft den Frauen eine Entbindung durch Kaiserschnitt empfehlen, obwohl sie mit einem größeren Risiko für die Mutter verbunden ist als eine normale Entbindung.[27] Es besteht der Verdacht, dass viele perinatale Verletzungen von Kindern auf einen Kaiserschnitt zurückzuführen sind (insbesondere die infantile Gehirnparalyse).[28] In den Vereinigten Staaten durchgeführte Forschungen bestätigen diese Befürchtungen: Bei ungefähr der Hälfte aller Fälle wäre der empfohlene Kaiserschnitt nicht nötig gewesen. Ein ähnliches Fehler-Risiko besteht auch für Diagnosen, die einer empfohlenen intrauterinen Therapie des Fötus vorausgehen. Wie zu Recht unterstrichen wird, wäre eine zwangsverordnete Therapie des Fötus auf Grund einer solchen fehlerhaften Diagnose eine „ethische Katastrophe".[29]

Es werden auch soziologische Gegenargumente angeführt. So wird davor gewarnt, dass erzwungene medizinische Eingriffe sich einerseits negativ auf das Verhältnis zwischen der schwangeren Frau und den Ärzten auswirken, andererseits zu einem antagonistischen Verhältnis zwischen Fötus und Mutter führen können. In der Folge könne es reproduktive Entscheidungen der Frauen beeinflussen. Denkbar

---

[27] In den Vereinigten Staaten erfolgte Ende der Achtziger bei über 24 % der Schwangerschaften die Entbindung durch Kaiserschnitt (in einigen Krankenhäusern waren es sogar über ein Drittel); dabei sollte dieser Prozentsatz statistisch gesehen 14 % nicht überschreiten. C. Shabecoff, Panel Says Cesareans Are Used Too Often, New York Times, 3. 11. 1987, S. C-5, zitiert nach: J.Gallagher, Fetus as Patient, in: Reproductive Laws for the 90s, Verlag S. Cohen, N. Taub, Humana Press Clifton, New Jersey 1988, S. 207 (Gallagher 1988).

[28] A. R. Fleischman, The Fetus is a Patient, in: Reproductive Laws for the 90s, Verlag S. Cohen, N. Taub, Humana Press Clifton, New Jersey 1988, S. 252.

[29] I. Fletcher, Drawing Moral Lines in Fetal Therapy, in: Clinical Obstetrics and Gynecology, 1986, No. 29, S. 599.

seien etwa Situationen, in denen eine Schwangere darauf verzichte, sich die benötigte medizinische Hilfe bei der zuständigen Gesundheitseinrichtung zu holen.[30] Zwangsmittel gegenüber der Schwangeren zum Schutz des Fötus könnten auch die Einstellung der Gesellschaft gegenüber schwangeren Frauen verändern. Sie würden dann nicht mehr als Personen mit Rechten und Freiheiten gesehen, sondern nur als Gefäße oder Behälter (carriers of vessels) für ein besonderes Gut: den Fötus.[31]

Hingewiesen wird auch darauf, dass bei korrekter ärztlicher Beratung Frauen selten eine Therapie des Fötus verweigern (abgesehen von Fällen, die religiöse Gründe beinhalten). In diesem Zusammenhang bedeute die Therapie des Fötus im Leib der Frau ohne deren Zustimmung eine „symbolische Beleidigung aller Frauen"[32]. Darüber hinaus wurde unterstrichen, dass nicht alle moralischen Verpflichtungen mit Hilfe rechtlicher Mittel, z. B. durch Gerichtsentscheidungen, durchgesetzt werden können. Entscheidend sei nicht, *ob* die moralische Pflicht der Frau zur Erhaltung von Gesundheit und Leben des Fötus in eine Rechtspflicht umgewandelt werden könne oder solle. Vielmehr stelle sich die Frage, *wo* die Grenzen liegen, innerhalb derer mit Rechtsmitteln die Einhaltung dieser Pflichten erreicht werden könne.

Gleichzeitig wird deutlich, dass die Gesellschaft und das Rechtssystem unterschiedliche Anforderungen an Frauen und Männer stellen, was als Diskriminierung von Frauen aufgrund ihres Geschlechtes angesehen werden kann. In diesem Zusammenhang wird auf den Rechtsfall McFall gegen Shimp verwiesen, bei dem das Gericht die zwangsweise Entnahme von Knochenmark bei einem Mann ablehnte. Dies wäre nötig gewesen, um einem Cousin das Leben zu erhalten.[33] In einem anderen Fall lehnte es ein Vater ab, mit dieser Methode seinem Sohn das Leben zu retten.[34] In Polen tauchte das Problem auf, als der biologische Vater die lebensrettende Bluttransfusion für sein Kind verweigerte.

In der radikalen feministischen Literatur wird darauf hingewiesen, dass es bei der Sorge um den Fötus nur scheinbar um dessen Schutz gehe. Der wahre Grund sei die Aufrechterhaltung oder Wiederherstellung traditioneller Muster. Gleichzeitig sollten damit diejenigen Mütter stigmatisiert werden, deren Verhalten vom kon-

---

[30] P. A. Stephenson, M. G. Wagner, Reproductive rights and the medical care system: a plea for rational Health Policy, in: Journal of Public Health Policy 1993 t. 14, No. 2, S. 179.

[31] Gallagher 1988, S. 192.

[32] Gallagher 1988, S. 215.

[33] 10 Pa. D. oraz C. 3d 90. Allegheny County Ct. 1978. Por Cynrhia Daniels.

[34] M. A. Field, Controlling the Woman to Protect the Fetus, in: Law and Medical Health Care, 1989, Nr. 17, S. 118.

servativen Ideal abweiche.[35] Das geschilderte Vorgehen zeige auch die gewachsene Macht der Ärzteschaft und ihr Streben nach Wiedergewinnung einer Kontrolle über die Patientinnen.[36] In diesem Zusammenhang wird die Meinung geäußert, dass eine Gesellschaft, die nicht in der Lage sei, die Gesundheits- und Lebensbedürfnisse einer schwangeren Frau und ihrer Kinder auf befriedigende Weise zu sichern, nicht das moralische Recht habe, sie wegen ihres angeblichen Missbrauchs des Fötus anzuklagen.[37]

4. Medizinische Versuche an der Schwangeren und am Fötus

Dem Schutz des Lebens und der Gesundheit der schwangeren Frau sowie des Fötus dienen diejenigen Rechtsvorschriften, die die Zulässigkeit klinischer Versuche regeln. In vielen Staaten wird bei der Rechtmäßigkeit klinischer Versuche am Fötus zwischen *in utero* und *ex utero* unterschieden. In der Regel werden am Fötus im Leib der Mutter nur therapeutische Untersuchungen zugelassen. Die Durchführung nicht-therapeutischer Versuche – also wissenschaftlicher Versuche (auch als „biologische Versuche" bezeichnet) – ist dagegen verboten oder nur in besonderen Fällen und unter vielen Beschränkungen erlaubt. In Polen war die Frage der Zulässigkeit von Versuchen am Fötus (auch am Fötus ex utero) Gegenstand vieler Kontroversen.

Der 1985 in das StGB von 1969 eingefügte Artikel 23 a[38] schloss zunächst allgemein die Strafbarkeit von Versuchen aus, auch wenn bei der Durchführung ein Schaden entstand oder überhaupt die Gefahr eines Schadens bestand („erlaubtes Risiko"). Gleichzeitig bestimmte diese Vorschrift die Zulässigkeitsvoraussetzungen

---

[35] Gleichzeitig wird betont, dass die Unwirksamkeit der rechtlichen Verbote und Pflichten in diesem Bereich nicht zu stören scheint und manchmal – wegen möglicher Nebenwirkungen – sogar das Gegenteil dessen bewirkt, was das Gesetz eigentlich vorsieht. Dies ist den Befürwortern traditioneller Werte jedoch nicht so wichtig; ihnen geht es vielmehr um das Gefühl der Befriedigung, das bereits durch die bloße symbolische Geltung ihrer Vorstellungen ausgelöst wird. Daher besteht die eigentliche Bedeutung des Gesetzes auch darin, der Gesellschaft zu signalisieren, welche Verhaltungsweisen dominierend und erlaubt sein sollten und welche verboten. Dadurch wird die Akzeptanz derjenigen Gruppen, die diese Normen beachten, unterstrichen; die Vertreter von Gruppen aber, die diese Normen verletzen, werden als „Devianten" (Abweichler) abgestempelt. Gallagher 1988, S.190.

[36] Gallagher 1988 und die dort erwähnte Literatur.

[37] Gallagher 1988, S. 212.

[38] Dz. U. 1985 Nr.23, Pos. 100.

für wissenschaftliche und therapeutische Versuche,[39] insbesondere dass die Zustimmung der Versuchsperson unerlässlich ist für den Fall eines Schadens. Die in dieser Vorschrift enthaltenen Grundsätze schienen sich in vollem Umfang auch auf die Versuche an schwangeren Frauen zu beziehen. Es fehlten dagegen Regelungen zu Versuchen an Embryonen und zum Fötus ex utero.

Weniger streng waren die Zulassungsbedingungen im Kodex der ärztlichen Ethik von 1991. Im Unterschied zu den vorher geltenden deontologischen Grundsätzen wurden wissenschaftliche Versuche auch an nicht zustimmungsfähigen Personen (z. B. Minderjährige, Unzurechnungsfähige) zugelassen, bei denen die Möglichkeit einer ersatzweisen Zustimmung bestand, z. B. durch den gesetzlichen Vertreter. Diese Option wurde aber bald darauf ausgeschlossen durch die Entscheidung des Verfassungsgerichtshofes, der die allgemeine Geltung des Artikels 23 a § 2 des StGB von 1969 eingrenzte derart, dass

„ [...] ein biomedizinischer Versuch an Menschen, der keinen therapeutischen Charakter hat und durchgeführt wird ohne persönliche Zustimmung seitens der Person, die dem Versuch unterzogen wird, rechtlich nicht zulässig ist."[40]

In dieser Phase der Diskussion wurden schon bezweifelt, ob die Zustimmung der schwangeren Frau ausreiche, wenn auch der Fötus betroffen sei.

Diese Frage schien entschieden nach Inkrafttreten des Gesetzes von 1993, das wissenschaftliche Versuche am menschlichen Fötus generell verbot, auch am Fötus ex utero (womit im Prinzip nur therapeutische Versuche zugelassen waren). Denn im Sinne des Artikels 23 b des StGB von 1969 darf die Leibesfrucht nur Gegenstand solcher Handlungen sein, die ihrem eigenen Schutz oder dem Schutz

---

[39] Ähnlich wie bei anderen Versuchsarten sollten auch bei Versuchen an Embryonen oder Föten ex utero folgende Voraussetzungen erfüllt sein, um Bestrafung zu vermeiden: Der Versuch dient sachgerechten therapeutischen oder wissenschaftlichen Zielen; er lässt positive Ergebnisse erwarten; notwendige Vorsichtmaßnahmen werden eingehalten; das einzugehende Risiko wird nach dem aktuellen Stand der Wissenschaft abgeschätzt; das Risiko und die zu erwartenden Vorteile stehen in einem angemessenem Verhältnis zueinander (die Wahrscheinlichkeit des voraussichtlichen vorteilhaften Ergebnisses sollte die Wahrscheinlichkeit von Schäden deutlich übersteigen); die Zustimmung von Personen, die durch den Versuch betroffen sein könnten, liegt vor.

[40] Entscheidung des Verfassungsgerichtshofes vom 17. März 1993 zur Frage der Bewertung des Art. 41 bezüglich des Art. 15 Punkt 1 des Gesetzes über die Ärztekammer von 17. Mai 1989 sowie des Art. 23 a des StGB Abs. 1/92, Rechtsprechung des Verfassungsgerichtshofes 1991 2, Nr. 12, Pos. 38.

des Lebens und der Gesundheit ihrer Mutter dienen (von bestimmten Ausnahmen abgesehen). Gemäß dieser Vorschrift war die Zustimmung der schwangeren Frau zum Versuch rechtlich ohne Bedeutung. Es ist darauf hinzuweisen, dass dieser Artikel aus mehreren Gründen Zweifel weckte. Erstens wurde er als „lex imperfecta" erlassen: Er beinhaltete zwar das Verbot von Handlungen am Fötus, es wurden aber für die Missachtung dieses Verbots keine Sanktionen vorgesehen. Als Konsequenz konnten bei Versuchen am Fötus erst dann Strafen verhängt werden, wenn dabei ein Schaden entstanden war, z. B. wenn der Embryo verletzt oder vernichtet wurde.

Zweitens war der rechtliche Charakter der Vorschrift nicht klar. Sie wurde im StGB in den Teil eingefügt, in dem die strafausschließenden Umstände von Taten behandelt werden, direkt beim schon erwähnten Artikel 23 a des StGB von 1969 über das erlaubte Risiko bei Versuchen. Unter Hinweis auf die Stellung dieser Vorschrift im StGB wurde in der Literatur die Behauptung aufgestellt, dass damit der gemäß Artikel 23 a StGB von 1969 erlaubte Versuch eingegrenzt werde.[41] Angesichts dieser engen Interpretation befürworteten andere Autoren eine weiter gefasste Auslegung; zugleich sahen sie in der Vorschrift eine vom Artikel 23 a StGB unabhängige Regelung.[42]

Wegen der Unvollständigkeit des Artikels 23 b des StGB von 1969 kam es zu seiner späteren Aufhebung durch den Gesetzgeber. Der Verfassungsgerichtshof erklärte diese Aufhebung in seiner Entscheidung von 1979 allerdings für verfassungswidrig. Nach Meinung des Gerichthofes fehlte durch die Abschaffung des Artikels 23 b des StGB von 1969

„ [...] in unserer Rechtsordnung vorübergehend (d. h. bis zum Inkrafttreten des „Gesetzes über den Beruf des Arztes") ein vorgeburtlicher Rechtsschutz vor Versuchen im Mutterleib und der rechtliche Schutz eines lebendigen menschlichen Fötus außerhalb."

Dieser Zustand entsprach nach Meinung des Gerichtshofes nicht dem europäischen Standard, weil er eine drastische Einschränkung des rechtlichen Schutzes darstelle, den Verfassungen gewähren sollten.

---

[41] Diesen Standpunkt nimmt anscheinend L. Gardocki ein: Das Strafgesetz, Warschau 1994, S. 123.

[42] Zu dieser Ansicht neigen (wie es scheint, aber nicht ganz sicher ist) Majewski, Wrobel 1993, Nr. 4, S. 37. – Entschieden für dieses Verständnis des Art. 23 b des StGB spricht sich K. Buchala aus in: Buchala 1994, S. 188 und 189.

Es muss dabei unterstrichen werden, dass das Gesetz über den Beruf des Arztes vom 5. Dezember 1996[43] nur die Frage des Versuchs an der schwangeren Frau regelte, aber den Embryo in vitro nicht erwähnte. Nach Artikel 26 dieses Gesetzes verlangt die Teilnahme der schwangeren Frauen an therapeutischen Versuchen eine besonders eingehende Auseinandersetzung mit den damit verbundenen Risiken für die Mutter und den Fötus. Gleichzeitig wird vorgesehen, dass schwangere und stillende Frauen ausschließlich an wissenschaftlichen Versuchen teilnehmen können, die kein Risiko mit sich bringen oder nur mit geringem Risiko verbunden sind.

Nach der vorübergehend parallelen Geltung des wiederhergestellten Artikels 23 b des StGB von 1969 und des Artikels 26 des „Gesetzes über den Beruf des Arztes" gilt nach dem Inkrafttreten des neuen StGB nur die letzte Vorschrift.

Zum Verbot wissenschaftlicher Versuche an Embryonen ex utero kam es auf Grund des schon erwähnten Gesetzes von 1999.

5. Die Zulässigkeit bestimmter Methoden der unterstützten Zeugung

Die assistierte Reproduktion wurde in Polen noch nicht gesetzlich geregelt, was natürlich nicht bedeutet, dass sie nicht angewandt wird. Im Gegenteil, viele öffentliche und private medizinische Zentren bieten diese als Dienstleistung an und die Medien informieren von Zeit zu Zeit über große Erfolge polnischer Ärzte auf diesem Gebiet. Des Öfteren flammt auch die Debatte wieder auf, ob alles, was biologisch und medizinisch machbar sei, auch erlaubt sein solle und ob man die Zulassungsbedingungen für den Einsatz dieser Möglichkeiten nicht rechtlich regeln müsse. Im Jahre 2003 ergriffen die Entscheidungsträger der beruflichen Korporation der Ärzte (Landesärztekammer) die Initiative zu einer solchen Regelung – in Form von deontologischen Normen im „Kodex der ärztlichen Ethik". Im Rahmen dieses schon erwähnten Projektes bereitete die Landesärztekammer u. a. Vorschriften vor, welche die Zulässigkeit der Behandlung einschränken sollten. Dieses Projekt wurde in der vorgeschlagenen Fassung von den Verantwortlichen der beruflichen Selbstverwaltung der Ärzte, dem nationalen Ärztekongress, abgelehnt. Es hat aber die öffentliche Debatte über die Notwendigkeit einer Regelung im Bereich der Reproduktionstechnologien wieder belebt.[44]

Der Umfang des strafrechtlichen Schutzes von Embryonen bei der unterstützten Zeugung war in Polen Gegenstand einer hitzigen Diskussion während der

---

[43] Dz.U.1997, Nr. 28, Pos. 152.

[44] Vgl. den offenen Brief von Iwona Konarska über die Notwendigkeit von gesetzlichen Regelungen zu Eingriffen im Bereich der erwähnten Zeugungsart, in: Przegląd, 2004, Nr. 5.

Geltungsdauer der ursprünglichen Fassung des Gesetzes vom 7. Januar 1993 über Familienplanung, Schutz der Leibesfrucht und Voraussetzungen für die Zulässigkeit des Schwangerschaftsabbruchs. Die Auseinandersetzung drehte sich um die überzähligen Embryonen, die in vitro gezeugt werden. Das Gesetz befasste sich zwar nicht direkt mit der unterstützten Zeugung, denn, wie schon erwähnt, war es das eigentliche Ziel des Gesetzes, die Zulässigkeit von Schwangerschaftsunterbrechungen einzuschränken. Es erklärte allerdings auch das menschliche Leben vom Zeitpunkt der Zeugung an als ein in weitem Umfang geschütztes Gut; zugleich verlieh es dem Fötus den Status der „Leibesfrucht", deren Leben, aber auch Gesundheit zum Gegenstand strafrechtlichen Schutzes wurde – wodurch die Rechtmäßigkeit mehrerer Methoden der unterstützten Zeugung in Frage gestellt wurde.

Besonders kontrovers wurde erörtert, ob die Aufbewahrung von eingefrorenen menschlichen Embryonen die Artikel 23 b, 149 a sowie 156 a des StGB von 1969 (in der durch das Gesetz von 1993 beeinflussten Fassung)[45] verletze. In diesem Zusammenhang entstand die zentrale Frage, ob nach polnischem Recht die künstliche Befruchtung in vitro überhaupt zulässig sei.[46]

---

[45] Die Frage ergab sich während der Kontrolle einer Warschauer Privatklinik, bei der die Aufbewahrung eingefrorener menschlicher Embryonen entdeckt wurde. Der Direktor des Gesundheitsamtes entschied, dies sei eine Verletzung des Art. 23 b, Art. 149 a sowie Art. 156 a des StGB und informierte die zuständige Staatsanwaltschaft. Die eingeleitete Untersuchung ergab, dass die Anstalt bei der Unfruchtbarkeitsbehandlung die extrakorporale Befruchtung mittels Mikroinjektion der Samenzelle in die Eizelle anwandte. Die Entnahme von Oozyten (der weiblichen Keimzellen) zum Zwecke der Befruchtung in vitro wurde dazu durch eine hormonale Stimulierung der Frau eingeleitet, um die benötigte Anzahl zu erreichen. Es kam dabei vor, dass mehr Eizellen in vitro befruchtet wurden als nach der Befruchtung in die Gebärmutter implantiert werden konnten. In diesem Fall wurden die nicht verwendeten Embryonen in der Phase eines mehrzelligen Organismus tiefgefroren, um sie für die nächste Probe zu verwenden, wenn die erste Implantierung misslang. So konnte bei der Frau eine erneute hormonale Stimulierung, die nie ohne gesundheitliche Auswirkungen bleibt, umgangen werden. Jedoch wurden die tiefgefrorenen Embryonen später mitunter auch dann implantiert, wenn die erste Übertragung des Embryos erfolgreich verlaufen war. Das Kind kam zur Welt, danach wurde die Frau erneut schwanger. Die Frage war, ob in diesem Fall die Zeugung zusätzlicher Embryonen (zum Zweck späterer Implantierung) sowie deren Aufbewahrung im tiefgefrorenen Zustand die Art. 23 b, Art. 149 a § 1 und Art. 156 a des StGB verletzten. Nach Meinung des Direktors des Gesundheitsamtes jedenfalls stellten die genannten Handlungen den (strafbaren) Versuch der Verletzung dieser Bestimmungen dar. (Nach unpubliziertem Material des Ministeriums für Gesundheit und öffentliche Fürsorge).

[46] In polnischer Übersetzung erschienen in: Die Rechte der Patienten und die ethischen Fragen der modernen Medizin, in: Dokumente des Europarats, Helsinki-Stiftung für Menschenrechte, Warschau 1994, S. 86.

Als Argument für die Zulässigkeit verwies man auf den Bericht des Ad-hoc-Sachverständigenausschusses für Bioethik des Europarates (CAHBI) über die künstliche Zeugung von Menschen. Der Versuch dieser Institution, die Frage der In-vitro-Befruchtung in Verbindung mit dem Einfrieren von Embryonen zu regeln, könne als Bestätigung dafür gesehen werden, dass die genannten Verfahren über die für Versuche geltende rechtliche Grenze schon hinausgelangt seien und zu den anerkannten Methoden der reproduktiven Medizin zählten.

Es wurden auch rechtsvergleichende Argumente vorgebracht: Ein Blick auf die Gesetzgebung der europäischen Staaten zeige, dass in den meisten Ländern die In-vitro-Befruchtung erlaubt sei, wenn auch unter unterschiedlichen Voraussetzungen und Bedingungen.

Zugleich wurde angezweifelt, ob die oben genannten Vorschriften des polnischen StGB auf einen Embryo ex utero anwendbar seien, vor allem aber, ob der Embryo in der Phase eines mehrzelligen Organismus eine „Leibesfrucht" im Sinne des StGB darstelle.

Bestritten wurde auch, dass das Verhalten der Ärzte in der oben beschriebenen Situation eine Verletzung der Artikel 23 b, 149 a sowie 156 a des StGB von 1969 darstelle. Bei der ersten Qualifikation des Tatbestands bezweifelte man den experimentellen Charakter des Verhaltens (vor allem bei Berücksichtigung der unklaren rechtlichen Stellung des Artikels 23 b des StGB von 1969). Im Falle „sonstiger Handlungen" wurde zusätzlich auf die fehlende Absicht hingewiesen, die Voraussetzung für die strafrechtliche Verantwortlichkeit nach Artikel 149 a und 156 a des StGB von 1969 ist.

Schließlich wurde auch die Frage der Zulässigkeit der In-vitro-Fertilisation selbst diskutiert. Für deren Strafbarkeit gemäß Artikel 149 a des StGB von 1969 sprach sich K. Buchala[47] aus, auch wenn er zugeben musste, dass zur Frage der Zulässigkeit solcher Eingriffe „das Gesetz schweigt". Obwohl die Befruchtung in vitro also verboten sei, äußerte er gleichwohl, dass dies nicht gleichzeitig bedeuten würde, dass die Implantation unzulässig sei.[48] Letztlich zog er den Schluss, dass die In-vitro-Fertilisation gemäß Artikel 149 a des StGB von 1969 strafbar sei, solange die Wissenschaft es nicht schaffe, eine Schwangerschaft nur durch die Befruchtung einer Eizelle herbeizuführen. Er merkte aber an, dass dieser wissenschaftliche Fort-

---

[47] Buchala 1994, S. 188 und 189.

[48] Das Verbot der extrakorporalen Befruchtung ergibt sich nach Meinung des zitierten Autors daraus, dass „ [...] um einen implantationsfähigen Embryo zu zeugen, muss man viele Zellen befruchten und auch einige implantieren, so dass eine von ihnen sich einnisten kann. [...] Die anderen, nicht benötigten Embryonen werden von der Person zerstört, die die Behandlung durchführt, und es gibt keine Methode, diese befruchteten Zellen vor dem Tod zu retten. Diese Zellen werden also zum ‚Tode verurteilt' [...] man tötet so viele Leibesfrüchte, wie es befruchtete – und nicht implantierte – Zygoten gab." Buchala 1994, S. 188 und 189.

schritt in Polen nicht eintreten könne, weil eben die Befruchtung in vitro grundsätzlich verboten sei. Es ist bemerkenswert, dass K. Buchala keine Stellung zum Einfrieren überzähliger Embryonen und deren Aufbewahrung mit dem Ziel einer späteren Implantation bezog. Seine Erörterungen sollten also im Lichte des vorhandenen Wissens über die unterstützte Zeugung verifiziert werden.

Eine andere Position, die hier geteilt werden soll, vertraten J. Majewski und W. Wróbel. Sie glauben nicht, dass

„ [...] die Regelung des Artikels 149 a § 1 des StGB von 1969 uneingeschränkt auf einen künstlich befruchteten Embryo anwendbar ist."

Daher lehnen sie es ab, dass eine Person, die „eine künstliche Befruchtung im Reagenzglas durchführt", für die Realisierung – durch Unterlassung – gemäß der Bestimmungen des Artikels 149 a § 1 des StGB von 1969 haftet. Denn es sei schon zweifelhaft, ob diese Person eine besondere Pflicht habe, die Todesfolge aktiv zu verhindern; ohne diese Handlungspflicht sei eine Bestrafung aber nicht möglich. Aber selbst wenn man eine Pflicht zum Handeln unterstelle – was für eine Handlung solle das sein? Die Todesfolge könne durch aktives Handeln nicht verhindert werden; damit könne es auch kein strafbares Unterlassen geben. In letzter Konsequenz zu Ende gedacht, würde man zu der paradoxen Schlussfolgerung kommen, dass die Handlung, die den Tod der Leibesfrucht verursache, die Befruchtung sei.[49]

Ein anderer Aspekt, der in Polen diskutiert wird, ist die Frage der Bezahlung für die medizinisch unterstützte Zeugung, insbesondere, ob und in welchem Ausmaß die gesetzliche Krankenversicherung für die Kosten des Eingriffs aufkommen solle. In Kürze wird im Sejm [dem polnischen Parlament] ein Gesetzentwurf vorgelegt, der die Kostenübernahme für Dienstleistungen im Bereich der unterstützten Zeugung vorsieht.[50]

In der feministischen Literatur wird die Frage der Bezahlung gynäkologischer Dienstleistungen (einschließlich der unterstützten Zeugung) unter dem Aspekt der so genannten „gender justice" diskutiert, hier verstanden als die gerechte Aufteilung der Ausgaben für Gesundheitsleistungen an Frauen und Männern. Damit ist die Idee vom „gender mainstreaming" verbunden, die u. a. die öffentlichen Ausgaben für die Gesundheit getrennt nach Leistungen für Frauen und für Männer aufschlüsseln möchte. Die Weigerung, die Kosten von medizinischen Dienst-

---

[49] Majewski, Wrobel 1993, Nr. 4, S. 37-38.

[50] Ein Entwurf vorbereitet von der parlamentarischen Frauengruppe sowie der Föderation für die Sache der Frau und Familienplanung.

leistungen, die fast ausschließlich Frauen betreffen, aus öffentlichen Mitteln zu bestreiten, kann als Frauendiskriminierung betrachtet werden; es handelt sich dabei insbesondere um die Kosten für Hormonpräparate zur Verhütung, Schwangerschaftsunterbrechungen und ärztliche Maßnahmen, die mit der unterstützten Zeugung verbunden sind. Das Problem wurde in Polen besonders akut, als Viagra auf die Liste der bezuschussten Medikamente gesetzt wurde, während man die Zuschüsse für einige hormonale Verhütungsmittel abschaffte.[51]

Wenn man in Betracht zieht, dass Polen mit drastischen Mängeln beim Gesundheitsschutz zu kämpfen hat, sind möglichst bald richtige und gerechte Entscheidungen bezüglich der Verteilung der begrenzten Haushaltsmittel zu erhoffen.

In der Zeit, als dieser Text vorbereitet wurde, wurde auch an einem Gesetzesvorhaben über sexuelle Rechte gearbeitet, das alle hier diskutierten Fragen behandeln soll. Dieser Entwurf, dessen Beratung im Sejm für Ende März dieses Jahres geplant wurde, sieht u. a. weitgehende Rechte der Frau bei ihrer Entscheidung vor, ob sie ein Kind haben will oder nicht, wobei sie die Möglichkeit der Schwangerschaftsunterbrechung in den ersten 12 Wochen hat; weiterhin wird die Bezahlung für Dienstleistungen im Bereich der unterstützten Zeugung geregelt.

Es ist schwer zu beurteilen, welche Chancen dieser Gesetzentwurf hat. Die heftige Debatte über den Schutz des Fötus und über die Reproduktionsrechte des Menschen wird sicher erneut beginnen. Selbst wenn es den zurzeit regierenden Linken gelingen sollte, das Gesetzesvorhaben im Parlament durchzusetzen, muss man dennoch befürchten, dass bei einer Machtübernahme durch die rechten Parteien wieder restriktive Vorschriften zum Zuge kommen. Es wäre wieder einmal in diesem Bereich die Fortsetzung der Politik des „Gehens von Wand zu Wand", wie sie in Polen seit 1989 betrieben wird.

---

[51] Vgl. den Brief über die Einschränkung der Zuschüsse für Empfängnisverhütungsmittel an den Beauftragten für Bürgerrechte sowie dessen Antwort an den Minister für Gesundheit und Öffentliche Fürsorge in dieser Angelegenheit vom 23. Juni 1998.

Verwendete Abkürzungen in den Literaturverweisen:

Dz. U: Öffentliches Gesetzblatt der Republik Polen.

Gesetz von 1993:   Gesetz über Familienplanung, Schutz der Leibesfrucht und
                            Voraussetzungen für die Zulässigkeit des Schwangerschafts-
                            abbruchs vom 7. Januar 1993.

Buchala, 1994:   K. Buchala, Kommentar zum Strafgesetzbuch, Allgemeiner Teil
                            [Komentarz do kodeksu karnego, Część ogólna], Redaktion
                            K. Buchala, 2. Ausgabe, Warschau 1994.

Majewski, Wrobel 1993:   J. Majewski und W. Wróbel, Strafrechtlicher Schutz der
                            Leibesfrucht. Staat und Recht [Prawnokarna ochrona dziecka
                            poczętego. Państwo i Prawo], 1993, Nr. 4.

Zielińska, 1995:   E. Zielińska, Probleme der Strafgesetze zum Schutz des
                            menschlichen Fötus. Staat und Recht [Z problematyki wykładni
                            przepisów karnych dotyczących ochrony płodu ludzkiego.
                            Państwo i Prawo], Nr. 2, 1995.

Maria Boratyńska
Przemysław Konieczniak

Wie beeinflusst die medizinisch unterstützte Fortpflanzung das Abstammungsrecht des Kindes?

Eine juristische Perspektive

In diesem Aufsatz verfolgen wir die Absicht, den Rechtsstand und die Rechtsprechung polnischer Gerichte darzustellen sowie die Punkte der polnischen Rechtslehre zu referieren, welche die Mutterschafts- und Vaterschaftsbeziehungen betreffen in Fällen, in denen das Kind auf eine „nicht natürliche"[1] Weise geboren wurde. Da die Rechtssprechung polnischer Gerichte eher unzureichend ist für den uns interessierenden Bereich, werden wir uns auf den gegenwärtigen Rechtsstand konzentrieren und nur oberflächlich die vorgelegten *de lege ferenda* – Vorschläge und deren Begründungen besprechen.

Für die oben genannten Ziele schlagen wir zunächst zwei Einteilungen für die medizinischen Techniken der Fortpflanzungsunterstützung[2] vor:

(I) die Einteilung nach dem Kriterium der medizinisch-biologischen Grundlage der jeweiligen Technik. Auf diese Weise lassen sich vier Techniken unterscheiden:

(1) künstliche intrakorporale Befruchtung (einfache, auch künstliche Insemination genannt)[3];

(2) extrakorporale Befruchtung (auch In-vitro-Befruchtung genannt),[4]

---

[1] Um die Bezeichnung „medizinisch unterstützte Fortpflanzung" zu vermeiden, werden wir im fortlaufenden Text die englische Abkürzung „ART" verwenden.

[2] Dies erweitert die Einteilung, die von W. Lang anerkannt wurde. W. Lang, Einführung in die gesetzlichen Aspekte der medizinisch unterstützten Fortpflanzung [Wstępna charakterystyka prawnych aspektów medycznie wspomaganej prokreacji], in: W. Lang (Red.), Gesetzliche Probleme der menschlichen Fortpflanzung, Thorn [Toruń] 2000, S. 271 f. (Lang 2000).

[3] Ein besonderer Fall der intrakorporalen Befruchtung ist die Technik des sog. intratubaren Transfers der Gameten (*Gamete Intra-Fallopian Transfer*, GIFT), die darin besteht, dass den männlichen Samen und weiblichen Eizellen Gameten entnommen und mit Hilfe des Katheters in die Eileiter geleitet werden, wonach dann der Befruchtungsprozess erfolgt.

[4] Eine andere extrakorporale Befruchtungsmethode stellt die Einleitung der Spermazellen in das Zytoplasma der Eizelle dar (Mikromanipulation; *Intra-Cytoplasmatic Sperm Injection*, ICSI).

(3) der Transfer des aus dem Uterus der schwangeren Frau ausgespülten Embryos in den Uterus einer anderen Frau (*embryo flushing from the uterus* – Prozedur);

(4) reproduktives Klonen.

Der Terminus Klonen muss hier näher erklärt werden. Unter diesem Namen versteht man traditionell[5] die künstliche Anregung einer Keimzelle zur analogen Entwicklung, die ein einzelliger Embryo durchschreitet, der aus zwei Keimzellen (Gameten) entstanden ist. Als Resultat erhalten wir dann einen Organismus mit einer DNS, die mit dem ursprünglichen Organismus, aus dem diese Zelle stammt, identisch ist.

Eine der Klontechniken, die gegenwärtig realisierbar ist, ist die sog. Zellkern-transplantationsmethode. Diese Methode besteht darin, dass der Kern einer Eizelle entfernt und an seine Stelle ein Zellkern eingepflanzt wird, der dem vegetativen Organismus entnommen wurde – also dem Organismus, der geklont werden soll. Diese künstlich konstruierte Eizelle wird dann zur individuellen Entwicklung stimuliert.[6] Es muss hier aber darauf hingewiesen werden, dass die populäre Ansicht, nach der das Klonen den Charakter einer „Genmanipulation" oder „genetischen Ingenieurkunst" hat, ein Mythos ist. Es ist eine Technik aus dem Bereich der Embryologie und nicht aus der Genetik; denn bei der Durchführung werden keine Änderungen am genetischen Erbe der zur Entwicklung angeregten Zelle vorgenommen.

Aus medizinischer Sicht unterscheidet sie sich von einer „klassischen" Technik der In-vitro-Fertilisation (*In Vitro Fertilization*, IVF), bereitet aber vom Standpunkt der Bioethik und der Gesetzgebung keine besonderen Probleme und muss deshalb nicht gesondert betrachtet werden. Auch die einzelnen Techniken der IVF (IVM-IVF, IVF-ZIFT, IVF-TET) und die chirurgischen Techniken der Samengewinnung (MESA, TESE, PESA) bedürfen keiner gesonderten Berücksichtigung zu normativen Zwecken.

[5]   Die Problematik der sozialen Folgen des Klonens von Menschen und der eventuellen Beurteilungen solch einer Praxis ist überraschend ernsthaft in der Science-Fiction-Literatur analysiert worden, bevor sie zum Kernpunkt des bioethischen Interesses wurde. Z. B.: U. K. Le Guin, Nine Lives; K. Wilhelm, Where Late the Sweet Bird Sang.

[6]   Eine andere technisch durchführbare Methode zur Erzeugung von Klonen ist das Durchschneiden eines Embryos, der aus nicht weniger als zwei und nicht mehr als acht Zellen besteht. Diese Methode, die so genannte Blastomerenteilung, ist die künstliche Entsprechung des Prozesses, dem eineiige Zwillinge entstammen. In den bisherigen Fällen des Klonens höherer Organismen, angefangen mit dem Klonen eines Schafs im Jahre 1996 (es wurden auch Mäuse und ein europäisches Mufflon erfolgreich geklont), wurde die Eizellentransplantationsmethode angewandt.

Das Klonen könnte zusammen mit dem Implantieren des Embryos in den Uterus der biologischen Mutter – theoretisch[7] – als eine neue Technik der Unfruchtbarkeitsbehandlung angewandt werden. Vielleicht könnte es auch zur Realisierung eugenischer Zwecke oder zur Befriedigung des Bedürfnisses nach „genetischer Vervielfältigung des Selbst" benutzt werden, wenn jemand so eine bizarre Neigung dazu hätte.[8]

Die Ansicht, dass die Klontechnik eine besondere, vierte mögliche ART-Prozedur darstellt, ist unserer Meinung nach durchaus begründet. Das Klonen entspricht keiner der Techniken, die in den Punkten (1) - (3) erwähnt wurden. Darüber hinaus dürften die gravierenden, wirklichen Unterschiede zwischen dem Klonen und den anderen Techniken der „künstlichen Fortpflanzung" die Gesetzgeber dazu bewegen, solch eine Praxis ernsthaft gesetzlich zu begrenzen oder gar gänzlich zu verbieten. Aus der Perspektive des Privatrechts dürfte das Klonen Probleme hervorrufen, welche die Abstammung des so entstandenen Kindes betreffen. Das wären Probleme, die im Fall anderer künstlicher Fortpflanzungsmethoden noch nicht vorgekommen sind (vgl. hierzu auch den folgenden Abschnitt).

(II) Klassifikation nach sozialen Kriterien:

(1) künstliche homologe Befruchtung mit dem Samen des Ehemannes (AIH – *Artificial Insemination by Husband*) oder durch die oben genannte GIFT-Prozedur;

(2) künstliche heterologe Befruchtung mit dem Samen des Spenders (AID – *Artificial Insemination by Donor*) oder mit Hilfe der Eizellen-Spende (*ovum donation*).

---

[7] Bis jetzt fehlt es an glaubwürdigen Informationen über erfolgreiche Versuche, Menschen zu klonen. Das Experiment, das in derZeitschrift Scientific American, November 2001, beschrieben wurde, führte zur Entwicklung von drei mehrzelligen Embryonen, die sich nicht weiter entwickelten.<http://www.sciam.com/article.cfm?articleID=0008B8F9-AC62-1C75-9B81809EC588EF21> 31.12.2003.

[8] Am Rande sollte auch das sog. therapeutische Klonen erwähnt werden. Sein Ziel ist mit der Fortpflanzung in keiner Weise verbunden. Das Klonen soll in diesem Fall der Gewinnung von Stammzellen dienen, die pluripotent sind, d. h. man kann dann aus ihnen ein beliebiges Gewebe des Organismus gewinnen (einschließlich des Nervengewebes, das normalerweise keine Regenerationsfähigkeit hat), das sich für die „Reparatur" der beschädigten Organe eignet (z. B. des Herzmuskels nach einem Infarkt, des zentralen Nervensystems bei einer Schädigung des Rückenmarks oder bei Neurodegenerativen Erkrankungen).

Die zwei ersten Punkte erfordern einen zusätzlichen Kommentar: Die Kategorie der *homologen* Befruchtung sollte unser Meinung nach umfassender verstanden und nicht nur auf Ehepaare bezogen werden, sondern auch auf Quasi-Ehepaare[9] oder auf im Konkubinat lebende Paare. Wenn wir den Begriff der homologen Befruchtung unbedingt auf die Verwendung von Gameten des Ehemannes zur Befruchtung eingrenzen wollen, scheint es auch wichtig, eine zusätzliche dritte Kategorie der Einteilung einzuführen: die künstliche Befruchtung bei heterosexuellen Paaren, die in einer festen, außerehelichen Beziehung leben. Unabhängig von den geäußerten Meinungen, dass ART für solche Paare als illegal gelten solle, wäre es völlig inadäquat, solche Partner schlicht als „Spender des genetischen Materials" zu behandeln.

(3) Ersatzmutterschaft *(surrogate motherhood)*;
(4) künstliche Befruchtung *post mortem,* bzw. das *post-mortem*-Implantieren eines Embryos, der zur Lebzeit des genetischen Vaters oder der genetischen Mutter entstand;[10]
(5) Embryospende *(embryo donation)*.

Wir werden jetzt die Legalität der ART-Praxis in Polen kurz besprechen. Unser Rechtssystem schweigt bisher in dieser Sache. Es fehlt an jeglichen Vorschriften, aus denen *expressis verbis* hervorgehen würde, welche der oben genannten Techniken realisiert werden dürfen – in welchen gesetzlichen Rahmen, in welchen sozialen Situationen, unter welchen Bedingungen. Insbesondere wird das Klonen im polnischen Recht nicht verboten.[11] Gleichzeitig findet eine relativ weit verbreitete Praxis mindestens einiger ART-Prozeduren in öffentlichen und nicht-öffentlichen medizinischen Einrichtungen statt (davon im Folgenden). M. Safjan bezeichnete die aktuelle gesetzliche Situation als das

„ [...] Tolerieren von Eingriffen medizinisch unterstützter Fortpflanzung (in großem Ausmaß), ohne gleichzeitig einen Versuch zu unternehmen, den Bereich und die Konsequenzen dieser Methoden zu bestimmen, [weil] das Recht entweder solche Eingriffe konsequent als

---

[9] Wir meinen hier diese Beziehungen, die in Anlehnung an gesetzliche Institutionen als eheähnlich definiert werden, wie das französische *pacte civil de solidarité.*

[10] Dieser Fall würde mit der Embryospende oder mit seiner gesetzwidrigen Gewinnung übereinstimmen.

[11] Polen hat zwar die Europäische Bioethik-Konvention unterschrieben, sie aber nicht ratifiziert. Weder der grundsätzliche Inhalt der Konvention noch das zusätzliche Protokoll über das Klonverbot sind Teil der polnischen Gesetzesordnung.

illegal bestimmen müsste, oder – falls es diese [Eingriffe] akzeptiert – die gesetzlichen Rahmen ihrer Durchführung zu bestimmen hätte. Gegenwärtig ist weder das Eine noch das Andere in Angriff genommen. Im polnischen Rechtssystem besteht ein gewisser Vakuum-Zustand, was die Filiationsbeziehungen betrifft."[12]

Der Autor bezeichnet die aktuelle Situation als die „schlimmste mögliche Lösung."[13] Die Vorschriften des „Quasi-Rechts", welches der sog. Kodex der ärztlichen Ethik darstellt, ist in diesem Fall auch keine Hilfe.[14]

---

[12] M. Safjan, Gesetzliche Probleme der mit extrakorporaler Befruchtung verbundenen Filiations-beziehungen und des Zugangs zu Informationen über den Spender oder die Spenderin der Fort-pflanzungszellen [Prawne problemy relacji filiacyjnych związanych z zapłodnieniem pozaustrojowym oraz dostępu do informacji dawcy lub dawczyni komórek rozrodczych], in: Lang 2000, S. 323 (Safjan 2000).

[13] Safjan 2000, S. 323. Die zitierte Meinung kann nur teilweise akzeptiert werden. Wir können uns eine viel schlimmere Lösung vorstellen: die Einführung eines absoluten Verbots der ART. Es ist klar, dass mit der Einführung eines Verbots auch die Unklarheiten gegenüber dem „künstlich gezeugten" Kind verschwinden würden. Das wäre aber „das Ausschütten des Kindes mit dem Bade."

[14] Der polnische Kodex der ärztlichen Ethik ist ein Dokument, welches von der Selbstverwaltung der Ärztegewerkschaft (der sog. „Ärztekammer") beschlossen wurde. Es ist kein Rechtsakt, aber ein Teil der Rechtsordnung, weil einige staatliche Gesetze auf seinen Inhalt verweisen. In dem für uns interessanten Bereich sind seine Vorschriften so allgemein, dass man daraus in keiner Weise schließen kann, ob es dem Arzt moralisch erlaubt ist, die ART zu praktizieren. Vgl. Artikel 38 des polnischen Kodexes der ärztlichen Ethik:
„1. Ein Arzt sollte mit äußerstem Verantwortungsgefühl dem Prozess der Überlieferung mensch-lichen Lebens begegnen.
2. Ein Arzt sollte den Personen, die an dieser Problematik interessiert sind, ausführliche, verlässliche und dem aktuellen Wissen gemäße Auskunft erteilen, welche die Prozesse der Befruchtung und die Erzeugungsregelung betrifft.
3. Ein Arzt sollte die Patienten, die zur Gruppe des erhöhten Risikos gehören, mit den diagnostischen und therapeutischen Möglichkeiten der gegenwärtigen ärztlichen Genetik vertraut machen, was auch die pränatale Diagnostik betrifft. Ein Arzt sollte über das mit der Durchfüh-rung der pränatalen Untersuchungen verbundene Risiko informieren, indem er die oben erwähnte Auskunft erteilt."
Artikel 39: „Wenn ein Arzt einen ärztlichen Eingriff an einer schwangeren Frau unternimmt, ist er zugleich für das Leben und die Gesundheit des Kindes verantwortlich. Deswegen ist der Arzt dazu verpflichtet, sich um die Bewahrung der Gesundheit und des Lebens des Kindes auch vor seiner Geburt zu bemühen."
Der im September 2003 von einer Gruppe konservativer Ärzte unternommene Versuch, den polnischen Kodex der ärztlichen Ethik so zu novellieren, dass die Möglichkeiten für eine ART-Durchführung und für pränatale Untersuchungen ausgeschlossen werden, wurde von einer Mehrheit der Teilnehmer des VII. Außerordentlichen Landesärztekongresses abgewiesen,

Man könnte – theoretisch – versuchen, auf der Basis des Artikels 30 der Verfassung der Republik Polen[15] den Schluss zu ziehen, dass einige (oder sogar alle) ART-Prozeduren illegal sind, doch dies wäre – wie auch schon zuvor, wenn in Anlehnung an Generalklauseln argumentiert wurde – ein eher zweifelhafter Versuch, der leicht in Frage gestellt werden kann.

Erwähnenswert ist auch der Fall, der vor einigen Jahren Schlagzeilen machte: Ein Arzt, der eine sehr gute Stellung in der Regierungsverwaltung einnahm, erstattete Anzeige bei der Staatsanwaltschaft. Seiner Anzeige zufolge hätten sich die Ärzte in denjenigen Kliniken einer Straftat schuldig gemacht, in denen ART-Eingriffe durchgeführt worden seien, und die Straftat selbst bestehe darin, dass menschliche Embryonen für eine zukünftige Implantation eingefroren worden seien. Die Staatsanwaltschaft leitete das Beweisverfahren ein, welches später eingestellt wurde, denn man stellte fest, solche Handlungen bildeten keine Merkmale einer Straftat. Freilich, der Vorgang nahm ein gutes Ende. Doch die Patientinnen, die darunter litten, dass in der Zeit des Verfahrens die Tätigkeit der Klinik zurückgestellt wurde, was auch die schon begonnenen medizinischen Prozeduren anbetraf, sind wahrscheinlich ganz anderer Meinung.

In der Tat wird in Polen eine ziemlich große Zahl von Eingriffen aus dem ART-Bereich praktiziert. Es ist uns nicht gelungen, an die aktuellen, den Umfang dieser Praxis repräsentierenden Daten zu gelangen.[16] Im Jahr 1999 stellte sich die Sache wie folgt dar:[17]

---

vermutlich wegen der scharfen Pressereaktion. Die vorgeschlagenen Änderungen umfassten u. a. die Zugabe des Artikel 39 Abs. 2, der wie folgt lautete:

„Ein Arzt sollte sowohl positive als auch negative Konsequenzen der pränatalen Untersuchungen sowohl für die Mutter als auch für das Kind beurteilen. Der Arzt darf keine pränatalen Untersuchungen aufnehmen, wenn es ein höheres Gesundheitsrisiko als der erwartete Gesundheitsnutzen sowohl für die Mutter als auch für das Kind gibt", und des Artikels 39 a, der lautete: „(Abs. 1) Der Arzt darf an keinen Eingriffen teilnehmen, die den ersten Anstoß zum menschlichen Leben auf dem Wege des Klonens sowohl zum Fortpflanzungs- als auch therapeutischen Zweck geben. (Abs. 2) Ein Arzt darf keine Eingriffe der medizinisch unterstützten Fortpflanzung durchführen, die ein höheres Risiko für das gezeugte Kind und seine Mutter als die natürliche Fortpflanzung schaffen."

[15] Artikel 30 der Verfassung der Republik Polen aus dem Jahre 1997: „Die Würde des Menschen ist ihm angeboren und unveräußerlich. Sie bildet die Quelle der Freiheit und Rechte des Menschen und des Staatsbürgers. Sie ist unverletzlich, ihre Beachtung und ihr Schutz ist Verpflichtung der öffentlichen Gewalt." <http://www.sejm.gov.pl/prawo/konst/niemiecki/niem.htm#R2> 13. 01. 2004.

[16] Bei seriösen IVF-Statistiken muss die Wirksamkeit auf die Anzahl der Zyklen bezogen werden, wie z. B. in der Bialystoker Hochschul-Angabe. Es ist ein Unterschied , ob sich 27 % auf einen Zyklus bezieht oder auf 3, 4 oder noch mehr Zyklen. Zum Zweiten geht aus den angegebenen

- Das Institut für Geburtshilfe und Frauenheilkunde der Hochschule für Medizin[18] in Białystok – Klinik für Gynäkologie und Anstalt für gynäkologische Endokrinologie:
  IVF, ICSI-IVF (ca. 1200 pro Jahr; Wirksamkeit 20 - 24 %), AIH (ca. 1000 pro Jahr; Wirksamkeit 25 % nach 4 - 6 Zyklen), Einfrieren von Embryonen, TESE, MESA, Elektroejakulation.
- Das Zentrum für Behandlung der ehelichen Unfruchtbarkeit, „Kryobank" – Klinik in Białystok:
  IVF (insgesamt ca. 140; Wirksamkeit 27 - 33 %), Einfrieren und Verwahrung von Gameten und Embryonen (insgesamt ca. 20000 Portionen), Elektroejakulation, AID.
- Der Lehrstuhl für Geburtshilfe und Frauenheilkunde der Hochschule für Medizin in Bydgoszcz:
  IVF, ICSI-IVF (20 - 30 pro Jahr; Wirksamkeit 12,5 - 20 %), Einfrieren von Embryonen.
- Beratungsstelle für Unfruchtbarkeitsbehandlung im Fachkrankenhaus Nr. 2 in Bytom:
  IVF, ICSI-IVF, GIFT (ca. 250 pro Jahr; Wirksamkeit 13,5 - 29 %), Einfrieren von Embryonen (10 pro Jahr), AIH (400 pro Jahr; Wirksamkeit 60 - 70 % [zweifelhaft – M. B. und P. K.])
- Zentrum für Unfruchtbarkeitsbehandlung „Gameta" in Lotsch [Łódź]:
  AIH (1000 pro Jahr; Wirksamkeit 20 - 40 % nach 4 Zyklen), IVF, ICSI-IVF (400 pro Jahr; Wirksamkeit entsprechend 18 % und 30 - 35 %).
- Klinik für Unfruchtbarkeit und Fortpflanzungsendokrinologie des Lehrstuhls für Gynäkologie und Obstetrik des Gynäkologisch-Obstetrischen Klinischen Krankenhauses in Posen [Poznań]:
  IVF, ICSI-IVF (insgesamt 215 Fälle, 27 Schwangerschaften), AIH (500 pro Jahr; Wirksamkeit 40 %), Einfrieren von Embryonen.
- Klinik für Gynäkologie und Obstetrik des Selbstständigen Öffentlichen Klinischen Krankenhauses Nr.1 in Stetin [Szczecin]:

Zahlen nicht hervor, ob die Wirksamkeit die Schwangerschaftsrate oder die „baby-take-home"-Rate gemeint ist – letztere ist immer deutlich niedriger als die Schwangerschaftsrate!

[17] R. Kulik, Die Techniken der unterstützten Fortpflanzung - ein Entwicklungsmarkt [Techniki wspomaganego rozrodu - rozwijający się rynek], Meldungen über Geburtshilfe und Gynäkologie [Wiadomości Położniczo-Ginekologiczne], elektronische Auslage, Nr. 18, <http://www.libramed.com.pl/wpg/NumeryArchiwalne/18/05.html> 15. 12. 2004 (Kulik 2004). Heutzutage bieten außer den erwähnten mindestens 17 weitere Zentren solche Behandlungen an. <http://www.nasz-bocian.pl./modules.php?name=Kliniki> 1.01.2004.

[18] Die Hochschulen für Medizin sind in Polen selbstständige Hochschulen, die Ärzte ausbilden. Die Mehrheit der Universitäten besitzt keine medizinischen Fakultäten.

IVF (100 - 120 pro Jahr; Wirksamkeit 20 %), ICSI-IVF (seit Anfang 1999 insgesamt 40 Fälle, keine Daten zur Wirksamkeit), AIH (200 - 300 pro Jahr, keine Daten zur Wirksamkeit).

- Zentrum für Unfruchtbarkeitsbehandlung, I. Klinik für Obstetrik und Gynäkologie der Hochschule für Medizin in Warschau [Warszawa]:
  IVF (seit Juni 1999 insgesamt 9 Fälle, keine Daten zur Wirksamkeit), AIH (ca. 5 pro Jahr; Wirksamkeit 20 %).
- Private Praxis für Unfruchtbarkeitsbehandlung „Novum" in Warschau [Warszawa]:
  Einfrieren von Embryonen, IVF/ICSI, MESA/TESE/PESA, (insgesamt ca. 2000 Fälle von 1994 bis 1999, 785 Schwangerschaften[19]).
- Klinik „Consylium" in Warschau [Warszawa]:
  IVF, ICSI-IVF, MESA/TESE-ICSI (200 pro Jahr; Wirksamkeit 20 %), AIH (800 pro Jahr; Wirksamkeit 50 % nach 6 Kursen), Einfrieren von Embryonen.

Wie man aus den obigen, öffentlich bekannten Daten folgern kann, überwiegen zahlenmäßig die Zentren, die zwar in technischem Sinne verschiedene Befruchtungstechniken anbieten, sich aber darauf beschränken, Unfruchtbarkeit bei Ehepaaren zu behandeln. Denselben Daten zufolge werden die AID-Maßnahmen nur sporadisch durchgeführt (obwohl sie in Polen nicht verboten sind und – soweit wir das beurteilen können – die öffentliche Meinung dagegen nicht besonders deutlichen Einspruch erhebt).

Es lässt sich aber nicht ohne Grund vermuten, dass über die bekannten Fälle hinaus eine sehr ernstzunehmende „Dunkelziffer" an anderen ART-Praktiken existiert und dass inoffiziell vor allem diejenigen ART-Methoden zur Anwendung kommen, die mit einfacheren und finanziell erreichbareren Techniken durchgeführt werden können. Das betrifft vor allem die intrakorporale AID-Befruchtung, die im äußersten Fall ohne kompliziertes und kostbares technisches Gerät realisiert werden kann.[20] Die von uns erwähnten zahlreichen Daten weichen sehr weit von der Realität ab, und sie verbergen vor allem, wie oft ART an nicht ehelichen Paaren und allein stehenden Frauen vollzogen werden.

---

[19] Aktuelle Daten bis Oktober 2003 (IVF + ICSI/IVF - 2169 Schwangerschaften; Wirksamkeit ca. 30 %) <http://www.novum.com.pl./sukcesy.htm>; 5. 01. 2004.

[20] Wir wissen inoffiziell von Ärzten, die heimlich künstliche AID - Befruchtungen an jeder Patientin durchführten, die so einen Eingriff verlangte. Der Eingriff wurde mit Hilfe eines Samens unbekannter Abstammung durchgeführt, der vermutlich bakteriologisch nicht geprüft worden war (!).

Es sind uns keine Fälle künstlicher *post-mortem*-Befruchtung, der Embryo-spende oder der Ersatzmutterschaft bekannt, es kann aber nicht ausgeschlossen werden, dass sie heimlich durchgeführt werden.

R. Kulik beweist, dass es neben den oben genannten auch weitere Zentren gibt, welche medizinisch unterstützte Fortpflanzung anbieten, jedoch nicht bereit sind, ihre Daten zur Verfügung zu stellen.[21] Er schreibt:

„Als wir versuchten, von einer Firma, die IVF-Hilfsmaterialien liefert, ein Verzeichnis polnischer Zentren, die sich mit ART beschäftigen, zu bekommen, wurde uns das verweigert, indem man erklärte, dass einige Zentren anonym bleiben möchten."

Es gibt vermutlich zwei Gründe dafür:

1. Die Kliniken, die ihre Tätigkeit gerade erst aufgenommen haben, machen das lieber heimlich[22] – geleitet von kommerziellen Motiven, bis sie relevante Erfolge erreichen.
2. Angesichts der Zweifel, die die moralische Beurteilung einiger ART-Prozeduren betreffen, handeln einige Zentren (oder Ärzte, die ihre Praxis privat betreiben) lieber halböffentlich.

In die medizinische Rechtsdoktrin werden gewisse *de lege ferenda*-Vorschläge eingereicht, die in hohem Maße restriktiv sind. In der polnischen Fachliteratur wurde sogar der Zweifel erhoben, ob die medizinisch unterstützte Fortpflanzung überhaupt als Behandlung (als medizinische Intervention mit Heilcharakter) betrachtet werden dürfe, indem man ART zur Kategorie von Maßnahmen zählte, „ [...] in denen der Behandlungszweck überhaupt nicht existiert oder nur indirekt durchscheint und nicht evident ist."[23]

---

[21] Kulik, 2004.

[22] Kulik, 2004.

[23] M. Safjan, Das Recht und die Medizin. Der Rechtsschutz des Individuums gegenüber dem Dilemma der gegenwärtigen Medizin [Prawo i medycyna. Ochrona praw jednostki a dylematy współczesnej medycyny]; Warschau [Warszawa] 1998, S. 38, 80-81. Die konträre Ansicht, dass ART eine Behandlungsprozedur ist (eine Prozedur der Unfruchtbarkeitsbehandlung), formulieren u. a. B. Popielski, Die extrakorporale Befruchtung im Lichte der Ethik und des Rechts [Zapłodnienie pozaustrojowe w świetle etyki i prawa], in: M. Filar (Red.), Das Recht und die Medizin an der Schwelle des 21. Jahrhunderts. Materialien aus dem Symposium 18.-19. 05. 1987, Thorn [Toruń] 1987, S. 68; M. Boratyńska, P. Konieczniak, Patientenrechte [Prawa pacjenta], Warschau [Warszawa] 2001, S. 79 - 81.

Wenn es um gesetzliche Lösungsvorschläge geht, so nimmt M. Piechowiak eine extreme Position ein. Er stellt jede Technik der medizinisch unterstützten Fortpflanzung in Frage, obwohl er Ausnahmen in besonderen Fällen zulässt (ohne genauere Erklärung, welche Fälle dies sein sollten).[24] Einige ART-Maßnahmen, oder genauer gesagt, die Anwendung von ART-Maßnahmen in einigen sozialen Fällen lehnen u. a. T. Smyczyński[25], M. Safjan[26] und M. Nesterowicz[27] ab. Die zwei zuerst erwähnten Autoren sind für die gesetzliche Beschränkung der Zugänglichkeit von ART-Prozeduren auf Ehepaare, indem sie sich darauf beziehen, dass

„ [...] alle zukünftigen Lösungen [...] die Regel beachten sollten, dass das Wohl des Kindes der entscheidende Faktor ist – nicht die Werte, die mit der Autonomie und der Privatsphäre einer Fortpflanzungsentscheidung verbunden sind."[28]

T. Smyczyński behauptet u. a., dass

„ [...] die Forderung einer allein stehenden Frau [nach Durchführung einer ART – Behandlung; M. B. und P. K.] dem Kind unmittelbar das Recht auf eine vollständige Familie nimmt – dies ist eine egoistische Einstellung und widerspricht dem zukünftigen Wohl des Kindes."[29]

---

[24] M. Piechowiak, Moralische Aspekte der medizinischen Fortpflanzungsunterstützung – Bemerkungen eines Philosophen für den Gesetzgeber [Moralne aspekty medycznego wspomagania prokreacji - uwagi filozofa dla ustawodawcy], in: T. Smyczyński (Red.), Die unterstützte menschliche Fortpflanzung. Gesetzliche Probleme [Wspomagana prokreacja ludzka. Zagadnienia legislacyjne], Posen [Poznań] 1996, S. 93 f. (Smyczyński, 1996).

[25] T. Smyczyński, Die Abstammung des in Folge eines medizinisch unterstützten Fortpflanzungsverfahrens gezeugten Kindes [Pochodzenie dziecka poczętego w wyniku zabiegu medycznie wspomaganej prokreacji], in: T. Smyczyński (Red.), Das System des Privatrechts. Das Familien- und Vormundschaftsrecht [System prawa prywatnego. Prawo rodzinne i opiekuńcze], Warschau [Warszawa] 2003, S. 220, 223 – 224 (Smyczyński, 2003).

[26] Safjan, 2000, S. 323-324.

[27] M. Nesterowicz, Das Medizinrecht [Prawo medyczne], Thorn [Toruń] 2001, S. 184-202 (Nesterowicz 2001).

[28] Safjan, 2000, S. 323-324; ähnlich Smyczyński, 2003, S. 224.

[29] Smyczyński, 2003, S. 220. Wir wissen nicht, wie der Autor die letzte Feststellung mit dem Artikel 114 § 1 des polnischen Familien- und Vormundschaftskodexes vereinbart: „Man kann eine minderjährige Person nur zu seinem Wohl vorbereiten" [„Przysposobić można osobę małoletnią, tylko dla jej dobra"]. Es sei denn, wir nehmen an, dass dem Wohl des Kindes die

Was nun Paare betrifft, die nicht in einer ehelichen Beziehung leben, so ergeben sich seiner Meinung nach Bedenken, was die Stabilität ihrer Beziehung angeht. Am meisten Kummer bereitet ihm jedoch die Frage, wo das Wohl des Kindes bleibt, wenn so eine Beziehung in der Zukunft zerfällt.[30] Derselbe Autor behauptet auch, dass

„ [...] sie kein Recht besitzen, Kinder zu haben und auch keinen Grund, sich so ein Recht zu verschaffen oder dessen Realisierung von der öffentlichen Hand zu verlangen."[31]

Diese und auch andere Argumentationen werden im hohen Maße von W. Lang in Frage gestellt.[32] Er weist endlich darauf hin, dass man

„ [...] alle erwähnten Argumente sowohl für als auch gegen die Zugänglichkeit der medizinischen Befruchtung erschüttern kann. Dieser Streit ist letztendlich im Bereich des ethischen Diskurses unentschieden, genauso wie der Streit über die moralische Zulässigkeit einer Schwangerschaftsunterbrechung. Er kann aber rational und den Postulaten der Sprachethik[33] gemäß geführt und der Bereich der ethisch kontroversen

---

Schwangerschaft einer allein stehenden Frau widerspricht, aber nicht die Adoption des Kindes von dieser Frau.

[30] Smyczyński, 2003.

[31] Smyczyński, 2003, S. 224. Diese Stellungnahme beachtet nicht den Artikel 47 der polnischen Verfassung („Jeder hat das Recht auf rechtlichen Schutz des Privat- und Familienlebens, der Ehre und des guten Rufes sowie das Recht, über sein persönliches Leben zu entscheiden.") und den Artikel 68 Abs. 1 („Jeder hat das Recht auf Schutz der Gesundheit.") Die Ansicht T. Smyczyńskis wäre nur dann begründet, wenn man anerkennen würde, dass sich das gesetzliche Verbot der ART-Anwendung außerhalb der Ehe im Lichte des Artikels 31 Abs. 3 der polnischen Verfassung rechtfertigen lässt („Einschränkungen, verfassungsrechtliche Freiheiten und Rechte zu genießen, dürfen nur in einem Gesetz beschlossen werden und nur dann, wenn sie in einem demokratischen Staat wegen seiner Sicherheit oder öffentlicher Ordnung oder zum Schutz der Umwelt, Gesundheit, der öffentlichen Moral oder der Freiheiten und Rechte anderer Personen notwendig sind. Diese Einschränkungen dürfen das Wesen der Freiheit und Rechte nicht verletzen."). Darüber diskutiert man aber nicht. <http://www.sejm.gov.pl./prawo/konst/niemiecki/niem.htm#R2> 13. 01. 2004.

[32] W. Lang, Die Vorcharakteristik der gesetzlichen Aspekte der medizinisch unterstützten Fortpflanzung [Wstępna charakterystyka prawnych aspektów medycznie wspomaganej prokreacji], in: Lang, 2000, S. 275-278.

[33] W. Lang bezieht sich hier auf die Ansichten von: J. Habermas, Theorie des kommunikativen Handelns, Teil 1, Frankfurt am Main, 1981.

Themen kann deutlich beschränkt werden, wenn die Basis der formulierten Urteile und Postulate den allgemeingültigen und den am wenigsten kontroversen Regeln und moralischen Werten sowie kontrollierbaren empirischen Präsuppositionen entspricht. Solch eine Anforderung an die Durchführung des ethischen Diskurses ist äußerst wichtig, wenn die formulierten moralischen Urteile Standards dafür bilden sollen, wie man Urteile der Rechtsregulierungen formulieren sollte oder wenn sie axiologische Begründungen der *de lege ferenda*-Postulate explizieren sollen."[34]

Am Ende ist noch bedauerlicherweise anzumerken, dass es bis jetzt keine breiter angelegte gesellschaftliche Diskussion über die Grenzen der Zulässigkeit von ART-Anwendungen und über die abstammungsrechtlichen Konsequenzen solcher Praktiken gegeben hat. Das Vorhandensein solch einer Debatte wird für die primäre Bedingung zu jedweder gesetzlichen Lösung des Problems gehalten.[35] Die Diskussion der Experten, die in der juristischen oder philosophischen Fachliteratur geführt wird, ist ebenfalls nicht intensiv. In extremen Fällen ist es keine Diskussion, sondern ein Monolog von Autoren, die sich auf die katholische Moraltheologie beziehen.

Wir wenden uns dem Hauptproblem dieses Artikels zu, und zwar der Frage, welchen Einfluss ART-Anwendungen auf die Abstammungsbestimmung eines so gezeugten Kindes innerhalb des Zivilrechts haben. In dem Sinne kann das polnische Privatrecht, das bisher auf die Existenz der ART nicht reagiert hat, als „konservativ" bezeichnet werden. Die Tatsache, dass das Kind „künstlich" gezeugt wurde, hat keinen Einfluss auf die Filiationsprobleme – seine Abstammung wird nach denselben Regeln bestimmt wie die eines Kindes, das „natürlich" gezeugt wurde. Die Situation wäre auch nicht anders, wenn die „künstliche Fortpflanzung" gesetzlich verboten wäre und es trotzdem zur Zeugung und zur Geburt eines Kindes in Folge irgendeiner verbotenen ART-Prozedur käme.

Die allgemeinen Regeln zur Abstammung eines Kindes sehen folgendermaßen aus: Im polnischen Privatrecht ist die Mutter-Kind-Beziehung (Mutterschaft) eine ursprüngliche Relation. Diese Relation bildet wiederum eine Grundlage zur Bestimmung der Vater-Kind-Beziehung (Vaterschaft). Insbesondere können die in den Artikeln 62 und 85 des Familien- und Vormundschaftsrechts vorgesehenen

---

[34] W. Lang, Die Vorcharakteristik der gesetzlichen Aspekte ... (siehe Fußnote 32), in: Lang, 2000, S. 275-276.

[35] Safjan, 2000, S. 323.

gesetzlichen Mittel zur Feststellung der Vaterschaft angewandt werden, aber erst nach Identifizierung der Mutter.

Formell betrachtet, kann die Mutter des Kindes irgendeine im Geburtsschein notierte Person sein. Artikel 4 des Gesetzes über Standesamtsakten[36] besagt, dass die Standesamtsakten, zu denen der Geburtsschein zählt, der Alleinbeweis der darin festgestellten Familienverhältnisse sind. Derselben Vorschrift gemäß kann die Nichtübereinstimmung der Standesamtsakten mit der Wahrheit nur im Gerichtsverfahren bewiesen werden.

Die Mutter des Kindes ist also die Person, die im Geburtsschein ausgewiesen wird. Wenn der Inhalt des Geburtsscheins mit der tatsächlichen Mutterschaft nicht übereinstimmt, ist das gerichtliche Leugnen der Mutterschaft von der im Geburtsschein erwähnten Frau möglich, ebenso die gerichtliche Bestimmung der Mutterschaft einer anderen Frau. Die allgemeine Rechtsbasis dafür befindet sich im Artikel 189 der Zivilprozessordnung.[37] Keine Vorschrift des polnischen Rechts definiert jedoch den Begriff „Mutter sein". In der Praxis gilt die Regel *mater est quam demonstrat gestatio*. Es ist also eine auch in anderen Rechtssystemen allgemein geltende Regel, die außer einigen Fällen der Ersatzmutterschaft (davon später) keine philosophischen Zweifel weckt.

Die Vaterschaftsbeziehung wird allerdings von zwei juristischen Hypothesen bestimmt: Wenn das Kind während der bestehenden Ehe geboren wurde, nach einem Ehebruch oder nach einer Ungültigkeitserklärung der Ehe, bevor 300 Tage vergangen sind, wird vermutet, dass es vom Ehemann der Mutter abstammt (Artikel 62 § 1 des Familien- und Vormundschaftsrechts). Diese Vermutung kann man widerlegen, aber nur aufgrund einer Klage gegen die Vaterschaft (§ 3) und nicht im Rahmen eines Zivilverfahrens in einer anderen Angelegenheit (z. B. Erbverfahren). Wenn das Kind nach einem Ablauf von 180 Tagen seit der Eheschließung geboren wird, kann die Vaterschaftshypothese angefochten werden, indem man „[...] die Unähnlichkeit des Kindes zum Ehemann beweist" (Artikel 67 des Familien- und Vormundschaftsrechts).[38]

---

[36] Das Gesetz zum Standesamtsaktenrecht vom 29. September 1986 (Dz. U. Nr. 36 aus dem Jahre 1986, Pos. 180 mit späteren Änderungen).

[37] Artikel 189 der polnischen Zivilprozessordnung: „Der Kläger kann vom Gericht die Bestimmung darüber verlangen, ob eine rechtliche Beziehung bzw. ein Recht existiert oder nicht, wenn er ein rechtliches Interesse daran hat."

[38] Falls das Kind in einer Ehe vor Ablauf von 180 Tagen seit Eheschließung geboren wurde, so reicht es, wenn der Ehemann im Rahmen des Vaterschaftsverfahrens eine Erklärung abgibt, dass er nicht der Vater des Kindes ist, um die Vaterschaft abzuerkennen (Artikel 68 § 1 des polnischen Familien- und Vormundschaftsrechts). Wenn aber der Ehemann mit der Mutter des Kindes nicht früher als 300 Tage und nicht später als am 181. Tag vor der Geburt des Kindes verkehrte, muss noch einmal der Beweis geführt werden, dass „ [...] es keine Wahrscheinlichkeit

Die zweite Hypothese bildet die Basis des Artikels 85 § 1 des polnischen Familien- und Vormundschaftsrechts, indem man vermutet, dass

„ [...] der Vater des Kindes ein Mann ist, der mit der Mutter des Kindes nicht früher als am 300. und nicht später als am 181. Tag vor der Geburt des Kindes verkehrt hat."[39]

Es muss hier aber betont werden, dass diese beiden Vermutungsprinzipien die Möglichkeiten der Beweisführung für eine Vaterschaftsbeziehung nicht ausschöpfen. Sie lässt sich auch direkt beweisen, ohne sich dabei auf irgendwelche Vermutungen zu stützen, mit Hilfe glaubwürdiger Beweismittel.

Falls der Beweis der Tatsachen, auf denen die Vaterschaftshypothesen in den Artikeln 62 oder 85 des Familien- und Vormundschaftskodexes beruhen, nicht möglich ist, wird die Existenz eines biologischen Vaters bewiesen werden müssen, worunter man die genetische Vaterschaft verstehen darf. Auch in solchem Falle hat die Definition „Vater sein" keinen juristischen Charakter, wobei in der Fachliteratur die Aufmerksamkeit darauf gerichtet wurde, dass die Bedeutung des Begriffs „Vater" im biologischen Sinne eindeutig ist und deshalb nicht wert, ihn im Gesetz zu definieren.[40]

Wie sieht jedoch die Anwendung dieser Generalregeln in den für uns interessanten Fällen aus?

---

gibt, dass der Ehemann der Vater des Kindes sein kann", um die Vaterschaftshypothese zu widerlegen. Dasselbe gilt für den Fall, wenn der Ehemann bei Eintritt in die Ehe wusste, dass seine Frau schwanger ist, oder wenn er zur Zeit der Eheschließung wusste, dass seine Frau schwanger ist (§ 2).

[39] Diese Vermutung darf nicht von einer einfachen Berufung auf *exceptio plurium concubentum* erschüttert werden: Nach § 2 dieses Artikels kann die Tatsache, dass die Mutter des Kindes in derselben Zeit auch mit einem anderen Mann verkehrte, die Grundlage für die Abkehr von der vermuteten Vaterschaft bilden, aber „ [...] nur dann, wenn die Umstände darauf hinweisen, dass die Vaterschaft eines anderen Mannes wahrscheinlicher ist."

[40] M. Safjan erklärt zutreffend: „Die Definition, welche die Feststellung enthält, dass der natürliche Vater des Kindes der Mann ist, mit dessen Samen das Kind gezeugt wurde, wäre offensichtlich völlig überflüssig." Safjan, 2000, S. 317. Man muss aber noch ergänzen, dass diese Bemerkung nicht mehr aktuell wäre, wenn sich in Zukunft solche Techniken des genetischen Engineerings verbreiteten, die eine männliche Gamete „konstruierten" - eine Hybride des genetischen Materials von zwei Männern. Es würde fast dieselbe Situation entstehen, mit der wir vor kurzem auf dem Boden der Mutterschaftsbeziehungen zu tun hatten - wen können wir den „natürlichen" oder „biologischen" Vater nennen? Ist es in so einer Situation überhaupt möglich, irgendjemanden so zu bezeichnen?

Am einfachsten stellt sich die Sache der Abstammung des Kindes dar, wenn die Schwangerschaft das Ergebnis einer *künstlichen homologen Befruchtung* ist (wobei es nicht wichtig ist, ob sie intra- oder extrakorporal war) und das Kind während der Ehe oder innerhalb von 300 Tagen nach Ehebruch geboren wurde. Die Vaterschaft des Ehemannes der Mutter folgt also aus der Vaterschaftsvermutung, wie im Artikel 62 des Familien- und Vormundschaftsrechts enthalten. Es ist nicht möglich, diese Vermutung zu widerlegen. Es ist nämlich unmöglich, eine „Unähnlichkeit" des Kindes zu dem Mann zu beweisen, der reell sein biologischer Vater ist.[41]

Vom Gesichtspunkt der Filiation ist es nicht wichtig, ob die künstliche homologe Befruchtung mit oder ohne Einverständnis des Ehemannes durchgeführt wurde.[42] Dieses Problem ist aber für die Beurteilung der durchgeführten medizinischen Intervention von Bedeutung.

Wenn die Schwangerschaft durch *künstliche heterologe Befruchtung* hervorgerufen wurde (auch hier ist es nicht wichtig, ob sie intra- oder extrakorporal war), findet die Vermutung der Abstammung des Kindes vom Vater immer noch Anwendung (Artikel 62 des Familien- und Vormundschaftsrechts). Diesmal aber könnte das Einreichen einer Klage gegen die Vaterschaft – theoretisch – erfolgreich sein, wenn der Mann nicht biologischer (genetischer) Vater ist.

In der älteren zivilrechtlichen Fachliteratur erschien die Auffassung, dass der Ehemann immer mit Erfolg die Vaterschaft verneinen könne, unabhängig davon, ob er mit der Durchführung solch einer Insemination einverstanden war oder nicht.[43] Es überwog aber die juristische Meinung, dass die Vaterschaftsverneinung eines Ehemannes, der zuvor mit der Befruchtung durch den Spendersamen einverstanden war, ein Missbrauch des Subjektrechts ist, und zwar im Sinne des Artikels 5 des polnischen Bürgerlichen Gesetzbuches.[44] Letztendlich wurde diese Auffassung von der Rechtssprechung übernommen.[45]

---

[41] Wenn das Kind während der Ehe geboren wurde, aber vor Ablauf von 180 Tagen seit Eheschließung, ändert sich die Situation nur hinsichtlich der Beweisführung. Im Falle eines Prozesses gegen die Vaterschaft könnte der Ehemann der Mutter die Vaterschaftshypothese nach Artikel 62 des polnischen Familien- und Vormundschaftskodexes widerlegen, indem er die (falsche) Erklärung abgibt, dass er nicht Vater des Kindes sei. So eine Vaterschaftsverneinung wäre aber nach dem aktuellen Wissensstand der Genetik und den Möglichkeiten der DNS - Beweisführung nicht möglich.

[42] Smyczyński, 2003, S. 220.

[43] B. Walaszek, *Inseminatio artificialis* und die Vorschriften des Familienkodexes [*Inseminatio artificialis* a przepisy kodeksu rodzinnego], Palestra Nr. 5 von 1960, S. 34.

[44] Der Artikel 5 des polnischen Bürgerlichen Gesetzbuches stellt vom Inhalt her eine generelle Klausel dar: „Man sollte vom eigenen Recht keinen Gebrauch machen, das den bürgerlich-wirtschaftlichen Bestimmungen des Rechts sowie den Regeln des sozialen Zusammenlebens

Der Artikel 5 des polnischen Bürgerlichen Gesetzbuches findet aber keine Anwendung, wenn die Befruchtung mit Hilfe des Spendersamens ohne Zustimmung des Ehemannes durchgeführt wurde. In solch einem Fall kann die Vaterschaft vor Gericht erfolgreich negiert werden.

Die Rechtssprechung über die Vaterschaftsverneinung öffnet den Weg zur Vaterschaftsfeststellung eines anderen Mannes. Sie ist formell möglich, obwohl die früher erwähnten Vaterschaftshypothesen aus den Artikeln 62 und 85 des polnischen Familien- und Vormundschaftsrechts nicht angewandt werden können (der Samenspender ist weder Ehemann der Kindsmutter noch war er es, und er hat auch mit ihr nicht verkehrt).[46] Ein unüberwindliches Hindernis ist hier jedoch der Umstand, dass der biologische Vater in der Regel ein anonymer Spender ist. Ein Arzt, der die künstliche Befruchtung durchführt, darf die persönlichen Daten des Spenders nicht preisgeben.[47]

Die *Ersatzmutterschaft* muss nicht unbedingt mit einer ART-Prozedur verbunden sein. Es gibt nämlich zwei Möglichkeiten:

(1) Das Paar XY, bei dem die Frau (Y) unfähig ist schwanger zu werden oder ein Kind auszutragen, schließt mit einer anderen Frau (Ersatzmutter Z) einen Vertrag ab, der beinhaltet, dass Z vom Mann (X) befruchtet wird und nach der Geburt dem Paar das neugeborene Kind überlässt, das dann als das Kind von X und Y gelten wird.

(2) Paar XY, bei dem die Frau (Y) fähig ist Eizellen zu produzieren, aber unfähig ein Kind auszutragen, schließt mit einer anderen Frau (Z) den

---

widersprechen würde. Solch eine Handlung oder Unterlassung des Berechtigten wird nicht für die Ausrichtung des Rechts gehalten und nimmt keinen Schutz in Anspruch."

[45] Beschluss der sieben Richter des Obersten Gerichtshofs vom 27. Oktober 1983, IIICZP 35/83, OSPiKA Nr. 1 von 1985, Pos. 1.

[46] M. Nesterowicz behauptet zwar, dass „ [...] die gerichtliche Bestimmung der Vaterschaft des Spenders bei AID im Lichte des polnischen Rechts ausgeschlossen ist, weil der Artikel 85 § 1 des polnischen Familien- und Vormundschaftsrechts verlangt, dass der Angeklagte mit der Mutter verkehrte." Nesterowicz, 2001, S. 187; identisch: Smyczyński, 2003, S. 222. Es ist eine verfehlte Stellungnahme, die völlig übersieht, dass der Artikel 85 § 1 des polnischen Familien- und Vormundschaftsrechts die Vaterschaftsvermutung bestimmt, nicht die legale Definition.

[47] Die Pflicht, ein ärztliches Geheimnis zu hüten, folgt aus dem Artikel 40 Abs. 1 des Gesetzes für Medizinberufe. Zugleich bestimmt der Artikel 261 § 2 der polnischen Zivilprozessordnung, dass der Zeuge die Antwort auf die ihm gestellte Frage absagen kann, u. a. dann, „ [...] wenn das Zeugnis mit der Verletzung eines wichtigen Berufsgeheimnisses verbunden wäre." Im Gegensatz zum Strafverfahren kann das Gericht in so einer Situation dem Zeugen von seiner Pflicht nicht entbinden, ein Geheimnis zu bewahren.

Vertrag ab, der beinhaltet, dass Z der Implantation des von X und Y stammenden Embryos[48] in ihren eigenen Uterus zustimmt und nach der Geburt dem Paar das neugeborene Kind überlässt, das als das von X und Y gelten wird.

Der Fall (1) hat nichts mit der modernen Medizin zu tun – so eine Ersatzmutterschaft war schon immer möglich. Es gibt keine Zweifel darüber, wer der „natürliche" Vater und wer die „natürliche" Mutter ist. Auf dem Boden solcher Tatbestände können nur Zweifel erscheinen, ob ein derartiger Vertrag erfolgreich abgeschlossen werden kann sowie insbesondere, ob die Ersatzmutter auf die gesetzliche Mutterschaft verzichten wird und ob die Partnerin des „Samenspenders" in solch eine Beziehung eintreten kann.

Der Fall (2) konnte erst dann auftauchen, als die ersten effektiven ART-Prozeduren durchgeführt wurden. Er ist viel komplizierter, weil er die Tradition zunichte macht, die sowohl im Volksmund als auch im juristischen Jargon „immer" vorhanden war, nämlich, dass „die Mutter nur eine ist". Hier haben wir dagegen zwei Frauen, von denen beide behaupten können – adäquat und ohne unsere Sprachintuition zu verletzen –, dass sie die Mütter desselben Kindes sind.

Die erste Frage, die man zu diesem Fall gleich stellen möchte, ist: Welche dieser zwei Frauen ist die „wirkliche Mutter" und welche nur eine „scheinbare Mutter"? Solch eine Problemstellung ist natürlich inkorrekt (es sei denn aufgrund des platonischen Idealismus). Jede ist „wirklich" und „natürlicherweise" eine Mutter, aber jede hat eine andere „Mutterschaftsbeziehung". Im Falle der einen ist es eine genetische Beziehung, im Falle der anderen dagegen eine Beziehung, die auf die Bindung und die gegenseitige Abhängigkeit der beiden Organismen während der Schwangerschaft gestützt ist. Wenn wir also die Annahme unterstützen wollen, laut der ein Mensch nur eine Mutter haben kann, müssen wir eine Wahl treffen und im gesetzlichen Sinne entweder die genetische oder die biologische Mutter anerkennen. Diese Wahl hat allein den Charakter einer sozialen Konvention, weil kein Wissen aus dem Bereich der Naturwissenschaften uns helfen könnte, die einzig wahre Entscheidung zu treffen.[49] Weil es in unserem Rechtssystem an einer gesetzlichen Mutterschaftsdefinition fehlt (die bis vor kurzem nicht notwendig war), kommt es immer wieder zu Meinungsverschiedenheiten, denn man kann mit Erfolg beide Lösungsvarianten des Mutterschaftsproblems verteidigen. Deshalb wird in der Fachliteratur darauf hingewiesen, dass dieses Problem gesetzlich gelöst werden

---

[48] „Technisch" gesehen kann dieser Embryo aus der IVF - Prozedur oder aus dem Transfer des in vivo gezeugten Embryos aus einem anderen Uterus stammen.

[49] Safjan, 2000, S. 318.

müsse.[50] Da wir aber immer noch darauf zu warten haben, überwiegt in der polnischen Fachliteratur *de lege lata* die Ansicht, laut der die traditionelle Regel *mater est quam demonstrat gestatio* beibehalten werden solle.[51] Seltener kann man die Auffassung finden, dass die Mutterschaft der genetischen Mutter zuzuschreiben sei.[52] Sie scheint aber stets nur schwach begründet.

In der Fachliteratur erschien außerdem noch ein dritter Vorschlag, mit dem A. Dyoniak hervortrat, um anerkennen zu lassen, dass eine Mutterschaftsbeziehung (oder Vaterschaftsbeziehung) ohne biologische Bande zwischen der „gesetzlichen Mutter" (oder dem Vater) und dem „gesetzlichen Kind" entstehen kann, und zwar ausschließlich durch den Willen der Partner, die sich der ART-Maßnahme unterziehen.[53] Dieses Argument wurde aber sehr überzeugend von M. Safjan widerlegt, indem er darauf verwies, dass diese Ansicht keine Grundlagen im gegenwärtigen Rechtsstand besitze: Denn die Bestimmung der Elternschaft wirke gemäß des biologischen Kriteriums. Das Gesetz könne theoretisch Ausnahmen vorsehen, indem es einem anderen Kriterium Vorrang gebe. Heutzutage fehle es jedoch im polnischen Bürgerlichen Recht an solchen Ausnahmen.[54]

Ergänzen lässt sich noch, dass in beiden Fällen der Ersatzmutterschaft der gesetzliche Vater zugleich der biologische Vater ist. Die Vaterschaft folgt aus dem Vermutungsprinzip im Artikel 62 des polnischen Familien- und Vormundschaftsrechts, wenn die Ersatzmutter vom Ehepaar bestimmt wurde. Wenn das daran interessierte Paar kein Ehepaar wäre, fände wahrscheinlich eine freiwillige Anerkennung des Kindes durch den biologischen Vater statt sowie eine gerichtliche Vaterschaftsbestimmung möglich wäre, wenn der biologische Vater im letzten Moment seine Meinung änderte.

Zur Vaterschaft des aus der *post-mortem*-Befruchtung, eventuell aus der *post-mortem*-Implantation des Embryos entstandenen Kindes – dieses Problem sollte in

---

[50] Safjan, 2000, S. 318.

[51] Safjan, 2000, S. 318; Smyczyński, 2003, S. 223 und die dort zitierte Literatur.

[52] M. Działyńska, Die gesetzliche Problematik der Ersatzmutterschaft [Problematyka prawna macierzyństwa zastępczego], in: Smyczyński, 1996, S. 121-122; S. Ważbiński, Die neuesten Errungenschaften der Naturwissenschaften, das Bürgerliche Gesetzbuch und das Vormundschaftsrecht [Najnowsze osiągnięcia nauk przyrodniczych a kodeks cywilny i opiekuńczy], in: Palestra, Nr. 5 von 1966, S. 23.

[53] A. Dyoniak, Der Einfluss des Willen der unmittelbar interessierten Personen auf die Entstehung der gesetzlichen Eltern-Kinder-Beziehung bei der unnatürlichen Fortpflanzung [Wpływ woli osób bezpośrednio zainteresowanych na powstanie stosunku prawnego rodzice-dzieci w przypadku nienaturalnej prokreacji], in: Smyczyński, 1996, S. 141 f.

[54] Safjan, 2000, S. 321-323.

analoger Weise behandelt werden – schweigt das polnische Recht. Auf jeden Fall fehlt es an einer Vorschrift, die so eine Situation eindeutig beurteilen würde. In der Fachliteratur erschienen folgende Ansichten zu diesem Thema:

(1) Ein Kind aus der Insemination oder der *post-mortem*-Implantation des Embryos, das in der Zeit der vermuteten Abstammung des Kindes von der Ehe geboren wurde, sollte für das Kind des gestorbenen Ehemannes mit allen gesetzlichen Konsequenzen gehalten werden. Das Kind, das nach dieser Zeit geboren wurde, wird nicht für das Kind des gestorbenen Ehemannes der Mutter gehalten.[55]

(2) Falls es nach einer *post-mortem*-Insemination (eventuell der *post-mortem*-Implantation des Embryos) zur Einreichung einer Klage um die Vaterschaft des gestorbenen Mannes käme, sollte das Gericht solch eine Vaterschaft bestimmen, denn der Samenspender ist der biologische Vater des Kindes und zugleich schließt keine Rechtsvorschrift seine Vaterschaft aus.[56]

Es ist, wie man sieht, unumstritten, dass zum Gebären eines Kindes, das aus der homologen *post-mortem*-Befruchtung stammt, die Vermutung der Abstammung von der Ehe Anwendung findet (wenn das Kind innerhalb der 300 Tage geboren wurde, die das Vermutungsprinzip des Artikels 62 des polnischen Familien- und Vormundschaftsrechts umfasst). Es bleibt kontrovers, ob im gegenwärtigen Rechtsstand gegenüber dem Kind, das aus der *post-mortem*-Befruchtung stammt, die Möglichkeit der gerichtlichen Bestimmung der Vaterschaft ihre Anwendung finden kann. In diesem Bereich teilen wir die Stellungnahme von M. Nesterowicz (2), denn nur diese ist fest auf den aktuellen Rechtsstand gestützt.

Die *Embryospende* weckt ähnliche Filiationsprobleme wie die Ersatzmutterschaft. Das Situationsschema sieht folgendermaßen aus: Das Paar XY übergibt den aus

---

[55] A. Dyoniak, Der Rechtsstatus eines aus postmortaler Insemination oder postmortaler Implantation eines Embryos stammenden Kindes [Status prawny dziecka pochodzącego z postmortalnej inseminacji albo postmortalnej implantacji embrionu], in: Smyczyński, 1996, S. 39 ff.; akzeptierend Safjan, 2000, S. 314. Diese Stellungnahme basiert auf der These, dass die Festlegung der Abstammung des aus der Befruchtung oder der *post-mortem* - Implantation eines Embryos stammenden Kindes durch ein Gericht unstatthaft ist. Diese These findet sich auch bei M. Dzałyńska, Die gesetzliche Situation des in Folge einer künstlichen Insemination gezeugten Kindes [Sytuacja prawna dziecka poczętego w następstwie sztucznej inseminacji], in: Smyczyński, 1996, S. 127; sowie Smyczyński, 2003, S. 221.

[56] M. Nesterowicz, Die gesetzlichen Probleme der *post-mortem*-Insemination. Das Recht und die Medizin [Problemy prawne inseminacji *post mortem*. Prawo i Medycyna.], Nr. 11 Vol. 4 von 2002, S. 34.

seinem genetischen Material stammenden Embryo einem anderen Paar (AB).[57] Genauso wie bei einer Ersatzmutterschaft wird hier die ehemalige einheitliche Mutter-Kind-Beziehung zerrissen, und es erscheinen hier sowohl die „biologische Mutter" (Y) wie auch die „genetische Mutter" (B), was dieselben Probleme bereitet, die wir schon vorhin beschrieben haben.

Anders sieht hier die Frage der Vaterschaft aus. Ein „wirklicher", biologischer Vater ist X, von dem das genetische Material kommt. Wenn A und B in der ehelichen Beziehung bleiben, kann A aufgrund des Vermutungsprinzips der gesetzliche Vater werden. Wenn nicht, kann er das Kind anerkennen.

Die Klage des Spenders gegen die Vaterschaft von A ist nicht möglich[58], selbst wenn bei X und Y plötzlich elterliche Gefühle für ihren genetischen Nachkommen erwachen würden.

Man sollte annehmen, dass auch Vater A keine Negation seiner Vaterschaft fordern könne, wenn er ursprünglich zugestimmt habe, „Empfänger" des Embryos zu sein und nun seine Meinung änderte nach Geburt des Kindes (in der Praxis gab es solche Situationen gar nicht). In so einem Fall würde die Klage des Vater A als Missbrauch des Subjektrechts angesehen werden – genauso wie beim oben erwähnten Fall der Vaterverneinung bei der künstlichen heterologen Befruchtung.

Das *Klonen* kann schon von seinem Wesen her Probleme beim Bestimmen der Kindesabstammung bereiten. Wenn wir den Embryo, der in den Organismus einer Frau implantiert wird, durch Eizellentransplantation schaffen, können wir nur darüber sicher sein, dass diese Frau nach dem Gebären des Kindes für die biologische Mutter gehalten wird.

Wer ist aber seine genetische Mutter? Ganz bestimmt nicht dieselbe Frau, die das Kind gebar. Wer denn? Und wer ist der genetische Vater? Wir sollten nicht vergessen, dass der „natürliche" Vater auch immer der „genetische" Vater ist. Wir vertreten die Meinung, dass auf dem Boden des Klonens durch Eizellentransplantation der Begriff „genetische Eltern" überhaupt seinen Sinn verliert.[59] Ist das

---

[57] In der Praxis würde die Spende am häufigsten die „überzähligen" Embryonen umfassen, die extrakorporal in Folge der IVF-Prozedur entstanden, eingefroren und nicht zur Implantation von den genetischen Eltern benutzt worden sind.

[58] Der enge Personenkreis, der zur Einreichung solch einer Klage berechtigt ist, beschränkt sich auf die Mutter des Kindes, ihren Ehemann, das Kind selbst und den Staatsanwalt.

[59] Die oben erwähnte Bemerkung betrifft nicht Klone, die durch eine mikrochirurgische Teilung des Embryos entstehen. In diesem Fall würden die Elternschaftsbeziehungen (wenn natürlich aus diesen Embryonen Kinder gezeugt würden) identisch sein mit der Elternschaftssituation normaler eineiiger Zwillinge. Es muss auch bemerkt werden, dass das Praktizieren des *genetischen Engineerings*, wenn es mit embryonalen Veränderungen des Menschen verbunden wäre, auf

„mütterliche Individuum", von dem die Zelle abstammt und welche wiederum die Quelle des genetischen Materials ist, ein „genetischer Zwilling" des Klons und sind die Eltern des „mütterlichen Individuums" genetischer Vater und genetische Mutter des Klons?

Unserer Meinung nach hat das Klonen (wie früher auch die Ersatzmutterschaft) verursacht, dass unsere Möglichkeiten des traditionellen Sprachgebrauchs sehr begrenzt wirken. Im Kontext des Klonens benutzt man plötzlich Termini, die für die Bezeichnungen der Verwandtschaftsbande verwendet wurden, im übertragenen Sinne, als eine Metapher der ursprünglichen Bedeutung. Wir sind der Ansicht, dass ein Klon *keine genetischen Eltern* hat. Der Begriff „Eltern" kann nur in Bezug auf die Organismen sinnvoll benutzt werden, die auf dem Wege der Befruchtung durch Geschlechtsverkehr (durch die Verbindung von zwei generativen Zellen) entstanden sind – ein Klon entsteht aber nicht auf diese Weise.

Aus offensichtlichen Gründen stellen wir nur Hypothesen vor, wie man aufgrund der allgemeinen Regeln den Fall der Klongeburt aus dem Gesichtspunkt der gesetzlich-familiären Beziehungen lösen sollte. Beim Fehlen der genetischen Eltern hat der Klon mindestens die biologische Mutter. Es ist durchaus ein sicherer Ausgangspunkt. Wenn die Geburt des Kindes in einer Ehe stattfindet, findet das Vermutungsprinzip seiner Abstammung seine Anwendung. Wenn die Implantation des Embryo-Klons mit der Einwilligung des Ehemannes erfolgt, sollte man aufgrund des Artikels 5 des polnischen Bürgerlichen Gesetzbuches die Möglichkeit der Vaterschaftsverneinung ausschließen. Wenn es dieses Einverständnis nicht gab, kann die Vaterschaftsverneinung des Ehemannes anerkannt werden.

Kann es denn zur gerichtlichen Vaterschaftsbestimmung kommen? Wenn man die These, dass ein Klon keine genetischen Eltern hat, anerkennt – natürlich nicht. Wenn man diese These von sich weist, ist der Vater des Klons der Mann, der auch der genetische Vater des „mütterlichen Individuums" ist. Unabhängig von jeder Philosophie, würde der genetische Vater des „mütterlichen Individuums" auf unüberwindliche Beweisprobleme stoßen – der DNS-Beweis würde auf ihn verweisen.

ähnliche Weise die Festlegung der Abstammung des Kindes beeinflussen könnte, indem es die traditionelle Begriffsapparatur der Bürgerrechtslehre auf den Kopf stellt.

Schlussfolgernde Betrachtung

Die polnische Gesetzgebung steht auf einem „konservativen" Standpunkt sowohl gegenüber dem Problem der Zulässigkeit von ART-Praktiken als auch gegenüber den Folgen dieser Anwendungen für den Bereich gesetzlich-familiärer Beziehungen. Es ist in dem Sinne konservativ, als dass es bis jetzt auf die Existenz dieser Praxis nicht reagiert hat. Die Vorschriften des Familien- und Vormundschaftsrechts sprechen von Vaterschaftsvermutungen, deren Voraussetzung entweder das Bleiben in der Ehe mit der Mutter des Kindes ist oder die Tatsache des Geschlechtsverkehrs in der so genannten konzeptionellen Zeit – beide unter der Bedingung der Geburt des Kindes im Rahmen einer bestimmten Zeit. Dasselbe Recht konstruiert weder Vermutungsprinzipien gegenüber der Vaterschaft in Folge der heterologen Befruchtung noch gegenüber der Vaterschaft des Partners der Mutter, wenn das Kind in Folge des IVF-Eingriffs geboren wurde. Es schließt natürlich nicht die Anwendung anderer Beweismittel aus, das Gewicht des Beweises wird aber auf allgemeine Regeln verteilt[60], ohne irgendeine Bevorzugung einer der Möglichkeiten. Im polnischen Recht, gibt es keine Mutterschaftsvermutung, der Begriff „Mutterschaft" ist nicht definiert; dies lässt die Frage der Filiation bei einer Ersatzmutterschaft in gewissem Grade offen. Auch die zivilgesetzlichen Konsequenzen der Embryospende bleiben nicht reglementiert.

Unter diesen Umständen bleibt die Abstammung des „künstlich gezeugten" Kinds nach allgemeinen Regeln zu bestimmen, obwohl diese ursprünglich davon ausgehen, dass das Kind in Folge der „natürlichen Fortpflanzung" gezeugt wird.

Ein derartiger Rechtsstand ist nicht das Ergebnis getroffener Entscheidungen, sondern er resultiert aus dem mangelnden Willen, Entscheidungen zu treffen. Wie schon erwähnt wurde, fand keine gesellschaftliche Diskussion über das Verbot der Zulässigkeit von ART (generell oder teilweise) statt. Die erwähnte Initiative zur Änderung des polnischen Kodexes der ärztlichen Ethik, die von einer Gruppe von „Ärzte-Funktionären" einer Gewerkschaft ausging, die *plus catholique que le pape* sind, war ein Versuch zur Einführung von Beschränkungen durch die „Hintertür", ohne sich an die Öffentlichkeit zu wenden. Diese Beschränkungen sollten als Vorschriften mit sehr unklarem Inhalt formuliert werden, die sich arbiträren Interpretationen fügen würden (in der Alltagspresse wurde der Überzeugung Ausdruck verliehen, dass deren Implementierung faktisch gleichbedeutend sei mit dem ganzen oder fast ganzem Verbot der ART-Praxis). Über die Novellierung wurde in den Medien ein kurzer (und ziemlich oberflächlicher Streit) geführt, aufgrund dessen das Projekt verworfen wurde. Obwohl das Ausmaß des Problems der

---

[60] Artikel 6 des polnischen Bürgerlichen Gesetzbuches: „Die Beweislast der Tatsache liegt bei der Person, die aus dieser Tatsache gesetzliche Erfolge ableitet."

Unfruchtbarkeit in Polen genauso groß ist wie in den westeuropäischen Ländern, haben sich keine Gruppen gesellschaftlicher Opposition gebildet, deren Ziel es wäre, die gesetzlichen Prozesse zur Regelung der Problematik von ART-Praktiken auf andere Weise zu initiieren als aufgrund breit angelegter Verbote.

Verwendete Abkürzungen in den Literaturverweisen:

Lang, 2000:   W. Lang (Red.), Gesetzliche Probleme der menschlichen Fortpflanzung, Thorn [Toruń] 2000.

Safjan, 2000:   M. Safjan, Gesetzliche Probleme der mit extrakorporaler Befruchtung verbundenen Filiationsbeziehungen und des Zugangs zu Informationen über den Spender oder die Spenderin der Fortpflanzungszellen [Prawne problemy relacji filiacyjnych związanych z zapłodnieniem pozaustrojowym oraz dostępu do informacji dawcy lub dawczyni komórek rozrodczych], in: W. Lang (Red.), Gesetzliche Probleme der menschlichen Fortpflanzung, Thorn [Toruń] 2000.

Kulik, 2004:   R. Kulik, Die Techniken der unterstützten Fortpflanzung – ein Entwicklungsmarkt [Techniki wspomaganego rozrodu – rozwijający się rynek], Meldungen über Geburtshilfe und Gynäkologie [Wiadomości Położniczo-Ginekologiczne], elektronische Auslage, Nr. 18.

<http://www.libramed.com.pl./wpg/NumeryArchiwalne/18/05.html> 15.12.2004.

Smyczyński, 1996:   T. Smyczyński (Red.), Die unterstützte menschliche Fortpflanzung. Gesetzliche Probleme [Wspomagana prokreacja ludzka. Zagadnienia legislacyjne], Posen [Poznań] 1996.

Smyczyński, 2003:   T. Smyczyński, Die Abstammung des in Folge eines medizinisch unterstützten Fortpflanzungsverfahrens gezeugten Kindes [Pochodzenie dziecka poczętego w wyniku zabiegu medycznie wspomaganej prokreacji], in: T. Smyczyński (Red.), Das System des Privatrechts. Das Familien- und Vormundschaftsrecht [System prawa prywatnego. Prawo rodzinne i opiekuńcze], Warschau [Warszawa] 2003.

Nesterowicz, 2001:   M. Nesterowicz, Das Medizinrecht, Thorn [Toruń] 2001.

Janusz Symonides

Bioethik – internationale Regelungen unter besonderer Berücksichtigung Polens

1. Der Fortschritt und die Menschenrechte

Der Beginn des 21. Jahrhunderts ist markiert durch enorme und weit reichende Entwicklungen in den Wissenschaften und modernen Technologien. Ihre Nutzung führt jedoch zu vielen Kontroversen. Die entscheidende Frage lautet: Welchen Einfluss hat diese Nutzung auf die Menschenrechte, auf die Menschenwürde und auf die Integrität des Menschen?

Diese Frage war Gegenstand internationaler Resolutionen zu den Menschenrechten. Der Artikel 27 der Allgemeinen Erklärung der Menschenrechte formuliert:

„Jede Person hat das Recht, [...] am wissenschaftlichen Fortschritt und dessen Errungenschaften teilzuhaben."

In Artikel 15 des Internationalen Pakts über wirtschaftliche, soziale und kulturelle Rechte ist das Recht jedes Einzelnen gewährleistet, aus den Errungenschaften und Anwendungen des wissenschaftlichen Fortschritts Nutzen zu ziehen; gleichzeitig wird aber darauf hingewiesen, dass dieses Recht auch „die Entwicklung und Verbreitung der Wissenschaft" durch den Staat sowie den Respekt vor „der unerlässlichen Freiheit wissenschaftlicher Forschung" einschließt.

Die Frage, auf welche Weise der wissenschaftliche und technologische Fortschritt die Menschenrechte und die grundlegenden Freiheiten beeinflusst, wurde erstmals 1968 während der Internationalen Konferenz der Menschenrechte in Teheran erörtert. In der ersten Hälfte der siebziger Jahre stellten die Vereinten Nationen sowie andere Organisationen eine Reihe von Arbeiten über positive und negative Konsequenzen des wissenschaftlichen und technologischen Fortschritts für die Menschenrechte vor.[1] Deren Ergebnisse bildeten die Grundlage für ein Projekt, das

---

[1] Diese Berichte analysieren unter anderem den Einfluss wissenschaftlicher und wirtschaftlicher Entwicklungen auf ökonomische, gesellschaftliche und kulturelle Rechte (das Recht auf Ernährung, auf angemessene Bezahlung für entsprechende Arbeit, auf Wohnen und auf Freizeit) sowie

vor dem Hintergrund neuer wissenschaftlicher und technologischer Entwicklungen den Stellenwert der Menschenrechte zu thematisieren und für ihre Beachtung einzutreten beabsichtigte. So verabschiedete die Generalversammlung der Vereinten Nationen im November 1975 eine Deklaration über die Nutzung des wissenschaftlichen und technologischen Fortschritts für den Weltfrieden und zum Wohl der Menschheit. Nach dem Willen der Vereinten Nationen sollen sich Staaten und internationale Organisationen dafür einsetzen, dass Wissenschaft und neue Technologien allein der Stärkung der Menschenrechte dienen. Trotz dieser Bemühungen ist die Lage weitgehend unbefriedigend geblieben. Der Schutz des einzelnen Menschen, der Gesellschaft und der Umwelt vor den Gefahren moderner Technologien kann nur bei Berücksichtigung aller Aspekte der Problematik auf Wirkung hoffen.

Hier kann weder ein innerstaatliches noch ein internationales Gesetz allein die neuen technologischen Herausforderungen und Probleme bewältigen. Es besteht vielmehr die dringende Notwendigkeit, einen ethischen Kodex für Wissenschaftler zu schaffen sowie Juristen und andere Fachleute in den offenen Fragen der Biowissenschaften zu schulen. Unterricht in technischen Fächern muss unter angemessener Berücksichtigung der Menschenrechte erfolgen. Den wissenschaftlichen Fortschritt kann man weder verlangsamen noch aufhalten, aber man kann die richtigen Entscheidungen treffen.

Dank des wissenschaftlichen und technologischen Fortschritts erfreuen sich immer mehr Menschen eines längeren und besseren Lebens. Sie sind in der Lage, technologische Innovationen für den Erhalt und die Stärkung ihrer Gesundheit zu nutzen. Der Zugang zu unterschiedlichsten Informationen und Datenbanken steht ihnen offen. Obwohl wir eine fortwährende Entwicklung in allen wissenschaftlichen und technologischen Bereichen beobachten, sind die Einflüsse auf die Menschenrechte, die sich daraus ergeben, unterschiedlich. Laut der Wiener Deklaration ziehen

„ [...] manche Errungenschaften, besonders im Bereich der Biowissenschaften wie auch in der IT-Technologie, potentiell ungünstige Konse-

---

auf den Nutzen, der aus den Fortschritten in der Biologie, der Medizin und der Biochemie resultiert. Der 1975 vorgestellte Bericht lenkte die Aufmerksamkeit auf die negativen Folgen, welche die Automatisierung, Rationalisierung der Arbeitswelt sowie wissenschaftliche und wirtschaftliche Entwicklung für das Recht auf richtige Ernährung haben. Der Bericht zeigte auch, dass die zunehmenden Umweltschäden Ergebnis dieser Entwicklung sind. Er wies ebenso auf die gesteigerte Zerstörungskraft neuer Waffensysteme und auf den steigenden negativen Einfluss der Nukleartechnologien für die Gesundheit hin.

quenzen für die Persönlichkeit, die Würde und für die Rechte eines Individuums"

nach sich. Dieselbe Deklaration appelliert auch an die

„ [...] internationale Zusammenarbeit mit dem Ziel, die Menschenrechte und die Würde des Menschen in diesen Bereichen, die den allgemeinen Interessen entsprechen, zu schützen."[2]

Der gewaltige und rasche Fortschritt in der Bio- und Gentechnologie – manchmal auch als die „dritte Industrielle Revolution" bezeichnet – hat einen bedeutsamen Einfluss auf die Menschenrechte: Die Entwicklung der Biotechnologien führte zu assistierter Reproduktion und zu anderen reproduktionstechnischen Methoden. Die moderne Medizin befasst sich mit den Transplantationen menschlicher Organe: Die großen medizinischen Zentren, vor allem in den hoch entwickelten Ländern, führen routinemäßig Nieren-, Herz-, Leber-, Lungen- oder Bauchspeicheldrüsentransplantationen durch; die dafür benötigten Organe und Gewebe können sowohl Lebenden als auch Verstorbenen entnommen werden. Diese Situation erzeugt aus der Perspektive der Menschenrechte viele Fragen: die nach der Einwilligung zur Entnahme und zur Transplantation von Organen, nach der Achtung vor Verstorbenen, nach dem Recht auf Transplantation, nach der Aufbewahrung von Organen und Geweben und nach der Definition von Leben und Tod.[3]

Der Fortschritt in der Reproduktionstechnologie (z. B. die künstliche Befruchtung, die schon längst zusammen mit Empfängnisverhütungsmethoden praktiziert wird) brachte ein breites Spektrum an Reproduktionsmethoden, wie etwa die Leihmutterschaft oder die Implantation von Embryonen, mit sich. Sie gibt den Frauen die Freiheit, selbst eine bestimmte Methode der Fortpflanzung für sich auswählen zu können. Indessen entsteht durch die Tatsache, dass diese Techniken nicht allen Menschen zur Verfügung stehen, das Problem einer ungleichen Verteilung beim Zugang zu den künstlichen Befruchtungsmethoden. Für die Zeugungsprobleme ärmerer Frauen insbesondere in den Entwicklungsländern existieren praktisch noch keine zufrieden stellenden Lösungen.

Die neuen Technologien führen zu juristischen und ethischen Diskussionen unter anderem über Vater- und Mutterschaft, über Verwandtschaftsverhältnisse, über die Rechte mittels assistierter Reproduktion geborener Kinder und über das

---

[2] Paragraph 11 der Erklärung der Wiener Weltmenschenrechtskonferenz vom Juni 1993 und der Inhalt des Arbeitsplans.

[3] E. E. Brody, Biomedical Technology and Human Rights, Paris/Cambridge, UNESCO/Darmouth Publishing 1993, S. 109.

Recht auf Fortpflanzung und Elternschaft. Die Meinungen dazu sind unterschiedlich und beruhen auf den kulturellen und religiösen Traditionen der einzelnen Länder. Das Verbot der genetischen und geschlechtlichen Diskriminierung ist ebenso zu berücksichtigen wie die Rechte von Frauen und Kindern.

Die Gentechnik, die als eine „Methode der Veränderung des menschlichen Organismus durch Manipulation an seinem genetischen Material" definiert werden kann, besitzt ein immenses therapeutisches Potential, das die Korrektur genetischer Fehler sowie genetischer oder endemischer Krankheiten ermöglicht. Eine Analyse des genetischen Codes erlaubt es, den weiteren Verlauf des Lebens zu bestimmen und vorgeburtliche Untersuchungen durchzuführen; sie kann zu Vaterschaftstests herangezogen werden oder der Identifizierung von Kriminellen dienen.

Gemeinsam mit den positiven Auswirkungen der Gentechnik tauchen allerdings auch zahlreiche Fragen auf, die mit der ethischen und rechtlichen Seite der ganzen Problematik zusammenhängen. Soll eine Manipulation an Keimzellen, die erbliche und genetische Veränderungen ermöglicht, erlaubt sein? Ist eine Eugenik statthaft? Soll das Klonen von Menschen erlaubt sein? Wie kann die Erschaffung von Hybriden verhindert werden? Diese Fragen betreffen das Wesen des Menschseins an sich, seine Würde und Unverletzlichkeit.

Der Fortschritt in der Biotechnologie und besonders in der Genetik führt zu Bedenken, die das Verhältnis von Gentechnik und Menschsein anbelangen. Diese Zweifel gipfeln in der Forderung, Forschungen auf diesem Gebiet zu unterlassen.[4] Doch der Erhalt und die Förderung der physischen und psychischen Gesundheit ist ein außerordentlich wichtiges Menschenrecht, das ohne wissenschaftlichen Fortschritt nicht realisiert werden kann.

Die Freiheit der wissenschaftlichen Forschung kann andererseits nicht schrankenlos sein. Das Recht wissenschaftlich zu forschen findet seine Grenzen, wenn es dabei zur Verletzung fundamentaler Menschenrechte kommt. Deutlich wurde dies in der Genetik bei der allgemeinen Ablehnung von Forschungen zum menschlichen Klonen.[5] Auch auf einem anderen Gebiet sollen wissenschaftliche Forschungen eingeschränkt werden: Gemeint sind technologische Weiterentwicklungen biologi-

---

[4] Schlussfolgerungen und Empfehlungen des Internationalen Symposiums über den Einfluss der wissenschaftlichen und technologischen Entwicklung auf die Menschenrechte, organisiert vom Internationalen Wissenschaftsrat in Barcelona unter Schirmherrschaft der UNESCO, 25.-28. März 1985, Teil C, Wesentliche Schlussfolgerungen III.

[5] Artikel 11 der Allgemeinen Erklärung zum menschlichen Genom und zu den Menschenrechten. Darüber hinaus erklärte die 5. Weltversammlung der Gesundheit, die 1994 in Genf stattfand, in der am 14. Mai beschlossenen Resolution, dass „die Verwendung von Klonen, um eine menschliche Kopie zu erzeugen, vom ethischen Standpunkt her unannehmbar ist."

scher und genetischer Waffen.[6] Obwohl das Prinzip wissenschaftlicher Freiheit es verbietet, das Recht auf Stellen von Fragen und Aufstellen von Hypothesen einzuschränken, können derartige Einschränkungen jedoch für die Verifizierung von Hypothesen durch Experimente und Praktiken gelten, die für einzelne Menschen oder die Menschheit insgesamt eine Gefahr darstellen.

Die Tatsache, dass man trotz ausführlicher Planungen Forschungstendenzen und deren Ergebnisse nicht voraussehen kann, zwingt uns dazu, mit besonderer Vorsicht zu handeln. Das ist besonders bei der Anwendung der bis jetzt ungeprüften neuen Biotechnologien und bei der Einführung neuer, genetisch modifizierter Organismen von Bedeutung. Angesichts der rasanten Veränderungen auf dem Gebiet der Biotechnologie sind heute eine „Bio-Vorsicht", die Einhaltung bioethischer Grundsätze, eine ethische Sensibilität in den Entscheidungsprozessen und eine wachsende Aufmerksamkeit der Öffentlichkeit besonders nötig.

2. Die Bioethik und die Kommissionen für bioethische Angelegenheiten

Die Entwicklungen in der Biologie, Medizin und Genetik erfordern also juristische und ethische Richtlinien, um vor Missbräuchen zu schützen. Gleichzeitig sollen diese Richtlinien gewährleisten, dass dieser Fortschritt der gesamten Menschheit dient und nicht zu einer Verletzung der Menschenrechte führt. Die Bioethik fordert das Recht jedes Einzelnen, die Ergebnisse dieser Forschungen für seine physische und psychische Gesundheit auf höchstem Niveau nutzen zu können; ebenso berücksichtigt sie auch die in Artikel 7 des Internationalen Pakts über bürgerliche und politische Rechte formulierte Forderung:

„Niemand darf der Folter oder grausamer, unmenschlicher oder erniedrigender Behandlung oder Strafe unterworfen werden. Insbesondere darf niemand ohne seine *freiwillige* Zustimmung [informed consent] medizinischen oder wissenschaftlichen Versuchen unterworfen werden."[7]

Die Bioethik entwickelt sich sowohl auf nationaler wie internationaler Ebene. In vielen Ländern wurden spezielle Komitees für bioethische Angelegenheiten

---

[6] SIPRI Yearbook 1995, Armaments, Disarmament and International Security, Oxford, Oxford University Press 1995, S. 613-615.

[7] Der Internationale Pakt über bürgerliche und politische Rechte wurde am 12. Dezember 1966 von der UNO-Generalversammlung verabschiedet.

berufen, die den nationalen Gesetzgeber in Fragen der Ethik beraten und unterstützen.[8] Auf internationaler Ebene rief die Europäische Kommission im Dezember 1997 die „Europäische Gruppe für Ethik in Wissenschaft und neuen Technologien" (EGE) ins Leben, welche die von 1991 bis 1997 wirkende „Beratergruppe für ethische Fragen in der Biotechnologie" (GAEIB) ersetzte. In den Jahren 1998 bis 2000 erstellte die EGE eine Reihe von Gutachten zu Themen wie Aufbewahrung menschlichen Gewebes, Forschungen an menschlichen Embryonen und an menschlichen Keimzellen, aber auch zum Problem des Dopings im Sport. Ihr bedeutendster Beitrag bestand in der Ausarbeitung eines Berichts über die Charta der Grundrechte im Zusammenhang mit technologischen Innovationen.[9]

1993 richtete die UNESCO das Internationale Komitee für Bioethik (IBC) ein.[10] Dieses Komitee besteht aus 36 anerkannten Spezialisten – Biologen, Medizinern, Juristen, Philosophen und Soziologen – und ist mit der Aufgabe betraut, zu fundamentalen Fragen, die sich aus dem Fortschritt in der Genetik sowie deren Anwendungen ergeben, zu forschen, nachzudenken und auf Praktiken hinzuweisen, welche die Menschenwürde missachten. Seine Aktivitäten sollen in der Öffentlichkeit, in Expertenkreisen und bei Entscheidungsträgern das Bewusstsein für die offenen Probleme der Bioethik schärfen.[11] Das Komitee berät auch in Fragen zur Allgemeinen Erklärung über das menschliche Genom und Menschenrechte.

Die UN-Kommission für Menschenrechte unterstrich in der Resolution 1995/82 zu Menschenrechten und Bioethik die Notwendigkeit zur Entwicklung einer Ethik für die Biowissenschaften auf nationaler wie internationaler Ebene und die Notwendigkeit einer internationalen Zusammenarbeit mit dem Ziel, die sich aus dem wissenschaftlichen Fortschritt ergebenden Vorteile für die gesamte Menschheit zu sichern.

---

[8]   E. Deutsch, The functions of ethical committees, in: Onore di Guido, Gerin, Milan, Cedom, 1996, S. 176; Les Comités d'éthique, Collection " Que sais-je ? ", Paris, Presses universitaires de France, 1990. Das erste nationale Komitee für bioethische Angelegenheiten wurde 1983 in Frankreich gegründet: Comité consultative national d'éthique pour les sciences de la vie et de la santé.

[9]   http://europa.eu.int/comm/european_group_ethics/index=en.htm. Im April 2001 ernannte die Europäische Kommission zwölf Mitglieder der Gruppe für die Jahre 2001-2004 und bekräftigte ihre Rolle. Das Sekretariat der Gruppe wurde zum integralen Teil der politischen Beratergruppe der Europäischen Union.

[10]   Die Gründung eines Internationalen Komitee für bioethische Angelegenheiten wurde in der Resolution 5.165 bestätigt, während der 27. Sitzung der Generalkonferenz der UNESCO. Es ist das einzige Komitee für ethische Angelegenheiten in den Strukturen der Vereinten Nationen.

[11]   Veröffentlicht werden die Debatten, Präsentationen und Berichte des Komitees in Sitzungsprotokollen, vgl. J. Symonides, V. Volodin (Red.), A Guide to Human Rights Institution, Standards, Procedures, UNESCO Publishing, Paris 2003.

Gegenwärtig setzen sich daher in mehreren Ländern Komitees mit ethischen Fragestellungen vor allem zur Biotechnologie auseinander und beteiligen sich aktiv an der internationalen Zusammenarbeit. Um der Arbeit eine organisatorische Form zu geben, gründete der Europarat die Europäische Konferenz der nationalen Ethik-kommissionen (COMETH), die sich aus Vertretern der nationalen Ethikkommissio-nen oder entsprechender Organisationen der Mitgliedsstaaten zusammensetzt.[12]

Das Ziel dieser Konferenz ist es, den Ländern, die Ethikkommissionen gründen möchten, Hilfestellungen zu geben sowie die internationale Zusammenarbeit und die öffentliche Diskussion über ethische Probleme, die im Zuge des Fortschritts in der Biologie, Medizin und öffentlichen Gesundheitspflege entstehen, voranzutrei-ben. Die Komitees aus neunzehn Staaten tragen recht unterschiedliche Namen; ein Hinweis darauf, dass ihre Aufgaben und Ziele nicht identisch sind. Beispielsweise gibt es – neben einer großen Zahl von Komitees, Ausschüssen oder Räten für Ethik und Bioethik – in Großbritannien die Kommission für menschliche Genetik, in Schweden die Kommission für biomedizinische Ethik, in Kanada das Komitee für Ethik, Wissenschaft und Technologie und in Holland den Gesundheitsrat. Ebenso existieren in den verschiedenen Ländern unterschiedliche Modelle der Beratung und Konsultation für bioethische Angelegenheiten. Neben dem zentralisierten System mit einem oder mehreren zentralen Organen gibt es auch dezentralisierte – ein Beispiel dafür ist Polen.

Das polnische Gesetz von 1996 über den Beruf des Arztes[13] organisierte die bioethischen Kommissionen dezentral. Diese werden berufen und wirken bei den Bezirksmedizinalräten, in den medizinischen Hochschulen, medizinischen Fakul-täten der Hochschulen und anderen medizinischen Forschungseinrichtungen. Die Mitarbeit in einer dieser Kommissionen erfordert hohe moralische Reputation und qualifiziertes Wissen; auf diese Weise entstanden und bestehen 50 Kommissionen. Ihre Aufgabe ist eher pragmatischer Natur und beschränkt sich auf das Begutachten konkreter medizinischer Versuche, wobei ethische Kriterien, Zweckmäßigkeit und Möglichkeiten ihrer Ausführung erwogen werden. Das Gesetz sieht vor, dass in Polen ein medizinischer Versuch „ausschließlich nach positiver Begutachtung durch eine unabhängige bioethische Kommission"[14] durchgeführt werden darf.

Das polnische Organisationsprinzip der Dezentralisierung bringt mit sich, dass eine bioethische Kommission ihre Gutachten für die Menschen in der Verwaltungs-

---

[12] http://www.coe.int./T/E/Legal_Affairs/Legal-co-operation/Bioethics/COMETH.

[13] Gesetz über den Beruf des Arztes vom 5. Dezember 1996, Gesetzesblatt von 1997, Nr. 97, Pos. 152.

[14] Art. 29 des Gesetzes über den Beruf des Arztes.

einheit, der sie angehört, erstellt. So lautet zum Beispiel die Arbeitsordnung der bioethischen Kommission an der medizinischen Akademie in Breslau:

„Ein Versuch an Menschen in der medizinischen Akademie in Breslau kann ausschließlich nach positiver Begutachtung des Projekts durch die bioethische Kommission der Medizinakademie in Breslau durchgeführt werden [...]."

Der polnische Gesundheitsminister hat dann – nach Begutachtung durch den Hauptmedizinalrat – die Berufungskommission für bioethische Angelegenheiten[15] einzusetzen. In ihrer Kompetenz liegt die Untersuchung negativer Gutachten oder positiver, die einschränkende Bedingungen oder Vorbehalte enthalten. Die Berufungskommission richtet sich nach denselben Beurteilungskriterien wie die bioethischen Kommissionen selbst, d. h., sie fasst ihre Beschlüsse unter Beachtung der ethischen Kriterien, der Zielsetzung und der Durchführungsmöglichkeiten eines konkreten Projektes. Weder die bioethischen Kommissionen noch die Berufungskommission für bioethische Angelegenheiten sind allerdings gehalten Meinungen oder allgemeine Weisungen zu formulieren oder haben eine ethische und juristische Beratungsfunktion für das Parlament oder die Regierung. Es ist auch nicht ihre Aufgabe, Diskussionen anzuregen oder das öffentliche Meinungsbild zu den Implikationen neuer biomedizinischer Technologien zu formen. Da ihre Stellungnahmen sich auf Vorschläge zu konkreten medizinischen Versuchen beschränken, lassen sie sich auch nur innerhalb dieses konkreten medizinischen Zusammenhangs anwenden.

Das Fehlen einer zentralen bioethischen Kommission mit begutachtender Funktion führte zu Vorschlägen, diese Lücke zu schließen und eine solche Institution ins Leben zu rufen. So wurden Projekte zur Gründung eines nationalen Ethikrates während einer Konferenz vom 3. April 2001 vorgestellt, welche die staatliche Wissenschafts- und Erziehungskommission des Senats der Republik Polen organisiert hatte.[16] Man ging davon aus, dass der zu gründende Rat seine Tätigkeit beim Amt des Ministerpräsidenten ausführen und eine meinungsbildende und beratende Rolle zu den ethischen, juristischen und gesellschaftlichen Problemen einnehmen werde, die sich aus dem biowissenschaftlichen Fortschritt ergeben. Die detaillierte Liste seiner geplanten Aufgaben umfasste

---

[15] Die Verordnung des Ministers für Gesundheit und Öffentliche Fürsorge vom 12. Dezember 1999, Gesetzblatt Nr. 47, Pos. 480.

[16] Senat der Republik Polen, Fragen der modernen Bioethik auf dem Gebiet der Rechtsregelungen, 3. April 2001, Senatskanzlei, Verlagsabteilung, Warschau 2001; http://ie.senat.gov.pl/k4/agenda/seminarium/a/010403.pdf. (Senat der Republik Polen, Fragen der modernen Bioethik 2001).

- Stellungnahmen zur Zulässigkeit von experimentellen Forschungen an Menschen,
- Analysen über die Entwicklung biomedizinischer Erkenntnisse,
- die Bewertung der ethischen, juristischen und gesellschaftlichen Konsequenzen von angewandten und eingeleiteten Diagnostizierungs-, Behandlungs- und Präventionsmethoden sowie der neueren Entwicklungen der Biotechnologie,
- schließlich auch die Kontrolle, ob die in Polen geltenden biomedizinischen Anforderungen eingehalten werden. [17]

Es fällt ins Auge, dass diese Kompetenzen auch Folgendes hätten umfassen sollen:

- das Wachen über Verpflichtungen, die aus dem von Polen ratifizierten internationalen Abkommen über die Aktivitäten des Rates resultieren,
- die Kontrolle normativ bindender Projekte des Rates,
- die Information der Gesellschaft über die Stellung des Rates und über die lokalen und internationalen Standards der Bioethik sowie
- die Kooperation mit anderen internationalen, nationalen und lokalen Organisationen mit ähnlichen Tätigkeitsfeldern.

Obwohl es richtig und selbstverständlich scheint, einen nationalen Rat für Bioethik zu bilden, kam es auf Grund großer Meinungsunterschiede und eines fehlenden gesellschaftlichen Konsenses nicht zu einer solchen Einrichtung.

Auf internationaler Ebene wurden Versuche zur Regulierung bioethischer Fragen von den Nichtregierungsorganisationen seit Mitte des 20. Jahrhunderts vorgenommen. Schon 1947 wurde angesichts der menschenverachtenden nationalsozialistischen Menschenversuche der Nürnberger Kodex formuliert, der als Pionierdokument für gegenwärtige Regelungen zur Bioethik bewertet werden kann. Der Weltärztebund (WMA) nahm 1964 die so genannte Deklaration von Helsinki an, die Maßstäbe für die Durchführung klinischer Versuche am Menschen setzte, indem sie den Nürnberger Kodex erweiterte und konkretisierte.

Auf Wunsch der UN-Generalversammlung formulierte der Rat für Internationale Organisationen der medizinischen Wissenschaft (CIOMS) einen Kodex medizinischer Ethik, der von der Weltgesundheitsorganisation (WHO) unterstützt wurde. Damit formulierte der CIOMS 1982 zusammen mit der Weltgesundheitsorganisation auf Grundlage der Helsinki-Deklaration internationale Richtlinien zur biomedizinischen Forschung am Menschen. 1991 verfasste die 44. UN-Welt-

---

[17] Senat der Republik Polen, Fragen der modernen Bioethik 2001, S. 110 f. .

versammlung zur Gesundheit Grundsätze zur Transplantation menschlicher Organe. Zusammen mit dem Rat für internationale Organisationen der medizinischen
Wissenschaft (CIOMS) beschloss sie 1993 die internationalen ethischen Maßstäbe
für die Durchführung biomedizinischer Versuchen an Menschen. Diese Maßstäbe
wurden 2002 revidiert und novelliert. Eine aktive Rolle in der Förderung der
Bioethik spielen die Europäische Union und der Europarat.

3. Internationale Richtlinien zum menschlichen Genom und zu genetischen Daten

Zu den wichtigsten internationalen juristischen Instrumenten, die Maßstäbe für die
Bioethik setzen, lassen sich die UNESCO-Deklaration über das menschliche
Genom und die Menschenrechte (1997), die Erklärung über genetische Daten des
Menschen (2003) sowie die vom Europäischen Rat beschlossene Erklärung über
den Schutz der Menschenrechte und der Menschenwürde bezüglich der Anwen-
dungen der Biologie und der Medizin hervorheben. Keinen rechtsverbindlichen
Charakter haben dagegen Erklärungen, die von Nichtregierungsorganisationen
beschlossen wurden.

3. 1 Die Allgemeine Erklärung über das menschliche Genom und die Menschenrechte

Diese während der 29. Sitzung der UNESCO-Generalkonferenz am 11. November
1997 beschlossene Erklärung ist das erste internationale Instrument auf dem Feld
der Biowissenschaften.[18] Ihr Erfolg besteht darin, ein Gleichgewicht zwischen der
Achtung der Menschenrechte und der Freiheit der Forschung geschaffen zu haben.
Artikel 2 dieser Erklärung unterstreicht, dass jeder das Recht auf Achtung seiner
Menschenwürde, Einmaligkeit und Mannigfaltigkeit hat, unabhängig von seinen
genetischen Eigenschaften. Zu den Prinzipien, die sich direkt auf das menschliche
Genom beziehen, die aber mit Sicherheit weiter auf die gesamte Biomedizin
übergreifen werden, gehört die Festlegung, das menschliche Genom nicht für
kommerzielle und finanzielle Zwecke zu verwenden. Untersuchungen, Behandlungen oder Diagnosen, die das Genom betreffen, dürfen erst nach genauer
Abschätzung möglicher Risiken und Vorteile sowie nach vorheriger und bewusster

---

[18] J. Symonides, V. Volodin, UNESCO and Human Rights Standard-Setting Instruments, Major
Meetings, Publications, Paris 1999, S. 130 ff.

Zustimmung der betroffenen Person vorgenommen werden. Niemand darf aufgrund seiner genetischen Eigenschaften diskriminiert werden (Artikel 6).

Keine Forschung oder wissenschaftliche Anwendung zum menschlichen Genom (besonders in der Biologie, der Genetik und der Medizin) kann einen höheren Stellenwert als die Beachtung der Menschenrechte oder die Menschenwürde einnehmen. Wesentlich ist hier Artikel 11 der Erklärung: Praktiken, die im Widerspruch zur Menschenwürde stehen, wie das reproduktive Klonen von Menschen, dürfen nicht zugelassen werden.[19]

Die UNESCO-Erklärung stellt eine Reihe von Grundsätzen für die Forschungstätigkeit fest: Sie hebt die Verantwortung der Wissenschaftler hervor sowie die Verantwortung derer, die öffentliche oder private Forschungspolitik gestalten. Die Staaten sollen Mittel bereitstellen, um die Freiheit der Forschung am menschlichen Genom zu sichern. Sie sollen auch Personen, Familien und Gruppen, die durch Krankheiten oder Behinderungen genetischen Ursprungs besonders gefährdet sind, respektieren und praktisch unterstützen.

Die Erklärung wurde einstimmig angenommen – was zeigt, dass sie der Meinung der UNESCO-Mitglieder entspricht und sie zutreffend wiedergibt. Die Unterstützung durch die Generalversammlung der Vereinten Nationen, artikuliert in der Resolution von 1998[20], durch die das Dokument indossiert wurde, stärkte die Bedeutung der Erklärung weiter. Ihre Ausarbeitung wurde dem UNESCO-Komitee für Bioethik anvertraut. Dieses Komitee hat das Recht, die erforderlichen Konsultationen zu organisieren, an die UNESCO-Generalkonferenz gerichtete Empfehlungen anzunehmen und bei der Ausführung beratend zur Seite zu stehen.

3. 2 Die Internationale Erklärung über genetische Daten des Menschen

Auf der 32. Sitzung der UNESCO-Generalkonferenz[21] wurde die Internationale Erklärung zum Schutz genetischer Daten des Menschen einstimmig und durch Akklamation beschlossen. Sie entstand auf Forderung des Wirtschafts- und

---

[19] Die Erklärung ruft die Staaten und zuständigen internationalen Organisationen auf, derartige Praktiken aufzudecken und die nötigen Schritte auf nationaler und internationaler Ebene zu unternehmen, um die Beachtung der Regelungen, wie sie in der Erklärung formuliert wurden, zu garantieren.

[20] Resolution der Generalversammlung vom 9. Dezember 1998, A/RES/53/152.

[21] Die Erklärung wurde am 16. Oktober 2003 beschlossen.

Sozialrats der Vereinten Nationen in den Jahren 2001 und 2003[22]; sie erhielt 2003 auch die Zustimmung der Menschenrechtskommission[23].

Dieses Dokument formuliert ethische Maßstäbe für das Sammeln, die Verarbeitung und die Verwendung genetischer Daten, die in der Medizin, bei juristischen Angelegenheiten und in der Kriminologie zunehmend an Bedeutung gewinnen. Letzteres führt wiederum zu einer steigenden Gefahr des Datenmissbrauchs, was zur Verletzung der Menschenrechte und fundamentaler Freiheiten führen kann. Genetische Daten haben deshalb so große Bedeutung, weil sie auf genetische Prädispositionen hinweisen und Einfluss auf Familie und Nachkommenschaft nehmen können; sie können darüber hinaus Informationen enthalten, deren Bedeutung zum Zeitpunkt der Datenerhebung noch nicht abzuschätzen war.

Die Absicht der Erklärung liegt auf der Hand: Diskriminierungen und Stigmatisierungen soll vorgebeugt und die Menschenwürde wie die Menschenrechte gewährleistet werden – entsprechend den Prinzipien der Gleichheit, Gerechtigkeit und Solidarität, ohne dabei die Freiheiten der Meinungsäußerung und der Forschung einzuschränken. Sie formuliert für die Staaten Richtlinien für ihre gesetzgebenden Aktivitäten und praktischen Anwendungen, wobei den Forderungen nach vorheriger und ausdrücklicher Einwilligung der betroffenen Personen und nach dem Schutz privater und genetischer Daten besondere Bedeutung zukommt.

Für die Realisierung der Erklärung werden das Internationale Bioethische Komitee für genetische Angelegenheiten und das Internationale Komitee der UNESCO für Bioethik verantwortlich sein. Sie sollen auf Basis der Länderberichte die Umsetzung beobachten und beurteilen.

4. Das Ringen der Vereinten Nationen um eine Erklärung gegen das Klonen von Menschen

Der politische Dialog zum Thema Klonen begann bei der Vereinten Nationen mit einer Initiative Frankreichs und Deutschlands. Beide Staaten beantragten in einem Schreiben vom 7. August 2001[24], ein international verbindliches Rechtsinstrument

---

[22] The United Nations Economic and Social Council Resolutions 2001/39 on Genetic Privacy and Non-Discrimination of 26 July 2001, and 2003/232 on Genetic Privacy and Non-Discrimination of 22 July 2003.

[23] Commission on Human Rights, Resolution 2003/69, Human Rights and Bioethics.

[24] Die Initiative hatte zum Ziel, die Aktivitäten zum reproduktiven Klonen von Menschen, die 2001 von einigen Spezialisten und der Raëlianer-Sekte angekündigt worden waren, zu blockieren.

zum weltweiten Verbot des reproduktiven Klonens von Menschen bei der General-versammlung der Vereinten Nationen vorzubereiten. Nachdem das Plenum der UN-Generalversammlung diese Resolution am 12. Dezember 2001 angenommen und indossiert hatte (Res. 56/93), berief die Generalversammlung gemäß der Resolution ein Ad hoc-Komitee, das Verhandlungen über eine Konvention zum weltweiten Verbot des reproduktiven Klonens vorbereiten sollte, indem es die in der Konvention zu behandelnden Elemente präzisierte und Verhandlungsmandat erar-beitete. Nach den ersten Sitzungen des Ad hoc-Ausschusses im Jahr 2002 fasste die Versammlung während der 58. Sitzung in der Resolution vom 19. November 2002 den Beschluss, die Arbeit des Komitees fortzusetzen. Dem Beschluss entsprechend, bildete der 6. Ausschuss der Generalversammlung eine für alle Mitglieder offene Arbeitsgruppe und berief einen Vorsitzenden.[25] Die Diskussion über die zukünftige Konvention wurde sowohl im Rahmen der Arbeitsgruppe wie auch in inoffiziellen Beratungen geführt.

Die Diskussion zeigte, dass viele Staaten den Umfang der von Frankreich und Deutschland vorgeschlagenen Konvention für nicht ausreichend hielten und dass in der Tat jede Form des Klonens von aus menschlichen Embryonen gewonnenen Stammzellen verboten werden sollte – auch das therapeutische Klonen. Es zeich-neten sich also zwei Positionen ab: Eine umfassendere Haltung, von Costa Rica formuliert in einem Resolutionsentwurf vom September 2003, ruft die General-versammlung für das Jahr 2004 in dringender Form zum vollständigen Verbot jeder Form des Klonens embryonaler Stammzellen auf.[26] Eine andere, begrenzte Position, eingebracht durch eine Initiative Belgiens vom Oktober 2003, ruft die Generalversammlung zum vollständigen Verbot lediglich des reproduktiven Klonens auf und schließt das Klonen für medizinische Zwecke vorerst aus.[27] Dieser Entwurf, das den französisch-deutschen Vorschlag modifiziert, sieht für die Form des therapeutischen Klonens drei Möglichkeiten vor:

C. Petitnicolas, Clonage humaine: une vide juridique f l'échelle mondiale, Le Figaro, 8 novembre 2003.

[25] Zum Vorsitzenden der Gruppe wurde Juan Manuel Gomez Robledo (Mexiko) bestimmt. Die Gruppe traf sich vom 29. September bis 3. Oktober 2003 fünf Mal. United Nations General Assembly, International convention against the reproductive cloning of human beings, Report of the Working Group, Doc. A/C. 6/58/L. 9.

[26] Das Resolutionsprojekt vom 26. September 2003, A/C.6/58/L.2, wurde von 43 Staaten unterstützt, u. a. von Spanien, den Vereinigten Staaten und Italien.

[27] Das Resolutionsprojekt vom Oktober 2003, doc. A/C.6/58/L.8, wurde von vierzehn Staaten eingereicht, u. a. Brasilien, China, Japan und Großbritannien.

(1) ein vollständiges Verbot des Klonens für therapeutische und wissenschaftliche Zwecke;

(2) die Einführung eines Moratoriums;

(3) die genaue rechtliche Regelung den Einzelstaaten zu überlassen.

Die Staaten, die ein umfassendes Verbot sowohl des reproduktiven als auch therapeutischen Klonens befürworten, begründen ihre Auffassung mit einer ganzen
Reihe von Argumenten. So könnten klinische und genetische Forschungen trotz der
für viele Krankheiten angekündigten Therapiemöglichkeiten zur Verletzung der
Menschenrechte, der Privatsphäre und der Menschenwürde führen. Die Achtung
der Menschenwürde lasse Forschungen an menschlichen Embryonen nicht zu,
unabhängig von ihren Zwecken. In diesem Zusammenhang wurde die Meinung
geäußert, dass der Embryo schon in seinem frühesten Entwicklungsstadium ein
menschliches Wesen sei; konsequenterweise müsse das Töten von Embryonen für
therapeutische Zwecke als Angriff auf die Würde des Menschen betrachtet werden.
Das Klonen von Menschen mache diese zu einem Gegenstand der industriellen
Produktion und Manipulation.

Die Befürworter eines vollständigen Klonverbots betonen zudem, dass die
Chancen der neuen therapeutischen Technologien begrenzt seien und zweifelhaften
Wert hätten, insbesondere im Zusammenhang mit den ethischen Implikationen, die
mit der bewussten Herstellung und Vernichtung menschlicher Embryonen einhergehen. Daher solle die Forschung an adulten Stammzellen Vorrang haben. Statt
Mittel für das therapeutische Klonen bereitzustellen, ließen sich diese sinnvoller für
die Bekämpfung von HIV/AIDS, Säuglingssterblichkeit und Hungernot verwenden.

Das therapeutische oder experimentelle Klonen geriet auch unter Kritik hinsichtlich der Risiken, die sie für Frauen mit sich bringen. Die Nachfrage nach
menschlichen Eizellen könne in besonderem Maße zu Lasten der Frauen aus armen
Verhältnissen und gesellschaftlichen Randgruppen gehen; die Folge sei eine neue
Form weiblicher Diskriminierung.

Hingewiesen wurde weiter darauf, dass eine Beschränkung des Klonverbots auf
reproduktives Klonen unwirksam sei. Nur ein umfassendes Klonverbot biete die
Garantie, das eigentliche und dauerhafte Ziel, nämlich das Verbot des reproduktiven Klonens, zu erreichen – alles andere sei unwirksam und unmöglich zu
verifizieren. Nur das vollständige Verbot gäbe den Staaten die Möglichkeit, ihre
nationale Gesetzgebung für das Klonen von Menschen auszuarbeiten und zu
ratifizieren.

Diejenigen Staaten, welche die Resolution auf ein Verbot des reproduktiven
Klonens beschränkt wissen wollen, weisen darauf hin, dass laut des deutsch-

französischen Antrags lediglich das Verbot des reproduktiven Klonens Gegenstand der Debatte bei der UN-Generalversammlung und beim entsprechenden Ausschuss sein solle. Die in letzter Zeit veröffentlichten Verlautbarungen und Presseerklärungen über die Geburt von ersten geklonten Menschen[28] bestätigten sich zum Glück nicht, aber sie zeigten, dass diese Gefahren existieren und dass einige Wissenschaftler und Forschungsinstitute davor nicht zurückschrecken. Das Fehlen eines umfassenden und völkerrechtlich bindenden Rechtsinstruments, das Verbot nur einiger Methoden des Klonen von Menschen stellt eine „Einladung" an bestimmte Wissenschaftler dar, Forschungen zu durchzuführen, die moralisch nicht zu rechtfertigen sind und die Menschenwürde verletzen.

Unterstützung für den Abschluss einer Erklärung, die nur das reproduktive Klonen verbietet, gaben auch diejenigen Staaten – aus pragmatischen Gründen –, die in ihrer nationalen Gesetzgebung jede Form des Klonens schon verboten hatten. Jene Staaten, die die Möglichkeit des Klonens für therapeutische Zwecke zulassen, unterstrichen wiederum, dass eine rechtsverbindliche Resolution das Ergebnis offener Diskussionen und Beratungen im Rahmen demokratischer Willensbildungsprozesse sein müsse. Ihrer Meinung nach solle das Klonen für therapeutische Zwecke in jenen Staaten zugelassen sein, in denen ein gesellschaftlicher Konsens bestehe sowie genaue und effektive Regelungen zu Forschungen an menschlichen Embryonen vorhanden seien.

In der bestehenden Situation unterstrichen einige Delegationen, dass die Aussicht auf einen internationalen Konsens nur beim vollständigen Verbot reproduktiven Klonens bestehe. Den Staaten solle auch überlassen bleiben, ein Verbot zu implementieren, ein Moratorium für Forschungsarbeiten zu verfassen oder diese nur unter strenger und effektiver Kontrolle zuzulassen. Eine Lösung, die das breiteste Meinungsspektrum berücksichtige, habe nach Meinung dieser Staaten die größten Chancen auf Erfolg.

Die Stellungnahme der polnischen Regierung – formuliert auf der Basis von Abstimmungen zwischen den einzelnen Ressorts – wurde während des Auftritts der polnischen Delegation im 6. Ausschuss der Vereinten Nationen präsentiert. Ausgerichtet an den ethisch-moralischen, medizinischen und juristischen Werten, hat sie sich für ein umfassendes Verbot des menschlichen Klonens ausgesprochen, also gegen das Klonen von Stammzellen in jeder Form. Sie unterstützt damit den Antrag Costa Ricas, der diese Form des Verbots vorsieht. Gleichzeitig vertrat die polnische Delegation die Meinung, dass die Suche nach allgemein akzeptablen

---

[28] Die Absicht dieser Informationen ist, das Interesse der Medien auf sich zu lenken. Vgl. z. B. die zahlreichen Pressemeldungen über die Absicht des Klonens in der Sekte der Raëlianer.

Lösungen aufrechterhalten bleiben solle. Bis eine solche Lösung jedoch gefunden ist, spricht sich Polen für die dringende Aufforderung der UN-Generalversammlung an die Mietgliedsstaaten aus, das Klonen von Stammzellen in aller Form zu verbieten oder zumindest ein Moratorium für deren Klonen einzuführen.[29]

Bedingt durch die grundlegenden Divergenzen zwischen den Mitgliedsstaaten gibt es wenige Möglichkeiten, einen Konsens auszuarbeiten. In dieser Situation hat das 6. Komitee der UN-Versammlung auf Antrag Irans, des Vertreters der Organization of Islamic Conference (OIC), vorgelegt im Oktober 2003, die Entscheidung mit knapper Mehrheit von 80 zu 79 Stimmen vertagt um zwei Jahre, also bis zum Jahr 2005.[30] Der Beschluss des 6. Komitees wurde allerdings im Dezember 2003 durch die Generalversammlung aufgehoben und der Fortgang der Debatte in die Tagesordnung der nächsten Sitzung der Generalversammlung aufgenommen.

Im Februar 2004 warb Costa Rica für eine erneute Resolution über das Klonen, die es in der 59. Sitzung der Generalversammlung vorzustellen beabsichtigt. Sie sieht die Fortsetzung der Arbeit der Ad hoc-Kommission vor sowie die Empfehlung zu einer Neuformulierung des Resolutionsentwurfs. Bis zu einem Beschluss einer internationalen Konvention gegen das Klonen sollen die Mitgliedsstaaten auf nationaler Ebene Forschungen, Experimente, die Entwicklung und die Anwendung von Technologien, die das Klonen von Menschen zum Ziel haben, verbieten.[31]

Die Diskussion, erweitert um die Frage des Moratoriums, wird im Herbst 2004 fortgesetzt. Während der Sitzungen im Oktober 2004 zeichnete sich allerdings keineswegs ein internationaler Konsens unter den 191 Mitgliedsstaaten ab.

---

[29] Statement by Mr. Andrzej Makarewicz, Representative of the Republic of Poland, New York, 21 October 2003.

[30] Diese Stellungnahme bedeutete die Blockierung des Abstimmungsversuchs, mit dem die Vereinigten Staaten das Konventionsprojekt, welches ein völliges Verbot des reproduktiven und therapeutischen Klonens voraussah, beabsichtigten.

[31] Der Punkt 3 des Resolutionsprojektes, das während der 59. Sitzung der Generalversammlung vorgelegt werden soll. Das Projekt, übergeben von der Botschaft Costa Ricas in Warschau, an das Außenministerium der Republik Polens am 18. Februar 2004.

5. Juristische Desiderate zur Stammzellenforschung in den verschiedenen Ländern

5.1 Variationsbreite der Regelungen in Europa und weltweit

Der fehlende Konsens für das völlige Verbot des therapeutischen Klonens, der bei der Generalversammlung der Vereinten Nationen zutage trat, hat seine Ursache zum Teil in der unterschiedlichen Gesetzeslage der verschiedenen Länder. Staaten, die zu einer Weiterentwicklung dieser Technologien in der Lage sind und die Investitionen in die Reproduktionsmedizin getätigt haben, befürworten entweder die unbegrenzte Freiheit der therapeutischen Forschung an Stammzellen oder möchten sich – ohne das Memorandum abzulehnen – die Möglichkeit des therapeutischen Klonens für die Zukunft offen halten.

Der einzige Staat der Europäischen Union, der offiziell das Klonen menschlicher Embryonen im frühen Stadium gestattet, ist Großbritannien. Das entsprechende Gesetz trat am 31. Januar 2001 in Kraft; es erlaubt die therapeutische Verwertung menschlicher Embryonen, die nicht älter als 14 Tage sind.[32] Belgien ist der zweite Staat der Europäischen Union, der seit 2003 erwägt, das Klonen von Stammzellen zuzulassen.[33]

Nach dem Kriterium der Forschungsfreiheit an Embryonen kann man die Mitgliedsstaaten der Europäischen Union in vier Gruppen einteilen. Die erste erlaubt die Gewinnung von Stammzellen aus überzähligen Embryonen unter bestimmten Voraussetzungen; es sind dies Estland, Finnland, Griechenland, die Niederlande, Lettland, Slowenien, die Türkei, Großbritannien und Ungarn. Die zweite Gruppe verbietet die Gewinnung von Stammzellen aus überzähligen Embryonen im eigenen Land, erlaubt aber unter bestimmten Voraussetzungen Import und Gebrauch von Stammzelllinien aus Embryonen. Diese Lösung wurde von Deutschland gewählt. Die dritte Gruppe bilden Staaten, die die Gewinnung von Stammzellen aus überzähligen Embryonen grundsätzlich verbieten; es handelt sich dabei um Österreich, Dänemark, Frankreich, Irland und Spanien. Zur vierten Gruppe schließlich gehören die Staaten, die keine Rechtsregelungen zur Stammzellenforschung besitzen, nämlich Belgien, Zypern, Tschechien, Luxemburg, Malta, Portugal und Italien.

---

[32] http://free.polbox.pl/k/kmarch/bioetyka.htm.

[33] Informationen zur entsprechenden Gesetzgebung der europäischen Staaten, die zur Europäischen Union gehören, in: Commission of the European Communities, Report on Human Embryonic Stem Cell Research, Brussels, 3. 4. 2003, See 2003/441.

Von den europäischen Staaten, die nicht zur Europäischen Union gehören, verbieten Island, Norwegen[34] sowie die Schweiz das Klonen und Herstellen von Embryonen für wissenschaftliche Zwecke. Nichteuropäische Staaten, die Forschung an und Gewinnung von Stammzellen aus Embryonen zulassen, sind Australien, Indien, Japan und Südkorea.[35] Das Beratungskomitee für Bioethische Angelegenheiten von Singapur sprach sich für die Zulassung des therapeutischen Klonens aus, wenn auch unter genau festgelegten Bestimmungen.

In den Vereinigten Staaten fällt nur die Finanzierung der Forschung unter Bundesrecht. Präsident George W. Bush verkündete am 9. August 2001 für vom Bund finanzierte Forschungen, dass Stammzellen, die vor dem 9. August 2001 aus überzähligen Embryonen gewonnen werden, nicht für Reproduktionszwecke verwendet werden dürfen.[36] Die Gesetzgebung des Bundesstaates Kalifornien sieht jedoch die Möglichkeit der Stammzellengewinnung aus überzähligen Embryonen vor. Ähnliche Lösungen werden in vielen anderen Bundesstaaten der USA diskutiert.

5. 2 *Diskussionen und Rechtsregelungen zu den neuen Reproduktionstechnologien in Polen*

In Polen gibt es kein Gesetz, das bioethische Fragen, Fragen zur Anwendung neuer Reproduktionstechnologien, Forschungen und Schutz des menschlichen Genoms umfassend regelt. Das bedeutet aber nicht, dass ein juristisches Vakuum herrscht.[37] Eine Analyse der polnischen Gesetzgebung fördert Bestimmungen zutage, die zumindest teilweise Fragen der modernen Medizin betreffen.

---

[34] Das isländische Gesetz gilt seit 1996. Der norwegische Gesetzesakt von 1994, der die Anwendung der Biotechnologie in der Medizin regelt, wurde 2002 geändert.

[35] Überblick über die Gesetzgebung in: European Commission, survey on opinions from National Ethics Committees or similar bodies, public debate and national legislation in relation to human embryonic stem cell research and use, March 2003.

[36] http://grants.nih.gov/grants/stem.cells.htm. Das Gesetzesvorhaben wurde 2001 vom Repräsentantenhaus angenommen. Es verbietet das reproduktive und therapeutische Klonen und sieht für die Verletzung dieses Verbots Sanktionen in Höhe von bis zu 10 Millionen Dollar und Gefängnisstrafen bis zu 10 Jahren vor. Das Gesetz wurde jedoch vom Senat der Vereinigten Staaten abgelehnt.

[37] M. Safjan, Die Entwicklung der biologischen Wissenschaften und die Grenzen des Rechtschutzes, Material zur Konferenz: Gegenwärtige Fragen zur Bioethik im Bezug auf die Rechtsregelungen, [Rozwój nauk biologicznych a granice ochrony prawnej, Materiały z Konferencji: Współczesne problemy bioetyki w obszarze regulacji prawnej], S. 45.

Die grundlegende Rechtsvorschrift diesbezüglich ist das Gesetz über den Beruf des Arztes von 1996. Es legt fest, dass neben Diagnostik und Krankheitsprävention auch die medizinische Forschung unter die Ausübung des Arztberufes fällt. Kapitel 4 berührt mit seiner Regelung zu klinischen Versuchen an Menschen bioethische Fragen; dabei kann es sich um therapeutische wie forschungsbedingte Versuche handeln. Zu den *therapeutischen* Versuchen zählt die Anwendung neuer oder nur teilweise getesteter Diagnostik-, Therapie- und Präventionsmethoden durch einen Arzt; Ziel ist der unmittelbare Nutzen für die Gesundheit des Patienten. Diese Form des Versuchs darf durchgeführt werden, wenn die bisherigen klinischen Methoden unwirksam oder nicht ausreichend wirksam sind. *Wissenschaftliche* Versuche haben vor allem die Erweiterung medizinischen Wissens zum Ziel; sie dürfen sowohl an kranken wie auch an gesunden Personen vorgenommen werden. Ein wissenschaftlicher Versuch gilt als zulässig, wenn mit der Teilnahme kein oder nur ein geringes Risiko verbunden ist und nicht in einem Missverhältnis zum möglichen positiven Ergebnis steht.

Ausführlich regelt das Gesetz die Frage der Einwilligung von Teilnehmern klinischer Versuche. Nach Artikel 21 soll die Einwilligung in schriftlicher Form erteilt werden, oder, wenn dies nicht möglich ist, in mündlicher Form in Anwesenheit zweier Zeugen. Die Teilnahme eines Minderjährigen an klinischen Versuchen gestattet sich nur mit Einwilligung seines gesetzlichen Vertreters. Wie schon erwähnt, dürfen medizinische Versuche nur durchgeführt werden, nachdem eine unabhängige Kommission eine positive Begutachtung dazu abgegeben hat.

Die ärztliche Schweigepflicht im Zusammenhang mit klinischen Versuchen betreffend, hat der Arzt nach Artikel 40 des Gesetzes die Pflicht, Informationen über den Patienten geheim zu halten. Diese ärztliche Pflicht kann aufgehoben werden, wenn der Patient oder sein gesetzlicher Vertreter einwilligen, wenn Gesetze es erlauben, wenn die Untersuchung auf Forderung berechtigter Institutionen stattfand oder wenn das Einhalten der Schweigepflicht eine Gefahr für die Gesundheit des Patienten oder anderer Personen bedeuten würde. Darüber hinaus wird die ärztliche Schweigepflicht geschützt durch das Gesetz über den Personendatenschutz von 1997[38]; dessen Artikel 27 verbietet u. a., Daten über den Gesundheitszustand des Patienten, seinen genetischen Code, seine Süchte oder sein sexuelles Verhalten zu verwenden und weiterzugeben.[39]

---

[38] Personendatenschutzgesetz, Gesetzblatt 1997, Nr. 133, Pos. 883.

[39] Das Gesetz sieht jedoch acht Fälle vor, in denen die Verarbeitung der Daten zulässig ist. U. a. ist dies der Fall, wenn der Betroffene seine Einwilligung erklärt, wenn die Verwendung der Daten der Gesundheit des Betreffenden dient, wenn medizinische Dienste geleistet werden, oder während der Behandlung des Patienten durch die Personen, die die Behandlung oder andere medizinische Dienste vornehmen, und wenn die Gewährleistung des Personendatenschutzes garantiert ist.

Fragen des Handels mit Zellen, Geweben und Organen werden durch ein entsprechendes Gesetz von 1995 geregelt.[40] Nach Artikel 18 dieses Gesetzes darf für
die von einem lebenden Spender oder einer menschlichen Leiche entnommenen
Zellen, Gewebe und Organe keine Bezahlung gefordert oder angenommen werden
sowie kein Vermögensvorteil entstehen. Das Gesetz bestimmt, dass die Kosten für
Entnahme, Aufbewahrung, Transport, Bearbeitung und Transplantation nicht
bezahlt werden müssen und keinen Vermögensvorteil darstellen. Der Umfang des
Gesetzes ist aber beschränkt und nicht auf die neuen Reproduktionstechnologien
anwendbar, weil es keine Stellungnahme zur Entnahme und Transplantation von
Keimzellen und Gonaden, von embryonalen und fötalen Geweben sowie Fort-
pflanzungsorganen oder Teilen von ihnen umfasst. Es ist also unklar, ob das Verbot
kommerziellen Handels allgemein gilt oder nur die in diesem Gesetz aufgeführten
Fälle betrifft. In der Rechtsliteratur wird unterstrichen, dass das Verbot
kommerziellen Handels mit allen Teilen des menschlichen Körpers auf der gesamten Rechtsordnung einschließlich der Verfassungsbestimmungen beruhen müsse.[41]

Wie sich aus den hier gemachten Ausführungen ergibt, enthält die polnische
Gesetzgebung u. a. keine Bestimmungen zum reproduktiven und therapeutischen
Klonen, zur genetischen Veränderung des Erbguts, zu eugenischen Handlungen,
zur assistierten Reproduktion und zu Versuchen an Embryonen. Diese lückenhafte
Gesetzeslage weist auf den fehlenden Konsens der polnischen Gesellschaft zu
vielen grundlegenden Fragen der Bioethik hin; in die Diskussionen zwischen
Ärzten, Genetikern, Juristen und Ethikern werden diese Aspekte nur selten
einbezogen.

Die vorhandenen Lücken im Bereich der Ethik und der Deontologie füllt
wenigstens teilweise der Kodex der ärztlichen Ethik von 2004.[42] Wie in seinem
Artikel 1 formuliert wird, resultieren die Grundsätze der ärztlichen Ethik aus allgemeinen ethischen Grundsätzen. Sie verpflichten den Arzt, die Menschenrechte zu
achten und die Würde des Arztberufes zu wahren. Der Arzt hat die Freiheit, die

---

[40] Das Gesetz vom 26. Dezember über die Entnahme und die Transplantation von Zellen, Geweben
und Organen, Gesetzblatt 1995, Nr. 138, Pos. 682.

[41] M. Safjan, Die Entwicklung der biologischen Wissenschaften und die Grenzen des Rechtsschutzes, Material zur Konferenz: Gegenwärtige Fragen zur Bioethik im Bezug auf die Rechtsregelungen, [Rozwój nauk biologicznych a granice ochrony prawnej], Materiały z Konferencji:
Współczesne problemy bioetyki w obszarze regulacji prawnej], S. 48.

[42] Der Kodex der ärztlichen Ethik vom 2. Januar 2004 beinhaltet Änderungen, die am 20. September 2003 vom 7. außerordentlichen Landeskongress der Ärzte beschlossen wurden. Bis zur
Ausgabe dieses Kodexes wird die Selbstverwaltung der Ärzte vom Gesetz über die Ärztekammer
vom 17. Mai 1989 bevollmächtigt.

Behandlungsmethode zu wählen, die er für die wirksamste hält. Von den Regeln, die sich auf die Bioethik beziehen, bestätigt der Kodex das Verbot genetischer Manipulation (Artikel 3) und die ärztliche Schweigepflicht (Artikel 23); er formuliert ein Euthanasieverbot und das Verbot, einen Kranken bei der Selbsttötung zu unterstützen (Artikel 31). Ärztliche Auskünfte zu Fragen der Befruchtung und zu Verhütungsmethoden sollen dem aktuellen medizinischen Wissen entsprechen. Ein Arzt habe die Pflicht, Patienten über die Möglichkeiten moderner Genetik sowie über neue diagnostische und pränatale Therapiemöglichkeiten zu informieren. Auf die Risiken vorgeburtlicher Untersuchungen habe er hinzuweisen. Von wesentlicher Bedeutung ist Artikel 39. Dieser besagt, dass ein Arzt an Verfahren zum reproduktiven und therapeutischen Klonen von Menschen nicht teilnehmen darf. Er dürfe auch keine Forschungsversuche an einem Menschen im embryonalen Stadium durchführen (Artikel 45). Diese seien nur dann zulässig, wenn die zu erwartenden gesundheitlichen Vorteile wesentlich über das Risiko hinausgingen, dem Embryonen unterworfen seien, die nicht den klinischen Versuchen unterzogen würden.

Während der Debatte über Änderungen im Kodex riefen die Formulierungen über die unterstützte Zeugung besonders heftige Diskussionen hervor. Ein Entwurf zu Artikel 39 lautete:

„Ein Arzt darf Verfahren der unterstützten Zeugung nicht durchführen, wenn das Risiko für das Kind oder seine Mutter größer ist als bei einer natürlichen Zeugung."

Die Gegner dieser Formulierung unterstrichen, dass damit die künstliche Befruchtung eingeschränkt sei. Wie der Präsident des Hauptärztekammer, K. Radziwiłł, erklärte, sei bei der In-vitro-Technologie weniger die Tatsache verwerflich, dass das Leben im Reagenzglas entstehe, als vielmehr die Rolle des Arztes – der Person, die denjenigen Keim auswähle, der überleben „dürfe". Es würden schließlich mehrere Eizellen befruchtet, aber das Leben nur einem Kind geschenkt.[43] Gegen die In-vitro-Befruchtung protestiert der Katholische Ärzteverein. Professor M. Szamatowicz, dank dessen Arbeit das erste polnische Kind aus dem Reagenzglas zur Welt kam, wies darauf hin, dass auch im natürlichen Zeugungsprozess ein Teil der Keime absterbe. Die unterstützte Zeugung sei eine Krankheitstherapie, die zwei Personen betreffe. Entschieden ablehnend gegenüber den vorgeschlagenen Änderungen äußerten sich die Frauenorganisationen. Letztendlich wurde der Artikel 39 in seiner vorgeschlagenen Fassung nicht in den Kodex der ärztlichen Ethik aufgenommen

---

[43] Zur Diskussion siehe: I. Hajnosz, Etyka in vitro, http://servisy.gazeta.pl/nauka/html.

5.3 Die Bedeutung der internationalen Erklärung zum Schutz der Menschenrechte und der menschlichen Würde für Anwendungen in der Biologie und der Medizin

Unter den internationalen Rechtsinstrumenten kommt dieser vom Europäischen Rat angenommenen Konvention, kurz die Bioethische Konvention[44] genannt, eine besondere Bedeutung zu, vor allem deswegen, weil sie für die Unterzeichnerstaaten bindend ist. Im Jahre 2004 waren das 17 Staaten.[45] 14 weitere Staaten, darunter auch Polen, haben sie bereits unterschrieben, aber noch nicht ratifiziert. Im Vergleich mit der UNESCO-Erklärung zum Genom wird auch ihr weit reichender Umfang sichtbar. Sie verpflichtet die Unterzeichner, die Würde und die Identität aller Menschen zu schützen und ihre Rechte und grundlegenden Freiheiten im Zusammenhang mit Anwendungen der Biologie und der Medizin zu beachten. Die Staaten sind verpflichtet, angenommene Beschlüsse umzusetzen, indem sie die nötigen Schritte für ihre nationale Gesetzgebung unternehmen. Sind gesundheitliche Eingriffe erforderlich, ist grundsätzlich die unerzwungene Einwilligung des Betroffenen erforderlich, die auf der notwendigen Aufklärung über die geplante medizinische Maßnahme beruhen soll. Ausführlich werden Fragen zum menschlichen Genom und zu wissenschaftlichen Versuchen behandelt. Sind In-vitro-Versuche an Embryonen zugelassen, so fordert Artikel 18 der Konvention deren Schutz durch das Recht. Das Zeugen von Embryonen zu wissenschaftlichen Zwecken ist verboten. Die Konvention regelt auch alle Fragen der Transplantation und verbietet Kommerzialisierung und Profit im Zusammenhang mit dem menschlichen Körper und seinen Organen.

Artikel 31 sieht vor, dass die Regelungen, die im Text der Konvention formuliert wurden, detailliert in Protokollen beschrieben werden können. Bis heute gibt es zwei: Das Protokoll, welches das reproduktive Klonen von Menschen verbietet, wurde 1998 angenommen und trat 2001 in Kraft; das Protokoll zur Transplantation menschlicher Organe und Gewebe wartet seit Januar 2002 auf seine Unterzeichnung, ist also noch nicht in Kraft getreten.[46] In Vorbereitung befinden sich Protokolle über den Schutz von Embryonen und des menschlichen Fötus sowie über klinische Versuche und genetische Forschungen.

---

[44] Text: http://conventions.coe.int./Treaty/en/Treaties/html/164.htm.

[45] Es handelt sich dabei um Bulgarien, Kroatien, Zypern, Tschechien, Dänemark, Estland, Georgien, Griechenland, Spanien, Litauen, Moldawien, Portugal, Rumänien, San Marino, Slowakei, Slowenien und Ungarn.

[46] Texte: http://conventions.coe.int/Treaty/en/Treaties/html/186.htm.

6.   Schlussbemerkungen

Haben die Fragen zur Anwendung neuer therapeutischer Methoden, insbesondere der Gen- und Reproduktionstechnologien eine Chance auf umfassendere Regelungen? Zurzeit bilden die einzigen internationalen Instrumente dieses Charakters die beiden von der UNESCO beschlossenen Erklärungen, die aber kein rechtsverbindliches Moment darstellen. Diese Erklärungen können aber, wie Beispiele aus vielen Verträgen über den Schutz der Menschenrechten beweisen, einen Beschluss zu einer verbindlichen Konvention erleichtern und eine Basis für sie schaffen. Die ist nämlich nötig, denn Regelungen zur Biomedizin oder zur Biotechnologie stellen eine große Bedeutung für die ganze Menschheit dar und sind unerlässlich als Quelle für universelle Maßstäbe.

Eine Chance schaffen die Arbeiten der UN-Generalversammlung, gerichtet auf die Ausarbeitung einer Konvention, die das Klonen verbieten wird. Es gibt keine Divergenzen beim Verbot des reproduktiven Klonens. Ist man aber in der Lage, Kompromisse zu schließen beim therapeutischen Klonen?[47]

Vielleicht gelingt es, den Kompromiss im Jahre 2005 auszuarbeiten – wenn man die einzelnen Staaten entscheiden lässt, das therapeutische Klonen zu verbieten oder ein Moratorium einzuführen. Die Annahme der geplanten Konvention im Rahmen einer Abstimmung, bei der die nationalen Interessen wie oben erwähnt verteilt sind, kann nur zu einer Situation führen, bei der man mit einer begrenzten Anzahl an Ratifizierungen rechnen muss.

Eine weitere Frage bezieht sich auf die Wahrscheinlichkeit einer universellen Konvention, welche die Grundsätze der Bioethik kodifizieren könnte. Wenn man die Tatsache in Betracht zieht, dass die UNESCO-Erklärungen einstimmig beschlossen wurden, dass sie die tatsächliche Anwendung der universellen und allgemein anerkannten Menschenrechte in der Biotechnologie bedeuten – dann besteht eine solche Chance. Denn es gibt keine prägnanten Meinungsunterschiede bei der Weisung, die Menschenwürde zu achten, bei der Erfordernis einer Einwilligung zur Durchführung eines klinischen Versuchs, bei den Verboten genetischer Diskriminierung, reproduktiven Klonens oder des Klonens zwischen verschiedenen Spezies. Vorhanden ist auch eine allgemeine Zustimmung zur unterstützten Zeugung, zum Personendatenschutz, zum Verbot der Kommerzialisierung menschlicher Organe sowie zum Verbot der Eugenik.

Natürlich existieren Bereiche für Streitigkeiten und Kontroversen. Diese betreffen vor allem die Versuche mit Embryonen, ihre Produktion für wissenschaftliche

---

[47] Obwohl man die Stammzellen auch dem Fötus, dem Nabelschnurblut bei der Geburt oder den entwickelten Geweben entnehmen kann. Jedoch liegt zumindest theoretisch eine Überlegenheit der geklonten Zellen in der besseren Verträglichkeit von Abwehrreaktionen des Organismus, wenn die Zellen vom Patienten selbst stammen.

Zwecke und das therapeutische Klonen, aber auch hier besteht die Chance für regionale, europäische Lösungen. Möglicherweise liegt eine größere, Kompromisse eröffnende Chance in der Methode, bei der bereits existierende embryonale Stammzellenlinien für Forschungszwecke verwendet werden, ohne dabei Embryonen zu töten.[48] Auf dem Wege der internationalen Zusammenarbeit und Rechtsregelungen muss Gefahren vorgebeugt werden, dass die modernen Reproduktions- und Therapietechnologien neue Konflikte in der internationalen Gemeinschaft heraufbeschwören.

Verwendete Abkürzung in den Literaturverweisen:

Senat der Republik Polen, Fragen der modernen Bioethik 2001: Senat der Republik Polen, Fragen der modernen Bioethik auf dem Gebiet der Rechtsregelungen, 3. April 2001, Senatskanzlei, Verlagsabteilung, Warschau 2001; http://ie.senat.gov.pl/k4/agenda/seminarium/a/010403.pdf.

---

[48] J. Kubiak, Das Klonen ohne Sünde [Klonowanie bez grzechu], in: Polityka, Nr. 1, 2433, 3. Januar 2004.

Piotr Pałasz

Der Verein zur Behandlung der Unfruchtbarkeit und Förderung der Adoption „Unser Storch"

Im Polen des einundzwanzigsten Jahrhunderts wird das Thema, keine echte Familie gründen zu können, noch immer tabuisiert. Die Menschen schämen sich, offen über ihre eigenen Probleme zu sprechen. Es ist zu vermuten, dass dies mit der fehlenden Offenheit der Gesellschaft für die Problematik der Unfruchtbarkeit und Adoption zu tun hat.

Diese Einstellung erscheint vor dem Hintergrund unverständlich, dass der Kinderwunsch bei etwa jedem vierten, fünften Paar in Polen auf natürliche Weise nicht in Erfüllung geht. In dieser Situation wäre es angebracht, über das Problem offen und laut sprechen zu können, um Lösungswege aufzuzeigen. Leider vermeidet man aber in Polen diese Themen und tut so, als ob sie nicht existierten.

Der durchschnittliche Pole weiß nicht viel oder sogar nichts über Behandlungsmethoden der Unfruchtbarkeit. Es gibt durchaus Begriffe, die einigen vertraut sind, wie z. B. In-vitro-Befruchtung. Sie wecken aber immer auch noch nicht unbedingt positive Emotionen, insbesondere dann, wenn es dabei um die künstliche Befruchtung geht. Vermutlich ist die Einstellung der Polen in der Frage der In-vitro-Befruchtung eng mit den religiösen und kulturellen Umständen in Polen verbunden. Die katholische Kirche lehnt eindeutig jegliche Reproduktionstechnologie ab.

Die Adoption wird demgegenüber aber von der Gesellschaft teilweise anders bewertet. Sie wird einerseits als Zeichen von Barmherzigkeit und Güte, andererseits als große Unbekannte und als ein Risikofaktor gesehen. Bei der Kindererziehung in Polen wird generell eher davon ausgegangen, dass die genetische Veranlagung für die Kindesentwicklung entscheidender ist als soziokulturelle Faktoren; man unterschätzt den Einfluss der sozialen Umgebung und der Menschen, die für ein Kind liebevoll sorgen.

Die polnische Gesellschaft betrachtet die Adoption nicht als eine partnerschaftliche und familiäre Gemeinschaft, in der alle Beteiligten gleichberechtigte Partner sind, sondern sieht sie als eine Art Aufopferung der Adoptiveltern. Das Adoptivkind ist ein „Glückspilz" und soll bis an sein Lebensende den Menschen Dankbarkeit zeigen, die es in ihrer Familie aufgenommen haben. Welch eine irrtümliche Denkweise!

Eine Adoptivfamilie ist eine Gemeinschaft, die allen Beteiligten die Möglichkeit bietet, sich gegenseitig Liebe und Zuneigung zu geben und diese anzunehmen. Jedes Mitglied hat eigene Rechte und Pflichten.

Der Verein zur Behandlung der Unfruchtbarkeit und Förderung der Adoption „Unser Storch" ist spontan im Jahr 2002 von Menschen gegründet worden, die zunächst im Internet andere Betroffene suchten. Der Verein arbeitet ehrenamtlich und vertritt als einzige Organisation in Polen die Interessen kinderloser Paare, die sich für die künstliche Befruchtung entscheiden. „Unser Storch e. V." setzt sich für die Aufklärung über ungewollte Kinderlosigkeit ein, informiert über Behandlungsmethoden und die Adoption. Er möchte Stereotypen überwinden, die mit diesen Themen verbunden sind, die Sichtweise der Gesellschaft ändern und sie überzeugen, dass beide Methoden zu demselben Ziel führen – nämlich eine „echte" Familie zu gründen.

Der Verein organisiert auch Workshops für Adoptivfamilien und Familien mit Adoptionswunsch und koordiniert den Erfahrungs- und Meinungsaustausch zwischen den Betroffenen.

Dank einer eigenen Internetseite (www.nasz-bocian.pl) erreicht der Verein Menschen mit Kinderwunsch, berät mit Hilfe von Experten in medizinischen, psychologischen und juristischen Fragen und versucht das Thema der ungewollten Kinderlosigkeit in der Öffentlichkeit zu enttabuisieren. Im Moment gehört die Internetseite des Vereins zu den wenigen in polnischer Sprache, die über reproduktionsmedizinische Möglichkeiten ausführlich informieren.

Auf der Internetseite haben sich bereits 4.000 Menschen registriert und täglich wird sie von 1.500 Personen besucht. Die Zahl der Besucher spiegelt wider, wie groß der Informationsbedarf zum Thema Kinderwunsch und Behandlungsmethoden tatsächlich ist. Es ist bedauerlich, dass diese Informationen nur eine enge, ausgewählte Gruppe von Besitzern von Internetzugängen erreichen. Dabei entsteht die Frage: Was machen die Betroffenen, die keinen Internetzugang haben? Wie bekommen sie Auskunft? Wo suchen sie Hilfe?

Uns ist daher bewusst, dass wir an der Entwicklung von Informationsprogrammen arbeiten müssen, sowohl für die Gesellschaft und für Ärzte als auch für Politiker und Entscheidungsträger.

Auf den Internetseiten unseres Vereins finden sich auch oft heftige Diskussionen über ethische Fragen. Wie weit darf man bei der künstlichen Befruchtung gehen? Wo liegen die Grenzen einer Behandlung, die ein Arzt keinesfalls überschreiten sollte?

Wir wissen, dass nur manche Paare, die das Glück haben, gute und erfahrene Ärzte zu finden, die Chance erhalten, richtig behandelt zu werden und ein Wunschkind zu bekommen.

Es gibt leider in Polen noch viele Ärzte ohne jegliche Grundkenntnisse über Unfruchtbarkeit, die aber dennoch versuchen, ihre Patienten zu behandeln. Um es klar und direkt zu sagen, sie nutzen die Verzweifelung und Desorientierung ihrer Patienten aus, um Geld zu verdienen. Für einige Kliniken und Ärzte ist die Behandlung der Unfruchtbarkeit eine erhebliche Geldquelle. Und es ist ja leidlich bekannt, dass dort, wo es viel Geld gibt, es auch unehrliche Menschen gibt. Der Verein hat den Mut, auf seinen Internetseiten über diese Unehrlichkeit von Ärzten und Kliniken zu berichten. Und man kann dort Adressen von Ärzten finden, von denen fachliche Hilfe erwartet werden darf.

Wenn ein Paar im Alter von 30 Jahren mit der Behandlung bei einem nicht entsprechend fachlich ausgebildeten Arzt anfängt, dann vergehen manchmal Jahre, bis es schließlich ein gutes Klinikum findet. In einem solchen Fall wird es dann sehr schwer, noch einen Erfolg zu erzielen. „Unser Storch" zeigt zwei Wege, die zu einer „echten" Familie führen. Ein Weg ist die medizinische Behandlung mit einer ganzen Palette von Reproduktionstechnologien. Der Verein informiert aufrichtig über dieses Thema.

Die Kinderwunsch-Behandlung verläuft sowohl auf der körperlichen als auch auf der psychischen Ebene. Jeder nicht gelungene In-vitro-Fertilisationsversuch wird von den Paaren als Verlust eines Kindes betrachtet. Bei manchen löst das eine tiefe emotionale Krise aus.

Die Kosten für die angewandten Reproduktionsmethoden müssen in Polen allein von den Patienten getragen werden. Die gesetzlichen Krankenversicherungen haben solche Behandlungen nicht in ihren Leistungskatalog aufgenommen. Das bedeutet, dass nur wenige Paare mit Kinderwunsch sich eine solche Therapie tatsächlich leisten können. Jedoch nicht nur die hohen Kosten stellen für einige Menschen eine Barriere dar. Einige entscheiden sich gegen die künstliche Befruchtung aus ethischen Gründen. Diesen Paaren zeigt der Verein den zweiten Weg auf – er propagiert die Idee der Adoption als Weg aus der Kinderlosigkeit.

Die Gründung von Familien ist das bedeutendste Ziel der Mitglieder des Vereins. Dabei wird Familie als „zwei +" verstanden, d.h. ein Paar plus Kind. Der Verein zeigt dabei zwei Wege (die Behandlung oder die Adoption) zur Erfüllung des Kinderwunsches auf.

Die zukünftigen Eltern entscheiden selbst, welchen Weg sie beschreiten wollen, um ihr Ziel, d. h. ein Kind und damit eine eigene Familie, zu erreichen.

Wir glauben, dass „Unser Storch" die Betroffenen bei ihren Entscheidungen unterstützt. Wir verstehen uns auch als Informationszentrale für Paare hinsichtlich aller Fragen ungewollter Kinderlosigkeit. Bei uns erhalten sie außerdem die Adressen von Kliniken, Ärzten und Psychologen, bei denen ihnen Hilfe zuteil wird.

In unserer Tätigkeit spielt der Erfahrungsaustausch eine große Rolle. Die Mitglieder des Vereins erteilen gerne Informationen. Auf unseren Internetseiten gibt es auch die Möglichkeit, Meinungen auszutauschen, sich Tipps zu holen oder einfach andere Betroffene und ihre Geschichten kennen zu lernen. Der gegenseitige Austausch von Gedanken, Gespräche und Diskussionen helfen den Paaren mit Kinderwunsch ihr Problem zu klären und einen Ausweg zu finden.

übersetzt von Dorota Ogórek

Heidi Hofmann

Reproduktionstechnologien bedeuten soziokulturelle Veränderungen – Eine bundesdeutsche Sicht[1]

Einleitung

Humantechnologien sind in der BRD seit Ende der 70er Jahre – als nach einer Reagenzglasbefruchtung das weltweit erste Retortenbaby geboren wurde – Gegenstand der öffentlichen Debatte. Beginn, Weiterentwicklung und ihre Etablierung müssen im Kontext unserer Technokultur gesehen werden, in der sich die Molekularwissenschaft als eine Leitwissenschaft unseres Jahrhunderts etabliert hat. Zu ihr gehört die Reprogenetik, welche die Anwendung und Kombination von gentechnischen Methoden bei der Retortenbefruchtung umfasst.

Die radikale Veränderung des Verständnisses von natürlich und künstlich, wie es sich u. a. auch in der Umdeutung des „eigenen Kindes" im Zeitalter seiner technischen (Re-) Produzierbarkeit spiegelt, ist der Hintergrund für feministische Theoriediskussionen, aber auch die in vielen anderen Bereichen wie Wissenschaftstheorie, Philosophie, Ethik. Es kam im Zuge der Entwicklung neuer Technologien zu einer grundlegenden Reflexion von normativen, epistemologischen und ontologischen Prämissen, die sich insbesondere um das Naturverhältnis und um den Naturzugriff zentrierte. Ein dominanter Diskursstrang dieser theoretischen Debatte spricht von Grenzüberschreitung und Grenzauflösung, vom Verschwinden und der Rekonfiguration des Körpers, von Natur und Natürlichkeit.[2]

Angesichts der mittlerweile alltäglichen Anwendung reprogenetischer Technologien in der BRD und den westlichen Industriestaaten möchte ich nicht, wie bisher

---

[1] Dieser Beitrag ist bereits erschienen in: J. Weber, C. Bath (Hrsg.), Turbulente Körper, soziale Maschinen. Feministische Studien zur Technowissenschaftskultur, Opladen 2003, S. 235-250.

[2] Vgl. H. Hofmann, Die feministischen Diskurse über Reproduktionstechnologien. Positionen und Kontroversen in der BRD und den USA. Frankfurt a. M. 1999 (Hofmann, 1999); A. Saupe, Verlebendigung der Technik. Perspektiven im feministischen Technikdiskurs. Bielefeld 2000; J. Weber, Umkämpfte Bedeutungen. Natur im Zeitalter der Technoscience. Frankfurt a. M. 2003 (Weber, 2003).

größtenteils geschehen, primär auf einer metatheoretischen Ebene darüber reflektieren, sondern versuchen, den Blick auf mögliche, dadurch ausgelöste soziokulturelle Veränderungen zu richten.

Die Hinterfragung und Neubestimmung anthropologischer Kategorien, die sich im Kontext der technologischen Entwicklung vollziehen, sind von einer Veränderung menschlicher Beziehungen begleitet; u. a. konstituieren sich Familie, Elternschaft, Verwandtschaft durch die Anwendung der Humantechnologien neu. Die Aufspaltung von Muttersein in Leihmutter, Tragemutter, Ersatzmutter, von Vatersein in Zeugungsvater, Zahlvater, Ziehvater sind Indikatoren für eine Verstärkung und Umbewertung von körperlichen und sozialen Anteilen von Elternschaft, von Familie und Verwandtschaft. Sie stehen für einen Bedeutungswandel: für das Verschwinden, aber auch für das Auftauchen von Körpern. Anders ausgedrückt: Es geht um die Rekonfiguration biologischer, natürlicher, sozialer und technischer Körper und deren soziokultureller Anerkennung.

Vor dem Hintergrund dieser Überlegungen lautet meine Frage: Welche gesellschaftspolitischen Auswirkungen und welche soziokulturellen Veränderungen ergeben sich aus der Anwendung der modernen Körpertechnologien?

Um diese im konkreten Leben sich vollziehenden Transformationen menschlicher Beziehungen und kultureller Einstellungen in den Blick zu bekommen, werde ich in einem ersten Schritt wesentliche Veränderungen des Naturverhältnisses in der metatheoretischen Debatte – sowohl im philosophischen Mainstream, z. B. bei Jürgen Habermas, vor allem aber auch im feministischem Diskurs vorstellen.

Daran anknüpfend untersuche ich soziokulturelle Veränderungen entlang der Vorstellungen von non-koitaler und kollaborativer Reproduktion, die damit einhergehende Verlagerung der Reproduktion in den öffentlichen Raum und die Neukonstitution von Verwandtschaftsbeziehungen, die sich als renaturalisierte um den Mythos vom eigenen Kind konfigurieren.

1.   Vom „Gewachsenen" zum „Hergestellten"

Reprotechniken, die auf Keimzellen und Körpersubstanzen zielen, wurden insbesondere von feministischer Seite als Teil eines qualitativ neuen Umgangs mit der Natur interpretiert, der zu einer Grenzauflösung zwischen Organischem/Anorganischem, zwischen Natur/Kultur, Tier/Mensch, Mensch/Maschine führt. Diese Veränderungen werden einerseits als Verlust beklagt, aber auch als Ausgangspunkt von Visionen begrüßt.

Das Verschwinden, die Auflösung und Abschaffung einer präexistentiell vorhandenen biologischen Natur im Sinne des Humanismus durch technowissen-
schaftliche Praktiken drückte der Philosoph Jürgen Habermas prägnant mit den Begriffen „zwischen Gewachsenem und Gemachtem, Subjektivem und Objektivem"
aus.[3] In seinem Buch „Die Zukunft der menschlichen Natur. Auf dem Weg zu einer
liberalen Eugenik" thematisierte er insbesondere an der Präimplantationsdiagnostik
(PID) und der Stammzellforschung – den Verfahren, die in der BRD in den letzten
Jahren im Mittelpunkt der öffentlichen Diskussion stehen – das Überschreiten einer
Epochenschwelle.

Vor dem Hintergrund der Anwendung von PID und dem Klonen, zwei Methoden
der Merkmalserzeugung und Merkmalsverhinderung, stellt er fest, dass ein Rekurs
auf eine Anthropologie, derzufolge menschliche Natur nicht vom Menschen
hergestellt ist, nicht länger aufrechterhalten werden kann[4]. Habermas beschreibt die
ontologischen und epistemologischen Veränderungen des neuen Naturbegriffs
folgendermaßen: Die

„Grenze zwischen der Natur, die wir *sind,* und der organischen Ausstattung, die wir uns *geben"*,

verschwimmt.[5] Und an anderer Stelle:

„Bisher konnte das säkulare Denken der europäischen Moderne wie der
religiöse Glauben davon ausgehen, dass die genetischen Anlagen des
Neugeborenen und damit die organischen Ausgangsbedingungen für
dessen künftige Lebensgeschichte der Programmierung und absicht-
lichen Manipulation durch andere Personen entzogen sind."[6]

---

[3] J. Habermas, Die Zukunft der menschlichen Natur. Auf dem Weg zu einer liberalen Eugenik?
Frankfurt a. M. 2001 (Habermas, 2001), S. 45 und 85.

[4] Zu einer ausführlichen Begründung des Zusammenhangs der Präimplantationsdiagnostik und der
Stammzellforschung als Methoden der Merkmalsverhinderung und Merkmalserzeugung siehe
I. Schneider, Embryonale Stammzellforschung. In: Bundesministerium für Gesundheit (Hrsg.),
Fortpflanzungsmedizin in Deutschland. Wissenschaftliches Symposium des Bundesministeriums
für Gesundheit in Zusammenarbeit mit dem Robert Koch-Institut vom 24. - 26. Mai 2000 in
Berlin. Baden-Baden 2001, S. 248 - 254.

[5] Habermas, 2001, S. 44.

[6] Habermas, 2001, S. 29.

Mit der Anwendung der Humantechnologien aber ist menschliche Natur nicht mehr vorgegeben, sondern durch korrigierende Eingriffe wird sie ein von Dritten (mit-) entworfenes Design. Leben und Natur werden umgeschrieben zu einem zerlegbaren, entwerfbaren, re-organisierbaren Objekt.

Mich interessieren hier weniger die ethischen Überlegungen und normativen Prämissen von Habermas, aber mit seiner Unterscheidung zwischen dem Programmierer, dem Hersteller, dem Produkt bzw. denen, die hergestellt werden, wird es möglich, die asymmetrischen Beziehungen von Menschen untereinander in den Blick zu bekommen.[7] Er benennt die durch die Anwendung von Humantechnologien entstandene schwerwiegende Zäsur. Sie bestehe darin, dass sich bisher in sozialen Zusammenhängen und Interaktionen nur geborene, nicht gemachte Personen begegneten.[8] Die Programmierung eines anderen Menschen, die absichtliche Festlegung lebensgeschichtlich relevanter Weichen – gemeint ist ein genetisches Programm – hat gravierende gesellschaftliche Auswirkungen. Die bisher für alle Menschen gleiche Ausgangssituation, ein eigenes Leben mit einem unverfügbaren Anfang und mit nicht selbst gewählten organischen Bedingungen zu führen, werde dadurch ad absurdum geführt. Da das „Produkt" mit seinem Programmierer die Rollen nicht tauschen kann und auch keine Möglichkeit besitzt, sich retrospektiv aus der eugenischen Perspektive zu befreien, kommt Habermas zu der Einschätzung, dass die Neuen Technologien Konzepte wie Freiheit und Gleichheit untergraben. Daher fallen diese Verfahren nicht in den Zuständigkeitsbereich privater Entscheidungen, sondern berühren das ethische Selbstverständnis des Gattungswesens Mensch als „sprach- und handlungsfähiger Subjekte *im Ganzen*".[9]

2. Die feministische Debatte

Der philosophischen Intervention von Habermas in Bezug auf die Erzeugung von Menschen, die nach menschlichen Plänen zunehmend verändert und kontrolliert wird, möchte ich eine andere Kritikstrategie entgegensetzen, die diese Problematik kontextualisiert und vor einem gesellschaftstheoretischen Hintergrund diskutiert. Ich spreche von feministischen Ansätzen. Das Attribut „feministisch" steht in diesem Zusammenhang für die Kritik an einem humanistischen Verständnis von menschlicher Natur, das als androzentrisch zurückgewiesen wird. Vor diesem

---

[7] Habermas, 2001, S. 31 und 105 ff. .

[8] Habermas, 2001, S. 112.

[9] Habermas, 2001, S. 27.

Hintergrund können die einzelnen feministischen Strömungen auch als Neuentwürfe von menschlicher Natur betrachtet werden.

Entwicklung und Etablierung der modernen Reproduktionstechnologien in der BRD fallen zeitgeschichtlich gesehen mit der Ära der Neuen Frauenbewegung zusammen. Bekanntlich formierte sie sich Ende der 60er / Anfang der 70er Jahre; die erste Retortengeburt ereignete sich 1978. Seitdem haben sich feministische Theoretikerinnen mit zum Teil spektakulären Neuentwürfen von dem, was menschliche Natur sei, exponiert. Insbesondere thematisierten sie die Auflösung traditioneller ontologischer Setzungen wie Natur, Mensch, Subjekt – häufig im Kontext des Körperkonzeptes. Im Folgenden möchte ich einige dieser Argumentationslinien vorstellen.

Vielen Feministinnen war bewusst, dass von einem Prozess der Entkörperlichung, z. B. durch eine technische Steuerung der Fortpflanzung, auch gesellschaftspolitische Auswirkungen zu erwarten sind. Sie erörterten z. B., ob durch die technowissenschaftlichen Praktiken, die Schwangerschaft, Empfängnis, Geburt verändern, für Frauen größere Handlungsspielräume ermöglicht oder ob neue Abhängigkeiten von Forschern, Ärzten, Humangenetikern, Technikern geschaffen werden.

Im Zentrum stand jedoch die Frage, ob die weibliche Gebärfähigkeit die untergeordnete Stellung der Frau oder ihre Befreiung impliziere. Einerseits wurde Entkörperlichung, das Auflösen von Körpern im oben beschriebenen Sinn als emanzipatorisch begrüßt, andererseits als Abwertung von Frausein und als patriarchale Unterdrückung gewertet.[10]

Diese Betroffenheit des weiblichen Körpers spiegelte sich in dramatischen Formulierungen wie „Der weibliche Körper als Schlachtfeld". Dagegen kommt im Slogan „Ohne Leib keine Leibeigenschaft"[11] die Befreiungsemphase zum Ausdruck, die an den Übergang des biologischen Körpers zu einem Konstrukt geknüpft wird.

Die prominenteste Vertreterin der befreiungsoptimistischen Position ist Shulamith Firestone. Sie steht repräsentativ für diejenigen Feministinnen, welche die neuen Technologien fast bedingungslos befürworten. Ihr Buch „Frauenbefreiung und sexuelle Revolution" ist ein leidenschaftliches Plädoyer für einen möglichst bruchlosen Übergang von der biologischen zu einer biotechnischen Ära. Firestone hat darin „die Befreiung der Frauen von der Tyrannei der Fortpflanzung

---

[10] Die Darstellung der feministischen Diskussion beruht auf Hofmann, 1999.

[11] Vgl. C. von Werlhof, Der Leerkörper. Politisch-philosophische Antithesen zu Leibeigenschaft – Leibeigentum – Körperschaft. In: M. Engil; S. Perthold (Hrsg.), Der weibliche Körper als Schlachtfeld. Neue Beiträge zur Abtreibungsdisk., Wien 1993 (von Werlhof 1993), S. 48-59.

durch jedes nur mögliche Mittel" gefordert.[12] Dreh- und Angelpunkt ihres Ansatzes für die gesellschaftliche Befreiung der Frau von patriarchaler Benachteiligung ist die Ablösung der biologischen Reproduktion durch die biotechnische Fortpflanzung. Sie greift bei ihrer Analyse auf die Einsichten Simone de Beauvoirs über die biologische Geschlechterdifferenz zurück, denen zufolge die biologischen Reproduktionsfunktionen die materielle Basis für die Frauenunterdrückung seien. Insofern stimmen die beiden feministischen Theoretikerinnen in ihrer negativen Bewertung des Zusammenhanges von Natur/Biologie/Körper überein. Biologische Funktionen wie Schwangerschaft und Mutterschaft rechnen sie der Immanenz zu und bewerten sie niedriger als die Transzendenz. Für Beauvoir und Firestone ist Schwangerschaft barbarisch. Firestone sagt:

„Schwangerschaft ist die zeitweilige Deformation des menschlichen Körpers für die Arterhaltung."[13]

Folgt man dieser negativen Beurteilung der biologischer Reproduktion, dann scheint ihr Gedankengang richtig: Die Neuen Reproduktionstechnologien sollen die Frauen von der biologischen Mutterschaft befreien; die technische Fortpflanzung werde die ökonomische und politische Befreiung der Frauen nach sich ziehen. Firestone steht für das humanistische Postulat der Moderne, den Körper zu beherrschen, ihn letztlich abzuschaffen – wenngleich diese Haltung nicht immer in dieser Radikalität vertreten wird. Ihre Position kann mit den Worten „Wo keine Natur, da keine Unterwerfung"[14] auf den Punkt gebracht werden.

Zu den feministischen Kritikerinnen, die diese These zurückweisen und vielmehr eine mit der technischen Reproduktion einhergehende Entkörperlichung kritisieren, zählen vor allem Ökofeministinnen, die insbesondere die Unterdrückung von Frauen und Natur monieren. Für Maria Mies oder Janice Raymond, um nur einige bekannte Namen zu nennen, sind Frauenkörper und reproduktive Biologie positiv besetzt. Dagegen repräsentieren die Befruchtungstechniken ihres Erachtens eine Ausbeutung des Frauenkörpers. Der instrumentelle Umgang beruhe auf einer Gleichsetzung von Frauen mit Natur.

Die US-amerikanische Wissenschaftlerin Gena Corea denkt in ähnlicher Weise. In ihrem während der 80er Jahre auch in Deutschland viel rezipierten Buch „Die Muttermaschine" vertritt sie die These, dass der Übergang von biologischer

---

[12] S. Firestone, Frauenbefreiung und sexuelle Revolution. Frankfurt a. M. 1987. S. 219. Orig.: The Dialectic of Sex. New York 1970 (Firestone, 1987).

[13] Firestone, 1987, S. 219.

[14] von Werlhof, 1993, S. 48 ff.

Mutterschaft zur technischen eine der letzten Etappen in einem langen historischen Prozess sei, in dem sich das Patriarchat die weibliche Reproduktionsfähigkeit aneigne und damit dann kontrollieren könne. Die Befruchtungstechnologien bedeuten für Frauen einen Autonomie- und Machtverlust, der untrennbar mit ihrer Unterdrückung verbunden sei.

Auffallend an diesen Diskursen ist, dass Befürworterinnen und Kritikerinnen trotz ihrer unterschiedlichen Auffassung in Bezug auf das Verschwinden oder die Wiederkehr des Körpers eine Gemeinsamkeit verbindet. Ihre Gesellschaftsanalyse setzt einen essentiell verstandenen Körper voraus. Ökofeministische, liberale, marxistische wie auch gynozentrische Theoretikerinnen orientieren sich an einer anthropologischen Auffassung von Körper, in der dieser – organisch und prädiskursiv – als normative Instanz existiert.

Postmoderne Theoretikerinnen führen diese Debatte auf einer neuen Ebene und aus anderer Perspektive, indem sie dualistische Ordnungen von Körper/Geist, Belebtes/Unbelebtes, Körper/Geist als mit Hierarchien beladene Kategorien zurückweisen. Donna Haraway, deren Thesen in den letzten Jahren auch in der BRD ausführlich rezipiert wurden, versteht den Körper vorwiegend als diskursive, kulturelle Kategorie und betont in ihrem Ansatz durchaus positive Effekte der Technowissenschaften.

3. Soziokulturelle Veränderungen

Im Folgenden versuche ich, meiner eingangs gestellten Frage über soziokulturelle Veränderungen aufgrund der Anwendung der Reprogenetik mit Hilfe der Termini „non-koitale Reproduktion" und „kollaborative Reproduktion" nachzugehen.[15] Sie erlauben eine Vorstellung von und Einblick in die Methoden, Techniken und Anwendungen der Reprogenetik.

Dabei geht es mir nicht um einen vollständigen Überblick; vielmehr stehen die gewählten Verfahren für Indikatoren, die Aufschlüsse über grundlegende soziale Veränderungen, die menschliche Fortpflanzung durch die neuen Technologien erfahren haben, zulassen.

Mit dem Begriff der „non-koitalen Reproduktion" wird in den USA die In-vitro-Fertilisation in einigen offiziellen Dokumenten bezeichnet. Non-koitale Reproduktion bedeutet, dass nicht mehr der Geschlechtsverkehr, der menschliche Zeugungs-

---

[15] Vgl. hierzu auch L. B. Andrews, The Clone Age, Adventures in the New World of Reproductive Technology. New York 2000 (Andrews, 2000).

akt, sondern eine künstlich herbeigeführte Verschmelzung von Ei- und Samenzelle zum Entstehen menschlichen Lebens führt.[16] Der Terminus steht salopp gesagt für Babys ohne Sex; für eine Entpersonalisierung der Zeugung, da diese ohne einen körperlichen Kontakt der Zeugungsparteien erfolgt. Der „Sex" wandert aus dem Alltag ins Labor.

In der BRD gehört die In-vitro-Fertilisation längst zur alltäglichen Praxis. Sie ist Routinebehandlung und Standardtherapie. Die Schätzungen der bisher erfolgten Eingriffe weltweit schwanken zwischen fünfhunderttausend und zwei Millionen.[17]

Der Ausdruck „kollaborative Reproduktion" wurde Lee M. Silver zufolge von dem Bioethiker John Robertson geprägt. Für die Fortpflanzung unverzichtbare biologische Bestandteile wie Keimzellen, Ei oder Uterus werden von einem oder beiden sozialen Elternteilen „bereitgestellt". Ein weiterer Anteil wird dagegen von einem oder zwei biologischen Elternteilen „gespendet", die mit den sozialen Eltern nicht identisch sind.[18] Wie bei der In-vitro-Fertilisation werden Zeugungssubstanzen außerhalb des Körpers, ohne einen körperlichen Kontakt zwischen Zeugungsparteien zusammengeführt. Die Bestandteile werden von dem Körper, von dem sie stammen, getrennt und neu zusammengesetzt. Dabei kommen neben Experten wie Ärzten, Humangenetikern etc. noch weitere Akteure ins Spiel. Juristen, Aktionäre, Börsianer, aber auch Institutionen, Agenturen und Firmen wie Samenbanken, Versicherungen und Ethikkommissionen sind an der Durchführung, Überwachung und Beurteilung dieses Trenn- und Zusammensetzungsvorgangs – spenden, lagern, auftauen, anbieten, screening – von Keimzellen und Körpersubstanzen beteiligt. Sie regeln Aufwandsentschädigungen für die LieferantInnen/SpenderInnen/AnbieterInnen, sie managen die reproduktiven Wünsche der KundInnen. Und sie klären die familienrechtlichen, sozial-, steuer- und haftungsrechtlichen Konflikte zwischen AnbieterInnen und KundInnen, die im Zusammenhang des Auslagerns von Fortpflanzungsprozessen entstehen.

---

[16] Vgl. I. Petersen, Konzepte und Bedeutung von „Verwandtschaft". Eine ethnologische Analyse der Parlamentsdebatten zum bundesdeutschen Embryonenschutzgesetz. Herbolzheim 2000 (Petersen, 2000), S. 116.

[17] Zur Dynamik, welche die Reproduktionsmedizin in der BRD erfährt, vgl. R. Kollek, Präimplantationsdiagnostik. Embryonenselektion, weibliche Autonomie und Recht. Tübingen 2000 (Kollek, 2000), S. 179. Aktuelle Zahlen sind ersichtlich im Deutschen IVF-Register, Bad Segeberg.

[18] Vgl. Lee M. Silver, Das geklonte Paradies. Künstliche Zeugung und Lebensdesign im neuen Jahrtausend. München 1998, S. 186.

Brigitta Hauser-Schäublin verweist darauf, dass „der Prozess der Produktion von Babies"[19] nicht mehr in der Kernfamilie stattfindet, sondern sich in den öffentlichen Raum verlagert. In diesem Zusammenhang problematisiert sie die „Einmischung" öffentlicher Institutionen in den Umgang mit Zeugung und weist auf die Implikationen hin, die eine Einbettung der Reproduktion in „ökonomische Strukturen der weltweiten Produktion und Distribution" haben.

„Der Spezialist und mit ihm die Industrien, die hinter ihm stehen, fast unsichtbar, aber mit einer ungeheuren ökonomischen Macht ausgestattet, benutzen die Familie und die Bande, die zwischen den einzelnen Mitgliedern bestehen [...]. Das Paradoxon ist – und das ist die Legitimation des Arztes und der Industrien, die die nötigen Kenntnisse und Möglichkeiten bereitstellen – dass diese „Therapien" im Namen und sozusagen um der Familie willen durchgeführt werden."[20]

Die Kriterien, nach denen eine Leihmutter ausgesucht wird, zeigen, dass die Personen, die die Zeugungsbestandteile zur Verfügung stellen, unwichtig sind und von der sozialen Teilhabe und sozialen Verpflichtungen ausgeschlossen sind. Das lässt sich auch bezüglich des screenings von Keimzellen oder für die Festlegung des Preises von Eiern und Spermien für die Keimzellen feststellen. Hier kommt es auch nicht auf die Person an, die Zeugungssubstanzen eines anderen Menschen liefert, sondern im Vordergrund steht die Qualität der Produkte und Güter. Dieses soziale Unsichtbarmachen der Zeugungshelfer bedeute, so Hauser-Schäublin, eine auf Nicht-Verwandtschaft ausgerichtete Suche.

Im Zuge der kollaborativen Reproduktion kommt es noch zu einer weiteren Zäsur in Bezug auf unsere kulturellen Vorstellungen über Zeugung und Reproduktion. Der Diskurs über die Stammzellforschung – der Import von Stammzellen aus dem Ausland in Ausnahmefällen und unter strengen Auflagen wurde am 30. Januar 2002 vom Bundestag beschlossen[21] – steht für einen gravierenden Bruch in Bezug auf herkömmliche kulturelle Vorstellungen über die Bestimmung von menschlichen Keimzellen. Zweck und Ziel der Gewinnung von Keimzellen und der

---

[19] B. Hauser-Schäublin, Das Ende der Verwandtschaft? Zeugung und Fortpflanzung zwischen Produktion und Reproduktion. In: Wolfgang Kaschuba (Hrsg.), Kulturen – Identitäten – Diskurse. Perspektiven europäischer Ethnologie. Berlin 1995 (Hauser-Schäublin, 1995), S. 164.

[20] B. Hauser-Schäublin, Humantechnologien und die Konstruktion von Verwandtschaft. In: Kea. Zeitschrift für Kulturwissenschaften. 1998, Nr. 11 (Häuser-Schäublin, 1998), S. 55-73.

[21] Das Stammzellgesetz trat am 1. 7. 2002 in Kraft. Vgl. dazu: Kabinett stellt Weichen für Stammzell-Import. In: Deutsche Apothekerzeitung vom 18. 7. 2002. 142. Jahrgang, S. 22 sowie Andrews, 2000.

Herstellung von Embryonen – so auch die juristische Regelung des bundes-
deutschen Embryonenschutzgesetzes – war bisher die Erzeugung eines Kindes, die
„Produktion eines Babies". Jetzt sollen nach den Wünschen der Industrie
Stammzellen „fremdnützig" verwendet werden dürfen. D. h., sie werden nicht für
die Reproduktion von Menschen, sondern für die Herstellung und Züchtung von
Gewebe und Organen produziert.

An einem konkreten Fall möchte ich non-koitale und gleichzeitig kollaborative
Reproduktion veranschaulichen:

„Mutterschaft um jeden Preis"

Ein schönes Beispiel für die ökonomische Dimension der non-koitalen und
kollaborativen Reproduktion ist die Geschichte der inzwischen 67-jährigen
Italienerin Rosanna Della Corte, die lange Zeit als die älteste Mutter der Welt galt.
Nachdem bei einem Verkehrsunfall ihr 17-jähriger Sohn Ricardo gestorben war,
ließ sich die damals 62-Jährige von dem italienischen Fortpflanzungsmediziner
Severino Antinori eine Eizelle implantieren, um wieder ein „eigenes Kind" zu
bekommen.[22] Die hier angewandte Technologie der Eizellenspende – ein relativ
neues Verfahren – gilt für viele Reproduktionsmediziner als wissenschaftlich
etablierte Methode, um z. B. bei Frauen nach der Menopause eine Schwangerschaft
herbeizuführen.

Gezeugt wurde das eigene Kind mit dem Samen seines Vaters und dem Ei einer
unbekannten Spenderin.

Hier zeigt sich wie unscharf der Begriff „eigenes Kind" geworden ist, denn das
so erzeugte Kind enthält zwar Erbgut vom Vater. Mit Rosanna Della Corte „der
Mutter" ist der so gezeugte Nachwuchs genetisch nicht verwandt.

Rosanno Della Corte steht für vieles: vor allem für den Mythos des eigenen
Kindes.

In der aktuellen politischen Diskussion gibt es Stimmen, die fordern, das Verbot
der Eizellenspende in der BRD aufzuheben. Sie argumentieren mit dem Recht auf
reproduktive Freiheit, reproduktive Autonomie und die Anpassung an internationale Verhältnisse. Die Losung „Mutterschaft um jeden Preis" ist auf keinen
Fall metaphorisch zu verstehen. Denn sie bezieht sich konkret und sehr real auf die
kommerzielle Ebene. In der Regel werden für eine Eizelle 2500 bis 5000 Dollar

---

[22] Vgl. Focus-Autorin 2002. Über einen weiteren aktuellen Fall einer 62-jährigen Französin, die
aufgrund einer Eizellenspende Mutter wurde, berichtet Weber, 2003.

gezahlt; für bestimmte Qualitätsstandards wird mehr geboten, in Annoncen sogar bis zu 50.000 US-Dollar.[23]

Neukonstitution von Verwandtschaft

Non-koitale und kollaborative Reproduktion bedeuten, die Segregation von Elternschaft und Kindsein in biologische und soziale Teilfunktionen. Technisch machbar ist heute die Spaltung in biologische und soziale Vaterschaft, in genetische, biologische und soziale Mutterschaft. In der BRD gibt es seit den 80er Jahren eine kontroverse Auseinandersetzung über den Wandel unseres herkömmlichen kulturell verankerten Verständnisses von Mutter, Vater, Geschwistern.[24]

Ich möchte diese Veränderungen hier anhand der öffentlichen Diskussionen, die im Zusammenhang der Vorbereitung eines Embryonenschutzgesetzes und ca. zehn Jahre später im Kontext des neuen Fortpflanzungsmedizingesetzes geführt wurden, beleuchten. Dabei beziehe ich mich vor allem auf Imme Petersen, die die Parlamentsdebatten zum bundesdeutschen Embryonenschutzgesetz Ende der 80er Jahre analysiert hat, und auf Brigitta Hauser-Schäublin, die zusammen mit anderen Autorinnen die kulturelle Dimension der Humantechnologien untersuchte.[25]

In fast allen Gesellschaften wird Verwandtschaft – trotz kultureller Unterschiede und trotz unterschiedlichen Umfangs und Ausmaßes – mit Vorstellungen von Sexualität und geschlechtlicher Fortpflanzung verbunden. Der „Schöpfungsakt von Verwandtschaft", die Grundlage für biologische und soziale Elternschaft ist der körperliche Akt der Zeugung. Der Koitus wird als das traditionelle Symbol angesehen, auf dem „echte Verwandtschaft" basiert. Wörter wie „Mutter", „Vater" und „Eltern" werden benutzt, um biologische Tatbestände festzuhalten, d. h. diejenigen zu benennen, die an der Zeugung eines Kindes beteiligt waren, aber auch um soziale Verhältnisse zu bezeichnen. Es sind Wertbegriffe, die kulturell geprägte Vorstellungen enthalten. Anders ausgedrückt:

---

[23] Vgl. G. Berg, Eizellenspende eine notwendige Alternative? In: Bundesministerium für Gesundheit (Hrsg.), Fortpflanzungsmedizin in Deutschland. Wissenschaftliches Symposium des Bundesministeriums für Gesundheit in Zusammenarbeit mit dem Robert Koch-Institut vom 24. - 26. Mai 2000 in Berlin. Baden-Baden 2001 (Berg, 2001), S. 149.

[24] Vgl. etwa A. Kuhlmann, Kinder aus dem Labor. Die Zukunft der menschlichen Fortpflanzung. In: ders. (Hrsg.), Politik des Lebens. Politik des Sterbens. Bremen 2000, S. 95-125; B. Hauser-Schäublin, 1995, S. 163.

[25] Hauser-Schäublin, 1998, S. 55; Petersen, 2000, S. 34.

„Menschliche Verwandtschaft gilt als eine Tatsache der Gesellschaft, eine kulturelle Praxis und soziale Organisation, die in der Natur begründet ist."[26]

Wie aber ein Blick in andere Kulturen und in die Geschichte zeigt, sei die Vorstellung, dass es sich bei Verwandtschaft wegen gemeinsam geteilter Körpersubstanzen – Genen, Keimzellen, Blut – um eine Abbildung von primär „natürlichen Verhältnissen", um eine wirklichkeitsgetreue Repräsentation „biologischer Tatsachen" handle, wie der Terminus Blutsverwandtschaft suggeriert, unzutreffend.[27]

Mit diesen grundsätzlichen Überlegungen lässt sich die Frage nach dem Wandel der Beziehungen von Menschen untereinander präzisieren. Wie verändert sich unsere bestehende kulturelle Konstruktion von Verwandtschaft, wenn das traditionelle Symbol dieser Konstruktion, der körperliche Akt der Zeugung, der Koitus, der gleichzeitig als Grundlage für biologische und soziale Elternschaft galt, durch „non-koitale Technologien", bei denen die Zeugung in vitro stattfindet, ersetzt wird?

Petersen hat die rechtspolitische Diskussion über das bundesdeutsche Embryonenschutzgesetzes unter diesem Blickwinkel analysiert. Sie wollte wissen, ob die von den Parlamentsabgeordneten geäußerten Sichtweisen und Argumente über Elternschaft, Kernfamilie, genetische Abstammung und Blutsverwandtschaft herkömmliche Vorstellungen von Verwandtschaft verstärken, umbewerten oder ersetzen. In dieser Diskussion stellt die Kernfamilie die Norm dar: Es ist das Idealkonzept von Elternschaft, an dem sich die Abgeordneten des Parlaments orientieren und an dem sich andere Formen von Elternschaften messen lassen müssen. Das Konzept der Blutsverwandtschaft, nach dem Eltern mit ihren Kindern unauflösbar verbunden seien, da diese Beziehung über Prozesse der biologischen Reproduktion entstanden wäre, besitzt im rechtspolitischen Diskurs weiterhin Gültigkeit.[28]

Die Beschränkung der In-vitro-Fertilisation auf einen bestimmten Personenkreis, das Verbot von Leihmutterschaft und die Debatten über gespaltene Elternschaften machen deutlich,

---

[26] Hauser-Schäublin, 1998, S. 55.

[27] Vgl. C. Lauterbach, Von Frauen, Machtbalance und Modernisierung. Das etwas andere Geschlechterverhältnis auf der Pazifikinsel Palau. Opladen 2001.

[28] Petersen, 2000, S. 112 und 121; vgl. auch M. Kettner, Neue Formen gespaltener Elternschaft. In: Das Parlament. Aus Politik und Zeitgeschichte, 2001, Heft 27, S. 34-43.

„dass jede Form der gespaltenen Elternschaft von den Parlamentsabgeordneten der Einheit aus biologischer und sozialer Elternschaft
nachgeordnet wird."[29]

Die Ansicht von einer Eltern-Kind-Beziehung, die auf der unauflöslichen
Verbindung durch die Abstammung beruhe, geht einher mit einer Abwertung
sozialer Elternschaft, weil die Beziehung zu den Kindern nicht auf den „natürlichen
Fakten" beruhe. Sie gilt als nicht stabil.

Dies wird besonders deutlich bei der Einstellung gegenüber Adoptionen. Sie
werden entschieden als eine soziale Konstruktion natürlicher Fakten zurückgewiesen und als „gesellschaftlich hervorgebrachtes „Reparaturmodell" abge-
wertet.[30] Petersen stellt fest: Durch das Verbot so genannter „gespalteter Elternschaft" werde der Wertzusammenhang der Kernfamilie und die damit verbundene
Konzeption von Blutsverwandtschaft als Grundpfeiler der Gesellschaft anerkannt.
Ebenso beruhe die unterschiedliche Bewertung, mit der einerseits „gespaltene
Mutterschaften" und andererseits das Auseinanderfallen von biologischen und sozialen Vaterschaften diskutiert und gewichtet werden, auf dem Konzept der
Kernfamilie und auf einem dualen Prinzip von Mutterschaft und Vaterschaft. Diese
Argumentation müsse im Zusammenhang mit der Aufrechterhaltung geschlechts-
spezifischer Arbeitsteilung in der Kernfamilie gesehen werden.

Mit der Anerkennung von ungewollter Kinderlosigkeit als „Krankheit" und der
In-vitro-Fertilisation als „Therapie", durch die ein eigenes blutsverwandtes Kind
ermöglicht werden kann, werde der bisherige Verwandtschaftskreis personell um
den Embryo als „zukünftigen Verwandten" erweitert. Durch diese grundsätzliche
Zustimmung zu den non-koitalen Technologien erkennen die ParlamentarierInnen
den Subjektstatus des in-vitro gezeugten Embryos an. Er erhält einen schutzwür-
digen Status und wird in die bestehende Konzeption von Verwandtschaft ein-
geordnet.[31]

Indem Embryos mit Rechten ausgestattet werden, entsteht für die betroffenen
Frauen ein neues Problempotential. Klagen vor Gericht, in denen die Rechte des
Fötus gegen die Rechte der Mutter geltend gemacht wurden, stehen mittlerweile
auf der Tagesordnung.

Etwa ein Jahrzehnt später, bei den Debatten um ein neues Fortpflanzungs-
medizingesetz Ende der 90er Jahre, haben sich neue Positionen herausgebildet. Die
Verlagerung der Diskussion lässt sich gut anhand der Beiträge zum Symposium
„Fortpflanzungsmedizin in Deutschland" vom 24. - 26. Mai 2000 verfolgen. Im

---

[29] Petersen, 2000, S. 113.

[30] Petersen, 2000, 115 ff. .

[31] Petersen, 2000.

Zentrum der Auseinandersetzung standen Verfahren wie PID und Stammzell-forschung, also Verfahren, die bisher nach dem Embryonenschutzgesetz ausdrück-lich untersagt sind. Bei der Debatte um ein Verbot bzw. eine Zulassung dieser Methoden nahmen Argumente wie „Anpassung an internationale Verhältnisse" oder „Globalisierung von Forschung" einen wichtigen Raum ein. Am Tag nach der Entscheidung des Deutschen Bundestages am 30. 1. 2002 über den Import von Stammzellen zu Forschungszwecken beantragte die Deutsche Forschungsgemein-schaft, an embryonalen Stammzellen arbeiten zu können.

Anhand dieser Pro- und Contra-Debatte zur Eizellspende lassen sich Verschie-bungen der Argumentation im Verlauf einer Dekade aufzeigen. Ging es bei der Diskussion um ein Embryonenschutzgesetz Ende der 80er Jahre noch um ein grundsätzliches Verbot dieser Methode, richtet sich das Interesse jetzt auf Prakti-ken und Auswüchse von Kommerzialisierung innerhalb eines bereits etablierten Fortpflanzungsmarktes.

Als Beispiel für eine umstrittene Praxis gilt das „paid egg sharing", eine Methode, die in Ländern wie den USA oder Großbritannien angewendet wird. Dabei erhält eine Frau, wenn sie sich hormonell zu einer erhöhten Eiproduktion stimulieren und Eizellen entnehmen lässt, im Gegenzug eine für sie kostenlose, d.h. von der Empfängerin bezahlte oder eine kostenreduzierte IVF. Dadurch sollen einerseits Eizellen bereitgestellt und andererseits Frauen, die es sich sonst nicht leisten können, eine IVF ermöglicht werden.[32]

4.   The New World of Child Production

Das historisch „Neue", der Unterschied zu Fortpflanzungsarrangements in früheren Zeiten, liegt in der Einbindung und Verlagerung der Reproduktion in einen rapide expandierenden Industriemarkt, in der Körpersubstanzen und Gameten ähnlich wie andere Güter vermarktet und verwertet werden. Elizabeth Bartholet hat Ausmaß und Auswüchse der Kommerzialisierung der Fortpflanzung in den USA dokumen-tiert.[33] Der in der Bundesrepublik noch vorhandene Konsens, demzufolge ein Mensch (und seine Körperteile) einen Wert, aber keinen Preis hat, existiert in den USA nicht. Wie kommt es, fragt Bartholet, dass in einer Gesellschaft, in der Kinder nicht gekauft und verkauft werden dürfen – z. B. bei einer Adoption – die

---

[32] Vgl. Berg, 2001, S. 147.

[33] E. Bartholet, Family Bonds. Adoption, Infertility and the New World of Child Production. Boston 1999 (Bartholet, 1999).

vorsätzliche geplante Produktion einer Wunschkindanfertigung von einem expandierenden Markt vorangetrieben wird?

„While in the traditional adoption world parenting rights and babies are not supposed to be for sale, in this new technological world everything is for sale."[34]

Ihre Analyse ist auch für die BRD – trotz bestehender juristischer, kultureller und ethischer Unterschiede – aufschlussreich. Denn Gesundheitssysteme und Gesundheitstechnologien unterliegen vor dem Hintergrund einer zunehmenden Globalisierung immer mehr der Einbeziehung in die Gesetze des internationalen Marktes. Mit „Child Production" bezeichnet Bartholet eine gängige Praxis von In-vitro-Fertilisations-Kliniken in den USA und deren Zusammenarbeit mit Samenbanken und Vermittlungsagenturen. Sie werden zu Orten für KundInnen, die etwas anbieten, kaufen und erwerben möchten. Nach ihrer Einschätzung werden Körperbestandteile und Keimzellen auf einem freien Markt wie Rohmaterial betrachtet und als solches für die Auftragsarbeit Kind verwendet:

„The raw materials for producing babies are being marketed with increasing aggression and sophistication."[35]

Mit der Formulierung „Child Production" arbeitet Bartholet noch eine weitere soziokulturelle Veränderung heraus: die kulturelle Ausblendung von leiblicher Verwandtschaft. Was sie genau damit meint, versucht sie mittels des Terminus „technological adoption" zu erklären.[36] Im Gegensatz zur herkömmlichen Adoption bleibe bei der „technological adoption" die nicht vorhandene leibliche/genetische Verbindung gesellschaftlich unbenannt. Denn je nach dem, wie viele Bestandteile von einer dritten Partei stammen, werde nicht nur nicht von einer „Embryo Adoption" oder einem Stiefmutter/Stiefvater-Verhältnis gesprochen, sondern paradoxerweise von dem eigenen Kind:

„We stand on the edge of a probable explosion in IVF embryo adoption and other IVF embryo adoptions and other IVF involvement in the splitting of biological from social parenting. The time to figure out whether we want to continue in this direction is now...There are many

---

[34] Bartholet, 1999, 218 f.

[35] Bartholet, 1999.

[36] Bartholet, 1999.

reasons for concern with these new adoptive arrangements – many reasons to question the direction in which we are moving [...]."[37]

Bartholets Kritik, in der sie ein grundsätzliches Nachdenken über die derzeitige eingeschlagene Richtung fordert, schließe ich mich an. Sie richtet sich an alle Akteure, die ihre Forschungen und Geschäfte mit dem Wunsch nach einem eigenen Kind legitimieren und sich dabei mit der einfallslosen Lösung „technological adoption" zufrieden geben.

5. Schluss

Praktiken und Diskurse von „non-koitaler" und „kollaborativer Reproduktion" wirken sich auf konkrete Lebenskontexte, auf Einstellungspraktiken von Menschen aus und verändern menschliche Beziehungen untereinander.

Folgende Tendenzen zeichnen sich ab:

Zunächst führt die Verlagerung der Zeugung aus dem privaten familialen Umfeld in die Öffentlichkeit zu einem grundlegenden Wandel von Schwangerschaft, bisheriger Familien- und Verwandtschaftsstrukturen und dem traditionellen Verständnis von Mutter- und Vaterschaft. Deutlich werden diese neuen familiären Konstellationen z. B. an der Eizellenspende, die innerhalb der Familie stattfindet: Eine Tante kann die genetische Mutter werden und Vettern und Cousinen können Halbgeschwister des Kindes sein.

Entscheidend ist dabei, dass diese Veränderungen nicht benannt werden. Die an der Fortpflanzung beteiligten Personen, d. h. Männer und Frauen, treten in den Hintergrund. Besonders fällt dies auf, wenn die Biographien und Identitäten von Leihmüttern, Eispenderin und Samenspender anonym bleiben und so in den Verwandtschaftsverhältnissen völlig ausgeblendet werden.

Auch die sozialen, ökonomischen und ethnischen Merkmale der Personen, die die Zeugungsbestandteile zur Verfügung stellen, verschwinden hinter dem „Mythos vom eigenen Kind" und spielen nur insoweit eine Rolle, als sie für die angestrebten Eigenschaften eines Wunschkindes relevant sind.

Auffallend in dem existierenden Diskurs um die sich neu formierenden Familien- und Verwandtschaftsverhältnisse ist eine Verschleierung und „kulturelle Verwirrung". Elizabeth Bartholet hat auf der sprachlichen Ebene aufgezeigt, dass „technologische Adoption" unreflektiert mit „biologischer Mutter- und Vater-

---

[37] Bartholet, 1999, S. 223 f.

schaft" gleichgesetzt wird und dass von einem „eigenem Kind" gesprochen wird, auch wenn keinerlei leibliche Beziehung zum gezeugten Nachwuchs besteht.

Im Zeitalter der Keimzellspende und kollaborativen Reproduktion zerfällt biologische Vaterschaft wie Mutterschaft immer mehr in Teilfunktionen. So wird beim Umgang mit Keimzellen auf der ethischen, juristischen und ökonomischen Ebene zwischen weiblichen und männlichen Keimzellen unterschieden. Trotz der Auflösung der traditionellen ‚natürlichen' Reproduktion durch die kollaborative führt dies nicht zu einer gesellschaftlichen Hinterfragung oder Aufhebung von traditionellen Frauen- und Männerrollen im Sinne des bürgerlichen Modells der Zweigeschlechtlichkeit.

Mit der Verlagerung der Zeugung in den öffentlichen Raum haben sich Zeugung und Schwangerschaft in den Dienstleistungssektor verlagert. Ins Auge sticht bei diesen Veränderungen die Einbindung der Befruchtungstechnologien in einen globalen Warenmarkt und die damit verbundenen kommerziellen Auswüchse.

Die „Serviceleistung IVF" können sich oft nur privilegierte Menschen leisten. Das heißt, es ist nicht zufällig, welche Frau Auftraggeberin oder Empfängerin und welche Lieferantin eines Kindes, d. h. Spenderin einer Eizelle eines Embryos oder Vermieterin ihrer Gebärmutter ist. So lassen ökonomisch schwache Frauen aus finanzieller Not ihre Körper instrumentalisieren, um wohlhabenden Frauen den privaten Konsum eines eigenen Kind zu ermöglichen.[38]

Bereiche, die in unserem Kulturkreis mit Natur, Körper und Biologie assoziiert werden, also dem zugerechnet wurden, was als präexistentiell vorhanden ist, verändern sich grundlegend.

Allerdings erscheint es in dem von mir dargestellten Kontext wenig sinnvoll, das Augenmerk auf eine Denaturalisierung, d. h. auf ein Verschwinden einer vorgängig vorgestellten Natur und der Auflösung von biologischen natürlichen Körpern zu richten. Vielmehr scheint es, als hätten Natur, Biologie nur ihren Ort gewechselt: denn in den Praktiken und Diskursen der Neuen Befruchtungstechnologien des 21. Jahrhunderts nehmen Moleküle, Gene und Chromosome den Platz von angeblich natürlichen Tatsachen ein. Auch die unreflektierte Setzung „eigenes Kind" kann als Metapher für eine Naturalisierung von sozialem, für die Wiedereinsetzung eines als natürlich ausgegebenen Diskurses gesehen werden.

Wichtig war mir zu zeigen, dass es im Zuge dieser Renaturalisierungsprozesse zu neuen Abhängigkeiten und Machtstrukturen unter Menschen kommt, oder

---

[38] Vgl. z. B. paid egg sharing, in diesem Text S. 288.

anders ausgedrückt, dass auch eine konstruierte, suggerierte Natur im Dienste von Ausbeutung steht.

Zum Schluss stellt sich die Frage, inwieweit mit diesen theoretischen Entwürfen die Benutzung des Körpers als Ware, als Konsumartikel und Eigentum kritisiert werden kann.

Sowohl die Warnungen verschiedenster feministischer Theoretikerinnen bzgl. der Rationalisierung der Fortpflanzung und Objektivierung des Frauenkörpers, als auch die Einschätzung von Habermas bezogen auf die Veränderung des menschlichen Status als frei und gleich geboren, sind hilfreiche Diagnosen, um die Einbindung der Humantechnologien in die kapitalistisch-industrielle Verwertung aufzuzeigen.

Ihre Forderung nach einer ethischen Grenze erscheint mir plausibel, von der die mit der Durchsetzung und Anwendung der Biotechnologien einhergehenden politischen, gesellschaftlichen und historischen Veränderungen kritisch zu hinterfragen sind. Diese können meines Erachtens mit einem normativen Bezugspunkt auf eine unhistorische, ungesellschaftliche Natur des Menschen nicht sichtbar gemacht werden, wie sie sich z. B. im Rekurs auf ein autonomes Subjekt oder in der Rede vom Verschwinden des Menschen, einer Abschaffung von Körpern, verbirgt.

Deutlich wird dies in der Umsetzung der radikalen Veränderungen durch die Reprogenetik. Während die Ablösung traditioneller heterosexueller Reproduktion durch die Reprogenetik die Chance auf eine Denaturalisierung klassischer Geschlechter- und Familienkonzepte eröffnen könnten, schlägt diese unter den gegebenen gesellschaftlichen Verhältnissen nur um in eine Renaturalisierung, wie sie sich im Mythos des ,eigenen Kindes' und kruden Vorstellungen von Blutsverwandtschaft im Kontext der kollaborativen Reproduktion niederschlagen. Diese Entwicklung macht deutlich, dass weder essentialistische, naturalistische Positionen mit ihrem Verständnis von Natur als statisch und prädiskursiv, noch konstruktivistische Ansätze mit der Idee von Natur als herstellbares wissenschaftlich-technisches Konstrukt ausreichend sind für eine umfassende, auch gesellschaftstheoretisch reflektierte Kritik unserer heutigen Technokultur.[39]

---

[39] Vgl. auch Weber, 2003; sowie S. Lettow, „Der Mensch", „seine Natur" und die Geschlechterverhältnisse. Philosophisch – anthropologische Erzählungen der Biotechnologie. In: Potsdamer Studien zur Frauen- und Geschlechterforschung. Transformationen. Wissen – Mensch – Geschlecht. 2002, 6. Jg., S. 54-67.

Verwendete Abkürzungen in den Literaturverweisen:

Andrews, 2000:   L. B. Andrews, The Clone Age, Adventures in the New World of Reproductive Technology. New York 2000.

Bartholet, 1999:   E. Bartholet, Family Bonds. Adoption, Infertility and the New World of Child Production. Boston 1999.

Berg, 2001:   G. Berg, Eizellenspende eine notwendige Alternative? In: Bundesministerium für Gesundheit (Hrsg.), Fortpflanzungsmedizin in Deutschland. Wissenschaftliches Symposium des Bundesministeriums für Gesundheit in Zusammenarbeit mit dem Robert Koch-Institut vom 24. - 26. Mai 2000 in Berlin. Baden-Baden 2001, S. 147.

Firestone, 1987:   S. Firestone, Frauenbefreiung und sexuelle Revolution. Frankfurt a. M. 1987 (Orig.: 1970: The Dialectic of Sex. New York).

Habermas, 2001:   J. Habermas, Die Zukunft der menschlichen Natur. Auf dem Weg zu einer liberalen Eugenik? Frankfurt a. M. 2001.

Hauser-Schäublin, 1998:   B. Hauser-Schäublin, Humantechnologien und die Konstruktion von Verwandtschaft. In: Kea. Zeitschrift für Kulturwissenschaften. 1998, Nr. 11, S. 55-73.

Hauser-Schäublin, 1995:   B. Hauser-Schäublin, Das Ende der Verwandtschaft? Zeugung und Fortpflanzung zwischen Produktion und Reproduktion. In: W. Kaschuba (Hrsg.), Kulturen-Identitäten-Diskurse. Perspektiven europäischer Ethnologie. Berlin 1995, S. 163-185.

Hofmann, 1999:   H. Hofmann, Die feministischen Diskurse über Reproduktionstechnologien. Positionen und Kontroversen in der BRD und den USA. Frankfurt a. M. 1999.

Kollek, 2000:   R. Kollek, Präimplantationsdiagnostik. Embryonenselektion, weibliche Autonomie und Recht. Tübingen 2000.

Petersen, 2000:   I. Petersen, Konzepte und Bedeutung von „Verwandtschaft". Eine ethnologische Analyse der Parlamentsdebatten zum bundesdeutschen Embryonenschutzgesetz. Herbolzheim 2000.

Weber, 2002:   D. Weber, Die unheilige Familie. In: Publik Forum 7/2002, S. 44 – 49.

Weber, 2003:   J. Weber, Umkämpfte Bedeutungen. Natur im Zeitalter der Technoscience. Frankfurt a. M. 2003.

von Werlhof, 1993:   C. von Werlhof, Der Leerkörper. Politisch-philosophische Antithesen zu Leibeigenschaft-Leibeigentum-Körperschaft. In: Marianne Engil; Sabine Perthold (Hrsg.), Der weibliche Körper als Schlachtfeld. Neue Beiträge zur Abtreibungsdiskussion. Wien 1993, 48-59.

Stimmen

**Stimmen
aus Polen**

**Stimmen
aus Deutschland**

**Stimmen
aus Polen und aus Deutschland**

**Stimmen
aus Europa**

Heidi Hofmann spricht mit...

293

... Aleksandra Solik

Alexandra Solik, Studium der Feinmechanik an der Universität Warschau. Seit 1977 Programm-Koordinatorin und Expertin für Menschenrechtsstandards, reproduktive Rechte, reproduktive Gesundheit. Arbeitet für die Federation for Women and Family Planing in Warschau. Seit 1993 engagiert in Frauenrechtsaktivitäten. U. a. Delegierte bei den Weltfrauenkonferenzen. Mitbegründerin von OŚKA, dem Nationalen Informationszentrum über Frauenorganisationen und -initiativen in Polen.

1. Frage: Was wissen Sie über den Umgang mit den Neuen Reproduktionstechnologien (In-vitro-Fertilisation, Keimzellspende, Präimplantationsdiagnostik) in der BRD?
[Co Państwo wiedzą na temat zastosowania nowych technologii reprodukcji (zapłodnienie in vitro, komórki rozrodcze od dawcy, diagnostyka przedimplantacyjna) w Niemczech?]

Ich weiß, dass die Neuen Reproduktionstechnologien in Deutschland angewandt werden. Über die juristischen Regelungen besitze ich keine Informationen, z. B. bin ich nicht darüber informiert, ob der Familienstand einer Frau, d. h. ob eine Frau verheiratet ist oder in einer festen Partnerschaft lebt, eine Bedingung für den Zugang zu diesen Technologien ist. In Polen wurde von der Regierungsbeauftragten für Gleichstellungsfragen, Izabela Jaruga-Nowacka, die seit kurzem stellvertretende Premierministerin ist, eine Broschüre „In vitro im 21. Jahrhundert, Hoffnungen und Gefahren" herausgegeben. Dank dieser Veröffentlichung verfüge ich jetzt über Informationen und weiß u. a., dass in der BRD von den Krankenkassen die Kosten für künstliche Befruchtung, z. B. eine In-vitro-Fertilisation (IVF) oder eine Intracytoplasmatische Spermainjektion (ICSI/IVF), erstattet werden. Ich kenne – aufgrund der Beiträge in der Broschüre – auch andere Fakten über die BRD, z. B. die Zahl der Eingriffe und die Wirksamkeit der IVF.
Über den Diskussionsstand in der BRD besitze ich keinerlei Informationen.

2. Frage:	Halten Sie die derzeitige Situation bei der Anwendung der Technologien (gesetzliche Regulierung, öffentliche Diskussion, praktische Durchführung etc.) in Ihrem Land, in Polen, für zufrieden stellend? [Czy uważają Państwo, że obecna sytuacja związana z zastosowaniem wspomnianych technologii (np. regulacje prawne, publiczna debata, realizacja w praktyce) jest w Państwa kraju (Polsce) zadowalająca?]

In Polen sind die mit der Gen- und Reproduktionstechnologie verbundenen Fragen und Probleme nicht gesetzlich geregelt. Dieses juristische Vakuum führt zweifelsohne zu negativen Situationen. Auf der anderen Seite aber bedeuten gesetzliche Regelungen auch immer Beschränkungen. Ich befürchte also, dass durch die Versuche in Polen, die Anwendung der Befruchtungstechnologien juristisch zu regeln, dazu führen können, bestimmte Methoden, die jetzt in privaten Kliniken angewandt werden, zu verbieten. Eine öffentliche Debatte über die Reproduktionstechnologien gibt es in Polen praktisch nicht.

Während der Diskussion zum neuen Gesetz über bewusste Mutterschaft thematisierten die Antragsteller auch die In-vitro-Fertilisation. Sie forderten die Kostenrückerstattung von den Krankenkassen. Diese Forderung rief keine Kontroversen in der Öffentlichkeit hervor und es ist daher anzunehmen, dass sie von ihr unterstützt wird. Ganz anders sähe es aber vielleicht aus, wenn in den Medien Fragen diskutiert würden wie: Haben allein stehende Frauen oder unverheiratete Frauen, die in einer Partnerschaft leben, das Recht auf eine künstliche Befruchtung? Oder wenn öffentlich über die Verfügungsgewalt von Keimzellen und Embryonen gesprochen würde. Ich meine damit ganz konkret, wer z. B. nach einer Scheidung bestimmen darf, was mit den tiefgefrorenen Embryonen gemacht wird. Meine Befürchtung ist dabei, dass der enorme Einfluss der römisch-katholischen Kirche und konservativer Gruppierungen eine sachliche Diskussion und das Finden optimaler juristischer Lösungen unmöglich machen würde. Meiner Meinung nach ist die Diskussion zu diesen Fragen schwach und hat zurzeit keinen großen sozialen Stellenwert.

3. Frage:	Im Zuge der Erweiterung der Europäischen Union (EU) und durch internationale Abkommen wird die Vereinheitlichung der nationalen Rechtsnormen zu einem europäischen Gemeinschaftsrecht angestrebt. Erwarten Sie durch den EU-Beitritt eine Verbesserung oder Verschlechterung in Bezug auf bio-

ethische Fragestellungen (gesetzliche Regulierung, Anwendung der Technologien)?
[Jakie znaczenie ma według Państwa publiczna debata na temat zapłodnienia in vitro, diagnostyki przedimplantacyjnej i klonowania terapeutycznego w Polsce? W związku z rozszerzeniem Unii Europejskiej (UE) i umowami międzynarodowymi dąży się do ujednolicenia norm prawnych poszczególnych państw i dopasowania ich do przepisów unijnych. Czy oczekujecie Państwo, że po przystąpieniu Polski do Unii Europejskiej nastąpi poprawa, czy pogorszenie w kwestiach związanych z bioetyką?]

Ich glaube, dass wir für eine gewisse Zeit keine Änderungen auf diesem Gebiet zu spüren bekommen. Vielleicht wird diese Frage nach einiger Zeit wieder aufgenommen im Zusammenhang mit dem Zugang zu medizinischen Leistungen der Europäischen Union.

4. Frage: Wenn es um einen ethischen Minimalkonsens in der Beurteilung der Technologien geht, auf welche Werte und kulturellen Eigenheiten (Einstellungen) würden Sie insistieren?
[W przypadku, gdyby dojść miało do jakiegoś (minimalnego) konsensusu w sprawie oceny tych technologii, na jakie wartości i kulturowe przekonania (obyczaje) chcieliby Państwo położyć szczególny nacisk?]

Ich möchte, dass diese Technologien aus der Perspektive derjenigen Personen beurteilt werden, die diese Technologien nutzen oder an ihren Prozeduren teilnehmen, und natürlich aus einer Perspektive, die das Interesse des durch diese Methoden geborenen Kindes berücksichtigt.

5. Frage: In Polen wird die ethische Beurteilung des Umgangs mit Embryonen im Reagenzglas (Reproduktionstechnologien) und mit Embryos im Frauenkörper (Schwangerschaftsabbruch) wesentlich von der katholischen Kirche und ihrer Naturrechtslehre bestimmt. Wie beurteilen Sie den durch die EU-Mitgliedschaft zu erwartenden stärker werdenden säkularen Entwicklungsprozess für das Land?
[W Polsce ocena etyczna postępowania z embrionami w próbówkach (technologie reprodukcyjne) i z embrionami w

ciele kobiety (aborcja) podporządkowana jest w znacznym stopniu stanowisku kościoła katolickiego (prawo naturalne). W jaki sposób oceniają Państwo oczekiwany, po przystąpieniu do Unii Europejskiej rozwój i wzrost wpływów środowisk świeckich w Państwa kraju?]

Ich hoffe, dass sich Polen durch den vereinfachten Informations- und Erfahrungsaustausch besonders in der jüngeren Generation immer weiter öffnen wird für Ideen, deren Grundlagen die Individualrechte bilden. Ich glaube allerdings nicht, dass diese Veränderung schnell eintritt. Ich befürchte sogar, dass die polnische Kirche und die Konservativen der national-katholischen Parteien – auch die, die ihren Sitz im Europa-Parlament haben – genügend Einfluss besitzen, diesen Prozess zu verlangsamen. Ich schließe auch nicht aus, dass die konservativen Kräfte in der EU einen (aus meiner Sicht) unerwünschten Einfluss in der EU-Regierung auf Fragen der Fortpflanzungs- und Sexualrechte nehmen.

6. Frage: Wie sehen Sie die Rolle der Frauenbewegung in Polen bezüg-
             lich einer Kritik oder Akzeptanz der Neuen Reproduktions-
             technologien (PID, In-vitro-Fertilisation, therapeutisches Klo-
             nen)?
             [Jak postrzegają Państwo rolę ruchów feministycznych w
             Polsce w związku z krytyką bądź wspieraniem nowych
             technologii reprodukcji (diagnostyka przedimplantacyjna,
             zapłodnienie in vitro, klonowanie terapeutyczne)?]

Diese Fragestellung wird von der feministischen Bewegung in Polen nicht aufgegriffen. Auch unter den Repräsentanten dieser Bewegung wird die Dis-kussion zu diesem Thema nicht geführt. Ich glaube, dass sich die feministische Bewegung mobilisieren und eine Stellungnahme sowie eine gemeinsame Stra-tegie ausarbeiten würde, die ein Konsens zu den Neuen Reproduktionsmetho-den bilden wird, wenn solch ein Bedürfnis danach bestünde, z. B. wenn die konservativen Kräfte Handlungen unternehmen, die auf eine Verabschiedung von Gesetzen abzielten, die Zugang zu den Leistungen wie „in vitro" begrenz-ten.

7. Frage: In der Frauenbewegung gab es zahlreiche Stimmen, die den
             Schwangerschaftsabbruch mit dem Recht auf Selbstbestim-
             mung verteidigten. Wie stehen Sie diesem liberalen Verständ-

nis gegenüber, das diese Deutung auch auf den Umgang mit Embryonen und Keimzellen überträgt mit der Folge, dass über diese verfügt werden kann, diese als Eigentum betrachtet und auf dem freien Markt angeboten werden können („my body – my property", „my body belongs to me")?

[W środowiskach feministycznych pojawiło się wiele głosów, broniących stanowiska, że prawo do aborcji związane jest z prawem do samostanowienia. Zgodnie z tym liberalnym stanowiskiem embriony i komórki rozrodcze mogłyby być pojmowane jako własność i tym samym mogłyby być oferowane na wolnym rynku („my body my property", my body belongs to me") [moje ciało jest moją własnością, moje ciało należy do mnie, Jakie jest Państwa stanowisko w tej kwestii]?

Obwohl meiner Meinung nach Embryonen und Keimzellen als Eigentum betrachtet werden sollten in dem Sinne, dass sie nicht ohne Zustimmung und gegen den Willen der Eigentümer für die Technologien der unterstützten Zeugung verwendet werden, dürfen jedoch die Rechte des potentiellen Kindes nicht vergessen werden, wenn es um ein Anbieten von Gameten auf dem freien Markt geht. Z. B. sollten sie das Recht haben, Informationen über ihre biologischen Eltern zu erhalten.

8. Frage: Wer sollte ethische Grundsätze, Verbote, Richtlinien formulieren: die Kirche, die Politik, die Wissenschaft oder die Wirtschaft?
[Kto formułować powinien główne zasady etyczne, zakazy i wytyczne: kościół, politycy, naukowcy, gospodarka?]

Als eine entschiedene Anhängerin eines Staates, der neutral zu den unterschiedlichen Weltanschauungen bleibt, glaube ich, dass die ethischen Grundsätze, die von der Kirche ausgearbeitet werden, nicht zu säkularem Recht werden dürfen, also zu für Bürger geltenden Verboten und Anweisungen, welche die Politik bestimmen (wie z. B. die Gesundheitspolitik). Die Antwort auf die Frage, wer die Entscheidungen treffen soll, ist für mich schwierig auf Grund der bestimmten Vorgehensweise seitens der Medien – nämlich die fehlende Sorgfalt, die Fragen gründlich vorzustellen, eine fast allgemeine Sensationsjagd, die in flache und oft tendenziöse Präsentation von Personen und Meinungen mündet, das Begünstigen der Kräfte, die eine von der römisch-katholischen Kirche unterstützte Weltanschauung repräsentieren. Wenn

Polen nicht so sehr von der Ideologie des Katholizismus dominiert wäre, hätte ich sagen können, dass die geltenden Gesetze im Rahmen eines öffentlichen Dialogs ausgearbeitet werden sollten, in der Wissenschaftler und andere Menschen eine große Rolle spielen könnten, die gründlich über den Sinn der Debatte informierten, so dass es Demagogen immer schwerer fiele, die Öffentlichkeit zu manipulieren.

9. Frage: Die Präimplantationsdiagnostik wird als Diagnosemethode für Erbkrankheiten (genetic diseases) gesehen, aber auch als Selektionsmethode (eugenischer Rassismus, Ausgrenzung von behinderten Menschen) kritisiert. Werden diese Methode und ihre Problematik in Polen diskutiert?
[Diagnostyka przedimplantacyjna postrzegana jest jako metoda diagnozowania chorób dziedzicznych, widziana może być jednak również jako metoda selekcji (rasizm eugeniczny, separacja osób z upośledzeniami) i w związku z tym krytykowana. Czy niebezpieczeństwa te są w Polsce dyskutowane?]

Von Zeit zu Zeit hört man einzelne Stimmen zu diesem Thema.

10. Frage: Aus ökonomischer Sicht führt der medizinische Fortschritt zu einem Dilemma. Die Technologien können nicht für alle finanziert werden. Welche Auswirkungen sehen Sie für die soziale Gerechtigkeit?
[Z ekonomicznego punktu widzenia rozwój medycyny prowadzi do dylematu: nie wszystkich stać na te technologie. Jaki wpływ może to mieć, Państwa zdaniem, na sprawiedliwość społeczną, tzn. na możliwość korzystania z tych technologii?]

In einem Staat – und so verhält es sich in Polen –, in dem es überhaupt an Geld für Sozialpolitik fehlt, kommt dieses Dilemma schon viel früher – es betrifft nicht nur die Leistungen, die sich mit der medizinischen Entwicklung ergeben. In Polen sind viele, oft grundlegende medizinische Leistungen für große Teile der Gesellschaft nicht zugänglich (z. B. viele Leistungen der Stomatologie und der Prothetik). Ich glaube, dass das Dilemma nicht so sehr mit der Entwicklung der Medizin verbunden ist, sondern mit dem Reichtum eines Staates, den gesetzten Prioritäten und der Sozialpolitik.

11. Frage:	Wenn Keimzellen und Embryonen öffentlich zugänglich wer-
den, wenn sie individuell gewählt werden können, ist dann das
familiale Prinzip, d. h. das traditionelle Geschlechter- und
Familienkonzept, gefährdet?
[Jeżeli komórki rozrodcze i embriony staną się powszechnie
dostępne, jeżeli będzie można określić, jakie ma być
potomstwo, czy nie stanie się to zagrożeniem dla
podstawowych zasad społecznych, tj. tradycyjnych koncepcji
płci i rodziny?]

**Ich persönlich habe davor keine Angst. Ich glaube, dass die Menschen zu den
Neuen Technologien eher dann greifen werden, wenn sie sie wirklich benöti-
gen. Dazu kommt, dass die Entnahme einer Eizelle und das Gewinnen eines
Embryos zum jetzigen Zeitpunkt viel problematischer sind als z. B. die Entnahme von Sperma bei einem Mann. Ich glaube auch, dass ohne einen sehr
wichtigen Grund die Technologien nicht angewandt werden, nur um die
Eigenschaften für ein Kind festzulegen. Es ist zwar nicht ausgeschlossen, dass
es einzelne solche Fälle geben wird, aber ich denke eben, dass es einzelne
bleiben werden.**

12. Frage:	Hat die postmoderne Kritik (Butler, Haraway) für die Durch-
setzung und Kritik der Neuen Reproduktionstechnologien eine
Bedeutung – und wenn ja, welche?
Wie elitär wird diese Diskussion geführt? Wie tief ist die Kluft
zwischen dem populären und philosophischen Diskurs?
[Jakie znaczenie (o ile w ogóle) ma postmodernistyczna
krytyka (Butler, Haraway)? Na ile dyskusja ta prowadzona jest
w elitarnym kręgu? Czy wiedzie się tu raczej tylko
abstrakcyjne dyskursy filozoficzne, czy też ta wymiana myśli
ma swoje odzwierciedlenie we wprowadzaniu i krytyce
nowych technologii reprodukcyjnych?]

Ehrlich gesagt, bin ich nie auf so eine Diskussion gestoßen.

... Sigrid Graumann

Sigrid Graumann, geb. 1962, Dr. rer. nat., Studium der Biologie und Philosophie.
2000 – 2002 Sachverständiges Mitglied der Enquete-Kommission „Recht und Ethik der modernen Medizin", seit 2003 der Enquete „Ethik und Recht der modernen Medizin" des Deutschen Bundestages, Mitglied der Zentralen Ethikkommission der Bundesärztekammer.
Seit 2002 wissenschaftliche Mitarbeiterin am Institut Mensch, Ethik und Wissenschaft, Berlin.

1. Frage: Was wissen Sie über den Umgang mit den Neuen Reproduktionstechnologien (In-vitro-Fertilisation, Keimzellspende, Präimplantationsdiagnostik) in der BRD?

Wenn ich ehrlich bin, weiß ich über den Umgang mit den Neuen Reproduktionstechniken in Polen zu gut wie gar nichts. Ich vermute aber eine eher restriktiv geregelte Praxis, da ja der Einfluss der katholischen Kirche auf alle Lebensschutzfragen in Polen sehr stark ist.

2. Frage: Halten Sie bei der Anwendung der genannten Technologien die derzeitige Situation (z. B. gesetzliche Regulierung, öffentliche Diskussion, praktische Durchführung etc.) in Ihrem Land (BRD) für zufrieden stellend?

Was die Regelung der IVF in Deutschland im Vergleich mit der Situation in anderen Ländern angeht, halte ich das Embryonenschutzgesetz für ein ausgesprochen gutes Instrument, und zwar deshalb, weil es Frauen, die sich in einer Behandlung ihres Kinderwunsches befinden, bislang sehr effektiv vor drittnützigen Interessen schützt. Problematisch finde ich, dass es keine zureichende Qualitätskontrolle der IVF und keine angemessenen Beratungsstandards gibt. Viele Frauen wissen einfach viel zu wenig über die Risiken für sich selbst (Hormonbehandlung und Eingriffsrisiken), über die ausgesprochen bescheidenen Erfolgsaussichten (vor allem für ältere Frauen) und über die Risiken für

ihr zukünftiges Kind oder ihre zukünftigen Kinder (vor allem durch die hohe Zahl von Mehrlingsschwangerschaften). Aus meiner Sicht bräuchten wir ein Gesetz zur Fortpflanzungsmedizin, das eine vernünftige Beratung vorschreibt, die Qualität sichert und das Embryonenschutzgesetz in seinem heutigen Bestand integriert.

3. Frage: Im Zuge der Erweiterung der Europäischen Union (EU) und durch internationale Abkommen wird die Vereinheitlichung der nationalen Rechtsnormen zu einem europäischen Gemeinschaftsrecht angestrebt. Erwarten Sie durch den EU-Beitritt eine Verbesserung oder Verschlechterung in Bezug auf bioethische Fragestellungen?

Von einer europäischen Vereinheitlichung zur Regulierung der Fortpflanzungsmedizin wäre realistischerweise für Deutschland eine Liberalisierung zu erwarten. Ich glaube zwar, dass das nicht so wäre, wenn wir einen europäischen zivilgesellschaftlichen Diskurs hätten, weil in allen europäischen Ländern ähnlich wie im deutschen Diskurs auch kritische Stimmen zu hören sind. Da aber auf europäischer Ebene mehr die gut organisierten Lobby-Gruppen sowie die Forschung und die Pharmaindustrie die Politik dominieren und weniger beispielsweise die Frauengesundheitsbewegung, kritische WissenschaftlerInnen und ÄrztInnen oder die Selbstbestimmt-Leben-Bewegung, die in den nationalen Diskursen sehr wohl gehört werden, befürchte ich, dass der vergleichsweise konsequente Schutz von Frauen aufgegeben würde.

4. Frage: In Polen wird die ethische Beurteilung des Umgangs mit Embryonen im Reagenzglas (Reproduktionstechnologien) und mit Embryos im Frauenkörper (Schwangerschaftsabbruch) wesentlich von der katholischen Kirche und ihrer Naturrechtslehre bestimmt. Wie beurteilen Sie den durch die EU-Mitgliedschaft zu erwartenden stärker werdenden säkularen Entwicklungsprozess für das Land?

Ich glaube nicht, dass der Einfluss der katholischen Kirche zwangsläufig nachlassen würde. In Italien ist ja beispielsweise erst vor wenigen Monaten unter dem Einfluss der katholischen Kirche auf die Berlusconi-Regierung das bislang restriktivste Fortpflanzungsmedizingesetz Europas erlassen worden.

5. Frage:	Welchen Stellenwert nimmt ihrer Meinung nach die Diskussion um die In-vitro-Fertilisation, die Präimplantationsdiagnostik, das therapeutische Klonen in der öffentlichen Debatte ein? Welche Gruppen dominieren die Diskussion, welche Gruppen werden marginalisiert bzw. haben kein Gewicht?

Für Deutschland kann ich diese Frage klar beantworten, weil ich selbst eine Medienanalyse zu diesem Thema durchgeführt habe, die in dem Buch „Kulturelle Aspekte der Biomedizin. Bioethik, Religionen und Alltagsperspektiven", herausgegeben von Schicktanz und Tannert im Jahr 2003, publiziert ist. Gemessen daran, wer wie oft in den Medien zitiert wird, dominiert ganz klar die Forschung, gefolgt von Politikern und „Bioethik-Experten". Aber auch feministische Positionen und Positionen aus der Behindertenbewegung werden gehört. Da wir viele sehr gut in das Thema eingearbeitete Journalisten haben und unter diesen auch zahlreiche kritische Stimmen zu hören sind, hatten wir in den letzten Jahren eine ausgesprochen kontroverse Debatte. In dieser Debatte wurde lange vor allem der soziokulturelle Wandel durch die neuen Technologien diskutiert. Leider – aus meiner Sicht – hat sich die Situation dahingehend geändert, dass mittlerweile vor allem die Lebensschutz-Debatte in den Medien geführt wird.

6. Frage:	Wie sehen Sie die Rolle der Frauenbewegung in Polen bezüglich einer Kritik oder Akzeptanz der Neuen Reproduktionstechnologien (PID, In-vitro-Fertilisation, therapeutisches Klonen)?

Ich muss hier meinen Eindruck sehr vorsichtig formulieren, weil mir eine authentische Einschätzung fehlt, aber ich befürchte, dass sich ähnlich wie in Italien frauenpolitische Positionen wegen der unsäglichen Abtreibungsdiskussion reflexhaft gegen kirchliche Positionen richten. Und wenn die Kirche gegen die Fortpflanzungsmedizin ist, sind Feministinnen dafür ...

7. Frage: Existiert Ihres Wissens und Ihrer Vermutung nach eine Grauzone für Forschung und Experimente? Ist die Anwendung der Technologien transparent?

Aus meiner Sicht existiert in Deutschland kaum eine Grauzone für die Forschung. Wer woran arbeitet, aber auch wer woran gerne arbeiten würde, ist ganz gut transparent.

8. Frage: In der Frauenbewegung gab es zahlreiche Stimmen, die den Schwangerschaftsabbruch mit dem Recht auf Selbstbestimmung verteidigten. Betreffend der modernen Reproduktionstechnologien werden nach diesem liberalen Selbstbestimmungsbegriff Embryonen und Keimzellen als Eigentum betrachtet und können auf dem freien Markt angeboten werden („my body my property", „my body belongs to me"). Welche Meinung vertreten Sie dazu?

Ich selbst glaube, dass Feministinnen den betroffenen Frauen mit liberalen Forderungen nach der Verfügung über Embryonen und Eizellen einen Bärendienst erweisen. Ungewollt kinderlose Frauen, die sich in einer fortpflanzungsmedizinischen Behandlung befinden, sind eine vulnerable und leicht ausbeutbare Gruppe, die leicht für dritte Interessen zu instrumentalisieren sind. Für mich hat der Schutz der körperlichen und psychischen Integrität der betroffenen Frauen, mag dies auch für manche paternalistisch oder maternalistisch klingen, Vorrang vor einem vermeintlichen Selbstbestimmungsrecht, das nur allzu leicht für Forschungsziele, aber auch ökonomische Interessen manipuliert werden kann.

9. Frage: Halten sie die Gesetzgebung für ein geeignetes Instrument, um den Umgang mit In-vitro-Fertilisation, Keimzellen und Klonen zu regeln?

Ja, ich halte die Gesetzgebung für ein geeignetes Instrument, eben weil die betroffenen Frauen nur so vor den starken Lobbyinteressen geschützt werden können. Und wie gesagt, ein Gesetz zur medizinischen Fortpflanzung, welches das Embryonenschutzgesetz integriert, aber auch die Qualität der Behandlung sichert und ordentliche Aufklärung und Beratung vorschreibt, halte ich für unerlässlich.

10. Frage: Wer sollte ethische Grundsätze, Verbote, Richtlinien formulieren: die Kirche, die Politik, die Wissenschaft oder die Wirtschaft?

Die ethischen Grundsätze wären in einem fairen öffentlichen Diskurs unter Beteiligung aller Betroffenen auszuhandeln. Kirche, Wissenschaft und Wirtschaft können dabei ihre Positionen einbringen, allerdings unter Offenlegung der eigenen Interessen.

11. Frage: Aus ökonomischer Sicht führt der medizinische Fortschritt zu einem Dilemma: Die Technologien sind nicht für alle bezahlbar. Welche Auswirkungen sehen Sie in Bezug auf soziale Gerechtigkeit, d. h. der Möglichkeit, die Technologien in Anspruch zu nehmen?

Wir haben in Deutschland ja nach der aktuellen Gesundheitsreform die Situation, dass nur noch drei IVF-Behandlungen und diese auch nur noch zur Hälfte von der gesetzlichen Krankenkasse finanziert werden. Was die soziale Gerechtigkeit angeht, habe ich damit weniger Probleme, und zwar schlicht deshalb, weil sich in ganz anderen Bereichen wie der medizinischen Grundversorgung besonders schwacher Bevölkerungsgruppen wesentlich gravierendere Gerechtigkeitsprobleme ergeben haben. Problematisch finde ich an der neuen Regelung allerdings, dass durch die damit verbundene Privatisierung der Fortpflanzungsmedizin die betroffenen Frauen relativ ungeschützt den Marktinteressen der Kinderwunsch-Praxen und -Kliniken ausgesetzt sind.

12. Frage: Die Präimplantationsdiagnostik wird als Diagnosemethode für Erbkrankheiten (genetic diseases) gesehen, aber auch als Selektionsmethode (eugenischer Rassismus, Ausgrenzung von behinderten Menschen) kritisiert. Werden diese Methode und ihre Problematik in Deutschland diskutiert?

Ja, in Deutschland spielt der Selektionscharakter der PID eine ganz wichtige Rolle in der Diskussion. Die PID wird deshalb auch von den meisten Verbänden der Behindertenhilfe und von der Selbstbestimmt-Leben-Bewegung grundsätzlich abgelehnt.

13. Frage:	Sehen Sie in der Globalisierung und dem transnationalen Handel mit Körperteilen, in der Durchsetzung und Etablierung der Neuen Reproduktionstechnologien eine Ausbeutung des weiblichen Körpers (Leihmütter, Keimzellenverkauf), der auch von Osten nach Westen geht?

Ja, ganz eindeutig. Ein Blick ins Internet, etwa auf die Seiten der Kinderwunsch-Selbsthilfe-Gruppe zeigt, dass heute schon viele osteuropäische Kliniken Eizellspenden für deutsche Frauen, weil hier die Eizellspende ja verboten ist, anbieten. Es braucht nicht viel Phantasie, um darin eine Ausbeutung ökonomisch unterprivilegierter osteuropäischer Frauen durch deutsche finanzstärkere Frauen zu sehen. Ich denke, das sollte in der Frauenbewegung viel stärker thematisiert werden. „My body – my property"-Positionen laufen nämlich Gefahr, genau diese Ausbeutungsverhältnisse zu banalisieren.

14. Frage:	Wenn Keimzellen und Embryonen öffentlich zugänglich werden, wenn Sie individuell gewählt werden können, führt das Ihrer Meinung nach zu einer Schwächung biologischer Vater- und Mutterschaftsverhältnisse und zur Ablösung klassischer Geschlechter- und Familienkonzepte?

Den Einfluss der Fortpflanzungsmedizin halte ich hier für relativ marginal. Ich denke, dass es vor allem die vom Berufsleben geforderte Individualisierung und Flexibilisierung sind, welche die traditionellen Familienstrukturen verändern – leider ohne die Entstehung der von vielen Feministinnen erträumten Wahlverwandtschaften zu erleichtern.

15. Frage:	Hat die postmoderne Kritik (Butler, Haraway) für die Durchsetzung und Kritik der Neuen Reproduktionstechnologien eine Bedeutung – und wenn ja, welche?

Auch den Einfluss der postmodernen Kritik auf die Durchsetzung der neuen Technologien halte ich für wenig wichtig. Die feministische Theoriedebatte hat doch eher geringen Einfluss auf die Politik, nicht zuletzt auch auf Grund von Entpolitisierungstendenzen in diesem Feld; da sollten wir Feministinnen uns nicht zu wichtig nehmen!

... Bożena Chołuj

Bożena Chołuj, Professorin für Neuere Literaturwissenschaft an der Universität Warschau und für Vergleichende Mitteleuropastudien an der Europa-Universität Viadrina Frankfurt/Oder.
Im Dezember 1995 Mitbegründerin des Studiengangs „Gender Studies".
Mitglied des Ausschusses der OŚKA, dem Nationalen Informationszentrum über Frauenorganisationen und -initiativen in Polen.

1. Frage: Was wissen Sie über den Umgang mit den Neuen Reproduktionstechnologien (In-vitro-Fertilisation, Keimzellspende, Präimplantationsdiagnostik) in der BRD?
[Co Państwo wiedzą na temat zastosowania nowych technologii reprodukcji (zapłodnienie in vitro, komórki rozrodcze od dawcy, diagnostyka przedimplantacyjna) w Niemczech?]

Ich weiß nur, dass man in Deutschland äußerst sensibel ist, wenn es um die Merkmalsveränderung von Menschen oder auch um deren Klonen geht. Diese Vorsicht hat mit der Nazizeit und den Menschenversuchen der NS-Medizin zu tun. Aktuelle Diskussionen, die ich verfolgte, betrafen vor allem die Forschungsbedingungen, z. B. die restriktive Gesetzgebung, welche die aktiven Wissenschaftler leider zur Emigration veranlassen.

2. Frage: Halten Sie die derzeitige Situation bei der Anwendung der Technologien (gesetzliche Regulierung, öffentliche Diskussion, praktische Durchführung etc.) in Ihrem Land, in Polen, für zufrieden stellend?
[Czy uważają Państwo, że obecna sytuacja związana z zastosowaniem wspomnianych technologii (np. regulacje prawne, publiczna debata, realizacja w praktyce) jest w Państwa kraju (Polsce) zadowalająca?]

Auf keinen Fall. Die meisten Stimmen und Positionen, die sich zu diesem Thema äußern, sind auf eine Weltanschauung zurückzuführen. Und was noch schlimmer ist, auch die Durchführung und Anwendung beruht auf diesen weltanschaulichen Prinzipien. Es ist eine Weltanschauung, die Frauen nicht als Subjekte, sondern als Objekte betrachtet.

3. Frage: Welchen Stellenwert nimmt Ihrer Meinung nach die Diskussion um In-vitro-Fertilisation, Präimplantationsdiagnostik und therapeutisches Klonen in der öffentlichen Debatte in Polen ein?

Diskussionen und Debatten hierzu nehmen leider keinen besonderen Stellenwert ein. Es gab lediglich zwei, drei große Diskussionen, die auch im Fernsehen zu verfolgen waren. Aber diese Diskussionen werden nicht fortgesetzt. Es hängt einerseits mit der Kondition der polnischen Wissenschaft zusammen. In Polen ist man der Meinung, dass sie z. B. wegen ihrer schwachen Finanzierung mit der westlichen nicht mithalten kann.

Andererseits – und das scheint mir ein wichtigerer Punkt – ist die Diskussionskultur in Polen nur sehr schwach entwickelt. Man positioniert und profiliert sich sehr gern in öffentlichen Debatten und das hat zur Folge, dass dort meistens nur geredet, jedoch nicht zugehört wird. Solche Monologe kann man schlecht längere Zeit fortsetzen, denn nach einer Weile sind alle Positionen so festgefahren und nichts Neues kann nachrücken.

Dazu kommt, dass es sich bei Methoden wie In-vitro-Fertilisation etc. um tabubehaftete Themen handelt. Man weiß, dass man beim Erwähnen dieser Themen weltanschauliche Probleme anspricht. Da man aber nur schlechte Erfahrungen mit Debatten hat, in denen Weltanschauungen die Hauptrolle spielten, lässt man lieber die Finger davon. Diese Haltung findet sich auch in feministischen Kreisen.

4. Frage: Im Zuge der Erweiterung der Europäischen Union (EU) und durch internationale Abkommen wird die Vereinheitlichung der nationalen Rechtsnormen zu einem europäischen Gemeinschaftsrecht angestrebt. Erwarten Sie durch den EU-Beitritt eine Verbesserung oder Verschlechterung in Bezug auf bioethische Fragestellungen (gesetzliche Regulierung, Anwendung der Technologien)?

[Jakie znaczenie ma według Państwa publiczna debata na temat zapłodnienia in vitro, diagnostyki przedimplantacyjnej i klonowania terapeutycznego w Polsce? W związku z rozszerzeniem Unii Europejskiej (UE) i umowami międzynarodowymi dąży się do ujednolicenia norm prawnych poszczególnych państw i dopasowania ich do przepisów unijnych. Czy oczekujecie Państwo, że po przystąpieniu Polski do Unii Europejskiej nastąpi poprawa, czy pogorszenie w kwestiach związanych z bioetyką?]

Irgendwann muss die EU auf die Wissenschaftspolitik der USA reagieren, sonst werden die besten Talente durch die Vereinigten Staaten aufgesogen und wir bleiben mit der wissenschaftlichen Leistung hinter dem Mond. Nicht der EU-Beitritt wird die Lage ändern, sondern die Erkenntnis, dass man auf die Innovation, auf die Leistung usw. schauen muss und nicht auf das Alter der Wissenschaftler, auf institutionelle Beschäftigungsregeln usw., weil man dadurch sehr viele gute Wissenschaftler und Wissenschaftlerinnen verliert.

5. Frage: Wenn es um einen ethischen Minimalkonsens in der Beurteilung der Technologien geht, auf welche Werte und kulturellen Eigenheiten (Einstellungen) würden Sie insistieren?
[W przypadku, gdyby dojść miało do jakiegoś (minimalnego) konsensusu w sprawie oceny tych technologii, na jakie wartości i kulturowe przekonania (obyczaje) chcieliby Państwo położyć szczególny nacisk?]

Der wichtigste Wert ist meiner Meinung nach das Recht auf Selbstbestimmung, d. h. dass die Betroffenen Subjekte bleiben dürfen. Ich glaube, überall, wo die Menschenrechte eingehalten werden, ist auch das Recht auf Selbstbestimmung gewährleistet.

6. Frage: In Polen wird die ethische Beurteilung des Umgangs mit Embryonen im Reagenzglas (Reproduktionstechnologien) und mit Embryos im Frauenkörper (Schwangerschaftsabbruch) wesentlich von der katholischen Kirche und ihrer Naturrechtslehre bestimmt. Wie beurteilen Sie den durch die EU-Mitgliedschaft zu erwartenden stärker werdenden säkularen Entwicklungsprozess für das Land?

[W Polsce ocena etyczna postępowania z embrionami w
próbówkach (technologie reprodukcyjne) i z embrionami w
ciele kobiety (aborcja) podporządkowana jest w znacznym
stopniu stanowisku kościoła katolickiego (prawo naturalne).
W jaki sposób oceniają Państwo oczekiwany, po przystąpieniu
do Unii Europejskiej rozwój i wzrost wpływów środowisk
świeckich w Państwa kraju?]

**Ich finde den kirchlichen Hintergrund in Polen sehr problematisch. Die starke
Präsenz und die Dominanz der Kirche bei bioethischen Fragestellungen haben
zur Folge, dass man geneigt ist, jede Modernisierung für gut bzw. besser zu
halten. Aus der feministischen Perspektive ist jedoch zu sagen, dass der säkulare Entwicklungsprozess auch nicht unproblematisch ist. Auch ihm liegen
traditionelle gendermäßige Machtstrukturen zugrunde. D. h., solange wir
keine politische und soziale Geschlechtergleichheit erreichen, müssen wir sehr
aufpassen, dass mit diesem Prozess nicht eine Linie verfolgt werden kann, die
diese Machtstrukturen nur verfestigt und keine neue, bessere Lebensqualität
im Auge hat. Daher würde ich zunächst Machtverbindungen unter die Lupe
nehmen, um abwägen zu können, wem dieser Prozess dient und wem nicht.**

7. **Frage:**   Wie sehen Sie die Rolle der Frauenbewegung in Polen bezüg-
                  lich einer Kritik oder Akzeptanz der Neuen Reproduktions-
                  technologien (PID, In-vitro-Fertilisation, therapeutisches Klo-
                  nen)?
                  [Jak postrzegają Państwo rolę ruchów feministycznych w
                  Polsce w związku z krytyką bądź wspieraniem nowych
                  technologii reprodukcji (diagnostyka przedimplantacyjna,
                  zapłodnienie in vitro, klonowanie terapeutyczne)?]

**Die Frauenbewegung hat auf die Durchsetzung oder Ablehnung der Repro-
duktionstechnologien geringen Einfluss. Das liegt daran, dass die Frauenbewegung, die vor allem in Form von Nichtregierungsorganisationen agiert, sehr
viele Probleme aufgreift. Sie kann nicht für alles zuständig sein.
Die feministischen Nichtregierungsorganisationen in Polen haben zwei Funktionen angenommen: Die erste ist die Entwicklung der neuen „gender-
sensitiven Mentalität" in der recht traditionellen Gesellschaft und die zweite
ist die Feuerwehrfunktion, d. h., sie rennen mit ihrer Hilfe dorthin, wo es am
meisten brennt. Am dringlichsten sind das derzeit zwei Gesetze: Die Libe-**

ralisierung des Abtreibungsgesetzes und die Installation des Gleichstellungs-
gesetzes.
Für andere Themen reichen die Kapazitäten dieser Bewegung nicht. Außerdem bestehen in den feministischen Kreisen große Bedenken, dass ihre Kritik
an den Neuen Reproduktionstechnologien die katholische Kirche stärken
wird, mit der die polnische Frauenbewegung unentwegt viele Probleme hat.

8. Frage: In der Frauenbewegung gab es zahlreiche Stimmen, die den
                 Schwangerschaftsabbruch mit dem Recht auf Selbstbestim-
                 mung verteidigten. Wie stehen Sie diesem liberalen Verständ-
                 nis gegenüber, das diese Deutung auch auf den Umgang mit
                 Embryonen und Keimzellen überträgt mit der Folge, dass über
                 diese verfügt werden kann, diese als Eigentum betrachtet und
                 auf dem freien Markt angeboten werden können („my body –
                 my property", „my body belongs to me")?
                 [W środowiskach feministycznych pojawiło się wiele głosów,
                 broniących stanowiska, że prawo do aborcji związane jest z
                 prawem do samostanowienia. Zgodnie z tym liberalnym
                 stanowiskiem embriony i komórki rozrodcze mogłyby być
                 pojmowane jako własność i tym samym mogłyby być
                 oferowane na wolnym rynku („my body my property", my
                 body belongs to me") [moje ciało jest moją własnością, moje
                 ciało należy do mnie, Jakie jest Państwa stanowisko w tej
                 kwestii]?

Ehrlich gesagt, ich habe keine klare Meinung dazu. Kulturell sind wir so stark
an das vorhandene Leben gebunden, dass wir vor allen seinen Wert im Auge
haben. Vielleicht soll man in eine besondere Richtung dieser Forschung gehen
und nur das befürworten, was nicht der Menschenproduktion dient. Ich
meine, dass man das reproduktive Klonen ablehnen sollte, aber das therapeutische Klonen, das ja zum Ziel hat, Gewebe und Organe zu ersetzen, also zur
Heilung eingesetzt wird, zu nutzen. Dabei würde die Regel „my body belongs
to me" weiterhin aktuell sein.

9. Frage: Wer sollte ethische Grundsätze, Verbote, Richtlinien formulie-
                 ren: die Kirche, die Politik, die Wissenschaft oder die Wirt-
                 schaft?

[Kto formułować powinien główne zasady etyczne, zakazy i wytyczne: kościół, politycy, naukowcy, gospodarka?]

Richtlinien und Grundsätze müssten Produkt einer langen ständigen Diskussion breiter Kreise sein, nicht nur der Institutionen, sondern der ganzen Gesellschaft. Ich weiß, es klingt sehr utopisch, aber institutionelle Macht ist etwas Unmenschliches, daher müssen noch andere Formen der Entscheidung getroffen werden als institutionelle.

10. Frage: Die Präimplantationsdiagnostik wird als Diagnosemethode für Erbkrankheiten (genetic diseases) gesehen, aber auch als Selektionsmethode (eugenischer Rassismus, Ausgrenzung von behinderten Menschen) kritisiert. Werden diese Methode und ihre Problematik in Polen diskutiert?

[Diagnostyka przedimplantacyjna postrzegana jest jako metoda diagnozowania chorób dziedzicznych, widziana może być jednak również jako metoda selekcji (rasizm eugeniczny, separacja osób z upośledzeniami) i w związku z tym krytykowana. Czy niebezpieczeństwa te są w Polsce dyskutowane?]

Wie gesagt, in Polen wird wenig diskutiert, in letzter Zeit sind es meistens nur politisch brisante Themen. Wenn jemand auf mögliche negative Folgen von Technologien wie IVF oder PID schaut, ist das vor allem die katholische Kirche.
Das halte ich für eine schlechte Tendenz. Bedenklich erscheint mir, dass die Institution Kirche zum Gewissen der Gesellschaft geworden ist. Im Zuge dieses Prozesses hat sich die polnische Gesellschaft – damit meine ich auch feministische Kreise – abgewöhnt, ethische Probleme zu behandeln und für ethische Entscheidungen Verantwortung zu tragen.

11. Frage: Aus ökonomischer Sicht führt der medizinische Fortschritt zu einem Dilemma. Die Technologien können nicht für alle finanziert werden. Welche Auswirkungen sehen Sie für die soziale Gerechtigkeit?

[Z ekonomicznego punktu widzenia rozwój medycyny prowadzi do dylematu: nie wszystkich stać na te technologie. Jaki wpływ może to mieć, Państwa zdaniem, na

sprawiedliwość społeczną, tzn. na możliwość korzystania z
tych technologii?]

**Ich sehe nur schreckliche Auswirkungen bezogen auf die genannten Bereiche.
Der medizinische Fortschritt ist notwendig, aber nur diejenigen Erkenntnisse
dürften zur Anwendung kommen, die finanzierbar sind. Daran müsste u. a.
die WHO arbeiten.**

12. Frage: Wenn Keimzellen und Embryonen öffentlich zugänglich werden, wenn sie individuell gewählt werden können, ist dann das
familiale Prinzip, d. h. das traditionelle Geschlechter- und
Familienkonzept, gefährdet?
[Jeżeli komórki rozrodcze i embriony staną się powszechnie
dostępne, jeżeli będzie można określić, jakie ma być
potomstwo, czy nie stanie się to zagrożeniem dla
podstawowych zasad społecznych, tj. tradycyjnych koncepcji
płci i rodziny?]

**Nicht unbedingt, der Hang der Menschen zur Gemeinschaft ist manchmal
umwerfend stark. Darin sehe ich eine Garantie, dass die Familienkonzepte,
aber auch Geschlechterkonzepte nicht gefährdet sind.**

13. Frage: Welche Bedeutung – falls überhaupt – hat die postmoderne
Kritik (Butler, Haraway)? Wie elitär wird diese Diskussion
geführt? Handelt es sich dabei nur um einen abstrakten philosophischen Diskurs oder haben ihre Gedanken eine Relevanz
für die Durchsetzung und Kritik der Neuen Reproduktionstechnologien?

**Ihre Konzepte werden eher elitär behandelt. Judith Butler hat eine wichtige
Rolle in Polen gespielt, vor allem mit ihrem Ansatz, mit dem sie das feministische Subjekt und ihren Anspruch von politischer Handlungsfähigkeit als
ausgrenzendes Prinzip thematisiert hat. Donna Haraway ist nur teilweise
bekannt, aber auch nicht in Bezug auf die Neuen Reproduktionstechnologien,
sondern viel mehr in Bezug auf die Cyborg.**

... Kathrin Braun

Kathrin Braun, geb. 1960, Dr. phil., Diplom-Sozialwissenschaftlerin, Professorin.
Zurzeit Gastdozentin für Politikwissenschaft und European Studies an der University of Washington, Seattle. 2000 – 2002 Mitglied der Enquete-Kommission „Recht und Ethik der modernen Medizin" des Deutschen Bundestages.

1. Frage: Was wissen Sie über den Umgang mit den Neuen Reproduktionstechnologien (In-vitro-Fertilisation, Keimzellspende, Präimplantationsdiagnostik) in Polen?

Eigentlich nur, dass PID verboten ist.

2. Frage: Halten Sie die derzeitige Situation bei der Anwendung der Technologien (gesetzliche Regulierung, öffentliche Diskussion, praktische Durchführung etc.) in Ihrem Land, in Deutschland, für zufrieden stellend?

Ich denke, die öffentliche Debatte um PID war sehr gut und wurde auf hohem Niveau geführt. Sie ergab, dass die Bevölkerung PID nicht für nötig hält und aus ethischen Gründen für problematisch. Die Aufrechterhaltung des Verbotes von PID ist deshalb meines Erachtens von einer breiten Übereinstimmung in der Bevölkerung getragen. Ähnliches gilt für die Eizellspende.
Problematischer ist nach meiner Einschätzung die Lage bezogen auf die pränatale Diagnostik PND und IVF. Besonders PND hat sich sehr unkontrolliert ausgebreitet und wird heute nahezu automatisch bei jeder Schwangerschaft angewendet. Hier fehlt es noch an öffentlichem Problembewusstsein. Auch IVF müsste besser kontrolliert werden und transparenter gemacht werden. Das betrifft die Erfolgsraten, Publikation von Misserfolgen, Aufzeigen von Alternativen.

3. Frage: Welchen Stellenwert nimmt Ihrer Meinung nach die Diskussion um In-vitro-Fertilisation, Präimplantationsdiagnostik und therapeutisches Klonen in der öffentlichen Debatte ein?

PID und „therapeutisches Klonen" standen sehr im Mittelpunkt der Debatte. Über IVF und dessen Problematik wurde in Deutschland weniger diskutiert.

4. Frage: Im Zuge der Erweiterung der Europäischen Union (EU) und durch internationale Abkommen wird die Vereinheitlichung der nationalen Rechtsnormen zu einem europäischen Gemeinschaftsrecht angestrebt. Erwarten Sie durch den EU-Beitritt eine Verbesserung oder Verschlechterung in Bezug auf bioethische Fragestellungen (gesetzliche Regulierung, Anwendung der Technologien)?

Ich fürchte, dass es schwieriger wird, den in der BRD erzielten öffentlichen Konsens zu PID und embryonaler Stammzellenforschung aufrecht zu erhalten. Insbesondere in Bezug auf die Stammzellenforschung wird der Druck groß werden, alles zu tun, um den Forschungsraum Europa wettbewerbsfähig zu machen. Aber so lange das deutsche Grundgesetz einen höheren Stellenwert einnimmt als das EU-Recht, ist ein Verbot in Deutschland prinzipiell weiter möglich.

5. Frage: Wenn es um einen ethischen Minimalkonsens in der Beurteilung der Technologien geht, auf welche Werte und kulturellen Eigenheiten (Einstellungen) würden Sie insistieren?

Auf die Achtung der Menschenwürde, die meiner Meinung nach alle Entwicklungsstadien des Menschen einschließt. Aber grundsätzlich halte ich es nicht für gut, einen ethischen Minimalkonsens zu etablieren, da dies automatisch eine Absenkung von Schutzstandards nach unten beinhaltet.

6. Frage: In Polen wird die ethische Beurteilung des Umgangs mit Embryonen im Reagenzglas (Reproduktionstechnologien) und mit Embryos im Frauenkörper (Schwangerschaftsabbruch) wesentlich von der katholischen Kirche und ihrer Naturrechtslehre bestimmt. Wie beurteilen Sie den durch die EU-Mitgliedschaft zu erwartenden stärker werdenden säkularen Entwicklungsprozess für das Land?

Das vermag ich nicht einzuschätzen. Irland z. B. ist auch in der EU und noch immer sehr katholisch.

7. Frage: Wie sehen Sie die Rolle der Frauenbewegung in Polen in Bezug auf Kritik oder Befürwortung der neuen Reproduktionstechnologien (PID, In-vitro-Fertilisation, therapeutisches Klonen)?

Leider weiß ich darüber zu wenig.

8. Frage: In der Frauenbewegung gab es zahlreiche Stimmen, die den Schwangerschaftsabbruch mit dem Recht auf Selbstbestimmung verteidigten. Betreffend der modernen Reproduktionstechnologien werden nach diesem liberalen Selbstbestimmungsbegriff Embryonen und Keimzellen als Eigentum betrachtet und können auf dem freien Markt angeboten werden („my body my property", „my body belongs to me"). Welche Meinung vertreten Sie dazu?

Es gab immer auch feministische Stimmen, die den Zusammenhang von Selbstbestimmung und Kommerzialisierung des Körpers problematisiert und kritisiert haben. Der liberale Selbstbestimmungsbegriff ist nicht der einzige Begriff von Selbstbestimmung im Feminismus. Ich vertrete die Auffassung, dass das Recht der Frau auf einen Schwangerschaftsabbruch sich nicht aus dem Eigentum am eigenen Körper ableitet, sondern aus ihrem Anspruch auf Würde, Freiheit der Person und körperliche Integrität. Diese Rechts- und Würdeansprüche schließen es aus, dass eine Frau gezwungen wird, ihren Körper neun Monate lang zum Austragen einer Schwangerschaft zur Verfügung zu stellen, wenn sie dies nicht will. Es geht also um die Abwehr von Zwang, Fremdverfügung und Instrumentalisierung, nicht um Eigentum am eigenen Körper.

9. Frage: Wer sollte ethische Grundsätze, Verbote, Richtlinien formulieren: die Kirche, die Politik, die Wissenschaft oder die Wirtschaft?

Ethische Grundsätze sollten aus einem Zusammenspiel von öffentlicher Diskussion, an der die Kirche sich neben anderen Nichtregierungsorganisationen beteiligen kann, Parlament und Verfassungsgerichtsbarkeit hervorgehen.

10. Frage: Die Präimplantationsdiagnostik wird als Diagnosemethode für Erbkrankheiten (genetic diseases) gesehen, aber auch als Selektionsmethode (eugenischer Rassismus, Ausgrenzung von behinderten Menschen) kritisiert. Werden diese Methode und ihre Problematik in Polen bzw. in der BRD diskutiert?

In Deutschland: ja. Für Polen habe ich darüber keine Kenntnisse.

11. Frage: Aus ökonomischer Sicht führt der medizinische Fortschritt zu einem Dilemma. Die Technologien können nicht für alle finanziert werden. Welche Auswirkungen sehen Sie für die soziale Gerechtigkeit?

Die billigen Technologien werden möglicherweise von den Krankenkassen übernommen (z. B. Ultraschall), die teureren werden in Zukunft wahrscheinlich überwiegend privat gezahlt werden.

12. Frage: Wenn Keimzellen und Embryonen öffentlich zugänglich werden, wenn sie individuell gewählt werden können, ist dann das familiale Prinzip, d. h. das traditionelle Geschlechter- und Familienkonzept, gefährdet?

Eine Kommerzialisierung von Keimzellen und/oder Embryonen würde auf jeden Fall die Beziehungen zwischen den Geschlechtern und den Generationen verändern. Aber in welche Richtung, das hängt vom kulturellen Kontext ab. Möglicherweise verschärft es die Spaltungen zwischen armen und reichen Frauen. Meine Befürchtung ist, dass Kinder nicht mehr als Person angenommen werden,

wie sie sind, sondern als technisches Produkt bzw. Ware verstanden werden, die man gegebenenfalls zurückgeben kann.

13. Frage: Welche Bedeutung – falls überhaupt – hat die postmoderne Kritik (Butler, Haraway)? Wie elitär wird diese Diskussion geführt? Handelt es sich dabei nur um einen abstrakten philosophischen Diskurs oder haben ihre Gedanken eine Relevanz für die Durchsetzung und Kritik der Neuen Reproduktionstechnologien?

In der öffentlichen Debatte in Deutschland spielten diese Positionen meinem Eindruck nach keine Rolle.

Autorinnen- und Autorenverzeichnis

Maria Boratynska, Dr. jur., Dozentin für Zivilrecht an der Universität Warschau.
Arbeitsschwerpunkt: Medizinrecht.

Kathrin Braun, geb. 1960, Dr. phil., Diplom Sozialwissenschaftlerin, Professorin.
Zur Zeit Gastdozentin für Politikwissenschaft und European Studies an der
University of Washington, Seattle.
2000 – 2002 Mitglied der Enquete-Kommission „Recht und Ethik der modernen
Medizin" des Deutschen Bundestages.
Arbeitsschwerpunkte: Politische Theorie und Ideengeschichte, insbesondere
Rechtsphilosophie und Demokratietheorie, Biomedizinpolitik, Feministische Politische Theorie.

Weronika Chanska, Magister, Studium der Philosophie an der Universität Warschau; derzeit Promotion.
Forschungsaufenthalt am medizinischen Zentrum in Nijemegen in den Niederlanden. Mehrere Auszeichnungen und Stipendien.
Arbeitsschwerpunkt: Bioethik.
Veröffentlichungen über Bioethik.

Bożena Chołuj, Professorin für Neuere Literaturwissenschaft an der Universität
Warschau und für Vergleichende Mitteleuropastudien an der Europa-Universität
Viadrina Frankfurt/Oder.
Im Dezember 1995 Mitbegründerin des Studiengangs „Gender Studies". Mitglied
des Ausschusses der OŚKA, dem Nationalen Informationszentrum über Frauenorganisationen und -initiativen in Polen.
Zahlreiche Veröffentlichungen.

Alicja Przyluska-Fiszer, Dr. habil., Leiterin für Bioethik am Lehrstuhl für Rehabilitation an der Sportakademie in Warschau.
Studium der Philosophie an der Universität Warschau.
Zahlreiche Vorträge, Veröffentlichungen über medizinethische Themen.

Gesine Fuchs, Dr., Politikwissenschaftlerin.
Lehrbeauftragte am Zentrum Gender Studies in Basel.
Arbeitsschwerpunkte: Politische Partizipation, ostmitteleuropäische Gesellschaften
und soziale Sicherung. Promotion über die zivilgesellschaftliche Entwicklung der
polnischen Frauenbewegung.

Sigrid Graumann, geb. 1962, Dr. rer. nat., Studium der Biologie und Philosophie. 2000 – 2002 Sachverständiges Mitglied der Enquete-Kommission „Recht und Ethik der modernen Medizin", seit 2003 der Enquete „Ethik und Recht der modernen Medizin" des Deutschen Bundestages, Mitglied der Zentralen Ethik-kommission der Bundesärztekammer.
Seit 2002 wissenschaftliche Mitarbeiterin am Institut Mensch, Ethik und Wissen-schaft, Berlin.
Wissenschaftsethische Promotion zur Somatischen Gentherapie im Fach Human-genetik. Derzeitiger Arbeitsschwerpunkt: Ethische Fragen der Humangenetik, insbesondere Präimplantationsdiagnostik, feministische Ethik, Ethik und Behinde-rung.

Heidi Hofmann, Dr. phil., Ausbildung zur PTA (Pharmazeutisch-technische Assistentin).
Studium der Ethik in Cambridge (USA). Promotion „Feministische Diskurse über moderne Reproduktionstechnologien in der BRD und den USA".
Seit 15 Jahren Lehrbeauftragte für Ethik, derzeit an der Evangelischen Fachhoch-schule Nürnberg. In den letzten Jahren mehrere Forschungsaufenthalte in Polen. Derzeitiger Forschungsschwerpunkt: Gen- und Reproduktionstechnologien in Polen.
Zahlreiche Veröffentlichungen und Vorträge über Gen- und Reproduktionstechno-logien.

Izabella Jaruga-Nowacka, Politikerin.
Seit Mai 2004 stellvertretende Ministerpräsidentin Polens. Vorher Staatssekretärin in der Kanzlei des Ministerpräsidenten. Regierungsbeauftragte für die Gleichstel-lung von Frauen und Männern. Mitbegründerin und derzeit Vizevorsitzende der Arbeitsunion (UP).
1993 – 1997 Abgeordnete des polnischen Parlaments (Sejm).
1991 – 2001 Vorsitzende des Hauptvorstandes der Liga der Frauen Polens.

Przemyslaw Nieczniak, Dr. jur., Dozent für Strafrecht an der Universität War-schau.
Arbeitsschwerpunkte: Medizinrecht, Internationale Menschenrechte.

Piotr Palasz, geb. 1966, Hochschulstudium, Magister der Landschaftsarchitektur. Mitbegründer und Vorsitzender des Vereins zur Behandlung der Unfruchtbarkeit und Förderung von Adoption „Nasz-bocian" („Unser Storch") e.V.

Anna Sobolewska, geb. 1947, Professorin für Literaturwissenschaft.
Lehrt seit 2000 am Institut der Polish Academy of Sciences, Warschau.
Zahlreiche Forschungsstipendien in Schweden, Frankreich, Österreich.
Zahlreiche Veröffentlichungen.

Alexandra Solik, Studium der Feinmechanik an der Universität Warschau.
Seit 1977 Programm-Koordinatorin und Expertin für Menschenrechtsstandards, reproduktive Rechte, reproduktive Gesundheit. Arbeitet für die Federation for Women and Family Planing in Warschau.
Seit 1993 engagiert in Frauenrechtsaktivitäten. U. a. Delegierte bei den Weltfrauenkonferenzen. Mitbegründerin von OŚKA, dem Nationalen Informationszentrum über Frauenorganisationen und -initiativen in Polen.

Sylwia Spurek, Juristin.
Stipendiatin Network of East – West Women Legal Fellowship Program.
National Consultant im Programm UNIFEM CEDAW Implementation and Monitoring in Central and Eastern Europe.
Derzeit Mitarbeiterin im Büro der Beauftragten für Gleichstellung von Frauen und Männern in Polen.

Magdalena Sroda, geb. 1957, Dr. habil., Direktorin der Postgraduate Studies in Ethik an der Universität Warschau.
Chefredakteurin der Zeitschrift „ETYKA", herausgegeben von der Polish Academy of Sciences.
Chefredakteurin von Pregland Filosoficzny (Philosophical Revue), herausgegeben von der Polish Academy of Science.
Zahlreiche kirchenkritische Veröffentlichungen und Publikationen zu ethischphilosophischen Themen.
Seit kurzem Regierungsbeauftragte für die Gleichstellung von Frauen und Männern in Polen.

Janusz Symonides, Dr. h. c., Professor für Internationales Recht an der Universität Warschau.
1980 – 1987 Direktor des Polnischen Instituts für Internationale Angelegenheiten. 1987 – 1989 Distinguished Scholar East West Institute New York. 1989 - 2000 Direktor der Abteilung für Menschenrechte, Demokratie und Frieden bei der UNESCO, Paris.
Zahlreiche Veröffentlichungen.

Marian Szamatowicz, MD, PhD, Professor an der medizinischen Fakultät der Universität in Bialystok.
Pionier der Reproduktionsmedizin in Polen. Unter seiner Leitung fand die erste Retortengeburt in Polen statt.
2002 Präsident des 10. Weltkongresses für Gynäkologie und Endokrinologie.
Zahlreiche Veröffentlichungen.

Zbigniew Szawarski, Professor für Moralphilosophie an der Universität Warschau.
Seit 1989 Mitglied der „European Society for Philosophy of Medicine and Health Care". Früherer Mitherausgeber (Co-editor) der Zeitschrift „ETYKA".
1990 – 1999 Dozent am Centre for Philosophy and Health Care University of Wales Swansea.
Arbeitsschwerpunkte: Moralphilosophie, Medizinethik.
Zahlreiche Veröffentlichungen.

Eleonora Zielińska, Juristin, Professorin an der Universität Warschau und Direktorin des Instituts für Strafrecht.
1995 – 1997 Mitglied der UN-Kommission für die Rechte der Frauen.
2001 Trägerin des Preises „Polish Laureate of Women of Europe Award".
Zahlreiche Veröffentlichungen auf dem Gebiet des Strafrechtes betreffend medizinische Sachverhalte sowie zur Frage der Gleichstellung von Männern und Frauen (gender equality).
Wichtigste fremdsprachige Bücher Polen betreffend: „Abortion and Protection of the Human Fetus" (1989), „Legal responses to AIDS. Comparative perspective" (1998), „Gewalt gegen Frauen".
Ihre letzte Publikation behandelt das Thema ethischer Verantwortung des Arztes in Verbindung mit der strafrechtlichen Verantwortung.

If you have any concerns about our products,
you can contact us on
ProductSafety@springernature.com

In case Publisher is established outside the EU,
the EU authorized representative is:
**Springer Nature Customer Service Center GmbH
Europaplatz 3, 69115 Heidelberg, Germany**

Printed by Libri Plureos GmbH
in Hamburg, Germany